Returning to your First Love

● 역동적인 하나님과의 교제 ●

첫 사랑을 회복하라

토니 에반스 지음   찰스 스탠리 추천   채 슬 기 옮김

하늘사다리

첫사랑을 회복하라

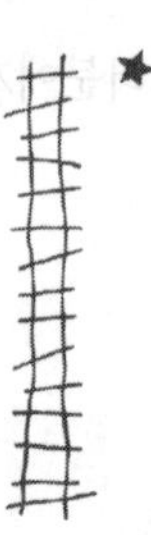

하늘사다리는 이 땅에 하나님 나라의 확장을
위해 존재하며 천국의 소망을 이어주는
가교의 역할을 하고자 합니다. 사역의 비젼은
예수문화를 중심으로 하는 출판, 광고, 디자인,
문구팬시, 음악, 이벤트, 유통 등으로 이를
아바 커뮤니케이션
(ABBA COMMUNICATION)으로
통칭하여 펼치고자 합니다.
주님 오실 그날까지 하늘사다리는 주님을
외칠 것입니다

추천사

주 예수 그리스도께서 지금 우리 집이나 내 마음에 오셔서 우리와 함께 앉아 계신다면, 그분께서 여러분에게 뭐라고 말씀하실 것이라 생각하는가?

아마 이렇게 먼저 묻지 않으실까? "네가 나를 사랑하느냐?" 부활하신 그리스도께서 해변가에서 아침 식사를 준비해주시면서 시몬 베드로에게 세 번 물으셨던 질문이다(요 21 : 15~17). 베드로는 예수님의 고난 앞에서 주님을 부인했었기에 회복되어야 할 부분이 있었다.

예수님은 이 근본적인 문제를 끄집어냄으로 말미암아 시몬을 회복시키셨다. "네가 나를 사랑하느냐?" 구세주이신 예수님은 자신을 향한 베드로의 사랑에 대한 문제를 집중적으로 파고들고 제대로 답을 얻으실 때까지 대충 넘어가지 않으셨다. 베드로의 고백을 듣고나서야 예수님은 베드로에게 사역을 맡기신다. "내 양을 먹이라."

이 멋진 본문에서 예수님께서 베드로에게 가르치신 교훈-그리고 성령님께서 우리에게 가르치기 원하시는 교훈은 헌신(devotion)이 본분(duty)보다 앞선다는 근본적인 내용이다. 이것이 중요한 것은 우리가 너무나 자주 그 순서를 뒤바꾸어 생각하기 때문이다.

우리가 만약 그 날 해변가에서 예수님의 입장에 있었다면, 대부분이 시몬 베드로에게 완전히 다른 식으로 따졌을 것이다. 우리는 아마도 그에게 그가 그리스도를 부인한 것에 대해 정말 죄송하게 느끼는지, 그리고 죄를 고백하고 용서받았는지 · · · 물었을 것이다.

아니면 베드로가 제자인 것에 대해서 여전히 진지하게 느끼는지, 아직도 제자이기를 원하는지부터 물었을지 모른다. 어떤 사람은 베드로의 개인적인 신앙 생활에 대해서 더 물으면서 매일 기도는 하고 있는지 말씀은 대하고 있는지 점검하려고 할 것이다.

그리고 어떤 사람은 베드로가 자신의 영적인 은사를 깨닫고 그 은사를 사역에 제대로 드리고 있는지 물을지도 모르겠다.

그러나 예수님은 베드로에게 그런 질문들을 하나도 하지 않으셨다. 그러면 예수님은 베드로의 영적인 상태와 장래에 섬길 사역에 대해서 관심이 없으셨을까? 물론 그렇지 않다. 예수님께서는 베드로가 예수님을 향한 강력한 사랑 때문에 섬기지 않는다면, 그것은 곧 헌신 없는 의무감으로, 열정 없는 기술로 전락하리라는 것을 알고 계셨다.

이것은 여러분과 나에게도 마찬가지이다. 그리스도를 향한 우리의 사랑은 너무나 근본적인 문제이기에 예수님 자신께서 그것을 우리의 "처음 사랑(first love)"이라고 요한계시록 2장 4절에서 말씀하셨다. 여기 일곱 교회에게 전하는 맨 처음 메시지에서, 예수 그리스도는 에베소에 있는 교회에게 그들의 온갖 교리적인 순수함과 고된 일들로 애썼을지라도 그분을 향한 "처음 사랑"을 버린 것이 보상되지는 않는다고 말씀하신다.

토니 에반스 박사는 예수 그리스도께서 이 문제를 아주 심각하게 끄집어내어서 그분을 향한 우리의 사랑을 우리가 원래 있던 처음 자리에 되돌려 놓지 않으면, 예수님을 위해서 어떤 것을 한다 해도 무가치하다고 지적한다. 그래서 본인은 이 책 '첫사랑을 회복하라'가 나온 것에 감사하고 아주 기쁜 마음으로 여러분께 추천하는 바이다.

에반스 박사는 그리스도를 향한 우리의 사랑이 우리 마음의 중심된 열정으로서 절대적으로 지켜져야 함을 성경적인 관점에서 연구하여 우리에게 제시하고 있다. 열심인 그리스도인이라면 누구나 그리스도를 위해 뭔가 하기에 바쁘기는 해도, 그분과의 관계에서 우리의 사랑을 키워나가기는 금새 잊기 쉽다는 사실을 잘 알고 있다.

에반스 박사는 그 특유의 도전적인 자세로 우리의 이러한 불균형을 바로잡도록 하고 있다. 우리가 어떻게 바른 길에서 벗어나서 처음 사랑을 떠날 수 있는지 보여준다. 그리고 나서 바른 길로 돌아오는 성경적이고도 실제적인 방법을 몇 가지 제안하고 있다.

이 책은 자극적이고 도전적이어서, 문제의 핵심까지 파고들면서 우리가 이해하고 적용할 수 있는 언어로까지 말해준다. '처음 사랑을 회복하라'는 교회와 각 그리스도인들에게 매우 필요하고 환영받을 책이며 그 진리로 여러분의 영혼을 하나님께서 축복해 주시도록 기도한다.

찰스 스탠리(Charles Stanley)
아틀란타, 조지아(Atlanta, Georgia)

감사의 글

책의 원고를 준비하면서 훌륭한 편집 기술로 도와준
친구 필립 로리(Philip Rawley)와, 그리고 성경적인 강직함과
뛰어난 기술로 끊임없이 헌신하는 무디 출판사 팀,
그레그 손톤(Greg Thornton), 체릴 던롭(Cheryl Dunlop)에게
특별히 감사를 드립니다.

첫사랑을 회복하라   Returning to your First love

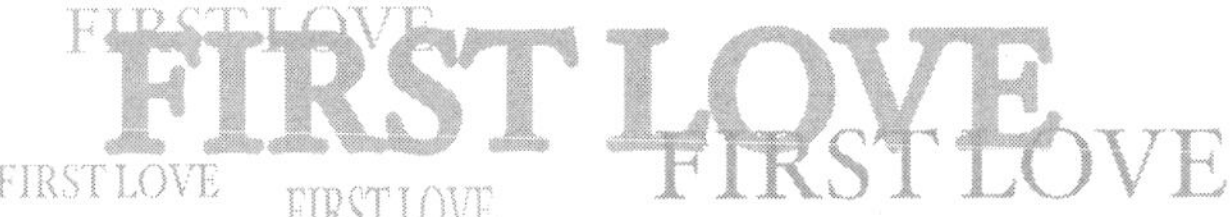

제 2 부　　처음 사랑을 회복하는 것

서 문

프로 농구 선수에게 있어서 리바운드는 일종의 기술이다. 어떤 선수들은 리바운드하는 솜씨 하나만으로 매우 높이 평가받는다.

농구에서 리바운드가 왜 그렇게 값진 기술일까? 그 이유는 정확하게 들어가지 않는 슛이 많기 때문이다! 공이 링에 들어가지 않는다. 링을 맞고 튕겨나오거나 계속 백보드를 맞고 떨어진다. 그 공을 리바운드해서 다시 슛을 하는 사람이 이긴다.

그리스도인의 삶에서도 마찬가지이다. 우리 모두는 슛을 정확히 쏘지 못한다. 링이 어디 있는지 우리는 알고 있고 우리에게 공이 있다는 것도 알지만 어쩐지 두 개가 딱 맞지를 않는다. 지금 우리가 생각하고자 하는 문제는 그렇게 많이 들어가지 않는 슛이 아니라 리바운드에 관한 것이다. 일어나 경기로 다시 돌아가기 위해 우리가 하는 것 말이다.

이것을 다른 말로 해보자. 예수 그리스도를 향한 당신의 처음 사랑을 어떤 것과 바꾸었다면 들어가지 않고 실패한 슛이 어디엔가 있었던 것이다. 그러나 경기는 끝나지 않는다. 당신은 리바운드할 수 있고 그리스도를 향한 처음 사랑을 다시 회복할 수 있으며 인생의 경기에서 승리자로 남는다. 그것이 바로 그리스도께서 우리가 하기를 원하시는 것이다.

예수님은 가장 큰 계명으로 "네 마음을 다하고 목숨을 다하고 뜻을 다하여 주 너의 하나님을 사랑하라"는 말씀을 주셨다(마 22 : 37). 하나님을 사랑하는 것이 언제나 그분의 최우선 순위였다. 하나님은 우리의 본분(의무)을 원하실 뿐 아니라 우리의 헌신적인 사랑(devotion)을 원하신다.

이를 뒷받침해 주는 확실한 근거로는 부활하신 주님께서 에베소 교회에게 다음과 같이 지적하신 말씀이 있다.

내가 네 행위와 수고와 네 인내를 알고 또 악한 자들을 용납치 아니한 것과 자칭 사도라 하되 아닌 자들을 시험하여 그 거짓된 것을 네가 드러낸 것과 또 네가 참고 내 이름을 위하여 견디고 게으르지 아니한 것을 아노라 그러나 너를 책망할 것이 있나니 너의 처음 사랑을 버렸느니라 그러므로 어디서 떨어진 것을 생각하고 회개하여 처음 행위를 가지라 만일 그리하지 아니하고 회개치 아니하면 내가 네게 임하여 네 촛대를 그 자리에서 옮기리라(계 2 : 2~5).

이 얼마나 놀라운 말씀인지. 예수 그리스도께서 에베소 교회를 보실 때, 좋은 것들을 많이 보셨다. 잘한 일들, 힘든 것을 견딘 일, 계속되는 일들을 보셨다. 이 교회 사람들은 게으르지 않았다. 그들은 하나님의 일에 부지런했다. 그리스도의 이름을 위하여 핍박과 고통을 견디기까지 했다. 거기까지는 좋았다.

예수 그리스도께서는 에베소 교회가 교리적으로도 건전한 것을 보셨다. 이 신자들은 성경에 입각한 사실들을 알고 있었기 때문에 거짓 사도들과 거짓 선생들을 비웃을 수 있었다. 그들은 성경을 알았다. 진리가 그들에게는 중요했다. 어떤 목사라도 그와 같은 무리들을 사랑할 것이다.

사실, 에베소 교인들이 놓친 것은 딱 하나 있었다. 그것은 헌신의 결과인 본분, 의무감이 헌신의 자리를 차지한 것이다. 에베소 교인들은 그리스도를 향한 자신들의 "처음 사랑"을 버렸다. 그들은 그리스도인으로의 삶에는 능숙했지만 냉담하게 식어버렸다. 하나님에 대한 사랑의 온기와 흥분됨이 차갑게 변하고 생명력을 잃어버렸다.

어떤 분은 이렇게 얘기할지도 모르겠다. 넷 중에 셋은 좋지 않았냐고 ···그들은 좋은 행위들을 보였고 인내로 하나님을 섬겼으며 교리에서도 벗어나지 않았다. 그들은 사랑하는 일에 좀더 열심을 내야 했다.

예수 그리스도께서 그들에게 이렇게 말씀하셨나? 그렇지 않다! "마땅히 있어야 할 바, 나를 향한 사랑이 너희에게 없고서는 그 어떤 것도 너희가 하는 것은 정말 중요하지 않다. 너희가 처음에 나를 사랑했던 그 사랑으로 돌아오지 않으면 너희 교회의 촛대를 내가 옮기리라!"고 말씀하셨다.

하나님은 절대로 우리의 헌신이 의무로 변하기를 원치 않으신다. 그렇기 때문에 우리의 처음 사랑에 대한 문제는 너무 중요하고 얘기해볼 만한 가치가 있는 것이다. 이 주제 하에 필자는 두 가지 표제를 가지고 전개해 나가며, 우리가 있을 곳으로 가고자 한다.

불행하게도 타락하고 구속되지 않은 세상 속에서 살고 있는 구원받은 사람들인 우리는 타락했기 때문에, 우리 주위에 그리고 우리 안에조차 우리의 시선을 그리스도로부터 떼어놓고 그분에 대한 우리의 "처음 사랑"을 잃어버리게 할 수 있는 것이 너무나 많이 있다. 우리에게는 얕잡을 수 없는 적이 있다. 그것은 바로 세상이다. 요한은 세상을 이렇게 표현했다. "이는 세상에 있는 모든 것이 육신의 정욕과 안목의 정욕과 이생의 자랑이니 다 아버지께로 좇아 온 것이 아니요 세상으로 좇아온 것이라"(요일 2 : 16). 그리고 베드로전서 5장 8절에는 '우는 사자와 같은 마귀'라고 되어 있다.

그래서 그리스도에 대한 우리의 사랑의 우선권을 빼앗아 갈 수 있는 몇 가지에 대해서와 이 상태가 계속되도록 허락할 때의 결과에 대해서 어느 정도 얘기할 것이다. 예수님께서 에베소 교회에게 그렇게 강한 경고를 하셨기 때문에 하나님을 우리의 삶에서 제자리에 모시지 않을 때 우리도 위험하게 되리라는 사실을 알아야 한다.

이 책의 뒷부분에서는 재미있는 내용을 다루게 된다. 우리의 처음 사랑을 다시 회복하는 것에 대한 얘기를 할 것이다. 그 개요는 요한계시록 2장 5절에서 얻은 것으로 예수님께서는 에베소 교인들에게 기억하고, 회개하며, 다시 하라고 말씀하셨다. 이 부분은 적용하기가 상당히 어려운 내용이지만 필자는 진리를 실천에 옮길 수 있는 아이디어를 제공할 것이다. 그러면 이제 시작하도록 하자.

제 1 부

처음 사랑을 떠나

제 1 장
육욕이라는 암덩어리

2 5년 전 당시의 컨트리, 팝, 록 뮤직 중에 자신의 애인을 떠나는 내용을 다룬 노래가 한 절반은 될 것이다. 그 중에 분명히 70년대에 인기 있던 폴 사이먼의 "50 Ways to Leave Your Lover(애인 떠나기 50가지)"가 들어갈 것이다.

우리의 세속 문화가 계속해서 대량으로 만들어내는 음악으로 판단하건대, 우리는 사랑의 위기에 이른지 꽤 오래되었다라는 결론을 내릴 수밖에 없다. 세상의 위기는 두 가지 면에서이다. 하나는 아무도 어떻게 사랑이 살아 있도록 지켜나가는지 모르는 듯하다. 어떻게 하면 그 불꽃이 꺼지지 않고 활활 타오르는지 말이다. 두 번째는 모두가 자신의 참된 사랑을 배반하고 있는 것 같다.

글쎄, 교회도 역시 마찬가지 위기를 맞고 있다. 우리는 우리의 처음 사랑을 합당하게 지켜나가기가 어려운 때가 있다. 이 책의 제목에서 알 수 있듯이 우리 그리스도인들이 우리의 처음 사랑을 떠나는 일은 가능한 것이다. 예수님 자신이 에베소 교인들에게 그렇게 말씀하셨다(계 2 : 4).

그래서 문제이다. 서문에서 필자가 말했던 것처럼, 우리는 불완전한 세상에 사는 매우 불완전한 사람들이기 때문에, 우선 순위를 뒤죽박죽으로 만들어 놓기가 쉽다. 그리스도로부터 우리의 눈과 마음을 떼어 뭔가 다른 것에 놓는다는 얘기다. 그것을 우리가 '처음 사랑을 버렸다'고 하며,

그것을 고칠 수 있는 방법은 한 가지가 있다. 그것은 우리의 처음 사랑으로 되돌아가는 것이다.

자, 여러분은 길을 잃어버렸던 경험이 다 있을 것이다. 길을 잘못 들어서 가야 할 길을 떠난 경우에, 우리는 되돌아가야 한다는 것을 안다. 나 같으면, 일단 내가 틀린 길로 가고 있다는 것을 알았을 때 바른 길로 되돌아가기 원할 것이다!

그러나 가야 할 길로 되돌아갈 수 있기 전에, 먼저 내가 어디에 있는지 알고 어떻게 이렇게 잘못된 길로 왔는지 생각하면서 걸어온 길을 다시 되돌아갈 것이다. 예수님께서 말씀하셨듯이 우리가 처음 사랑을 버리는 것이 가능하다면 우리가 잘못해서 벗어날 수 있는 태도 및 행위들을 다루고 정의해보는 것이 좋겠다. 이 책의 앞부분은 그런 문제를 놓고 얘기하겠다.

이 사랑을 훔치는 자(love—stealer)는 신약에서 육욕(carnality)이라고 하는 영적인 상태이다. 그것이 각 개인의 삶에 있건, 가족 생활에 있건, 혹은 교회 생활 아니면 사회 생활에 있건 간에, 문제가 되는 것은 우리 자신이 갖고 있는 육욕의 탓이다.

하나님의 자식들 중에는 자신이 누구의 가족이 되길 원하는지도 정말 확실하지 않은 사람들이 너무 많이 있다. 그들은 그리스도에게서 한 발을 빼서 세상에도 걸치려고 하는 이들이며 결국, 기도가 응답되지 않고 감정적으로나 육체적으로 약해지며 평안과 기쁨을 잃어버리고, 안정감을 잃고 온갖 질병에 시달린다.

이 말을 오해하지 않기 바란다. 그리스도인들이 문제가 있을 때마다 그 사람이 육적이기 때문에 생긴 일이라는 말은 아니다. 그러나 믿는 우리가 힘들어지게 되는 경우 중 다수는 그 원인이 육적인 그리스도인이기 때문이며 복음에 한 다리만 걸치고 있기 때문이다.

육적인 그리스도인이라는 말이 무슨 의미일까? 간단히 말해서 육욕이란 거듭난 그리스도인이 그리스도보다는 자신을 더 기쁘게 하고 섬기는 삶을 알고서도 계속해서 살아갈 때의 영적인 상태이다. 바울은 육욕의 개념을 고린도전서 3장에서 설명하고 있는데 이것을 살펴보자.

「 진짜 그리스도인 」

먼저 말하고 싶은 것은 육신에 속한 그리스도인도 진짜 그리스도인이란 사실이다. 필자가 육적인 그리스도인(carnal Christian)이라고 말할 때, 말 그대로이다. 그리스도께로 한 번도 온 적이 없는 사람에 대해서 말하고 있는 것이 아니다. 처음에 예수님께로 제대로 연결되지 않았다면 그리스도를 향한 처음 사랑이 떠날 수도 없으니 말이다. 그래서 필자가 말하는 육적인 그리스도인은 거듭난 신자를 두고 하는 말이다.

천국으로 가는 길에 있지만 이 세상에서 하나님께는 거의 무익할 수도 있다는 것을 여러분은 알고 있었는지 모르겠다. 주 예수 그리스도를 구세주로서 받아들이기는 하지만 그분의 주권 앞에 무릎꿇기를 거절하는 곳에 있을 수가 있다. 바로 그것이 육적인 그리스도인의 모습이다. 천국으로 가는 길에는 있지만 이 세상에서 타협하는 믿음 생활을 하는 사람이다.

많은 사람들은 자신이 전혀 그리스도인이 아닐 때가 육적인 그리스도인이라고 생각한다. 큰 오해가 아닐 수 없다! 주 예수 그리스도만을 구세주로 믿은 적이 없는 사람은 먼저 거듭나야 한다(요 3 : 1~7). 먼저 죄를 회개하고 구원받아야 하며, 십자가에서 우리 죄값을 치르신 예수 그리스도께 영원한 운명을 맡겨야 한다. 여기에 해당하는 사람은 육욕, 육적인 생각 이러한 것들이 문제가 될 수가 없다.

가끔 우리는 거듭났다고 하면서도 거짓 그리스도인의 삶을 사는 사람을 본다. 이 사람은 절대로 그리스도인이 아니었다고 말하기가 쉽다. 그럴 수도 있다. 그러나 이 사람은 진짜 그리스도이지만 냉담해지고 믿음에서 떨어진 사람일 수도 있다.

왜냐하면 그리스도인들은 하나님과 두 부분의 관계를 맺고 있기 때문에 그것이 가능하다. 결혼은 했지만 결혼에서 누려야 할 친밀한 교제를 즐기지 않는 법적인 결혼이 가능한 것처럼, 그리스도께 정말 결혼은 했으나 우리의 구원에서 누려야 할 마땅한 교제를 즐기지 않는 것이 가능하다는 말이다.

그리스도인이 된다 해도 육신에 속할 수 있다는 것이 고린도전서 3장에 보면 명백하다. 바울은 1절에서 이렇게 말한다. "형제들아 내가 신령한 자들을 대함과 같이 너희에게 말할 수 없어서 육신에 속한 자 곧 그리스도 안에서 어린아이들을 대함과 같이 하노라."

바울이 이 사람들을 '그리스도 안에서' '형제'라고 부른 것을 보라. 형제라고 한 것은 하나님의 가족임을 말해준다. 그러나 이 장에서 바울은 그들이 그리스도 안에서(진짜 그리스도인) 형제들(가족에 속함)임에도 불구하고 영적으로 잘못된 길로 가고 있기 때문에 이들을 몹시 비난한다.

고린도전서 1장 2절에서 바울은 "고린도에 있는 하나님의 교회 곧 그리스도 예수 안에서 거룩하여지고 성도라 부르심을 입은 자들과 또 각처에서 우리의 주 곧 저희와 우리의 주되신 예수 그리스도의 이름을 부르는 모든 자들에게"라고 쓰면서 대부분 육적인 그리스도인으로 구성된 이 교회 사람들에게 편지의 서두를 꺼낸다. 고린도 교인들은 하나님의 목적과 맞지 않게 살고 있었다. 그들은 구원받은, 거룩해진 형제이자 가족이었다. 그러나 그들은 육에 속하여 그들의 처음 사랑은 말할 것도 없이, 그리스도가 전혀 사랑할 대상이 아닌 것처럼 살고 있었다.

성경에는 하나님께 헌신했다가 깊은 나락으로 떨어지는 사람들의 실례가 많이 있다. 이스라엘의 첫 번째 왕인 사울을 볼 때, 그는 주님께서 기름부으신 자로 이스라엘을 이끌어 가도록 선택받았다(삼상 10 : 1). 그러나 하나님을 불순종하기 때문에 마술을 사용하는 길로 전락하고 종국에는 자살하는 사람이 되고 만다. 사울은 하나님에 대한 불순종 때문에 자멸하게 된다.

사울을 이은 다윗은 밧세바와 간음하였을 뿐 아니라 살인을 하고서도 1년 후 나단 선지자가 책망할 때까지 그것을 숨기려 하였다. 그 기간 동안 그는 육욕의 상태로 살았다(삼하 11~12).

다윗의 아들 솔로몬은 위대한 왕이었다. 열왕기상 처음 10장까지를 보면 그가 얼마나 놀라울 만큼 헌신된 사람이었는지 알 수 있다. 마음에 소원하는 것을 무엇이나 구할 수 있는 기회가 있었을 때 솔로몬은 이렇게 기도한다. "··· 지혜로운 마음을 주사 ···"(왕상 3 : 2~15). 그리고 솔로몬이 성전을 봉헌할 때 하는 기도만큼 위대한 기도가 성경에 거의 없을 정도이다(왕상 8 : 22~53). 그는 헌신된 사람이었다.

그러나 성경은 열왕기상 11장 1절에서 "솔로몬 왕이 바로의 딸 외에 이방의 많은 여인을 사랑하였으니 곧 모압과 암몬과 에돔과 시돈과 헷 여인이라"고 전한다. 700명의 부인(후비)과 300명의 애인(빈장)을 갖게 되었다는 말은 얼마나 점잖게 표현한 말인지 모른다. 이 여인들이 솔로몬의 "마음을 돌이켜서 다른 신들을 좇게 하였으므로 왕의 마음이 그 하나님 여호와 앞에 온전치 못하였으니"(4절)라고 한다. 이것이 우리가 처음 사랑을 버리는 것을 묘사하는 말이 아니고 다른 뜻으로 한 말일까?

솔로몬이 전도서를 쓸 때 그 주제는 인생의 허무함이었다. 그가 처음 사랑을 떠나 육적인 삶으로 들어섰을 때, 솔로몬이 고백할 수 있는 것이라고는 자신이 육적인 성도가 되었기 때문에 하나님과의 역동적인 관계로부터 멀어지는 데서 오는 삶의 무의미함이었던 것이다.

이런 예는 아주 많다. 고린도전서 후반부에는 자신의 계모와 근친상간을 하면서 살고 있는 어떤 남자에 대한 내용이 나온다. 바울이 이 사람을 교회에서 쫓아내라고 엄히 선언하기는 했지만 이 사람은 회개하고 회복되도록 엄격한 훈련이 필요했던 당연히 신자였을 것이다(5 : 1~5).

10년 전에 구원받았다는 사실이 영적으로 오늘의 나를 결정해주지 않는다는 실례이다. 하나님은 우리에게 새로운 생명을 주셨지만 그것이 의미 있기 위해서는 그분께서 주신 새로운 삶을 살아야만 한다. 어제는 영적으로 승리했어도 오늘은 영적인 패배자가 될 수 있다. 하나님께 끊임없이 의지하지 않으면, 하나님께 힘을 얻고 날마다 동행하는 그리스도인의 삶을 살지 않으면, 우리는 영적으로 실패할 수 있다.

「 정체된(Stagnant) 그리스도인 」

두 번째로 육적인 그리스도인은 활기가 없고 정체되어 있다. 고린도전서 3장 2절에서 3절 전반부를 보라. "내가 너희를 젖으로 먹이고 밥으로 아니하였노니 이는 너희가 감당치 못하였음이거니와 지금도 못하리라 너희가 아직도 육신에 속한 자로다 · · · "

육적인 그리스도인은 한동안 구원받았으나 아직 영적인 성장이 거의 안보이거나 전혀 없는 이를 말한다. 필자가 당황스러운 것은 매주, 매월,

수년에 걸쳐 교회에는 출석하지만 진전이 없는 그리스도들이 너무 많다는 사실 때문이다.

그들은 똑같이 낡은 방식으로 똑같이 낡아빠진 죄를 여전히 저지른다. 그들은 성경적으로 사고하기를 거부하며 하나님께서 요구하시는 대로 하나님과 관계 맺기를 거부한다. 그러면서도 매주일 아침이면 똑같은 자리(맞히라면 맞힐 수 있다)에 앉아 있다. 사실 그 자리에는 그들보다 더 잘 어울리는 사람이 아무도 없다. 그들은 여전히 척하고 있지만 그들은 몇 년 전에 극복했어야 할 문제로 씨름하고 있다.

── 。가갸거겨 성도

바울은 육적인 신자들의 특징은 딱딱한 영적 음식을 먹을 수가 없는 것이다라고 말한다. 즉 그들은 하나님의 더 깊은 것에 이를 수가 없다. 필자는 그런 이들을 가갸거겨 크리스천이라고 부른다.

누가 우리에게 다음과 같은 내용의 책을 선물해 준다면 기분이 어떨까? "A는 Apple의 A. Apple은 나무에서 자라는 열매입니다. A는 Apple의 A." 틀림없이 얼굴이 뜨거워지고 다음 페이지를 넘기면 화가 날 것이다. "B는 Boy의 B. Boy가 공을 차고 있습니다. B는 Boy의 B." 그리고 "C는 Cup의 C." 이해가 갈 것이다.

훑어보고는 이렇게 소리칠 것이다. "이거 뭐야? 유치원은 이미 졸업했다구, 내가 이런 걸 읽을 때야?" 우리 모두가 여섯, 일곱 살이면 다 마친 가갸거겨에 해당하는 내용이다. 지금 우리는 문장과 절과 조사와 부사구와 여러 다른 문법 구조를 이해할 수 있다. 유치원에서 배울 내용은 이미 다 마쳤다. 배우고 성장하는데 필요한 시간을 다 거쳐왔다.

그러나 배우는데 시간을 들이지 않은 사람들도 있다. 그들은 중간에 낙제를 하거나 배우기를 그만 두어서 지금은 어른인데도 아직 "A는 Apple의 A" 수준에 머물러 있는 것이다.

읽을 수 있는 능력을 개발하는 방법은 읽는 것이다. 읽을 수 있기를 소원하거나 읽을 수 있기를 바라거나 읽을 수 있는 능력을 위해 기도하는 것조차도 아니다. 읽기를 배우고 싶은 사람은 읽기를 연습해야 한다.

처음 사랑이 제자리에 있는 영적인 그리스도인이 되고 싶은 사람은, 영적인 성장에 필요한 것들을 해야 한다. 마냥 정체되어 있을 수만은 없다.

— ◦ 가다 멈춘(Stalled) 성도

필자가 최근 나이지리아의 라고스(Nigeria, Lagos)에 있을 때, 우리 일행이 타고 있던 택시가 움직이지 않게 되었다. 우리는 꼼짝도 할 수가 없었다. 나이지리아에서의 처음 보내는 날이었는데, 필자는 밖으로 나가서 차를 미는 것을 거들어야 했다.

그런데, 운전석의 계기판이 작동하지 않고 있었고 차에 휘발유도 없었다는 사실을 우리는 발견했다. 기름 한 방울도 없이 우리를 태우고 가겠다니, 당연히 차가 움직일 리가 없었다. 우리 일행은 휘발유를 좀 구해서 탱크에 넣고는 움직일 수가 있었다. 이유는 간단하다. 휘발유를 채워 넣었기 때문이다.

즉 공기만으로는 될 수가 없는 일이었다. 그 차에는 두 명의 거룩한 남자와 두 명의 거룩한 여인이 타고 있었으나, 아무데도 갈 수 없었다. 왜냐하면 기름이 있어야 했고 그 어떤 것도 움직일 수가 없었다.

우리 중 많은 사람들이 하나님이 요구하시는 것만 빼놓고 하나님께 모든 것을 드리기 원한다. 우리는 그분께 이것 조금, 저것 조금을 드리고 싶어하지만 우리의 영적 엔진은 부르릉거리지 않는다. 왜냐하면 하나님께서 요구하고 있는 것을 드리고 있지 않기 때문이다. 헌신된 생활이다. 영적인 개발을 위해 우리가 가져야 할 시간이다.

불행하게도 필자에게는 그 때 나이지리아에서 '택시 제2탄'을 경험했다. 우리가 막 고속도로를 진입하려는 때에 택시가 또 멈추었다. 나는 밖으로 나와서 차를 주유소 쪽으로 밀었다. 주유소에서 그 차는 영구히 멈추었다. 그래서 나이지리아에서 보내던 첫날 밤에 나를 초청했던 분과 함께 도로변에 서서 히치하이킹을 해야만 했다.

그 택시가 서버렸기 때문에 우리는 목적지로 제시간에 갈 수가 없었다. 그 일정이 취소되었다.

그리스도인들이 육적으로 흐르는 많은 경우의 원인이 그렇게 정지되었기 때문이다. 아무리 열심히 바퀴를 돌려도 차가 바퀴 자국에 빠져 꼼짝도 못해서 앞으로 움직일 수가 없다. 그들은 우유에서 딱딱한 음식으로 옮겨가기 위해서 해야 하는 선택 과정에서 실패했다.

그들은 여전히 자신의 영적 생활의 성공 여부를 스스로가 얼마나 진리에 노출되었는가로 측정하지 않고 얼마나 즐거웠는가로 잰다. 아무것도 배우고 있지 않을 때라도 기분이 좋기를 원한다. 누군가 다른 사람이 자신에게 말씀을 주기를 원한다. 스스로는 절대 수저잡는 법을 배우지 않는다.

어떤 아기가 있다면 그 아기가 스스로 아직 먹을 능력이 없다고 해서 뭐라고 할 이유가 없다. 그러나 일단 성장하고 나면 스스로 먹을 수 있어야 한다. 고린도 교회의 그리스도인들은 그렇게 하지 못했다. 히브리서 5장 11절에서 묘사된 사람들처럼 그들은 "듣는 것이 둔하"게 되었다.

이 '둔한(dull)'이라는 말은 노새를 말할 때 쓰는 말이다. 육적인 그리스도인들은 노새 머리처럼 되어, 말을 듣지 않아 다루기가 힘들고, 하나님의 진리를 배우고 적용하기를 거부한다. 그렇게 되면 그들의 영적인 성장에는 더 이상 진전이 없다. 여기서 육욕의 세 번째 특성이 떠오른다.

「 육의 생각을 가진(Fleshly-Minded) 그리스도인 」

육적인 그리스도인은 육의 생각을 가진 그리스도인이다. 고린도전서 3장 3절을 다시 보면 바울은 이렇게 말한다. "너희가 아직도 육신에 속한 자로다. 너희 가운데 시기와 분쟁이 있으니 어찌 육신에 속하여 사람을 따라 행함이 아니리요?"

이제 바울은 문제의 핵심으로 들어간다. 육적인 그리스도인은 불순종하는 습성적 경향과 태도, 그러한 사고 방식을 보이기 시작한다. 즉, 그들은 그들이 이미 된 새 사람으로가 아니라 이전에 그랬던 옛 사람에 의해 지배당하며, 고의적으로 죄 가운데 산다.

어떤 그리스도인도 육적이어서는 안된다. 잘못해서 죄를 짓게 된 경우가 아니라, 의지적인 결단으로 죄를 짓는 것 말이다. 모두가 죄를 짓는다. 아무도 완전하지 않다. 죄에 빠지는 사람이라고 해서 반드시 육적인 그리스도인은 아니다.

육적인 그리스도인들은 그리스도를 기쁘시게 하기보다는 스스로를 만족시키려는 사고 방식과 영적인 경향을 갖고 있다. 바울은 여기서 말하는 육의 생각(the idea of flesh)은 우리 모두에게 있는 스스로를 섬기고 기쁘게 하려는 것을 의미한다. 육을 육으로 만드는 것은 그것이 우리를 만족시킨다(please)는 것이다.

나 자신을 가장 유혹하고 있는 죄들을 생각해보라. 내 마음을 잡아 끄는 것들이 나를 만족시키는(gratify) 것들이다. 그것들은 내 기분을 좋게 한다. 그것들은 나의 감각에 호소한다. 그것이 육(flesh)이다.

그러나 하나님께서 우리를 구원하셨을 때 그분께서는 우리가 그리스도를 섬기도록 구원하셨다. 육의 사고 방식으로부터 영의 사고 방식으로 우리의 초점을 움직일 때까지 우리는 우리의 육욕(carnality)으로부터 결코 일어설 수 없다. 이것을 완전히 이해하기 위해서는 바울이 여기에서 말한 네 가지 유형의 사람들을 살펴봐야 한다.

— ∘ 자연인

첫 번째 유형은 고린도전서 2장 14절에서 묘사하고 있다. "육에 속한 사람은 하나님의 성령의 일을 받지 아니하나니 저희에게는 미련하게 보임이요 또 깨닫지도 못하나니 이런 일은 영적으로라야 분변함이니라."

필자가 하루는 어떤 형제와 얘기하는데 그가 이렇게 말했다. "그래요, 저는 자연인입니다."

그것은 그에게 좋은 말처럼 들렸겠으나 성경에 따르면 그것은 자랑스러워할 만한 것이 아니다. 자연인이란 비그리스도인을 달리 표현하는 말이기도 하다. 그리스도인은 초자연적이도록 되어 있다. 비그리스도인은 모든 일을 자연의 힘으로 한다. 비그리스도인은 모두다 하고 있는 일이라면 해도 괜찮다고 생각한다. 왜냐하면 그것이 가장 자연스럽기 때문이다.

그러면 자연인이라고 하는 사람들의 두 가지 주요 특성을 알아보자. 먼저 그들은 영적인 것들을 좋아하지 않는다. 믿지 않는 사람들은 영적인 것에 단지 그 자체 이상의 의미를 부여하지 못한다. 하나님의 진리가 그들의 삶을 지배하기 원치 않는다.

자연인의 두 번째 특성은 영적인 것들을 어리석게 본다는 것이다. 그들은 하나님의 진리를 이해할 수가 없다. 즉 그들은 영적인 것들과 상호 작용할 수 있는 능력이 없다. 구원받지 못한 사람들이 하나님께 속한 것들을 좋아하지 않는 이유는 그 영적인 것들을 가지고 무엇을 해야 할지 모르기 때문이다. 그들은 영의 일들을 어떻게 받아들일지 그것들을 어떻게 이해할지 모른다.

따라서 영적 사망이나 영적 진리와 같은 문제들은 자연인들에게 그리 중요하지 않다. 그들은 영적인 것만 빼놓고는 뭐든지 얘기하고 싶어한다. 자연인은 과학, 수학, 그리고 다른 원리들을 이해할 수가 있다. 그러나 영적 현실을 식별하거나 이해할 수는 없다.

어떤 사람이 친구네 집을 갔더니, TV에서 멋진 영화를 하고 있었다. 그런데 이 집 텔레비전은 화면이 작아서 이 사람은 얼마 전에 구입한 자기 집 큰 TV를 생각하면서 이렇게 말했다. "큰 화면으로 집에 가서 나도 이 영화를 봐야겠군."

그래서 그는 집으로 달려가 큰 화면의 텔레비전을 켰다. 그러나 보고 싶은 영화는 아무데도 안 나왔다. 채널을 아무리 돌려봐도 찾을 수가 없었다. 화면도 깨끗하고 소리도 멋지게 나오는데···영화는 나오지 않았다.

뭐가 잘못된 것인지 눈치채신 분도 있을 것이다. 이 사람은 친구 집에서 본 영화가 케이블 TV 방송이었던 것을 몰랐다. 그 케이블 때문에 밖에서 오는 신호를 당겨서 쓸 수 있었던 것이다. 이 사람은 화면도 더 크고 좋은 텔레비전을 갖고 있었지만 친구가 받고 있는 것을 받을 수 없었다. 케이블이 없었기 때문이다.

믿지 않는 사람은 아무리 비싼 장비가 있어도 아무리 큰 권력과 명성을 갖고 있어도 하나님의 프레임에 연결될 수가 없다. 하나님과 닿을 수 있는 길이 없다. 많은 비그리스도들은 이 세상의 것들은 많이 볼 수가 있으나 영적인 화면은 그 연결선이 없기 때문에 얻을 수가 없는 것이다.

—。 영적인 사람

두 번째 유형은 바울이 고린도전서 2장 15절과 16절에서 묘사하는 사람이다. "신령한 자는 모든 것을 판단하나 자기는 아무에게도 판단을 받지 아니하느니라 누가 주의 마음을 알아서 주를 가르치겠느냐 그러나 우리가 그리스도의 마음을 가졌느니라"

마음(mind-사고 의지 등의 작용을 하는 마음-역주)이라는 말에 유의해보자. 영적인 사람은 그리스도께서 생각하시는 것처럼 생각하기를 배운 성숙한 그리스도인이다. 이 마음이 여기에서 열쇠인데 바로 그것을 통해서 우리가 작동시킬 데이터를 수집하기 때문이다.

우리의 생활에서 하는 모든 것은 뇌가 하라고 하기 때문에 하는 것이다. 뇌가 없으면 그밖에 아무것도 일하지 않는다. 우리의 모터 기능과, 언어, 그리고 다른 모든 기능을 조절하는 채널이다. 뇌가 죽으면 어떤 것도 일할 수 없다.

뇌가 몸에 하는 것이 마음(mind)이 영혼(soul)에 하는 것과 같다. 그래서 바울은 영적인 사람이 하나님과 같이 생각하기를 배운다고 말하고 있다. 그는 끊임없이-완벽하게가 아니라-하나님의 관점에서 인생을 관찰하고 평가하고 점검하는 데까지 이른다.

이제 여러분에게 한 가지 물어보겠다. 여러분의 삶에서 하는 모든 판단과, 계획, 방침 결정에 있어서 '하나님께서 이것에 대하여 어떻게 생각하실까'라는 질문을 여러분은 때마다 하는가? 그렇지 않은 분은 아직 영적이지 않기 때문이다. 영적인 사람은 그리스도와 같이 생각한다.

영적인 사람의 특성 중 하나는 영적인 지각력(perception)이다. 영적인 사람들은 성숙하기 때문에 현재의 결정을 미래의 결과와 연결할 수가 있다. 비성숙한 사람들은 그것을 연결하지 못한다. 그들은 단지 순간을 위해 산다.

우리 아이들 중에 특히 어린 녀석은 저축에 대해서는 생각조차 않고 얘기할 줄도 모른다. 돈을 쓰는 일에 대해서는 아주 많이 얘기한다. 내가 돈을 조금 주면 금방 써버린다. 그만큼 어리기 때문에 장기적인 안목이 없는 것이다.

그러나 성숙하면 순간 대신에 미래를 봐야 한다고 생각한다. 영적인 사람은 당면한 환경에서뿐 아니라 하나님의 관점에서도 인식한다. 분별할 능력이 있고 하나님의 통찰력이 있는 사람이다.

— ◦ 그리스도 안에서의 어린아이들

바울이 말하는 세 번째 유형은 고린도전서 3장 서두에서 묘사하고 있다.

> 형제들아 내가 신령한 자들을 대함과 같이 너희에게 말할 수 없어서 육신에 속한 자 곧 그리스도 안에서 어린아이들을 대함과 같이 하노라. 내가 너희를 젖으로 먹이고 밥으로 아니하였노니 이는 너희가 감당치 못하였음이거니와···

지금 우리는 유아 그리스도인에 대해서 얘기하고 있다. 믿은 지 얼마 안되는 사람들이다. 단순히 구원받은지 얼마되지 않았기 때문에 아직 충분히 영적이기에는 이른 경우를 말한다.

처음 믿은 사람 중에는 회심한 날부터 영적으로 날아갈 듯이 높이 치솟아 오르는 사람이 있기 때문에 이 말은 약간 혼동스러울지도 모르겠다. 그들은 오래 믿었던 어떤 사람들보다 더 영적인 것 같다. 여기서 필자가 베이비 크리스천이 영적일 수 없다고 하는 말은 성숙하지 않다는 의미에서 하는 말이다. 베이비 크리스천은 확실히 성령께서 다스리시는 그리스도인이 될 수 있다. 그러나 성숙한 것과는 다르다. 성숙이란 시간이 필요한 문제이기 때문이다.

바울이 이 사람들에게 성숙하지 않다고 비난하는 말은 조금도 없다. 아기가 아기다운 것은 비난할 일이 아니다. 지극히 당연한 것이다. 그래서 바울이 "그리스도 안에서의 어린아이들"이라고 할 때 그것은, 아직 대학에 갈 만큼 성숙할 시간이 지나지 않았기 때문에 아직 유치원생인 그리스도인들을 의미한다. 그들은 아직 어리기 때문에 단지 성숙할 시간이 없었을 뿐이다.

필자가 나이지리아에 있었을 때, 그 나라 언어를 몰랐기 때문에 도대체 어떤 얘기가 벌어지고 있는지 몰라 도움이 필요했다. 그래서 초청해 주신 분에게 이렇게 묻곤 해야 했다. "저 분이 뭐라고 하는 겁니까?"

그 환경이 나로서는 모두 처음이었다. 나이지리아 언어를 말하거나 이해할 수가 없는 것이 당연했다. 내게 잘못된 것은 하나도 없었다. 유아 그리스도인이 바로 그런 식이다. 그들은 처음 만난 이 환경에서 걸음걸이도 배워야 하고 말도 배워야 한다. 여러분 중에 믿은 지 얼마 안된 분이 계시다면 영적으로 성숙하지 못했다고 해서 실망할 것이 하나도 없다. 다만 성령 하나님께서 여러분이 갖고 있는 것을 다스리시도록 하면 그분께서 더욱 귀하게 빚어가실 것이다.

─ 。육적인 사람

자 그러면 우리가 출발했던 곳으로 돌아가보자. 네 번째 유형이 육적인 그리스도인이기 때문에 우리는 한 바퀴 원을 돌아온 셈이다. 이 유형은 3절 서두에 이렇게 묘사되었다. "너희가 아직도 육신에 속한 자로다."

'아직도'란 말이 열쇠이다. 영적으로 성숙할 만한 충분한 시간이 있었지만 여전히 옛 행동 양식을 따라 살아간다. 그들은 무엇을 하든지 옛 스스로의 육적인 방식으로 미끄러져 들어간다. 그들은 더 이상 그렇게 달라지지 않는다.

아마도 처음에 구원받고 나서 어느 정도 많은 변화가 있었을지도 모르겠다. 그러나 초기에 확 변하던 것과는 달리 금방 정체되기가 쉽고 오히려 뒤쳐지기 시작한다. 유의하지 않으면 처음 구원받았을 때 포기했던 것들을 다시 시작하게 된다.

그런 일이 일어날 때 사람들은 영적인 허울을 쓰고 다른 이들이 쳐다볼 때 상당한 사람이라고 느끼게 만든다. 그러나 함께 살아보면 별볼일 없는 사람임을 알게 될 것이다! 옷도 거룩하게 차려입고 거룩한 향수를 뿌리고 거룩한 미소를 짓는다. 그러나 그렇게 한다고 정지된 영적 성장이 감추어질 수 없다.

고린도 교인들을 바울은 약 5년간 알고 지냈다. 이제 그가 말하기를 "여러분들은 5살인데 아직 걷지도 못합니다. 아직도 갓난아기처럼 지내고 있으니 5년 동안 전혀 진보가 없었습니다. 통과해야 할 영적인 훈련에서 그렇게 뒤쳐지고 있는 셈입니다."

필자가 달라스에서 목사로 섬기던 교회의 사역자 중에 나이지리아 출신의 소니 아코(Sonny Acho) 박사가 있었다. 대화 중에 그는 영어와 자신의 고향말을 자꾸 번갈아 사용했다. 그가 내게 무슨 말을 하고 있는지 몰라서 걱정이 되었다. 내가 모르는 어떤 일을 선동할 지 모르는 일이었다!

아코 박사는 자신이 영어를 말할 수 있다는 사실을 내게 알리려 충분히 영어로 내게 말하기도 하지만 자신이 알고 있는 모든 것을 내게 알려주지 않겠다는 사실을 내가 알도록 나이지리아어를 많이 말하기도 했다. 그래서 그가 그렇게 할 때면 나는 자주 이렇게 말했다. "제 옆에서는 영어로만 말씀하세요."

자, 그것이 육적인 그리스도인의 모습이다. 그는 그리스도인이지만 다른 언어로도 처신한다. 그는 "하나님 찬양! 할렐루야! 아멘!"이라고 입술로 말하지만 생활에서는 다른 언어로 얘기한다.

바울이 고린도전서 2장과 3장에서 묘사하는 네 가지 유형에서 육적인 그리스도인은 행동해야 할 바대로 행하지 않는 유일한 유형이다. 자연인은 자연 그대로밖에 행동할 뿐, 그 이상을 기대할 수 없다. 아기가 성숙하게 행동하지 않는다고 야단칠 수도 없다. 마땅히 자라고 있는 영적인 그리스도인이야 흠잡을 것이 없다. 그러나 육적인 그리스도인은 성장할 시간이 있었지만 발육이 멈추었기 때문에 실망스러운 것이다.

「 반항적인 그리스도인 」

마지막으로 육적인 그리스도인은 반항적이다. 고린도전서 3장 3, 4절에서 바울은 " · · · 어찌 육신에 속하여 사람을 따라 행함이 아니리요. 어떤 이는 말하되 나는 바울에게라 하고 다른 이는 나는 아볼로에게라 하니 너희가 사람이 아니리요?"라고 한다.

여러분은 "나는 겨우 인간인가?"라고 말한 적이 있는지 모르겠다. 이것은 그리스도인다운 말이 아니다. 그것은 "순전히 인간적인" 말이다.

바울은 고린도 교인들에게 "여러분은 여러분 주위에 믿지 않는 다른 사람들이 하는 그대로 하고 있습니다. 새 피조물과 같은 새로운 사람처럼 행동하고 있지 않습니다. 비그리스도인이 하는 것들을 하고 있으니 말입니다."

— 。순종하기를 거부함

이 육적인 그리스도인들이 무엇을 하고 있었을까? 이 본문에서는 여러 지도자들에 대한 그들의 시기와 분쟁에 대해서 바울이 언급한다. 그들은 편을 가르고, 서로 싸움이 붙었다. 5장에서는 근친상간과 같은 부끄러운 일까지 허용했을 뿐 아니라 잘못된 오만에까지 빠진다.

갈라디아서 5장에서 바울은 비도덕적인 삶과 더러운 행위, 시기 분쟁, 우상 숭배에 대해서 얘기한다. 그는 이러한 것들을 육의 일이라고 한다. 그는 그리스도인들이 이러한 행동의 유형을 받아들일 때 그것은 반항적이기 때문이라고 말하고 있다. 그들은 순종하기를 거부한 것이다.

어린아이가 십대가 되면 반항적이기 마련이다. 십대가 된 아들에게 "네 방 청소 좀 해라."고 했을 때 아들이 그 말을 듣고도 말을 듣지 않는 것은 말을 이해 못해서가 아니다. 이제는 자신이 어른이라고 생각하는 것이다. 자기가 알아서 한다고 생각한다. 그래서 이렇게 반응한다. "제 방은 청소 안할 거예요!"

부모는 아들에게 방을 청소하라고 다시 한번 말하지만 그는 여전히 행하지 않는다. 그것이 반항이다. 아들은 부모가 훈련시킨 대로 행동하지 않으므로 그의 반항을 처리해야만 한다.

구원받은 그리스도인이 얼마간 지낸 후 육신의 행동 양식으로 다시 살아갈 때에도 그렇다. 그것은 자신이 스스로 어쩔 수 없기 때문이 아니다. 여기서 그 점을 똑바로 집고 넘어가자. 어쩔 수 없는 것이 아니라 어찌해 보기를 거부하기 때문이다. 육적인 생활을 하기로 의지적인 결단을 했기 때문이다.

이제 나는 풀어가야 할 문제를 가진 사람들을 이해한다. 사람은 수만 가지 문제와 속박에 스스로를 빠뜨릴 수 있는 것이다. 그러나 이 말은 사람이 의지적인 결정에 의해서 죄된 유형들을 끊어버리거나 혹은 영속시

킬 수 있음을 의미한다. 그리스도인은 결코 사탄의 손 안에 있는 무력한
볼모가 아니다.

─ ◦ 진흙탕에서 노는 아이

어린아이가 진흙탕에서 놀고 있는 것을 보고 이상하게 여기는 사람은
없을 것이다. 어린아이란 그렇게 노는 법이니까. 흙을 입에 갖다 넣기도
하고 진흙으로 몸을 씻기도 한다. 흙은 아이들의 장난감이다.

스물한 살 먹은 청년이 진흙탕에서 뒹굴고 먹고 하면서 놀고 있는 것
을 본다면 틀림없이 심각하게 생각할 것이다. 어린아이와 이 청년 사이
에 유일한 차이가 있다면 시간이다. 스물한 살의 나이가 먹도록 이 청년
은 흙이 장난감이 아니라는 것을 알아야 했다.

너무나 많은 그리스도인들이 구원받은지 너무나 오랜 기간이 지나도
록 영적으로 아직도 흙에서 놀면서 즐기고 있다. 진흙탕은 놀 데가 아니
라는 것을 모르는 갓난아기 그리스도인이라면 이해할 수가 있겠지만 말
이다.

하나님의 진리를 몇 주씩 그리고 몇 달이 지나도록 깨달으면서 진흙을
볼 때 그것을 모를 수가 없다. 하나님은 단순히 우리가 진흙탕에 못 가도
록만 하시지 않는다. 하나님은 우리에게 훨씬 더 좋은 것을 보여주시고
우리가 다시는 진흙탕에서 놀고 싶어하지 않기를 원하신다.

처음 사랑을 버리고 떠나서 다시 돌아와야만 하는 그리스도인에게만
이 세상의 진흙탕이 좋아 보일 수 있다. 여러분에게 지금 도전하고 싶은
것은 자신의 삶을 돌아보아 자연인인지, 구원받은 사람인지, 영적인지(하
나님의 관점에서 보는지), 갓 구원받은 그리스도인인지, 아니면 육적인
그리스도인이라 그리스도 안에서 새로운 사람처럼 살지 않는지 스스로
평가해보라는 것이다.

본인을 가장 잘 나타내는 육욕을 발견한 경우 지금, 예수 그리스도, 당
신의 처음 사랑으로 되돌아오라고 촉구하는 바이다.

책의 절반이 적용에 힘을 썼음에도 불구하고 각 과마다 몇 가지 아이디어를 제공하기 원한다. 이런 식으로 여러분의 처음 사랑이 회복되고 그리스도가 여러분의 중심에 자리할 것이다.

1. 자연인

제 1장을 읽고 난 후에 자신이 구원받지 못한 사람이라고 깨달았다면 지금 이 영원한 문제를 다룰 수가 있다. 단순히 자신의 죄와 그 죄성을 하나님 앞에 인정하라(롬 3 : 9~10, 23). 하나님의 아들이신 예수 그리스도가 나의 죄를 위해 십자가에서 죽으시고 나를 구원하기 위해 죽음에서 일어나셨다(롬 5 : 8; 10 : 13). 요한복음 1장 12절에서는 "영접하는 자 곧 그 이름을 믿는 자들에게는 하나님의 자녀가 되는 권세를 주셨으니"라고 약속해주셨다. 여러분은 용서의 기쁨과 영원한 생명을 얻은 기쁨을 알 수 있다.

2. 길잃은 그리스도인

앞에서 예를 든 바와 같이 자신이 바른 길에서 어딘가 잘못 들어 처음 사랑을 뒤로 하고 떠난 유형임을 인정해야 할 사람일 수 있다. 지금 중요한 것은 무슨 일이 일어났는지 깨닫고 돌이켜 거슬러 올라가는 일이다. 하나님께 그것에 대해 말하라. 하나님께 용서를 구하고 영적인 성장의 길에 다시 놔주시도록 간구하라. 하나님은 기꺼이 그렇게 하고 싶어하신다. 아버지가 길잃은 아들을 되찾으시려는 것처럼 ··· (눅 15장).

3. 선택의 기로에 서서

육욕의 길은 일련의 선택과 결정으로 정해지므로 어쩌면 여러분도 선택하기를 잘 시작해야겠다. 영적으로 성숙한 사람들의 특징은 결정을 할 때 장기적인 결과를 보고 그에 따라 행동하는 것이다. 우리가 이제까지 다룬 내용을 생각하고 더 기도해야 할 것을 막 결정하려던 참인가? 가능하다면 여러분이 하나님의 생각대로 했다고 말할 수 있을 때까지 그것을 연기하라! 목사님이나 성숙한 그리스도인에게 조언을 구하며 얘기하라.

4. 그리스도인의 생활은 초자연적인 삶이다. 따라서 다른 이들이 우리를 볼 때 그들은 순전히 자연적인 용어로만 설명할 수 없는 뭔가를 봐야 한다. 우리의 사랑, 평화, 기쁨, 인자함 등등. 스스로 이 질문을 해보자. '내 생활 속에, 내 안에서 일하고 계신 성령님의 힘으로밖에 설명할 수 없는 것이 하나라도 있는가?'

제 2 장

말씀을 막는 것

우리는 예수 그리스도를 향한 우리의 처음 사랑을 버리게 만들 수 있는 행동과 태도, "마음의 습관"에 대해서 얘기하고 있다. 2장에서는 너무나 결정적인 문제이지만 그렇게 탁 눈에 띄지 않는 도씨(love-stealer)에 대해서 말하고 싶다. 우리의 사랑을 훔쳐가는 이는 바로 하나님의 말씀에 대한 부적절한 반응이다. 상대방을 내가 제대로 사랑하지 않을 때 그가 말하고 있는 것에 대한 나의 관심도 이전과 같지 않다.

이에 대해 누가복음 8장에서 예수님 자신이 말씀하신 것을 보자. 여기에서 예수님은 누가가 비유라고 말한 어떤 이야기를 말씀하신다. 비유란 아는 것을 사용해서 모르는 것을 설명한 이야기이다.

예수님은 사람들이 보통 이해하고 있지 않을 내용을 전하기 위해서 사람들이 이해할 만한 것들을 이용하셨다. 영적인 것을 설명하기 위해서 물질적인 것을 쓰셨다. 누가복음 8장 4절에 보면 예수님이 가르치는 것을 들으려고 큰 무리가 나왔다고 되어 있다.

사람들은 예수님께서 가르치는 것을 듣기 좋아했다. 그들은 예수님께서 일상의 것들을 이용해서 위대한 영적 진리로 바꾸어 전해주시는 방식을 좋아했다. 이 본문이 바로 그런 장면이다.

「 씨뿌리는 자의 비유 」

예수님은 어떤 농부가 씨를 뿌리러 나간 이야기를 하고 있다(5절). 이 농부에게는 현대식 농장에서 볼 수 있는 기계식으로, 줄이 고르게 좍 놓인 밭을 경작하는 기술이 없었다.

당시 씨를 뿌리는 일은 모두 손으로 해야 했다. 가방에다 씨를 잔뜩 넣어가지고는 나귀 목에 가방을 걸치고, 씨를 뿌리고 싶은 구역이나 밭가에 난 길을 따라 나귀를 데리고 걸었다. 그리고는 가방에서 씨를 한움큼 집어서 땅에 뿌린다.

씨앗들은 여기저기 다 흩어진다. 땅에 온통 씨앗을 뿌렸기 때문에 농부는 원하는 농작물을 풍성하게 거둘 것이 분명했다. 씨 뿌리는 사람이 씨앗을 심으러 나갔는데 씨앗이 네 가지 다른 유형의 토양에 떨어졌다고 했다. 이 말은 먼저 다음과 같은 그림을 염두에 두고 하신 말씀이다.

— 。토양

어떤 씨앗은 길가에 떨어져 "밟히며 공중의 새들이 먹어버렸다"(5절). 이 씨앗은 시작도 못해봤다. 농부의 손가락을 빠져나가서 땅에 떨어졌는데 농부의 발에 밟혀 신발창 틈에 꼈다. 농부가 좀 걷자 신발 밖으로 튀어나왔다. 새가 그것을 보고 와서는 먹어버렸다.

어떤 씨앗은 바위 위에 떨어졌다(6절). 바위나 돌, 자갈 밑에는 토양층이 두껍지 않았다. 따라서 그 씨앗은 자라기는 했지만 습기가 없기 때문에 시들어버렸다. 성장을 위한 수분을 땅에서 빨아들일 만큼 깊이 자랄 수가 없었다. 토양이 생명을 유지해줄 수 있다.

예수님은 계속해서 "더러는 가시떨기 속에 떨어지매 가시가 함께 자라서 기운을 막았고"라고 하셨다(7절). 확실히 가시떨기는 식물보다 더 빨리 강하게 성장하므로 그 식물의 생명을 마르게 하는 가시가 많이 있었다.

마침내 예수님은 8절 초반부에서 "더러는 좋은 땅에 떨어지매 나서 백배의 결실을 하였느니라 · · · "고 하신다. 이 토양은 균형이 잘 맞았다. 양분이 풍부해서 원하는 결과를 내었다.

이 비유는 이렇게 끝났다. 그리고는 예수님이 깜짝 놀랄 만한 말씀을 하셨다. "들을 귀 있는 자는 들을지어다"(8절 후반부).

자, 예수님은 우리에게 두 귀가 있다는 것을 아신다. 그러나 또한 두 귀를 갖고 있지만 듣지 못할 수 있다는 것도 아신다. 그래서 하시는 말씀이 "반드시 유의하시오!"라는 뜻이다. 수업 중에 어떤 교사가 그렇게 말하면 학생들은 그것이 무슨 뜻인지 다 안다. 그 교사가 하는 말은 "제가 지금 말씀드린 것을 반드시 이해하고 넘어가야 합니다. 시험에 꼭 나오겠죠!"

── ◦ 질문

그런 경우에 학생이 만약 그 선생님이 가르친 것을 이해하지 못했다면 어떻게 해야 할까? 그렇다. 손을 들고 다시 설명해달라고 부탁하는 것이 좋다. 그래서 9절에 보면 제자들이 그렇게 한다. "제자들이 그 비유의 뜻을 물으니".

즉 그들은 "예수님 도대체 무슨 말씀을 하고 계신지 모르겠습니다. 씨 뿌리는 자가 씨를 심으러 나갔죠? 거기까지는 알겠어요 그런데 그 다음이 무슨 말이죠?" 예수님께서 비유의 뜻을 설명하기 전에 하신 말씀이 너무 충격적이기 때문에 이것은 아주 중요하다.

> 가라사대 하나님 나라의 비밀을 아는 것이 너희에게는 허락되었으나 다른 사람에게는 비유로 하나니 이는 저희로 보아도 보지 못하고 들어도 깨닫지 못하게 하려 함이니라(10절).

그러고 나서 예수님은 이 비유의 의미를 설명해주신다. 왜? 제자들이 질문했으니까!

무리는 단지 소극적으로 가담하러 왔을 뿐이다. 무리는 예수님의 이야기들을 좋아했다. 그들은 예수님께서 말씀하시는 것이 좋았다. 그들은 예수님께서 보통 사람들이 이해할 수 있는 방식으로 말해주는 것을 듣는 것이 좋았다. 그들은 하나님의 진리를 예수님이 권위 있게 말씀하실 수 있는 능력을 사랑했다.

즉 무리는 예수님의 말하는 것을 듣기 좋아했다. 그러나 그들은 "예수님, 그게 무슨 뜻이죠?"라는 가장 중요한 질문을 하지는 않았다. 그들은 정보를 이해하는 것으로가 아니라 단지 들은 것으로 만족했다.

여기 중요한 원리가 하나 있다. 하나님의 진리를 깨닫는 능력은 얼마나 알고 싶어하느냐와 연관이 있다. 여기 저기서 들은 이야기에만 만족한다면 여기 저기서 좋은 느낌만 받고 하나님의 말씀으로 나를 향해 말씀하시는 것을 충분히 이해하지 못할 것이다.

주일날 교회에 얼굴 내비치는 것만으로 만족한다면, 그리고 교회에 출석해서 듣는 말씀이 하나님 말씀의 음성으로 들을 수 있는 은혜의 대부분이라면, 우리는 공허한 마음으로 떠나게 될 것이다. 하나님께서 우리에게 원하시는 많은 것과, 그분께서 주시고자 하는 많은 은혜를 놓치게 될 것이다. 빈혈증 그리스도인이 되고 말 것이다.

누가복음 8장이 그런 상황이다. 사람들은 예수님께서 말씀하는 것을 듣기 좋아하지만 대체로 그들은 예수님을 사랑하지 않았다. 적어도 우리가 이 책에서 이야기하고 있는 식으로는 말이다. 예수님이 자신들의 처음 사랑이지 않기 때문에 그분의 말씀이 최우선 관심사도 아니었다. 바로 그 설교하시는 분이 예수님이었음에도 불구하고 듣는 것으로만은 결코 충분하지가 않았다. 우리는 가서 이렇게 물어야 한다. "예수님 무슨 말씀이시죠?" 지금 그렇게 하자.

「 왜 반응하지 못하는가? 」

제자들의 질문에 예수님은 이렇게 설명하셨다.

이 비유는 이러하니라 씨는 하나님의 말씀이요. 길가에 있다는 것은 말씀을 들은 자니 이에 마귀가 와서 그들로 믿어 구원을 얻지 못하게 하려고 말씀을 그 마음에서 빼앗는 것이요(11~12절).

말씀에 대한 첫 번째 반응을 길가에 떨어진 씨앗으로 설명하신다. 이 씨앗은 그 사람의 마음에 전혀 뿌리를 내리지 못했다. 길에 떨어져 있을 뿐이었다. 새로 표현한 것은 마귀인데, 그것이 날아와서 씨앗을 먹어버린다. 이 마귀가 와서 말씀을 가로채 감으로 이 상태에 있는 사람은 그리스도인이 되지 못한다. 그들은 처음부터 예수님을 사랑한 적이 없기 때문에 그리스도에 대한 처음 사랑을 떠난다는 것도 있을 수 없다.

「 피상적인 반응 」

다음 것은 "바위 씨앗"(13절)으로 자갈이나 바위 밑에 있는 토양층은 엷기 마련이다. 이 경우는 "말씀을 들을 때에 기쁨으로 받는" 사람이다. 성경에서는 항상 구원을 언급할 때 이러한 표현을 쓴다(좋은 예로 데살로니가전서 1장 6절, 사도행전 17장 11절을 참조).

그래서 13절부터 말씀하시는 것은 더 이상 비그리스도인에 대한 얘기가 아니다. 이제부터는 그리스도인들이 말씀에 대해 반응하는 여러 방식들을 얘기하신다. 이 사람들은 말씀을 기쁘게 받는다. 즉 그들은 구원받는다. 그러나 그들은 "뿌리가 없어 잠깐 믿다가 시험을 받을 때에 배반하는 자"이다.

이들은 진정으로 구원받았으나 믿음을 개발하지 못하는 그리스도인들이다. 영적으로 연약한 갓난아기 신자로만 머물러 있는다. 이유는 하나님의 것까지 깊이 들어가지 않아서 문제가 생기고 시험이 닥칠 때면 도망가고 싶어하기 때문이다. 그들은 하나님과 동행하겠다는 헌신을 없었던 일로 하고 싶어한다.

— 。씨앗을 탓할 일이 아니다

한 가지 확실히 할 것이 있다. 이러한 문제들은 씨앗과는 아무 상관이 없다는 것이다. 하나님의 말씀은 완전하다. 성경은 이렇게 말한다. "하나님의 말씀은 살았고 운동력이 있어 좌우에 날선 어떤 검보다도 예리하여 혼과 영 및 관절과 골수를 찔러 쪼개기까지 하며 또 마음의 생각과 뜻을 감찰하나니"(히 4 : 12).

그래서 씨앗은 불완전하지 않다. 하나님의 말씀은 우리의 생활에서 영적인 생명력과 승리, 능력, 강인함의 열매들을 기르기에 충분하다. 하나님께서 우리가 되기 원하시는 모든 것을 위해 우리가 필요한 모든 것이 이미 우리가 말씀을 받을 때 주어진다. 그렇기 때문에 야고보서 1장 21절에서는 우리에게 "너희 영혼을 구원할 바 마음에 심긴 도를 온유함으로 받으라"고 촉구하는 것이다.

예수님은 우리가 그분의 말씀의 씨앗을 받을 때, 하나님께서 우리가 되기 위해 필요한 모든 것을 갖게 된다고 말씀하신다. 그러나 비유에서의 예와 같이 분명한 것은, 어떤 그리스도인들의 경우, 씨앗이 뿌리를 내리지 못하도록 한다. 말씀이 그들 마음의 토양에 깊이 박히지 못한다.

─。시험에 대한 반응

우리의 삶이 이러한 상태에 있을 때, 하나님의 말씀에 대한 우리의 반응이 이래서는 안된다는 것을 어떻게 알 수 있을까? 한 가지 아는 방법은 문제가 생길 때 달아나고 싶어한다는 것이다. 적이 공격을 하면 뒤로 물러난다. 하나님은 우리의 삶에 적을 주심으로써 우리가 영적으로 얼마나 강한지 알려주신다.

우리가 영적으로 얼마나 강한지 하나님이 알 수 있기 위해서 적을 보내시는 것이 아니다. 하나님은 이미 우리가 어떻게 할지를 알고 계신다. 시험은 우리를 위한 것이다. 우리가 주일 날 하는 "아멘"소리가 그렇게 말했을 때 생각했던 것처럼 진정인지 아닌지 본인들이 알 수 있도록 하기 위해서이다.

결혼에서 있는 시험과 같은 것이다. 결혼에 대한 헌신은 신혼 여행에서 시험될 수 없다. 그것은 너무 이르다. 아직 힘들게 하는 것들이 있을 만큼 충분한 시간이 흐르지 않았다. 결혼에 대한 서로의 헌신은 모든 것이 잘 안될 때 드러난다. 결혼식장에서 서약하면서 "네"라고 대답했을 때 결혼했다고 생각한 이와는 정반대인 사람과 결혼한 것 같을 때 헌신이 나타난다.

연애 시절 생각했었던 그녀처럼 아내가 항상 그렇게 보이지 않을 때 안다. 그리고 아내는 남편이 잠시 텔레비전에서 축구 보기를 포기했을 때만 안다. 헌신의 깊이는 인생의 시련에 부딪힐 때 결정된다.

예수님은 이와 같이 뿌리를 깊이 내리지 못한 사람들은 뭔가 일이 힘들어지면 떨어지는 경향이 있다고 말씀하신다(눅 8 : 13). 어떻게 문제를 극복할지, 어떻게 그 시험을 해결할 것인지 알기 위해서 하나님의 것들을 더 깊이 파보지 않고, 그들은 달아나기를 원한다. 그냥 나가고 싶어한다. 그리스도께 속한 자로 내세우고 싶어하지 않는다. 그분에 대한 그들의 사랑은 다 말라 죽게 된다.

그렇기 때문에 바울이 나중에 함께 전도 여행을 떠나게 될 요한 마가에 대해서 이렇게 말했다. "자기들을 떠나 한 가지로 일하러 가지 아니한 자를 데리고 가는 것이 옳지 않다"(행 15 : 37~40).

바울은 마가의 뿌리가 충분히 깊이 박히지 않았다고 말하고 있다. 그들은 잘못된 토양에 있었다. 그의 마음은 주님께 전적으로 헌신되지 않았었다. 감사하게도 마가의 경우는 바나바를 통해서 다시 한번 기회를 얻고 결국에는 제자로서 잘 성장했다.

─。 깊이 들어가야 한다

구원은 거저 얻을 수 있다. 그러나 제자가 되려면 비싼 대가를 치러야 한다. 십자가로 인해서 천국은 거저 얻을 수 있다. 그러나 천국을 자신에게로 내리는데 드는 대가는 크다. 하나님께서는 이미 영생을 선물로 주셨다. 그러나 영생을 역사 속에서 일으키려면 사랑의 헌신이라는 가격표가 요구된다.

예수 그리스도께 헌신해야만 한다. 그 말은 뿌리를 깊이 내려야 한다는 뜻이다. 뿌리를 깊게 내릴 수 있는 유일한 방법은 하나님의 말씀에 적절한 반응을 하는 것이다. 하나님의 실재에까지 더 깊이 나아가며 나의 생활에서 그분의 말씀을 진지하게 적용한다는 말이다.

승리하는 그리스도인과 패배하는 그리스도인 간의 차이는 말씀의 뿌리가 각자의 삶이라는 토양에 깊이 내렸는지 아니면 토양 위에만 있을 뿐 뿌리가 아래쪽으로 깊이 들어가지 못했는지의 차이다. 하나님께서 이 자녀를 저 자녀보다 더 좋아하는 등의 차이가 아니다. 그분은 모든 그리스도인에게 같은 분량의 승리를 주실 수 있다.

뿌리가 깊게 내리는 유일한 방법은 말씀에 대한 지식과 적용이다. 필자는 지금 당장 여러분에게 여러분이 뿌리를 깊게 내리고 있는지 그렇지 않은지 말할 수 있다. 주일 날 성경책을 들추는 것이 말씀 생활의 전부인지 자신을 돌아보자.

그렇다면 그렇게 깊지 못할 것이다. 일요일 오후에만 식사를 하는 사람이 있다고 해보자. 그 한 끼를 아무리 잘 먹는다 해도 나머지 일주일 내내 굶는다면 어떻겠는가? 화요일만 되면 고통스러워서 견디기가 힘들 것이다. 식사 한 끼로 일주일을 버틸 수는 없다.

우리의 영적인 양식도 똑같다. 말씀을 배우고 적용하고자 하는 열정이 없다면, 우리가 직면하는 상황에 대해서 말씀에서 뭐라고 말씀하시는지 알아볼 열의가 없다면, 우리는 영양실조에 빠져서 쇠약해지고 닥쳐오는 시험을 견딜 수가 없게 된다.

그리고 어떤 일이 있어도 시험은 올 것이다. 예수님께서 13절에서 말씀하셨다. 예수님은 어떤 성취된 사실에 대해서 말씀하셨다. 영적인 그리스도인은 시험을 받지 않고 육적인 그리스도인은 받는 것이 아니다. 누구나 그리스도인이라면 시험을 받는다. 문제는 시험을 극복하느냐이다. 말씀에 대한 나의 반응이 내가 승리할 것인지 패배할 것인지를 결정한다.

어떤 그리스도인도 패배한 삶을 살아서는 안된다. 그렇다. 우리는 문제를 갖게 될 것이다. 그렇다. 우리는 실패의 순간이 있을 것이다. 그러나 그리스도인된 사람이 세상에, 육에, 마귀에 의해서 날마다 맞고 산다면 그것은 뿌리에 문제가 있을 수 있다. 문제는 바위 토양이기 때문이고 따라서 뿌리가 깊이 들어가지 못하는 것이다.

─ ∘ 견고한 기초

지속적인 성장은 하나님의 말씀을 적용할 때에만 생긴다. 그러나 모르는 것을 적용할 수는 없다. 그래서 예수님께서 우리에게 이렇게 말씀하신다. "들을 귀 있는 자는 들을지어다." 그분의 말씀의 씨앗이 흩어지지만 모두가 그것을 똑같이 받지 않는다. 어떤 사람들은 무시하고 밟아버린다. 어떤 이들은 약간 받기는 하지만 조금밖에 못 자란다. 시험이 오자마자 깊이 박히지 못했기 때문에 금새 무너진다.

그런데 문제가 오기 전에 깊이 뿌리를 내려야 한다. 문제가 있을 때 깊이 내리기에는 너무 늦다. 그것은 인생의 중대한 문제이다. 인생의 어려움을 처리할 수 있기 원하면 먼저 깊이 내려야 한다. 그것을 견고한 기초 쌓기라고 한다. 누가복음 8장에서 예수님은 인생의 기초를 다루고 있다. 그렇기 때문에 새 신자의 경우에는 할 수 있는 가장 중요한 것이 영적인 생활의 기초를 얻는 일이다. 기초적인 것을 알아서 견고한 토대 위에 자라가야 한다.

기초는 예쁘고 멋있는 것이 아니다. 집을 세울 때 기초 쌓는 일을 보자. 레이아웃과 방의 크기 모양, 창문이 멋지게 달린 집이 나오려면 그 모든 것을 모래 위에 지으면 헛된 일이 되고 만다. 견고한 기초가 있어야 한다. 기초가 견고하면 무엇이라도 지을 수가 있다. "견고한 토양" 그리스도인은 이 견고한 기초를 위해서 뿌리가 깊어야 한다.

「 말씀보다 세상을 선택하는 일 」

누가복음 8장 14절에서 예수님은 제자들에서 비유로 말한 세 번째 유형의 토양을 설명해주신다.

> 가시떨기에 떨어졌다는 것은 말씀을 들은 자니 지내는 중 이생의 염려
> 와 재리와 일락에 기운이 막혀 온전히 결실치 못하는 자요.

이 사람들은 조그마한 사과, 하찮은 오렌지, 조그마한 배를 갖고 있다. 즉 이들의 열매는 온전한 크기로 숙성하지 않는다. 조금 전에 살펴본 사람들은 거의 시작도 못했었다. 그들은 아기 크리스천이었다. 이 사람들은 한 십대 정도라고 할 수 있다. 말씀에 대해서는 여전히 아이같이 반응한다.

이들에게는 어느 정도 열매가 있기 때문에 성숙했다는 것을 우리가 안다. 문제는 그들의 열매가 숙성하지 않는다는 점이다. 필자가 열 여섯 살

때 아버지께서 내게 성인의 특권을 주시도록 하려 했던 것이 생각난다. 아버지께 나는 "아빠, 저도 이제 거의 어른이라구요. 2년만 지나면 성년이 될텐데. 그러니 이젠 이걸 연습할 수 있게 해주셔도 좋잖아요."

아버지는 "네가 어른같이 행동하기 시작할 때 할 수 있도록 해주지."라고 하셨다. 무슨 말인가 하면 나는 아동기와 성인기 사이에 있었기 때문에 내가 어느 쪽에 있는가 알아야 한다는 말이었다.

예수님께서 14절에서 설명한 사람들의 문제이다. 그들은 열매를 내고 있긴 했지만 성숙하지를 않았다. 익지를 않아서 커야 하는데 크지를 않는 것이다. 이렇게 성장하다가 멈추는 원인은 예수님 말씀에 따르면 뭔가에 의해서 저해되었기 때문이다.

— ∘ 스스로를 목조임

무슨 말씀인가 하면 어떤 그리스도인들은 우선 순위가 뒤바뀌었다는 말이다. 이 때문에 그들의 영적 생활은 쓸데없는 일로 혼란스러워진다.

어떤 것들이 그리스도인의 성장을 저해할 수 있는가 보자. "이 세상의 쾌락과 부와 염려"라고 했다. 우리 생활을 이 세상(세상의 돈, 재미, 관심사)이라는 엔진으로 움직일 때 그것은 곧 영적인 자살과 같다. "그것이 너희 숨을 막히게 한다!"

숨이 막혀본 일이 있는 사람은 그것이 절대 웃긴 일이 아니다라는 것을 알고 있을 것이다. 숨을 쉴 수가 없으니 말이다. 너무 오랫동안 세게 목을 조이고 있으면 우리 생명에 필요한 산소가 공급 중단되므로 죽게 된다.

이것은 심각한 문제이다. 이생의 염려 때문에 하나님 나라의 관심사를 뒤로 하게 된다면, 처음 사랑을 이 세상의 사랑으로 뒤바꾼다면 성경은 말하기를 우리가 스스로 목조이는 것이라고 말한다. 영적인 산소를 끊어 버리는 일이다.

많은 그리스도인들이 자신의 영적인 식도를 자르고 있다. 삶은 온통 잘못된 우선 순위로 가득 차서 하나님의 축복과 권능, 해방, 능력이 들어오지 못하고 만다. 많은 그리스도인들은 영적으로 숨을 막고 있다. 스스로 말하기를 "나는 숨을 쉴 수 없어요. 나는 불행한 사람이에요. 나는 우울해요. 나는 어떤 기쁨도 없어요!" 왜? 스스로 목을 조이고 있기 때문이다. 하나님께서 영적인 신선한 공기를 보내 주시려고 할 때마다 그 흐름은 곧 막혀버린다. 그 신자가 이 세상에 너무 깊이 들어가 있기 때문이다. 돈을 모으는데 너무 정신이 팔려 버렸다. 재미를 보는 일에 너무 팔려 있다. 그래서 하나님의 축복이 막혀버린다.

여기서 오해하지 말 것은, 자녀 교육이나 직장에서의 승진 문제에 대해서 계획하는 일이 잘못된 것은 전혀 아니다. 그런 것들은 마땅히 관심을 가져야 할 일이다. 성공하기를 기다리는 것이 잘못된 일은 아니다. 예수님은 삶에서 즐길 수 있는 모든 것에 대해서 저주하지 않으신다.

문제는 우리가 이생의 염려로 질식할 때이다. 즉 그것들이 우리 삶에서 너무 지배적이어서 우리 목을 잡고 영적인 호흡을 막아버리는 것이다.

—。이생의 걱정

여기서 주요 단어는 "이생의(of this life)"이다. 이것이 중요한 것은 우리가 이생에서(in) 살아야 하기 때문이다. 하나님은 우리가 이생과 같은 (of) 삶을 살기를 원치 않으신다. 성경은 우리가 세상에 있으나 세상에 속하지 않은 자라고 말한다.

그것에는 근본적인 차이가 있다. 평균적으로 이 세상에는 약 70년 정도 산다. 그래서 그 70년 동안 우리는 일상 생활을 하며 이 세상의 일과에도 관여해야 한다.

그러나 우리는 그 70년 동안 이 세상의 사람, 이 세상과 같은 사람이 되어서는 안된다. 즉 세상이 우리의 과업을 결정하고 목표를 만드는 주체가 되도록 해서는 안된다는 말이다. 이 세상이 움직여가는 것들에 의해서 몰려가서는 안된다.

많은 그리스도인들이 너무나 많은 시간들을 세상 사람들과 같이 보내고 있다. 그리스도와 같이 될 시간이 없다. 너무나 많은 시간을 다른 모든 사람들의 기대를 충족시키는데 쏟아붓고 하나님께서 우리가 되기를 원하시는 것에는 여유가 하나도 없다.

자칫 잘못하면 다른 사람들만 기쁘게 하려고 애쓰는데 전생애를 보낼 수가 있다. 그러면 그리스도께서 그 나라에서 우리를 만나실 때 이렇게 말하실 것이다. "도대체 너는 어떻게 내게 그럴 수 있었니? 나는 너를 사랑해서 내 생명을 너를 위해 주고 너에게 모든 것을 공급해주었지만 너는 다른 사람들만 기쁘게 하느라고 나의 일에는 조금도 시간을 쓰지 않았구나."

바로 이것이 이 세상에 속하는 일의 결과이다.

그리스도에 대한 우리의 사랑이라는 면에서 볼 때 이것은 중대한 점이다. 언제나 사랑은 시간이라고 쓰는 것을 많이 본다. 사실이다. 한 남자가 어떤 여인에게 사랑한다고 말하면서 그녀와 함께 시간을 보낼 수 없다면, 그녀가 무슨 생각을 하는지 모르고 어떻게 그녀를 기쁘게 해줄지 모른다면 그녀가 원하는 것을 만족시키고 그 필요를 채워줄 수가 없다. 그리스도인의 생활은 그분과 사랑하는 일이다.

예수님은 마태복음 6장 33절에서 "너희는 먼저 그의 나라와 그의 의를 구하라 그리하면 이 모든 것을 너희에게 더하시리라."고 말씀하셨다. 우리는 이 말을 뒤집고 싶어한다. "이 모든 것을 먼저 구하라 그리고 남은 시간이 있으면 하나님 나라를 쓸 수 있고 너희를 기다릴 것이다."

자 어떠한가? 이 생의 문제를 하나님 나라보다 우선으로 할 때마다, 이 세상이 하나님 나라보다 더 권위를 갖고 그 위에서 다스릴 때마다('나라-kingdom'-에 대한 헬라어는 '권위' 또는 '다스린다'는 뜻) 스스로 영적인 생명을 숨막히게 하는 셈이다.

그러면 본인이 스스로 목을 조이고 있는지 어떻게 알까? 이렇게 말씀하시는 분이 있을 수 있다. "저는 재정적인 것에 대해서 염려가 됩니다. 우리 가족을 위한 좋은 집과 아이들을 위한 적절한 교육 환경을 만들어줄 수 있기를 원합니다. 제가 너무 지나친지 어떻게 알죠?"

자 그러면 성경에서 몇 가지 지침을 제안하겠다. 디모데전서 6장 6절에서 바울은 "그러나 자족하는 마음이 있으면 경건이 큰 이익이 되느니라(Godliness actually is a means of great gain, when accompanied by contentment-만족함이 있을 때 경건함은 사실 큰 유익을 얻는 수단이다)"

─ ◦ 경건을 실천하는 일

여기 한 구절에 두 가지 중요한 시험이 있다. 첫째, 어떠한 자신의 목표를 성취하기 위하여 하나님의 말씀을 타협해야 하는가? 자신의 욕구를 충족시키기 위해 성경을 불순종해야 한다면, 원하는 것을 얻기 위해 자신의 도덕적인 가치를 굴복하고 의심쩍은 도덕률을 실행해야 한다면, 하나님과 그분의 말씀에 악평을 가져오는 일을 해야 한다면 그것은 경건하지 않은 것이다.

그리고 자신이 경건하지 않다면 그는 그 나라를 섬기고 있지 않은 것이다. 자신이 그 나라를 섬기고 있지 않다면 하나님께서는 그의 원수가 되신 것이며 그는 이미 스스로 목을 조이고 있는 셈이다. 그래서 첫 번째 시험은 이것이다. 나는 자신의 목표를 성취하기 위해 영적으로 타협하고 있는가?

─ ◦ 만족을 경험하는 일

바울의 두 번째 시험은 이것이다. 자신이 있는 곳이 원하는 곳이 아니라 할지라도 지금 있는 곳에 만족하는가? 더 잘 하기를 원할 수 있다. 드높은 목표를 가질 수 있다. 그것은 좋다. 그러나 경건한 만족함이란 하나님 자녀로서의 기쁨과 마음의 평안, 내적 행복감이 어떤 외부의 환경에도 불구하고 그대로 완전하다는 것을 의미한다. 다시 말하면 하나님께서 외부를 바꾸시도록 기다리면서 내적으로는 안심하고 있다는 뜻이다.

어떤 이들은 뭔가 원하는 대로 되지 않기 때문에 조급해 하고 분을 내고 좌절한다. 그러나 그것은 우리에게 무엇이 필요한지 아시고 그 필요들을 공급해 주시겠다고 약속하신 하나님 아버지가 있다는 사실을 잊어버린 그리스도인의 반응이다. 하나님의 말씀과 떨어져 있는 그리스도인은 아무것도 자신으로부터 하나님의 뜻을 빼앗을 수 없다는 것을 잊어버린다.

참으로 만족하는 어떤 사람이 메르세데스 벤츠(벤츠사의 고급 자동차 ─역주)를 운전할 수 있다. 누군가 이렇게 말한다. "그래, 메르세데스 하나 있으면 나도 만족하겠다." 그러나 중요한 것은 이 사람이 메르세데스를 잃어버리고 폴크스바겐(독일의 대중용 소형 자동차―역주)으로 돌아가야 한다면 둘 다 탈 수 있는 것이기 때문에 좋다는 것이다.

어떤 만족한 사람이 큰 집에 살 수 있다. 그러나 그가 직장을 잃고 아파트로 돌아가야 한다면 자신과 가족은 여전히 지붕 밑에 살 수 있기 때문에 만족할 수 있다.

경건한 만족을 소유한 사람은 소갈비를 먹거나 라면으로 끼니를 때우거나 뭔가 먹을 것이 있다는 이유만으로 그리고 하나님께서 자신의 필요를 채우셨다는 것을 알고는 하나님께 감사할 수 있다.

이런 예를 수없이 나열할 수 있지만 이미 무슨 뜻인지 알 것이다. 먹을 것이 있고 입을 옷이 있고 살 집이 있고 하나님의 은혜로 보호받는다는 것을 일단 깨달으면, 하나님께서 나의 필요를 채워주셨다는 것을 알기 때문에 만족할 수가 있다는 얘기다. 그분은 신실하시다.

영적인 그리스도인은 자신이 하나님의 밑에 있기 때문에 이러한 태도를 갖는다. 그는 더 잘 하기를 원하지만 그것이 자신의 삶을 파괴하도록 하지 않는다. 바울이 무슨 말을 하는지 알 것이다. 우리가 만족하지 않으면 영적이지 않다는 말이다. 우리의 환경이 만족함에 별로 도움이 되지 않을 때에라도 하나님께서 우리를 만족케 하실 수 있다고 바울은 말하고 있다.

「 우리 목을 조이는 세 가지 」

그래서 근본적인 문제는 '열정이 지나치지 않도록 하되 열정을 선두로 전진해야 하는가?'이다. 앞에서의 중심 본문 누가복음 8장으로 돌아가보자. 14절에서 예수님은 우리를 목조이는 세 가지를 말씀하신다.

―。걱정

첫 번째 것은 걱정이다. 여러분은 걱정하는 것이 죄라는 사실을 알고 있었는지 모르겠다. 이렇게 얘기하는 그리스도인이 있어서는 안된다. "글쎄요, 다들 걱정하잖습니까?"

이 말이 부적절한 것은 영적인 그리스도인이 우리가 추구해야 하는 목표이기는 하지만 모두가 다 영적인 그리스도인은 아니기 때문이다. 바울은 빌립보서 4장 6절에서 "아무 것도 염려하지 말고···"라고 했다. 즉 지치지 말라는 말이다. 어떤 것도 나의 마음을 지배해서 나의 기능을 온전히 못하도록 하지 말라는 말이다.

그러면 사람들은 이렇게 말한다. "하지만 저는 제 마음을 지배하는 것을 지배할 수가 없습니다." 그렇지 않다. 반드시 할 수 있다. 왜냐하면 빌립보서 4장 6절에서는 이어서 이렇게 말하고 있기 때문이다. "오직 모든 일에 기도와 간구로 너희 구할 것을 감사함으로 하나님께 아뢰라." 그리고 7절에 이 약속을 덧붙이신다. "그리하면 모든 지각에 뛰어난 하나님의 평강이 그리스도 예수 안에서 너희 마음과 생각을 지키시리라."

'지킨다'라는 말은 보초를 배치한다는 뜻이다. 나의 생각 주변을 감시해서 걱정거리나 그밖에 어떤 것이 나타났을 때 그 보초가 제거해버린다는 말이다. 걱정하는 대신 기도한다면 하나님께서 우리 생각의 주변을 지켜주시겠다고 하신다.

본인이 걱정하기 시작할 때마다 기도하면 된다. 기도와 걱정은 동시에 할 수 없기 때문이다. 기도하거나 아니면 걱정할 수는 있지만 기도하면서 걱정할 수는 없다. 하나님께서 우리가 걱정을 기도로 대항하기 원하신다.

합리적인 걱정 근심을 얘기하는 것이 아니다. 이 걱정이라는 녀석 때문에 움직일 수가 없어서 본인의 기능을 제대로 할 수 없는 지경까지 이르는 것에 대해 얘기하고 있는 것이다. 예수님은 그것이 우리의 성장을 질식시킬 것이라고 말씀하신다. 여러분은 걱정이란 녀석의 입에 재갈을 물리고 있는가?

— ∘ 부(riches)

두 번째 예수님이 누가복음 8장 14절에서 얘기한 것은 부이다. 우리가 돈을 사랑하기를(돈이 있으면이 아니라) 하나님 사랑하기보다 더하면 지갑이 목을 조이기 시작할 것이다.

내가 하나님보다 돈을 더 사랑하는지 어떻게 알까? 돈과 하나님 사이에 선택해야 할 때, 돈이 이기면 내가 얼마나 돈을 많이 사랑하는지 알 수 있다. 예수님은 우리가 투자하는 것으로 가장 사랑하는 것이 무엇인지 안다고 말씀하셨다(마 6 : 19~21).

여러분이 영적으로 투자하고 있는 것은 무엇인가? 자신을 위해 장난감을 산다면 하나님 나라를 위해서는 무엇을 드리는가? 그것이 나의 영적인 가치를 떨어뜨리기 때문에 나는 얼마나 되는 돈을 기꺼이 잃어버리겠는가? 그것이 문제이다.

우리는 언제 재정적인 유익을 거부해야 하는가? 그것이 그 나라의 덕을 손상시킬 때이다. 날이면 날마다 우리가 하는 가치 판단에 의해서 우리의 진정한 처음 사랑이 어떠한지 말할 수 있다.

어떤 사람들은 일 년에 한 번 하나님을 위해서 뭔가 큰 것을 하기 좋아한다. 부활절 주일이면 교회에 나오는 사람들이 있다. 달라스에 있는 우리 교회에서는 부활절 예배를 세 번해야 한다. "하나님께 인사하러" 나온 그 무리들은 그 날 와서 아주 자랑스러워한다. 하나님께 얼굴을 내밀었지만 일 년 중 나머지 날들은 내내 이생의 걱정으로 목을 조이고 산다.

— ○ 쾌락

. 마지막으로 쾌락이 하나님의 말씀에 대한 적절한 반응을 막아버릴 수 있다. 우리 문화가 쾌락 위주라는 것은 말할 필요가 없겠다. 스스로를 즐겁게 하기 위해 텔레비전을 보고, 보고 싶은 프로그램을 녹화해서 비디오로 본다. 어떠한 즐거움도 놓치기를 원치 않는다.

그리고 그것이 지겨우면 극장으로 가서 새로운 영화가 나중에 텔레비전에서 방영되거나 비디오 테이프로 나오기 전에 얼른 가서 볼 수도 있다. 우리 사회가 시달리고 있는 일종의 광기이다. 우리는 쾌락 위에 쾌락 또 쾌락을 쌓고 있다.

어떤 사람이 이와 같이 얘기할 때마다 누군가 항상 이의를 제기하면서 예술이든 오락 혹은 뭐든지 간에 합법적인 즐거움, 정당한 쾌락과 같은 것이 있다고 주장한다. 필자는 그것에 대해 논쟁하지 않겠다. 왜냐하면 여기 내용과 상관없는 말이기 때문이다.

하지만 텔레비전을 너무 많이 본다면 성경을 펴거나 무릎꿇고 기도할 수가 없다. 친구와 너무나 재미있게만 시간을 보낸다면 영적인 것들에 대해서 얘기할 수가 없다. 모든 것에 대해서 얘기하고 농담할 수는 있지만 절대 그리스도를 꺼내지는 않는다. 성경과 그리스도의 일이 우리의 사회 생활 영역에서 부끄러운 것이라면 우리가 느끼는 재미는 뭔가 잘못된 것이다.

"가상 현실"과 같은 것이나 다른 쾌락을 위한 기술이 점차 세련되어져 가고 좀더 일상 생활에서 이용하기 쉽게 되어가는 것을 볼 때, 필자는 우리 문화의 광적인 쾌락의 추구에서 아직까지 우리가 보지 못한 그 무언가가 두렵기까지 하다. 그리스도에 대한 우리의 처음 사랑을 이 폭격 속에서 손상되지 않고 완전하게 유지한다는 것은 정말 도전적일 수밖에 없다. 그러나 우리는 그분께서 주시는 능력으로 할 수 있다.

「 좋은 토양 」

예수님께서 말씀하신 것이 한 가지 더 있다는 것이 얼마나 감사한지 모른다. 누가복음 8장 15절을 보라. "좋은 땅에 있다는 것은 착하고 좋은 마음으로 말씀을 듣고 지키어 인내로 결실하는 자니라."

이들은 영구적이고 완숙한 열매를 풍성히 맺는 그리스도인들이다. 열매에 대해서 기억할 첫 번째 것은, 열매는 반드시 그것이 자라나는 나무의 특성을 갖고 나온다는 점이다. 오렌지가 사과나무에서 열리지 않는다. 열매의 특성은 언제나 그 나무를 보여준다.

우리가 하나님의 말씀에 제대로 반응하고 그리스도에 대한 우리의 사랑이 적절한 곳에 있을 때 우리는 좀더 그리스도와 같이 생각하고 말하고 행동하며 그리스도와 같이 보이게 될 것이다. 예수님은 우리가 붙어 있는 포도나무이기 때문에 당연한 얘기다(요 15 : 1~5). 우리가 그분의 특성을 보이게 될 것이다.

열매에 대해서 기억할 두 번째 것은 열매는 누군가 다른 사람의 유익을 위해서 존재한다는 점이다. 나무는 자신의 열매를 먹는 법이 없다. 사과나무가 사과를 먹는 것을 본 적이 있는가? 사과는 그 나무를 위해서 있는 것이 아니다.

다른 이들이 내 삶을 한 입 먹고 싶어할 때 내가 영적으로 성장하고 있다는 것을 알 수 있다. 그들은 이렇게 말할 것이다. "저도 당신처럼 되고 싶습니다. 당신 같은 그리스도인이 되도록 저를 도와주실 수 있겠습니까?" 예수님은 마태복음 13장 8절에서 이와 같은 그리스도인의 열매가 30배, 60배, 100배로 증가할 것이라고 말씀하셨다. 즉 다른 이들에 대한 우리 삶의 유익은 계속되기만 할 것이다.

이것은 하나님의 말씀이 우리의 삶에 완전히 역사하시도록 하는 즉, 하나님의 말씀에 대한 적절한 반응의 결과이다. 그리스도에 대한 처음 사랑에서 떠나고 그 길을 벗어난 신자들은 겨우 발육하다가 만, 다 자라지 못한 열매만을 맺는다. 그래서 우리는 그렇게 되기를 원치 않기로 결심하는 것이 중요하다.

이렇게 말하는 분이 있을지도 모르겠다. "글쎄요, 저는 나쁜 토양인데요, 어떻게 하면 좋은 토양이 될 수 있죠?" 여러분이 배운 하나님의 말씀을 단순히 적용하기 시작할 수 있다. 그리스도인의 생활에서 영속적이고 성숙한 열매를 맺는 것은 말씀에 대한 적용이다.

하루는 어떤 천사가 한 남자와 얘기하고 있었다. 천사가 그에게 묻기를 "무엇을 도와드릴까요?"

그 사람은 이렇게 얘기했다. "앞으로 한 해는 주식 시장이 어떻게 될지를 보여주시오 그러면 어떻게 투자할지 알 수 있을테고 한 몫 잡을테니 말이요."

그러자 천사가 단번에 앞으로 1년 동안의 월 스트리트 저널(Wall Street Journal)지를 좍 펼쳐 보여주었다. 이 남자는 너무 신나서 어떤 주식이 오르고 어떤 것이 낮아질 지 정신없이 기록을 했다. 그 기쁨을 이루 말할 수가 없었다.

그렇게 정신없이 기뻐서 어쩔 줄 모르는데 갑자기 이 남자의 얼굴이 찌그러졌다. 그러더니 눈물이 흘러내렸다. 신문을 넘기는데 그 해 사망한 유명 기업가들에 대한 기사를 본 것이다. 자신의 사진이 그들 중에 있었다.

이 사람의 생애만 봐도 시사해주는 바가 많다. 우리는 방금 오늘날 영생의 관점에서 어떻게 살아야 할지를 예수님으로부터 배웠다. 그분의 말씀 앞에 나는 어떻게 반응할 것인가?

예수님의 씨뿌리는 자의 비유(좀 더 구체적으로 나눈다면 '네 가지 토양')를 통해 우리가 하나님의 말씀에 반응하는 방식이 모두 다르다는 것을 생생히 볼 수 있다. 아래에 제시한 행동 단계를 통해 여러분이 이 영역에서 강해지고 그리스도에 대한 여러분의 사랑에 불을 붙이기 바란다.

1. 가장 쉽게 성취되면서 가장 많이 간과되는 그리스도인의 생활에서 성장 훈련은 단순히 말씀을 읽는 것이다. 성경을 집어들고 매일 읽는 것을 우리는 너무 자주 무시한다. 말씀 읽기를 스스로 기억할 수 있는 한 가지 방법은 다른 읽을 것들을 놓는 곳에 함께 놔두는 것이다. 커피 마시는 테이블 위에나 안락 의자, 부엌 등 어디든지 말이다. 일단 성경을 읽는 습관을 들이면 사로잡히게 될 것이다!

2. 말씀을 대할 때 나 자신을 향한 하나님의 연애 편지라고 생각하라. 왜냐하면 사실이 그렇기 때문이다. 먼저 읽기 전에 주님께서 내 마음을 열어 주시고 읽은 것에 대해서 내가 반응할 수 있도록 간구하라.

3. 나의 일상 생활에 말씀에 대한 소원함과 순종함을 막아버리는 어떤 걱정거리나, 재물, 쾌락 등이 있어서 정직하게 인정해야 한다면 한 주간 동안을 다음과 같이 해보라. 신문을 읽고 TV를 보고 다른 책거리를 읽고 가계부를 쓰고 하는데 보내는 것처럼, 그렇게 매일 보내는 시간 전체 중 반을 성경 읽기와 연구에 보낸다.

이렇게 스스로 훈련을 하면 두 가지로 좋다. 보통 때보다 하나님의 말씀에 훨씬 더 많은 시간을 쓰게 될 것이다. 그리고 이생의 관심사와 걱정거리에 얼마나 많은 시간을 버리고 있는지 알게 되어 조정해야 할 부분을 알게 될 것이다.

4. 예수님이 말씀하신 좋은 토양이 참으로 되고자 한다면 하나님께 간구하라. 성경의 표지 안쪽에 내 마음의 토양을 부드럽게 하기 위해, 가시들을 골라내고, 이 세상의 걱정으로 열매를 못 자라게 하는 것들을 처리하기로 헌신한 날짜를 기록한다. 헌신의 삶을 살아가면서 그 기록을 보며 자주 기억한다.

우리 그리스도인의 생활에서 퇴보하는 것보다 더 빨리 그리스도에 대한 우리의 처음 사랑을 버리게 만드는 것도 없으리란 생각이 든다. 왜냐하면 그리스도께서는 항상 우리를 앞으로 전진케 하시기 때문이다. 우리의 삶이 계속적으로 영적인 퇴보로 점철될 때 우리는 예수 그리스도와의 친밀한 대화로부터 스스로를 점점 더 멀어지게 만든다. 바로 여기에서 backslidden(옛 악습으로 다시 돌아가다, 빠지다―뒤로 미끄러진다는 뜻에서 나온 합성어―역주)이라는 말이 나오게 된다.

그리스도인이 방탕한 생활 습관과 육의 죄된 생활로 돌아가는 것을 볼 때, 그리스도인이 인생에서 모든 의미를 잃어버리는 것을 볼 때, 그리스도인이 자신의 믿음에서 파선(shipwreck)되는 것을 볼 때(디모데전서 1 : 19∼20에서 후메네오와 알렉산더와 같이), 그것은 하루아침에 일어나지 않았다는 것을 알 수 있다. 그렇게 되기까지에는 어떤 패턴이 있다.

운전을 하다가 빨간 신호등을 무시하고 그냥 계속 운전을 해본 적이 있는가? 너무 급해서 그 신호를 믿고 싶지 않다. 마음속에는 자신이 잘못된 길로 들어섰음을 알지만 멈춰서 되돌아가지 않는다. 바로 우리가 얘기하고 있는 그리스도인이 이렇다. 신호등을 무시하고 계속 달려가는 그리스도인. 바른 길로 돌아오지 않으면 문제에 부닥치게 될 것이다.

도로 위에서 영적인 퇴보에 대한 다섯 가지 경고등을 살펴보고 싶다.

뒤로 갈수록 좀더 심각해진다. 우리가 너무 잘 아는 바와 같이 신호등은 그것들이 말해주는 대로 지키지 않으면 아무런 도움이 되지 않는다. 지키지 않을 때 안전한 길에서 벗어나게 되고 벼랑 끝에 서는 위험을 맞게 된다. 성경 구절로는 히브리서 말씀을 이용해서 공부하겠다. 이 히브리서 저자가 이 글을 보낸 신자들 자신이 믿음에서 "퇴보한" 이들이었기에 그들은 경고가 필요했다. 우리가 잘 읽고 귀기울이면 많이 배울 수가 있다.

「 등한히 여기는 것에 대하여 」

영적인 퇴보의 길에서 볼 수 있는 첫 번째 경고 신호는 히브리서 2장 2절과 3절에 있다.

> 천사들로 하신 말씀이 견고하게 되어 모든 범죄함과 순종치 아니함이 공변된(right) 보응을 받았거든, 우리가 이같이 큰 구원을 등한히 여기면 (neglect) 어찌 피하리요?

영적으로 퇴보하는 그리스도인은 영적인 문제를 무시하는 특성을 나타낸다. 히브리서 기자는 믿음에서 전진하기보다는 퇴보하고 있던 유대인 그리스도인 무리에 대하여 쓰고 있다. 그는 다음과 같은 근본적인 질문을 던진다. "우리가 이같이 큰 구원을 등한히 여기면 어찌 피하리요?"

— ◦ 소극적인 불순종

등한히 여긴다는 말은 단순히 관심이 부족하다는 것을 의미한다. 일하는 모든 것이 잘못되었다는 말이 아니라 하는 일마다 옳게 하는 것이 거의 없다는 말이다. 우리는 여기서 소극적인 불순종에 대해서 얘기하고 있다. 뭔가 밖으로 나돌면서 옳지 못한 일을 계획하면서 스스로를 엉망진창으로 만든 다기보다는 길을 전진해 나아가는데 있어서 필요한 것들을 하지 않는다는 의미에 가깝다.

여러분이 학생이라면 꼭 교사에게 욕을 퍼붓거나 반에서 혼란을 일으키지 않는다고 해서 학생 구실을 잘 한다고 볼 수는 없다. 수업 시간에 앉아 있다고 다 잘 하는 것은 아니다. 그것은 소극적인 실패이다. 숙제를 안 한다거나 여러 가지 적극적인 참여가 없을 때 실패한다.

어떤 결혼한 부부가 이혼하는 것을 보면, 한 쪽이 항상 어떤 간통죄를 범해서만 하는 것이 아니다. 남편이 텔레비전 앞에서 너무 오래 붙어 있다는 의미도 될 수 있다. 교제가 그쳤다. 칭찬을 더 이상 하지도 않는다. 더 이상 문이 열리지 않는다. 아니면 아내가 결혼과 가정 생활을 돌보기를 그치고 포기한다. 그러한 소극적이면서 은근한 무시를 할 때 실패의 문이 열린다.

건강이 좋지 않은 사람들은 나가서 무슨 몸에 파괴적인 것들을 했기 때문이 아니다. 단지 그들은 좋은 건강을 유지하기를 소홀히 하고 등한히 했기 때문이다.

— 。당연한 일로 여김

어떤 그리스도인들은 자신들이 큰 죄들을 범하지 않았다고 생각하기 때문에 영적으로 퇴보하기 시작한다. 그러나 사단은 그들이 말씀 밖에 계속 있도록만 하기 위해서 충분히 임무를 완수한 셈이다. 사단은 그리스도인들이 무릎만 계속 꿇지 않도록 하기 위해서 할 일을 다 한 셈이다. 사단이 정말 하는 모든 일은 그리스도인들이 하나님의 것들을 등한히 하도록 하는 것이다.

왜 그것은 그런 식으로 시작될까? 필자는 그 답이 히브리서 2장 3절에서 "이같이 큰 구원"이라는 구절에 있다고 생각한다. 우리가 무엇을 가졌는지도 모를 때 그것을 당연하게 생각한다. 아무도 당연하게 생각되기를 좋아하지 않는다. 그렇게 되면 곧 무시(소홀히)하게 되기 때문이다.

어떤 여인이 한번은 나에게 자기 남편에 관해서 말했다. "제 남편은 제가 옆에 없으면 아무것도 못 찾아요. 옆에 내가 있는 것을 아주 당연하게 생각하고 있어요. 식사나 빨래, 다림질 등을 예전에는 하던 사람인데 지금은 그저 다 제가 하겠거니 하거든요."

어떤 남자가 이렇게 말할 수도 있다. "제 아내는 남편이 힘든 일 하는 사람이라는 생각에 익숙해져 있어서 제가 일일이 다 신경을 써야 합니다. 제가 하는 것이 당연한 것처럼 되어버린 느낌입니다."

하나님께서 말씀하신다. "너희가 구원받은 것은 그냥 이루어진 구원이 아니다. 그것은 '아주 큰' 구원이다." 하나님께서 자신의 아들이 값을 치르도록 하고 우리에게 영생을 주신 구원이다. 우리에게 성령님의 권능과 하나님 말씀의 권위를 부여하여 공급한 구원이다. 우리의 구원으로 말미암아 우리는 천국에 집을 받았고 영원한 생명을 받았다. 우리 마음 깊은 곳에 있는 필요를 채우는 구원이다. 상처받은 마음을 치유하고 깨진 삶을 회복시키는 구원이다. 그것이 우리가 받은 구원이다. 그렇게 너무나도 위대한 구원을 우리가 어떻게 무시할 수가 있겠는가?

답은 우리가 영적으로 건강하게 성장하기를 원한다면 등한히 여길 수 없다이다. 한 가지 말할 것이 있다. 아무도 이와 같은 구원을 주지 않는다. 아무도 이렇게 영광스러운 구원을 주지 않는다. 우리의 구원과 비교될 수 있는 것은 아무것도 없다. 도대체 우리가 그것을 어떻게 등한히 여길 수 있는가?

그래서 우리가 잘못된 길로 가고 있음을 말해주는 첫 번째 신호로서, 멈춰서 돌아가시오라는 경고는 등한히 여기는 빨간불이다. 3절에서 저자의 반문에 담겨 있는 말은 우리가 우리 구원을 무시하면 그에 합당한 보응을 피할 수 없다는 점이다. 그 대가(가격표)가 있는데 그것은 하나님의 징계이다(히 12). 자신의 그리스도인으로서의 생활, 그리스도에 대한 나의 사랑을 등한히 여기고 있다면 여러분은 되돌아와야 한다.

「 영적인 무감각에 대하여 」

히브리서에서 하는 경고는 너무 심하기 때문에 여러분이 혹시 이 사람들은 도대체 진정한 그리스도인인가 하는 생각을 할지도 모르겠다. 그것에 대해서는 의심의 여지가 없다고 필자는 생각한다. 저자는 3장 1절에서 이렇게 말했다. "함께 하늘의 부르심을 받은 거룩한 형제들아". 히브리서 전체를 통해 볼 때 이와 같은 구절들이 많이 있다. 히브리서는 잘못된 길로 향하고 있는 그리스도인들을 위해서 쓰여졌다.

우리가 길을 가다가도 보게 될 경고등이기 때문에 그리고 그것들을 무시할 위험이 있기 때문에 반드시 이해하는 것이 중요하다. 이것들이 믿지 않는 이들에 대해 쓰여졌다면 우리에게 똑같은 것을 암시하지는 않을 것이다. 오히려 전적으로 다른 문제일 것이다.

그것을 염두에 두고 영적인 무감각의 경고 신호등을 생각해보자.

> 형제들아 너희가 삼가 혹 너희 중에 누가 믿지 아니하는 악심을 품고 살아 계신 하나님에게서 떨어질까 염려할 것이요. 오직 오늘이라 일컫는 동안에 매일 피차 권면하여 너희 중에 누구든지 죄의 유혹으로 강퍅케 됨을 면하라.(히 3 : 12~13)

─ ◦ 굳어진 마음

누구나 굳어진 마음을 가진 사람들을 만나본 적이 있을 것이다. 우리는 오늘날 굳어진 마음을 가진 사람들의 세계에 살고 있다. "상관없으니 당신 뜻대로 하시오"라는 투로 얼마나 자주 상대방에게 말을 던지는지 보면, 이웃에게 더 이상 민감하지 않다는 마음의 표현이며 무감각하고 냉담해진 것을 알 수 있다.

굳어진 마음은 어떻게 생길까? 히브리서 기자에 따르면 "죄의 유혹(속임수, 기만성─the deceitfulness of sin)"이라고 하는 것에 우리가 속는다고 한다. 그러나 12절에서는 믿지 않는 마음이 우리 안에 자라지 않도록 대항할 것을 경고하기 때문에 그것은 변명이 되지 않는다.

믿지 않는 마음은 하나님을 의심하기 때문에 악한 마음이다. 우리가 하나님을 의심하면 악에게 문을 열어주는 셈이다. 하나님께로 돌아서지 않고 그분께로부터 멀리 달아나기 시작한다.

이렇게 경고하는 배경은 8절을 보면 재미있다. "노하심을 격동하여 광야에서 시험하던 때와 같이 너희 마음을 강퍅케 하지 말라". 이 말은 이런 뜻이다. "여러분이 제 말을 이해하기 원하신다면 광야에서의 이스라엘 백성을 한번 보십시오" 그렇게 헤매는 동안 이스라엘 백성들은 불신앙으로 하나님을 계속해서 화나게 만들었다.

상대방이 화날 것이라는 것을 알면서도 고의적으로 상대방을 화나게 하는 사람이 있다. 이스라엘 백성이 광야에서 하나님께 했던 것이 바로 그러했다. 그들은 하나님을 격노케 했다.

하나님은 마른 바위에서 물이 솟게 하는데 그들은 다음으로 물 마실 곳을 찾아 헤맨다. 하나님은 하늘에서 "만나"를 내려 그들에게 양식을 주시지만 그들은 어디서 다음 식량을 구할지에 대해서 걱정한다.

일어난 일 중에서 가장 크게 하나님을 화나게 했던 것은 그들에게 하나님이 약속하신 땅을 주셔서 들어갈 때였다. 그들은 그 땅을 둘러보고는 이렇게 말했다. "우리는 들어갈 수 없어." 그들은 하나님을 격노케 했고 그러는 중에 그들의 마음이 굳어졌다.

— ◦ 죄의 속임수

이스라엘 백성의 마음은 죄에 속았기 때문에 굳어졌다. 죄는 하나님 믿던 것을 그만두게 하고 사단을 믿게 하기 때문에 교활하다. 많은 사람들이 곤경에 빠지는 이유는 하나님 믿기를 그만두고(불신앙의 악한 마음) 죄를 믿기 시작하는데 있다.

요새 감옥에 들어가는 젊은이들을 보면 부모님을 믿지 않고 친구들을 믿기 시작하기 때문인 경우가 많다. 부모님 말씀을 들었으면 괜찮았을 것을, 친구들을 믿고는 감옥에 따라 들어가게 된 것이다.

하나님은 우리에게 이렇게 말씀하신다. "너희가 내 말만 듣고 죄의 말에 귀를 기울이지 않는다면 너희 마음이 굳어져서 헤매는 인생을 살지 않을 것이다."

죄의 속임수에 빠져서 영적으로 무감각해졌는지 어떻게 알까? 답은 간단하다. 우리의 죄를 지어도 점점 덜 괴로우면 그렇게 된 것이다. 즉 1년 전에는 그것 때문에 괴로웠던 것이 오늘밤에는 그냥 잠들 수 있는 것, 그것이 굳어진 마음의 신호이다.

악 때문에 내 마음이 아프지 않고 괴롭지 않고 마음을 요동시키지 않을 때, 그것에 익숙해질 때, 더 이상 고통을 느끼지 않을 때 뭔가 잘못된 것이다.

어떤 사람은 이렇게 말할 지도 모른다. "글쎄요, 그것은 그렇게 나쁘지 않은데요." 그러나 죄는 나무를 쪼는 딱따구리와 같이 일한다. 한 번씩 쪼을 때는 별로 심하게 보이지 않는다. 그러나 다 해놓고 보면 나무에 큰 구멍이 생긴다. 하나님께서는 죄가 기만적이고 교활하기 때문에 죄의 여러 속임수를 여러분과 내가 깨닫도록 말씀하신다.

죄는 여러분에 대한 앞으로의 계획을 말하지 않는다. 죄는 어떤 계획 하에 그 사람을 삼킬 것인지 보여주지 않는다. 죄는 항상 장기적인 파괴의 목표 하에 단기적인 만족을 공급한다. 그러나 속는 사람은 그 목표를 보지 못한다. 오직 보이는 것은 즉각적인 쾌락이다.

죄는 언제나 당장은 이렇게 반응하게 한다. "으하하하!" 그러나 나중에는 이렇게 말하게 될 것이다. "아이구!"

하나님께서는 그와 반대로 죄를 지었을 때 "아이구!"라고 말하기 원하신다. 그러면 나중에는 "으하하하!"라고 반응할 수 있다.

하나님은 우리가 죄의 유혹에 속아넘어가기를 원치 않으신다. 우리가 잘못된 길로 속아넘어가기를 원치 않으신다. 그러나 너무나 많은 그리스도인들이 속고 있다. 그들은 어떤 확실한 길을 생각하고 출발하고 어떤 확실한 길을 애기한다. 이윽고 신문의 1면 기사에 오를 때까지, 있어서는 안 될 곳에 있고 봐서는 안 될 것들을 보고 있다.

자 여기서 필자가 애기하고 있는 것은 한 개인의 영원한 운명에 대해서가 아니라는 점을 확실히 해둔다. 여러분이 그리스도를 자신의 구세주로 믿었다면 그것은 영원히 정해진 것이다. 당면한 문제는 그리스도인의 효과성과 이생에서 증인으로서의 삶이다. 바로 이생에서만이 마귀는 우리를 공격할 수 있기 때문이다.

여러분의 부모님이나 할아버지 할머니들이 하는 말 중에 이런 말이 있을 것이다. "내가 죄받았지 · · ·". 죄는 부메랑과 같아서 던진 사람에게 되돌아온다. 그것을 제거하지 않으면 나를 찾아 돌아올 것이다. 영적일수록 죄에 더욱 민감해진다. 죄를 지으면 고통스럽다. 마음에 심한 고통이 일어난다.

실내 공기가 깨끗해 보여도 창문으로 햇볕이 들어오면 잔뜩 떠다니는 먼지가 보인다. 그리스도의 빛이 우리 삶을 비추고 있지 않으면 자신이 깨끗한 방에 살고 있는 것으로 생각할 것이다. 주위에 돌아다니고 있는 먼지를 보지 못할 것이다. 그러나 그리스도의 빛이 나를 비추이면 나는 죄라는 먼지에 매우 예민해진다.

「 거부에 대하여 」

그리스도에 대한 처음 사랑을 떠나고 영적으로 퇴보하고 있는 그리스도인은 하나님의 것들을 등한히 여기게 되고 무감각해질 수 있을 뿐 아니라 또한 성장하기 위해 필요한 영적 양식을 거절할 수 있다. 히브리서에서는 세 번째 경고 신호로써 우리에게 돌아오라고 말하고 있다.

다시 말하지만 히브리서 기자는 그리스도인들에게 말하고 있는 것이다. 히브리서 5장 12절에서는 영적인 아기와 영적으로 성숙한 사람을 비교하기 때문이다. 만약 믿지 않는 이들에게 쓰는 내용이라면 엉뚱한 얘기가 아닐 수 없다.

히브리서를 쓰고 있는 배경을 보자면 11절부터 시작해야겠다.

> 멜기세덱에 관하여는 우리가 할 말이 많으나 너희의 듣는 것이 둔하므로 해석하기 어려우니라 때가 오래므로 너희가 마땅히 선생이 될 터인데 너희가 다시 하나님의 말씀의 초보가 무엇인지 누구에게 가르침을 받아야 할 것이니 젖이나 먹고 단단한 식물을 못 먹을 자가 되었도다(11~12절).

기자는 멜기세덱이라는 놀랍고 신비한 사람을 막 언급하였다. 멜기세덱의 제사장직은 아론보다 앞선 것으로 그리스도의 대제사장직과 같은 유형이었다. 기자는 "시작한 날도 없고 생명의 끝도 없어"(7 : 3)라고 표현한 멜기세덱에 대해서 할 말이 많이 있지만 이 글을 받는 유대인 기독교인들이 준비가 되어 있지 않다.

즉 그는 자신의 독자들이 하나님의 깊은 것으로까지 들어가기를 원한다. 그들에게 받은 구원이 "얼마나 큰" 구원인지 설명하고 싶어한다.

그러나 그는 자신이 세서미 스트리트(유아들을 대상으로 알파벳을 가르치는 TV 프로) 시청자들에게 편지를 쓰고 있음을 깨닫는다. 그들은 기자가 무슨 얘기를 하고 있는지 이해하지 못한다. 왜? 이유는 그들이 성장하지 않았기 때문이다. 그들이 자라기를 거부했기 때문이다. 정말로 따지자면 자신들의 구원을 거부하고 있다는 의미이다.

이 유대인 기독교인들은 이렇게 말하고 있다. "난 이것을 알 필요가 없어. 그것을 이해할 필요가 없어. 그것을 공부할 필요가 없어." 그들은 고의적으로 하나님에 대해서 반항적이 되었다.

바로 그런 식으로 진행되어 간다. 먼저 하나님의 것들을 등한히 여기는 것으로 시작해서 결국에는 무감각하게 되고 그리고 나서 알 수 있음에도 불구하고 알아야만 하는 것들을 알고 싶어하지 않는 상태에 이르게 된다. 이러한 모양은 영적 생활에 있어서 자연스런 진행 방향(오히려 퇴보)이 되어버린다.

히브리서 5장 11절에서 기자는 자신이 말해야 하는 것이 설명하기가 어렵다고 말한다. 자신이 교사로서 명확히 해줄 수 없기 때문이 아니라 독자들이 듣는데 둔하게 되었기 때문이다. 기자는 이렇게 말하지 않는다. "여러분은 듣는 데에 둔합니다." 오히려 이렇게 말한다. "여러분은 듣는 데에 둔해졌습니다."

즉 유대인 기독교인들은 영적으로 퇴보했다는 말이다. 그들이 한 때는 앞으로 진전하고 있었으나 지금은 한 두 단계 되돌아와야 하게 생겼다. 기자가 말하기를 그들은 노새같이 되었다고 말한다. 우리가 제 1장에서 배웠듯이 노새와 같다는 말은 헬라어로 둔하다는 의미이다. 이들의 경우에는 도덕적으로 느슨하기 때문에 깨닫는 지각력이 둔해졌다는 것이다.

노새는 위대한 사색가가 아니다. 가장 똑똑한 동물이 아니다. 말의 혈통 중에서 멍청한 계통에 속한다. 등에 짐을 지고 운반하는 일을 잘 하고 어떤 이들은 타는데 쓰기도 한다. 그러나 누구라도 재미를 위해서 혹은 운동을 하기 위해서 노새를 타는 일은 없을 것이다.

성경에서는 그리스도인들이 노새와 같이 될 수 있다고 말한다. 하나님의 나라에 매우 가치가 없어지기까지 퇴보할 수 있다는 말이다. 이것은 하나님께서 그런 식으로 만들었기 때문이 아니라 그들이 그렇게 되었기 때문이다.

그리스도인이 어떻게 하면 듣기에 둔해질까? 12절에 따르면 그것은 선택의 문제이다. 유대인 기독교인들의 경우에는 기자가 말하기를 "여러분들이 영적으로 너무 미숙해서 제가 좋은 멜기세덱 고기를 먹일 수가 없습니다. 옛날로 되돌아가서 우유나 줘야 하니 말입니다."

어른이 되어서 우유만 마실 수 있다면 궤양이든지 어디가 문제가 있기 때문이다. 설교를 들을 때마다 기뻐서 외치는 사람이라면 어디가 아픈 그리스도인이라고 말할 수 있다. 앉아서 하나님의 말씀을 배울 때마다 기분이 좋거나 혹은 아무 유익이 없다면 본인에게 문제가 있는 것이다.

어떤 설교는 듣고 울기도 해야 한다. 어떤 설교는 내 안에 뭔가 고쳐져야 할 부분이 있을 때, 죄의식을 일으키고 부끄러움을 느끼게도 된다. 이와 같은 일이 일어나면 그 사람은 하나님의 말씀 중 고기와 같은 더 깊은 것을 소화하게 된다. 많은 그리스도인들이 먹어본 것이라고는 우유뿐이기 때문에 우유에만 만족한다.

— 。간단한 테스트

"그러면 내가 우유만 먹는 그리스도인인지 아니면 고기도 먹는 그리스도인인지 어떻게 알 수 있죠? 내가 진전하고 있는지 퇴보하고 있는지 어떻게 말할 수 있죠?" 자, 한 가지 간단한 테스트로써 스스로에게 이렇게 물어볼 수 있다. 그리스도인으로서 나의 신앙 생활이 여전히 "내가 알고 있는 한 가지, 예수님이 날 사랑하네"로 시작해서 그것으로 끝나는지 말이다. 다시 말하면 본인은 '하나님의 말씀 중 더 질긴 것들을 먹고 소화하고 있는가? 아니면 우유밖에 먹을 줄 모르는가?'이다.

12절에서 기자는 자신의 독자들에게 말하기를 이 편지를 쓰기까지 때가 많이 지났으므로 영적인 가갸거겨나 배우고 있을 것이 아니라 성경의 더 깊은 진리를 남들에게 가르쳐야 할 때라고 책망한다. 그가 이렇게 말할 수 있는 데에는 두 가지 이유가 있다.

첫 번째는 시간이다. 이 유대인 기독교인들은 어느 정도 성숙할 만한 충분한 오랜 기간이 있었다. 그들은 영적으로 딱딱한 음식을 먹을 만큼 충분히 나이가 들었다.

그러나 시간이 흘렀다고 해서 다가 아니다. 두 번째 이유는 14절에 있다. "단단한 식물은 장성한 자의 것이니 저희는 지각을 사용하므로 연단을 받아(trained) 선악을 분변하는 자들이니라." 여기서 연단을 받아(trained) 라는 말은 문자 그대로 "훈련된(gymnastized)"이란 말이다. 이 말은 우리가 날마다 체력을 단련하기 위해서 체육관에 다닌다는 뜻이다. 영적인 것들을 개발하고 성장하기 위해서 땀을 흘리는 것이다.

영적인 지식과 통찰력에서 성장하기 위해서 들여야 하는 노력이 있다. 어떤 기술을 완전히 익히기 위해서 필요한 것처럼 지속적으로 훈련하는 연습이어야 한다. 다른 말로 하면 이들은 하나님의 말씀을 먹고 소화하는데 시간을 이용했어야 하기 때문에 다른 이들에게 영적인 진리를 가르치기에 충분히 성숙했어야만 했다.

그러므로 위에서 얘기한 테스트로 다시 돌아오면, 여러분이 성경을 펴서 하나님의 진리를 다른 이들에게 설명할 수 있으면 고기를 먹는 그리스도인이다. 성경을 가지고 로마서까지 펴서 누군가를 예수 그리스도께로 인도할 수 있으면 딱딱한 음식까지 소화하는 그리스도인이다.

그러나 아내가 성경에 대해서 남편에게 질문할 때 아무런 대답도 할 수 없다면, 부모가 되어서 자식이 물어보는 것에 답해줄 수 없다면, "가서 주일 학교 선생님한테 물어봐" 혹은 "내가 어떻게 알아요? 신학교를 나온 것도 아닌데"라고 밖에 할 수 없다면··· 그것은 본인이 우유만 먹는 그리스도인이기 때문이다.

이것이 테스트 방법이다. 누군가 다른 사람이 하나님의 말씀을 이해하도록 도울 수 없다면 여러분은 "문제 있는 성도"이다. 우유를 얻을 때까지만 살아남을 수 있다.

— ◦ 쓰지 않으면 잃어버린다

요점은 이렇다. 의도적으로 하나님의 것에 더 깊이 들어가기를 거부하는 그리스도인들은 말씀을 모르기 때문에 말씀을 이용하지 않는다. 그리고 옛말 그대로 "쓰지 않으면 잃어버리게 된다."

우리가 하나님 말씀을 듣고 한 번도 실행하지 않으면 결국은 무엇을 배웠는지도 잊게 된다. 어떤 본문 말씀을 듣고 한번도 공부하지 않았다고 생각해보자. 그러면 이미 잃어버렸기 때문에 배웠는지도 잊어버릴 것이다.

반대로 쓰면 잃어버리지 않는다. 그래서 우유를 먹다가 고기를 먹을 수 있게 되려면 배워야 하는 것을 배우고, 배운 것을 이용해서 잊지 않는 것이다.

이 유대인 기독교인들의 문제는 달리 선택한 데 있다. 한 번은 필자가 비행기 안에서 어떤 사람 옆에 앉았는데 이렇게 말하는 것이었다. "이 여자들이 내게 자꾸 접근하고 있어요. 나는 결혼한 사람이고 다 있는데, 하나님이 정말 한 남자가 한 여자만 가지라고 했는지 모르겠군요. 그것은 정말 자연적이지 못해요. 내 자신도 나를 어쩔 수가 없어요."

말할 필요도 없이 그 사람은 자리를 잘못 앉은 덕분에, 자신이 선택해야 한다는 것과 선택한 것에 대해서 책임이 있다는 것을 알게 되었다. 우리는 우리가 선택한 것을 바꿀 수 있다. 사실 선택을 바꾸기로 결정할 때까지 선택한 것은 절대 바뀌지 않을 것이다. 아무도 나를 위해 선택할 수 없다. 영적 생활에서 퇴보하지 않고 전진하기로 내 스스로가 선택해야 한다.

「 뒤로 물러나는 것에 대하여 」

영적 퇴보와 우리의 처음 사랑을 잃어버리는 이 경고 신호에 대해서 히브리서 10장 23~25절을 살펴보자.

> 또 약속하신 이는 미쁘시니 우리가 믿는 도리의 소망을 움직이지 말고 굳게 잡아 서로 돌아보아 사랑과 선행을 격려하며 모이기를 폐하는 어떤 사람들의 습관과 같이 하지 말고 오직 권하여 그 날이 가까움을 볼수록 더욱 그리하자.

이 강력한 경고는 그리스도인들에게 하는 것이다(믿지 않는 이들은 굳게 붙들 소망이 없다). 믿지 않는 이들에게 계속 모이라고 할 이유가 없다. 왜냐하면 모일 이유가 전혀 없기 때문이다.

── ◦ 교회를 하찮게 여김

이것은 가족 문제이며 심각한 경고이다. 잘못된 길에 있다고 말해주는 경고 신호 중 하나는 우리가 교회를 더 이상 중요하게 느끼지 않을 때이다. 주님의 집에 있어야만 한다고 느끼지 못한다. 매트리스 메소디스트(주일날 침상에서 뒹구는 감리교도를 비꼬는 말)나 베드사이드 뱁티스트(역시 침대 곁에서 꾸물거리는 침례교도를 비꼼) 회원이 되기로 결정한다.

사람들이 이렇게 말하는 것을 들을 것이다. "저는 그리스도인이 되기 위해서 교회를 갈 필요가 없어요." 그 말은 법적으로 따지자면 사실이지만 제대로 된 그리스도인이 되기 위해서는 교회를 가야만 한다. 어떤 이는 이렇게 말할 지도 모른다. "물론 그렇게 말씀하시겠죠 목사님이시니까."

그러나 필자가 한 말은 본인의 생각이 아니다. 하나님께서 우리에게 원하시는 그리스도인의 모습을 성경에서 볼 때, 우리는 활발한 교제와 격려와 하나님의 사람들을 고무하는 그리스도인이어야 한다. 우리 자신에게 그것이 필요할 뿐 아니라 다른 사람들에게도 그것을 주어야 한다.

지체 안에서 내 자리는 내가 배고프다거나 내게 무엇이 필요한지에 의해서만 결정되지 않는다. 오히려 내 이웃이 배고프거나 혹은 그에게 무엇이 필요한지와 관계가 있다.

그래서 교회 생활을 함께 나누지 않는 사람들은 자기만 생각한다. 하나님에 대해서도 다른 사람들에 대해서도 잊는다. 교회를 하나님의 집으로 보고 있다면 하나님께서 우리의 예배를 찾으신다고 기억할 것이다. 특별한 예배 속에서 우리가 "무엇인가를 얻든" 혹은 그렇지 못하든 간에 그것만으로 교회에 오는 충분한 이유가 된다. 돌봄을 받아야 되는 다른 사람들이 있기 때문에, 나머지 식구들을 생각한다면 와서 찌꺼기가 아닌 최선을 다한 밥을 줄 것이다.

그리스도의 지체로서 우리의 임무는 "서로 돌아보아 사랑과 선행을 격려"하는 것이다(24절). 우리의 임무는 단지 축복받는 것이 아니다. 축복이 되는 것이다.

너무 많은 우리 교회들이 뭔가 받으려고만 교회에 오는 사람들로 시달리고 있다. "오늘 내 것은 어디 있지?" 그러나 그들은 하나님께서 그들을 통해 다른 이들의 삶에 하기 원하시는 것에 있어서는 거의 드리지 않는다.

그래서 퇴보하고 있는 그리스도인들은 하나님의 가족들과 같이 있을 시간이 없다. 그들이 생각하기에 그것은 우선적인 일이 아니다. 교회를 빠져도 별로 큰 문제라고 생각하지 않기 때문에 괴롭지가 않다.

— ◦ 지체의 축복

그러나 상한 심령으로, 내리막길을 걷는 심정으로 있다가 교회 문을 들어설 때 성가대의 찬양 속에서 "하나님이 길을 여시네"라는 메시지로 하나님께서 나의 떨구어진 고개를 들게 하시는 느낌이 어떤지 알 것이다. 혹은 설교가 꼭 그때 나에게 맞는 말씀이거나 어떤 형제의 미소로 내 얼굴에도 웃음이 생기 것이 어떤 느낌인지 경험했을 것이다.

하나님의 말씀에서 "모이기를 폐하지 말라"는 것은 그런 의미에서 당연하다. 모이기를 폐하기 시작할 때 아무도 주위에 없게 된다. 신약에서 모이라는 말은 단순한 모임 이상의 의미이다. 서로 사랑하고 선행으로 자극(격려)하라는 말이다. 그것은 삶이 삶을 건드리고 매만지는 관계이다. 장작이 낱개로 떨어져 있으면 모닥불이 오래 가지 못한다.

하나님은 우리 한명 한명이 그분의 몸이 되도록 하기 위해서 구원하셨다. 나의 손 없이는 손가락이 기능할 수 없는 것처럼 손은 손목 없이 일할 수 없다. 손목은 팔 없이 일할 수 없고 팔은 어깨 없이 기능할 수 없다. 어깨는 몸통 없이 일할 수 없다. 따라서 우리는 스스로 하나님께서 우리에게 원하시는 것이 될 수가 없다.

잘못된 길로 내리막길을 걷는 많은 그리스도인들은 혼자서 다닌다. 교회에 더 이상 오지 않는 형제나 자매를 보면 뭔가 잘못되었다고 예견할 수 있는 합당한 이유가 있다. 우리는 그들에게 가서 모임에 참석하라고 자극하며 뭐라고 얘기해야만 한다.

「 거부에 대하여 」

잘못된 길에 너무 오랫동안 머무르면서 경고 신호를 무시하는 그리스도인은 신앙을 버릴 것이다. 즉 그는 믿음에서 떨어져서 그리스도를 부인하고 제일 지독한 죄인의 길로 접어들 것이다.

그리스도인이 이렇게까지 타락할 수 있을까? 신자가 이렇게 나빠질 수 있을까? 분명히 그렇다. 그때 하나님은 심판하실 것이다. 하나님은 개입하실 것이다. 하나님은 그것을 지나치지 않는다. 변절에 대한 대가는 그야말로 압도적이다. 온갖 고통과 문제, 그 사람이 이 길에서 너무나 멀리까지 갈 경우에는 때아닌 죽음까지도 있을 수 있다.

— ◦ 탈선

신자의 문제가 등한히 여기는 것이라면 도움을 받을 수 있다. 무감각의 문제라면 도울 수가 있다. 의도적으로 자라기를 거부하는 신자는 마음을 고쳐서 우유를 치워놓을 수 있다. 교회의 교제권에서 물러나는 형제 자매라 할지라도 도울 수 없는 것은 아니다.

그러나 거부의 지점까지 간 사람, 즉 변절까지 간 사람은 너무 늦다. 자, 다시 말하지만 구원을 잃어버렸다고 말하는 것이 아니다. 하지만 이 생에서의 영적인 유효성에 있어서 막대한 손실이 있게 된다. 심하면 일찍 죽게도 되고 천국에서의 보상을 잃게도 된다.

그래서 이것은 매우 심각하다. 히브리서 10장 26절을 보자. "우리가 진리를 아는 지식을 받은 후 짐짓 죄를 범한즉 다시 속죄하는 제사가 없고".

이것은 기분 좋은 얘기가 아니다. 어떤 그리스도인이 계속 죄를 지어서 거듭 경고를 받지만 그것이 계속 된다면, 예수의 피까지도 그 사람이 하나님의 혹독한 징계를 받지 않도록 막을 수 없다는 말이다. 어떤 사람들은 이것에 문제를 갖고 있다. 그들은 이렇게 말한다. "그리스도인들에 대해서 이렇게 심하게 말할 수 있는 겁니까."

그러나 이렇게 심한 경고의 메시지에서조차도 그는 독자들에게 그들이 고난의 큰 싸움에 참은 것(32절)을 일깨워주고 있다. 그들은 감옥에 갔던 다른 신자들에게 인정을 보여주었다. 그들은 그리스도를 섬기면서 자신의 재산을 잃는 것에 대해서 염려하지 않았다. 왜냐하면 천국에서는 이 땅에서 잃어버린 것에 대한 보상이 클 것을 알았기 때문이다(34절). 이런 말이 믿지 않는 자들에게 하는 소리처럼 들리는가?

그래도 충분하지 않다면 29절로 올라가보면 그들에게 "자기를 거룩하게 한··· 은혜의 성령을 욕되게 하는 자"라고 한다. 39절에서는 그들을 이렇게 부른다. "영혼을 구원함에 이르는 믿음을 가진 자". 의심할 여지가 없이 히브리서 기자는 그리스도인들에게 쓰고 있다.

— 。"이젠 됐다!"

자 이제 그리스도인이 거부에 대한 경고 신호를 무시할 때 얼마나 심한 결과를 맞을 수 있는지 말하겠다. 위에서 우리는 26절을 보았다. 아주 냉정한 경고이며 27절에 가면 더욱 더 냉정해진다. "어떤 무서운 심판이 분명히 올 것이고 격노의 불이 적들을 집어삼킬 것이다."

우리가 더 잘 알면서 잘못된 길로 계속 내려간다면 하나님께서 이렇게 말하실 것이다. "이젠 됐다!" 하나님이 어떤 신자의 삶에서 이 말씀을 언제 말씀하실지 필자도 모른다. 알 수 있는 길이 없다. 그러나 하나님이 정말 그렇게 말씀하실 만큼 심해질 때는 "이젠 됐다!"고 말씀하시리라는 것을 안다.

그때 하나님은 자기 자녀를 이방인 다루듯이 할 것이다. 적을 태우는 불길로 그 죄에 빠진 신자를 태울 것이다.

자식이 나이가 들면 부모들은 집에서 이와 같이 심한 방법을 쓰게 된다. 자식이 너무나 심해질 때면 마치 부모는 자식을 모르는 사람처럼 다루어야만 한다. 그렇게 하지 않으면 자식의 행동으로 집안이 위태롭기 때문이다.

하나님도 마찬가지이다. 우리가 그렇게까지 가면 유일하게 기대할 것은 심판뿐이다.

하물며 하나님 아들을 밟고 자기를 거룩하게 한 언약의 피를 부정한 것
으로 여기고 은혜의 성령을 욕되게 하는 자의 당연히 받을 형벌이 얼마

나 더 중하겠느냐 너희는 생각하라.(29절)

"나는 내가 하고 싶은 것을 할거야. 내가 되고 싶은 것이 되리라. 내가 행동하고 싶은 대로 행동한다. 하나님이 무슨 말을 하든지 상관없다. 교회가 무어라 하든 상관없다. 네가 뭐라고 하든 상관없다."라고 하는 사람에게 30~31절은 그 비문이 될 것이다.

> 원수 갚는 것이 내게 있으니 내가 갚으리라 하시고 또다시 주께서 그의 백성을 심판하리라 말씀하신 것을 우리가 아노니, 살아 계신 하나님의 손에 빠져들어 가는 것이 무서울진저.

나의 아내 로이스가 아이들을 정말 혼내주고 싶을 때는 이렇게 말한다. "아빠가 오실 때까지 기다려라." 이 말은 엄마가 처리하면 서투르겠지만 아빠가 한번 혼내면 주님께서 긍휼히 여길 것이라는 말이다. 그리스도인의 생활은 게임이 아니다. 그러나 너무나 많은 그리스도인들이 하나님과 게임을 하고 있다.

「 신호에 귀기울이는 것에 대하여 」

우리 중 많은 이들이 하나님께서 화난 것 때문에 위기를 겪고 있다. 기쁨과 평안과 힘과 재정, 결혼, 개인적인 생활 그리고 정신적인 안정감은 우리가 잘못된 길에 있기 때문에 점점 더 악화되고 있다.

우리는 경고 신호에 귀를 기울이고 다음 출구에서 내려서 길을 건너, 바른 길에 올라야 한다. 그러면 하나님께서 가져가신 것을 영구히 가져가시기 전에 우리에게 돌려주실 수 있다.

이것은 심각한 문제이다. 어떤 의사가 여러분의 몸에서 종양을 발견했는데 아스피린 두 알만 먹고 누워서 쉬라고 한다면 어떻겠는가? 이 의사가 무슨 장난하나 싶을 것이다.

우리 집에 불이 났는데 소방수가 "이게 금방 탈까?"하고 있다면 내가 어떻게 반응할까? "지금 뭐하시는 겁니까? 이런 상황에서!"라고 소리칠 것이다.

한 어른이 어떤 청소년 집단에게 당하고 있는 것을 경찰관이 보고 "애들은 애들 아니겠어요?"라고 말한다면 여러분은 어떻게 하겠는가? 그 경찰을 보고 가만있지 않을 것이다.

하나님은 장난하고 계신 것이 아니다. 그분은 은혜로 충만하시다. 여기 있는 한 변화될 소망은 있다. "오직 오늘이라 일컫는 동안에(히 3 : 13)" 돌아설 수가 있는 것이다.

얼굴에 부딪히는 바람을 세게 맞으면서 자전거를 달려본 적이 있는가? 바람이 막고 있기 때문에 앞으로 전진하기가 어렵다. 그러나 반대로 돌아서기만 하면 아까는 방해하던 그 똑같은 바람이 나를 도와줄 것이다. 나를 뒤에서 밀어줄 것이다.

많은 사람들이 잘못된 길로 가고 있기 때문에 그리고 성령 하나님의 "바람"에 맞서서 가고 있기 때문에 고투를 겪을 수밖에 없다. 그러나 방향을 전환하면 같은 바람이 도와줄 것이다.

이 다섯 가지 경고 신호가 매우 중요하므로 각 영역을 다룰 방법을 제시하겠다.

1. 감사치 아니하는 것과 같은 등한히 여기는 문제가 있을 때, 감사할 것을 기억하도록 조그만 카드에 '감사'라고 써서 집안 구석구석 붙여놓는다.

2. 영적인 무감각은 애통해 하는 마음으로 누그러질 수 있다. 시편 51편에서 다윗이 정결한 마음을 주십사 통회하는 기도를 하는데, 이것을 여러분의 기도로 삼는다.

3. 자라기를 거부하는 문제가 있다면 오늘 당장 "우유병"을 치워놓고 히브리서 7장에 있는 멜기세덱에 대한 가르침과 같은 고기를 골라서 먹기 시작한다. 목사님이나 기독교 서점에 가서 좋은 기초 성경 공부 교제를 골라서 하나님의 말씀을 씹어서 소화하는, 신나는 평생 작업을 시작하도록 한다.

4. 하나님의 사람들과의 교제에서 뒤로 물러나는 것은 심각하다. 여러분이 그리스도 중심의 성경을 가르치는 교회에 속해 있지 않다면 될 수 있는 한 빨리 그런 교회를 찾아야 한다. 친구에게 도움을 요청해도 좋겠다. 한 두 번 방문한다. 그러나 이것은 마음 내킬 때하는 아이 쇼핑과 같이 하는 일이 아니다. 하나님께 이 경고 신호를 순종하는 것에 대해서 여러분 자신이 진지하게 받아들일 것을 말씀드리면 그분께서 여러분을 위해 고르신 교제권으로 인도해주실 것이다.

5. 마지막으로 본인이 '거부'라는 잘못된 길까지 너무 멀리 나왔다고 생각된다면 아직 여기 오늘이라 하는 동안에 겸손하게 회개하며 하나님을 구하기 바란다. 목사님이나 신뢰할 만한 그리스도인 친구의 도움을 구해야 할 수도 있다. 무엇이라도 감수하고 그것을 하라!

여러분과 내가 그리스도에 대한 우리의 사랑을 그 처음 있어야 할 자리에 계속 있도록 지켜간다면 한 가지 내가 아는 것이 있다. 우리의 육이 이끌고 제시하는 방향으로가 아니라 성령 하나님이 인도하시고 지시하는 방향으로 사는 방법을 배워야만 할 것이라는 점이다.

거기에는 아주 합당한 이유가 있다. 사실 여러 가지 이유가 있는데 바울은 로마서 7장 18절에서 이렇게 말했다. "내 속 곧 내 육신에 선한 것이 거하지 아니하는 줄을 아노니 원함은 내게 있으나 선을 행하는 것은 없노라" 계속 이어서 8장 8절에서 이렇게 말하는 것도 무리가 아니다. "육신에 있는 자들은 하나님을 기쁘시게 할 수 없느니라".

또다른 이유는 이 장에서 가장 많이 다룰 본문에 나와 있다. "내가 이르노니 너희는 성령을 좇아 행하라 그리하면 육체의 욕심을 이루지 아니하리라"(갈 5 : 16). 여러분과 나를 향한 하나님의 뜻은 우리가 우리 육체의 본성인 욕심과 갈망함을 넘어서 사는 것이다. 우리는 육신과 육신이 원하는 모든 것을 사랑하면서 동시에 우리가 사랑해야 하는 그리스도를 사랑할 수가 없다.

「 육체의 욕심 」

육체에 대해서 우리가 이해해야 하는 몇 가지가 있다. 먼저, 성경은 우리가 어떻게 살아야 할 것인지에 대해서 논할 때 육체(flesh)라는 말을 쓴다. 그 말은 자신을 기쁘게 하려는 구속받지 못한 부분이란 뜻이며 구원받기 전에 가졌던 옛 생활 패턴이다. 이것은 우리의 가족이나 환경, 사회적 영향력, 무엇으로든지 생길 수 있는 것이다. 그것이 여기서 말하는 육체(flesh)이다.

두 번째 알아야 되는 것은 이것이다. 여러분의 육체가 악한 것을 하고 싶어하면 여러분은 그것에 대해 어쩔 수가 없다. 아니, 잘못 말한 것이 아니다. 자, 이렇게 말했다. 여러분의 육체 안에 비도덕적이고자 하는 욕망이 있다면 여러분은 그것에 대해 어쩔 수가 없다고 말했다. 여러분의 육체 안에 악한 생각을 하려는 욕구가 있다면 여러분은 어쩔 수가 없다.

자 보자. 육체는 나쁜 욕심을 갖는 것 말고는 아무것도 모른다. 성경은 여러분과 내 육체 안에 아무 것도 선한 것이 있지 않다고 말한다. 우리의 육체, 우리의 옛 본성은 죄로 물들었다. 우리는 아담으로부터 그렇게 그것을 받았다. 그래서 하나님이 저주하시는 것은 우리가 육체의 욕심을 갖고 있다는 것이 아니다.

여기서 많은 사람들이 혼동스러워 한다. "하지만 하고 싶은 것을 어떻게 합니까." 그렇다. 맞다. 육체는 어떤 욕망을 갖고 있어, 어떤 방식으로 행동하고 사고하도록 훈련받았다. 우리가 예수 그리스도를 구세주로 받아들였을 때 그분은 우리 육체의 욕심을 죽이지 않으셨다.

"그러면 예수 믿어서 다른 게 뭡니까?" 그 답은 앞에서 말한 갈라디아서 5장 16절에 있다. 예수님은 우리가 육체의 욕심을 만족시키지 않을 수 있도록 항복하지 않을 수 있게 해주신다. 예수 그리스도는 우리가 어쩔 수 없는 그 욕심에 묵묵히 따르지 않도록 선택할 힘을 주신다.

구원받는다는 것은 우리 안에 악한 욕심을 갖지 않는다는 뜻이 아니다. 구원받는다는 의미는 우리가 갖고 있는 악한 욕심을 만족시킬 필요가 없다는 것이다.

— ◦ 육체의 욕심을 죽이는 것

어떤 사람들은 육체의 욕심에 대해서 이렇게 말한다. "구원받으면 그런 욕심들은 없어야 합니다." 그러나 그러한 것들이 속에 없다고 하는 사람은 거짓말하는 자이다. 나는 욕구들을 갖고 있다. 여러분에게도 육체의 욕심들이 있다. 서로 갖고 있는 것들이 같지는 않을 것이다. 그러나 우리는 육체가 연약한 것을 알기 때문에 없다고 부인한다고 해서 해결되지 않는다.

우리는 방금 바울이 자신의 육체에 영적으로 선한 것이 조금도 없다고 고백한 것을 보았다. 육체 자체는 항상 악한 것을 원할 것이다.

그러면 어떤 이는 "하지만 그 욕심은 하나님이 죄로 정죄하는 것 아닌가요?" 아니다. 야고보서 1장 14절을 보면 "오직 각 사람이 시험을 받는 것은 자기 욕심(lust)에 끌려 미혹됨이니"라고 했다. 내 마음을 끄는 유혹이 올 때면 우리 육체의 욕심(fleshly desire)이 그것을 잡으라고 말한다. 우리 안에 어떤 것이 우리를 그 유혹으로 이끈다. 하지만 기억할 것은 유혹을 받는 것은 죄가 아니다. 아직 언급된 정죄는 하나도 없다.

15절로 가보자. "욕심(lust)이 잉태한즉 죄를 낳고 죄가 장성한즉 사망을 낳느니라." 자 여기서 야고보가 욕심을 죄와 동일하게 보지 않는다. 그는 죄의 잉태를 죄라고 한다. 잉태(conception―임신―역주)란 우리가 그 욕심을 따라 행동한 것을 의미한다. 그것에 생기(life)를 주는 것이다. 새가 내 머리 위를 날아다니지 못하게는 할 수 없지만 내 머리에 둥지를 만들지 못하게는 할 수 있다는 속담이 있다.

바로 여기서 하는 말이 그런 뜻이다. 하나님이 보시는 것은 우리가 새로 하여금 둥지를 틀도록 선택하는지이다. 즉 내 뜻과 상관없이 올 수 있는 욕심을 따라 행동하기로 내가 결정할 때 나는 죄로 들어가는 것이다. 그것은 내가 육적인 삶으로 들어가거나 혹은 들어가지 않거나 하는 선택의 지점이다.

— ◦ 죄의 지점

그래서 육체에는 욕심이 있다. 하지만 죄는 우리가 그것들을 따라 행동할 때를 말한다. 어떤 사람이 아름다운 여자가 옆에 걸어가는 것을 보거나 매혹적인 그림을 볼 수도 있다. 그의 육체는 그 여자에 대해서 잘못된 생각으로 즉시 반응한다. 그때 그의 욕심은 분명히 잘못된 방향으로 그를 유혹할 것이다. 그러나 하나님은 "자, 어떻게 할테냐?"라고 묻고 싶어하신다.

그 사람이 "나는 볼 거야. 내 마음에 좀 즐기겠어. 내 욕심이 나를 이끄는 대로 놔두겠어."라고 말한다면 그는 죄로 들어간 셈이다. 자신의 욕심대로 즐기거나 그것을 따라 행동하기로 선택했기 때문이다. 선택하는 지점이 죄를 짓는 지점이다.

그래서 여기 좋은 소식과 나쁜 소식이 있다. 우리에게 욕심이 있다는 사실은 어쩔 수가 없다. 그 욕심들이 우리를 어떻게 해보려 할 때는 어쩔 수가 있다. 그것이 그리스도인의 생활을 가능하게 하는 차이점이다. 그래서 우리의 과거가 우리의 현재에 영향을 미칠 수는 있을지라도 지배해야 할 필요는 없다.

— 。전쟁

육체의 소욕이 나를 지배하려 하지 않을 것이라는 말이 아니다. 육체의 소욕와 성령 사이의 전쟁을 묘사한 갈라디아서 5장 17절을 보자.

육체의 소욕은 성령을 거스리고 성령의 소욕은 육체를 거스리나니 이 둘이 서로 대적함으로 너희의 원하는 것을 하지 못하게 하려 함이니라.

우리 안은 현재 전쟁 중이다. 사실 우리가 참으로 구원받은 사람인지 아는 방법 중 하나가 내 속에 이런 전쟁이 있다는 것이다.

내 마음에 전혀 갈등을 느끼지 않고 죄를 계속 지을 수 있다면 문제는 참으로 구원을 받지 않았기 때문일 수 있다. 바르게 행하려는 전쟁이 전혀 없다면 어쩌면 내 안에 육체와 싸우려는 성령님이 계시지 않기 때문이다. 구원받지 않은 사람은 계속 불의하면서도 여전히 평안할 수 있다. 불의하면서도 태연할 수 있다는 말이다.

그러나 그리스도인에게는 그것이 불가능하다. 요나와 같이 우리는 하나님의 뜻 밖에서 마음을 편히 하려고 하면 하나님과 싸워야만 한다. 하나님이 어떤 지점에서 개입하셔서 나의 잘못된 안정감을 깨뜨리실 것이다. 요나에게는 아주 드라마틱한 방법으로 하셨다. 이 요나 선지자는 찬 바닷속으로 들어가면 더 이상 편하지가 않을 것을 알았다.

그래서 바울은 우리의 육체와 우리 안에 사시는 성령님 간에 전쟁이 있다고 말한다. 구원받기 전에 지었던 똑같은 죄를 여전히 지을 수도 있다. 그러나 똑같은 죄를 똑같은 식으로 지을 수는 없다. 왜냐하면 이제는 구원받았으므로 죄를 지으면 전쟁이 일어나고 대혼란에 빠지기 때문이다.

이 전쟁의 효력은 17절 끝에 있다. "너희의 원하는 것을 하지 못하게 하려 함이니라". 즉, 우리가 어떤 것을 원할 것이지만 결국은 반대로 행하고 말 것이다라는 말이다. 우리 육체는 이렇게 말할 것이다. "저 죄를 쫓아라!" 그러나 성령님의 영향으로 우리는 그것을 하지 않는다.

또는 성령님이 이렇게 말할 것이다. "저 의를 좇아가라!" 그러나 육체의 영향으로 성령님이 하라고 말씀하시는 것을 하지 않을 것이다. 성령님은 육체가 하기 원하는 것을 정지시킬 수 있고 육체는 성령님이 하기 원하시는 것을 무시할 수 있다. 따라서 우리는 자주 자기 모순에 빠진다. 그래서 우리가 이렇게 말하는 것이다. "그렇게 하지 말았어야 했는데." 우리는 그것을 하지 말았어야 한다는 사실을 알았다. 그러나 어쨌든 그것을 했고 그것을 했기 때문에 정죄감을 느낀다. 죄를 따먹기 위해서 성령님을 한번 보지 않았어야 했기 때문이다.

죄를 따먹기 위해서 깡총 뛰거나, 황급히 몰래 가거나, 건너뛰어야 할 필요가 없다면 성령님이 안에 안 계시다는 뜻이다. 죄를 짓기 위해서는 그분 몰래 펄쩍 뛰고 황급히 해야 하는 등의 일을 많이 해야 한다. 그리스도인이면 그렇기 때문에 육체와의 전쟁 때문에 그 죄까지 가기 위해서 온통 못 본체 해야만 한다. 정신적으로 많은 곡예를 거쳐야 한다. 죄에 도달하기 위해서 많은 변명을 거쳐야만 한다.

따라서 그리스도인이 죄를 지으려 하면 갈등, 전쟁을 치른다. 육체의 소욕에 굴복할 때 어떤 일이 벌어지는지 보고 어떻게 하면 피할 수 있는지 보자. 육적인 생활 양식의 결과는 하나님을 기쁘시게 하지 못하고 그리스도에 대한 우리의 "처음 사랑"을 차갑게 만든다.

「 육적인 삶의 결과 」

갈라디아서 5장 19~21절에서 바울이 세 가지 죄의 목록을 제시하면서 이것들이 육체의 삶에서 나온 것이라고 한다. 성적인 죄, 미신적인 죄, 사회적인 죄이다. 바울이 21절에서 "그와 같은 것들"이란 말을 덧붙이기 때문에 이 목록이 모든 죄를 말하는 것은 아니다. 그러므로 "내 것은 여기 없네. 그러니까 다행이군···"이라고 말씀하실 수 없다는 얘기다.

19절은 이렇게 시작한다. "육체의 일은(the deeds of the flesh-육체의 행위, 업적-역주)···" 우리는 선택하지 않고 어떤 행동을 할 수가 없다. 그렇기 때문에 누군가를 상담할 때 그 사람이 선택할 준비가 될 때까지 가지 않으면 시간 낭비가 된다. 어떤 선택을 향하여 그 사람이 움직이도록 하는 것은 시간 낭비가 아니지만 그가 거기에 이르기까지는 아무것도 일어나지 않을 것이다.

필자가 어떤 결혼한 부부를 상담할 때, 그 부부가 어떤 선택을 할 준비가 될 때까지는 한 20년은 상담할 수 있겠다. 하나님이 이미 그들을 위해 이루신 승리를 향해 그들이 움직일 수 없고 분명하지 않은 지대에 박혀 있기 때문이다.

── ◦ 성적인 죄

이것은 우리가 육적인 삶에 대해서 얘기할 때 가장 압도적이고 명백한 항목이다. 바울은 이와 같은 것들이 분명하다고 말한다. 그것들을 밝히기 위해서 많은 설명을 할 필요가 없다. 명백하기 때문이다.

바울은 영어 단어인 포르노(pornography)가 나온 헬라어, "음행(immorality)"이라는 말로 시작한다. 이것은 온갖 비도덕적인 행위를 포함하여 총칭하는 용어이다. 결혼한 이들 간의 불법적인 성관계, 즉 간음, 그리고 간통, 미혼한 이들 간의 불법적인 성관계, 또 가족 내에서의 성적인 죄, 근친 상간, 같은 성끼리의 성적인 행위, 동성 연애, 음탕한 생각과 마음, 음란, 공개적이고 외설한 과시 행동, 호색.

이 마지막 죄, 호색(sensuality)은 더 짚고 넘어가야겠다. 성경은 시대의 흐름에 따라 멋내는 것을 정죄한 적이 없다. 천박함(immodesty)을 항상 정죄할 뿐이다. 자신이 갖고 있는 아름다움에 따라 부끄럽지 않은 행동을 하는 것은 잘못된 것이 아니다. 다만 그 아름다움이 나를 천박하게 지배하도록 하는 것에 잘못이 있다.

어떤 사람들은 자신의 죄에서 신중하려고 한다. 아무도 알기 원하지 않기 때문에 그들은 숨어서 살금살금 다닌다. 그러나 호색은 누가 그것을 알든 얼마나 보든지 상관없다는 얘기다. 필자가 이 얘기를 하는 이유는 우리 문화의 특성이 바로 호색화되어 가고 있기 때문이다. 그것은 잘못된 것이다.

성적인 죄에 대해서 우리가 알아야 하는 것은 죄의 형태가 어떻든지 간에 하나님의 태도는 같다는 점이다. 우리는 죄에 따라서 그 추잡한 정도를 매긴다. 누군가가 우리가 상상할 수 있는 성적 죄의 형태 중에 가장 추잡한 짓을 했다고 하면 이렇게 말한다. "그 사람 어떻게 그리 더러운 일을 할 정도로 저속할 수 있지?"

하나님은 어떤 남자와 다른 남자의 아내를 보면서 말씀하신다. "쟤는 어떻게 그리 더럽고 추잡할까?" 하나님은 파트너를 매번 바꿔가며 자고 돌아다니는 남녀들을 보면서 말씀하신다. "쟤네들은 어떻게 저리 추잡할까?" 하나님께는 다 같은 족속이다.

위에서 언급했듯이 우리 문화는 온통 우리가 보는 자극에 대해서 성적인 반응을 이끌어내는 것 위에 세워진다. 화면, 언어, 제안 모두가 우리의 눈과 육체의 소욕에 호소한다. 여자들의 능력으로 남자들을 사로잡아 그들의 정상적인 성적 욕구를 잘못된 방식으로 표현하도록 만드는 남성 클럽 산업이 있다.

어떤 사람이 한번은 내게 이렇게 말했다. "에반스씨, 저는 여자들을 무척 좋아합니다."

내가 말하기를 "좋습니다. 당신은 여자들을 무척 좋아합니다. 그 사족 못쓰는 것을 어떻게 하겠습니까? 그것이 당신을 죄짓게 만드는 것에 대항해서 무엇을 하겠습니까?"

자, 너무너무 좋아한다(having a weakness)고 해서 통제할 수 없다는 것은 아니다. 다가오는 유혹에 대해서 항상 통제할 수 있는 것은 아니다. 하지만 그것들에 따를지 여부에 대해서는 완전히 제어하고 있다. 그렇기 때문에 하나님이 성령님을 보내주신 것이다.

◦ 미신적인 죄

이것은 종교와 관련된 죄이다. 갈라디아서 5장 20절에서 바울은 우상 숭배와 술수(sorcery-마법, 마술-역주)를 언급한다. 우상 숭배는 하나님 외에 다른 것이나 다른 이를 높이는 것이다.

성경은 우리의 우선 순위에 대해서 명백하다. 먼저 우리는 하나님을 경배해야 한다. 그것이 우리의 최고 우선 순위이다. 그래서 주의 첫날인 주일은 경배의 날이다. 그래서 하나님의 집에 있는 것이 우리 삶에서 최우선 순위이어야 한다. 하나님을 경배하는 것이 항상 먼저 온다.

둘째, 우리는 사람들을 사랑해야 한다. 셋째, 우리는 만물을 이용해야 한다. 그것이 순서이다. 하나님을 경배하라. 사람을 사랑하라. 만물을 다스려라. 그러나 우리는 다 뒤죽박죽이다. 사람들을 이용하고 물건을 사랑하고 경배하며 하나님을 잊어버린다.

우리가 하나님을 참으로 경배하고 있는지 어떻게 알까? 마태복음 4장 10절에서 우리가 하나님을 경배하고 있는지 아는 방법은 우리가 그분을 섬기고 있는가이다. "주 너의 하나님께 경배하고 다만 그를 섬기라 하였느니라"고 예수님이 말씀하셨다.

무엇을 섬기고 있는지 보면 경배하고 있는 것을 알 수 있다. 나의 삶이 하나님을 섬기는 것으로 뚜렷한가 아니면 나 자신을 섬기는 것으로 특징적인가? 우리가 자신을 섬기면 하나님을 섬길 수가 없다. 하나님이 우리 삶에서 지배적인 위치를 차지해야 하기 때문이다.

어떤 것이라도 우상이 될 수 있다. 어떤 우상을 찾기 위해서 무슨 원시종족을 찾아가지 않아도 된다. 우상 중에 어떤 것은 주차장에 잘 모셔질 수 있다. 어떤 이들은 가정을 우상으로 섬긴다. 그리고 우리 중 수많은 이들이 돈을 숭배한다. 심지어 어떤 이들은 의상실을 우상으로 섬기기도

한다. 매일 아침 일어나서 거울 앞에서 한 번 예배를 치른다. 한 걸음 한 걸음 내딛을 때마다 마치 이렇게 말하고 있는 것 같다. "나를 보시오, 세상이여! 내가 여기 있소!"

이것은 교통 수단인 자가용을 소유했느냐, 우리 머리 위에 지붕이 있느냐, 혹은 단정한 옷을 입었느냐의 문제가 아니다. 그것은 자신을 섬기는 일이며 우리는 자신을 섬기도록 구원받지 않았다. 그것은 우상 숭배이다. 우상 숭배는 어떤 것이 하나님보다 더 높은 우선 순위를 차지할 때 일어난다. 어떤 사람이 가령 자기 일을 위해서 가족을 무시한다면 그것은 일중독(job-worship)에 걸린 것이다.

다음으로 바울은 술수를 말하고 있다. 여기 또 하나 재미있는 헬라어가 있는데 그것은 pharmakeia이다. 이 단어는 영어 단어 pharmacy(조제술, 약국)의 어원이기도 하다. 바울이 술수 또는 마법에 대해서 말할 때는 마약 사용도 포함된다. 마약을 사용하는 것이 마법의 주요한 부분이었고 오늘날도 여전히 그렇기 때문이다.

불법 마약의 가장 끔찍한 특성은 몸에 해롭다는 것이 아니라, 우리 생활에 사단의 직접적인 통로가 된다는 점이다. 마약에 꿰인 사람은 단지 어떤 물질에 사로잡힌 것 이상의 영향을 받는다.

어떤 마약 사용자는 마약 사용으로 술수나 마법에 넘어가기 때문에 마귀에게 꿰인다. 즉 마약 사용자는 자신을 지옥의 지배 하에 독특한 방식으로 열어주는 셈이다. 마약은 여러 다른 방식으로 사단이 우리를 속여서 우리 어깨에 걸터앉기 위해 사용하는 매체 중 하나이다.

그렇기 때문에 사단은 항상 새로운 마약을 가지고 있다. 사람들이 한 가지 마약에 익숙해질 때마다 더 싸고 더 강한 효과를 내는 새로운 것들이 튀어나오는 것이다. 코카인 가루는 아주 싸게 살 수가 있고 그 효력도 대단하다. 그러나 한번 시도하고 나면 중독이 되고 만다. 내셔널 풋볼 리그의 스타였던 이가 고백하기를 한번 경험하고 나서 중독이 되가지고는 그리스도께로 나오기 전까지 자신의 전 인생이 뒤흔들렸다고 했다.

마약 무대에는 항상 새로운 것이 있다. 사단은 언제나 새로운 요리를 재빨리 만들어내기에 정신이 없기 때문이다. 게다가 그는 원하면 얻을 수 있도록 준비된 죄인들이 수하에 무수히 있다.

그런데 마지막으로 별점을 읽고 따르는 것이 얼마나 마귀를 섬기는 소름끼치는 일인지 말해두어야겠다. "당신은 어떤 자리요?"하고 묻지 말고 "당신은 누구 자식이요?"라고 묻는 것이 낫다. 성경에서는 창조주 대신에 피조물을 섬기는 것을 정죄한다(롬 1 : 25).

─ ◦ 사회적인 죄

이제까지 여러분은 우리가 그리스도에 대한 참된 사랑을 얻을 수 있는 만큼 멀리까지 떨어져나온 것처럼 느껴질 것이다. 정말 두 말할 것도 없이 추잡한 것들이다. 그러나 우리가 우리의 처음 사랑을 떠나 육체에 따를 때 어떻게 될지 깨닫기를 원한다.

갈라디아서 5장에 나온 것들을 아직 끝내지 않았다. 20, 21절에는 다른 사람과 관련해서 지을 수 있는 죄들이 나와 있다.

"원수를 맺는 것(enmity)"은 다른 사람에 대한 증오심이나 적의를 말한다. "하지만 그들이 나한테 어떻게 했는지 아십니까? 그 사람들이 나한테 어떻게 했는지 알아요? 사람들이 그저 그렇게 하도록 놔둘 수는 없죠"

자 그러면 이제 그들을 미워하려는 육체의 욕구가 생길 것이다. 하지만 바울은 우리가 어떻게 선택해야 할 지에 대해서 말하고 있다. 그래서 예수님은 "원수를 사랑하라"(마 5 : 44)고 하셨다.

내 감정은 "그들을 미워해"라고 할 것이다. 그러나 그것은 내 결정과 아무 상관이 없다. 좀 심한 예를 들어보겠다. 아내를 보면 증오심을 느끼는 남편이 상담을 하러 갔다. "저는 이 감정을 지울 수가 없어요 그 여자를 볼 때마다 증오심이 커지거든요"

그래서 정신과 의사나 심리학자가 이 남편이 그 감정을 극복하도록 도우려 한다. 아니다. 우리가 봐야 하는 것은 그가 하는 선택이다. 그것은 무엇을 하기로 선택하느냐 하는 문제이다. 이제 그 남편은 자신이 느끼는 대로 느낄 수 있고 여전히 옳은 것을 하기로 선택한다.

감정의 현실을 부인하는 것이 아니다. 다만 감정이 우리의 선택을 좌우할 필요가 없다는 얘기이다. 그리고 우리가 옳게 선택하기 시작할 때 옳게 느끼게 될 것이다.

그러나 그 남편이 "나는 그 여자가 좋아지기 시작할 때까지는 미워하겠어, 저 여자를 사랑하지 않을 거라구."라고 한다면 이혼 법정에서 볼 일밖에 없다. 먼저 좋아지기 시작하지 않을 것이기 때문이다.

다음은 분쟁(strife)을 살펴보자(갈 5 : 20). 이것은 투기나 증오심이 낳은 부산물로서 다툼(conflict)을 말한다. 바울이 말한 "시기"는 "내가 원하는 것을 네가 갖고 있기 때문에 너를 끌어내리겠어. 내가 그것을 가질 수 없으니 너도 가지면 안돼."하는 태도이다.

이것은 소위 '통 속의 게' 증후군이다. 게들은 통 밖으로 나오려고 서로 밟고 끌어당기고 기어오를 것이다. 결국에는 한 마리도 나오지 못하고 요리감 신세가 된다. 시기심은 이렇게 말한다. "최고에 설 수 없으면 나 혼자 밑바닥에 있을 수는 없지." 이것은 다른 사람들이 최대한 전력을 다하지 못하도록 무슨 수를 써서라도 끌어내리려고 하기 때문에 그야말로 끔찍한 죄이다.

다음의 사회적인 죄는 "분냄(성이 날 때 폭발시키는 것)"이다. 이것은 그럴듯해 보인다. "저 사람이 나를 화나게 만들었어! 나도 어쩔 수가 없었단 말이야, 그래서 그를 쳤지!" 아 그러십니까? 그 말은 그러면 다른 사람이 당신의 새끼손가락과 검지와 중지와 약지와 엄지를 모아서 팔굽을 구부려서 어깨까지 올려서는 빛과 같은 속도로 추진력을 달아서 주먹이 앞으로 뻗게 했다는 말씀이신지요? 퍽!

다른 사람은 그렇게 할 수 없다. 그리스도인이라면 그것을 통제할 수가 있다. 바울은 그것이 육체의 일이라고 말한다. 성령의 열매 중 하나가 절제(self-control)이기 때문이다(23절). 성령님은 우리가 참을 수 있는 능력을 주신다. "느끼는 대로 하지 않겠어."

"당 짓는 것(disputes)"(20절)은 논쟁을 말한다. "그 사람이 논쟁하자고 나오는데 제가 어떻게 합니까? 나도 맞서야지요" 필자의 철학은 어떤 사람이 화낸다고 해서 나를 불쾌하게 만들 필요는 없다는 것이다. 내가 통제력을 잃는 것과는 상관이 없다. 누군가 논쟁하고 싶어할 때 나는 다만 그가 그렇게 하도록 해준다. 그가 가진 것을 다 내게 주도록 한다. 그가 말하고 싶은 것을 다 말하게 한다. 나는 듣는다. 그리고는 "끝나셨습니까 아니면 더 있으십니까?"라고 물을 때를 생각한다.

“아니요, 아직 안 끝났어요.”

“그러시면 더 하시죠, 끝내세요.”

“당신은 이렇게 했고, 이렇게 했고··· 그렇게 말했어요···”

“맞습니다. 끝나셨나요?”

“한 가지 더 있어요.”

“좋아요. 끝났나요?”

“끝이에요.”

“자, 그러면 그것에 대해서 우리 얘기 좀 할 수 있을까요?”

“할 수 있죠.”

자 그러면 바울이 얘기한 “분리함과 이단(dissension, faction)”이다. 이것들은 집단 갈등과 관련된다. 일단의 사람들이 모여서 진리를 듣고 옳은 것을 행하지 않고 편을 나눈다. 그래서 이런 말이 나온다. “나는 그 사람 쪽이야.”

모든 사람이 “나는 진리 쪽이야”라고 한다면 인종 문제나 계급 문제가 있을 리가 없고 문화적인 편을 가르지 않을 것이다. 우리 모두가 육체(flesh)따라 하지 않고 성령님을 따라 산다면 모두 주님의 편이 될 것이다.

여기서 다루는 마지막 죄는 “투기, 술 취함, 방탕함”(21절)이다. 투기는 “뼈의 썩음”이다(잠 14 : 30). 이 말은 다른 사람이 가진 것을 보고는 그것을 너무 심히 원하게 될 때 쇠약해져서 결국 죽게 됨을 의미한다.

술 취함과 방탕함이 같이 쓰이면 대개 난폭한 행동을 뻔뻔스럽게 많은 사람들 앞에서 드러내게 된다. 싸움을 좋아하는 것, 난폭함. 술에 취한 사람들은 확실히 행동에 자제력을 잃는다. 흥청거리는 것은 다른 이들을 염두에 두지 않고 시끄럽게 떠들어보자는 것이다.

「 육적인 삶과 하나님 나라 」

위에 설명한 것들이 많기는 하지만 속속들이 말한 것은 아니다. 하지만 육체의 죄들에 대해서 다음과 같은 매우 강한 결론을 단언할 만큼 설명했다. “이런 일을 하는 자들은 하나님의 나라를 유업으로 받지 못할 것이요”(21절).

이 말은 많은 혼동을 일으켰다. 바울이 지금 그런 것들을 행하는 자들은 구원받지 못한다고 말하는 것일까? 그렇지 않다. 그리스도인도 잘못된 습관에 젖을 수 있음을 이미 살펴보았다. 매우 나쁜 습관에 젖어든 그리스도인을 예로 들자면 성경에 무수히 많다.

— 。치명적인 차이

필자가 여기서 바울이 그리스도인에 대해서 얘기하고 있다고 믿는 이유는 '유업(inherit−상속받다−역주)'이라는 단어 때문이다. 이 단어는 믿지 않는 자들에게 쓰일 수 없다. 그런 일을 행하는 믿지 않는 자들은 하나님 나라에 들어갈 수 없다. 그런 일들을 하는 그리스도인들은 그 나라에 들어가기는 하지만 그 나라를 유업으로 받지는 못한다.

이것은 매우 중요한 차이이다. 하나님 나라에 들어가는 것과 하나님 나라를 유업으로 받는 것은 전혀 다르다. 이스라엘 백성이 애굽에서 유월절 밤에 구원받았을 때 그들은 약속의 땅인 가나안에 들어가기로 되어 있었다. 이것을 구약에서 그들의 유업(또는 기업−inheritance)이라고 했다. 하나님께서 그들이 들어가서 즐기고 유익을 얻도록 따로 떼어둔, 젖과 꿀이 흐르는 땅이었다. 영광스러운 생활이 되었어야 했다.

그러나 신약에서 말하는 육욕(carnality)인 그들의 고집스런 죄와 불순종 때문에 이스라엘 백성은 그들의 기업을 잃는다. 그들은 누릴 수 있었던 오래도록 풍부한 삶을 박탈당한다. 하나님의 약속 성취인 가나안을 즐겨보지도 못한다. 광야를 돌아다니며 헤매기만 해야 했다.

— 。가치의 문제

믿지 않는 자들이 들어가지 못하는 것이 아니라 믿는 자들이 놓치는 것을 말하는 유업임을 확실히 증명해주는 것이 하나 있다. 성경에서는 유업에 대해서 말할 때마다 언제나 칭찬할 만한 '가치(merit)'에 기초한다. 구원은 절대로 이 가치에 근거하지 않는다. 항상 은혜에 근거하기 때문이다. 구원은 우리가 획득해서 받은 것이 아니다.

그 유업이 가치(merit)와 연관됨을 어떻게 증명할 수 있을까? 갈라디아서 5장 21절에서 이미 이 관련성을 보았다. 육체를 위해 사는 이들은 하나님의 나라를 유업으로 받지 못한다고 되어 있다. 이 얘기는 골로새서 3장 23, 24절과 더 직접 관련된다.

> 무슨 일을 하든지 마음을 다하여 주께 하듯 하고 사람에게 하듯 하지 말라 이는 유업의 상을 주께 받을 줄 앎이니 너희는 주 그리스도를 섬기느니라.

바울이 여기서 그리스도인만을 얘기하고 있는 것이다. 비그리스도인이 주님을 섬길 리가 없기 때문이다. 그리고 그들이 그렇게 한다 해도 천국 자리를 얻을 수는 없다.

— ∘ 우리의 유업

그래서 신자로서 우리의 유업은 그리스도를 섬기는 것에 대해서 하나님께서 우리에게 주시는 보상이다. 그러므로 계속 육적인 삶을 행하는 그리스도인들은 두 가지 손해를 입는다. 하나는 이생에서이고 또 하나는 오게 될 생에서이다(이 주제를 논한 제8, 9장을 참조). 일시적인 손실은 충만하고 풍부한 삶을 살지 못하게 될 것이다.

여러 가지 다른 면에서 올 수 있다. 가족 문제가 될 수 있고, 때아닌 죽음, 또는 하나님의 징계로 필요가 충족되지 않는 것일 수 있다. 그리고 이런 상태에 있는 그리스도인이 천국에 가더라도 하나님 나라의 유업을 즐기지 못한다. 장차 올 그 나라에서 하나님께서 그들에게 주기 원하시는 권한을 허락받지 못할 것이다.

필자는 청룡 열차 같은 것을 타기 좋아해서 달라스에 있는 텍사스 스테이트 페어에 가기를 아주 좋아한다. 그리고 그 곳에는 너무너무 맛있는 음식들도 많이 있다. 우리 교인 중 한 분이 입장권을 주기 때문에 나는 보통 무료로 들어간다. 그 곳에 들어가는 것은 무료가 되니 그것을 '천국 랜드'라고 해보자.

천국 랜드에 들어와보니 할 것이 너무 많이 있다. 탈 것들, 서커스, 게임, 으리으리한 전람회 등등. 하루종일 이곳저곳 다닐 수가 있다. 일단 들어왔으므로 나는 그 모든 것을 보고 다닐 수가 있다. 누가 내 입장권 값을 지불했으므로 나는 공짜로 들어왔다. 들어오는 것은 아무도 막지 않았고 아무도 나가라고 하지 않을 것이다. 하루종일 돌아다니면서 이것저것 보고 듣고 냄새도 맡으면서 그 안을 다닐 수 있다.

그러나 그 안의 모든 것을 즐기기 위해서는 완전히 다 지불해야만 한다. 텍사스 스테이트 페어에서는 탈 것과 음식이 공짜가 아니기 때문에 입장권말고도 더 필요하다. 그것들을 즐기려면 쿠폰을 사야 한다. 그래서 그 곳을 충분히 즐기려면 그 곳을 "유업으로 받아야" 한다. 즉 누군가 나에게 이렇게 말해주어야 한다. "자, 다 당신 것이요 여기 필요한 쿠폰이 다 있소 추가 요금 없이 다 탈 수 있소 당신은 신실하게 섬겼으니 이것이 당신이 받을 보상이요"

모든 참된 그리스도인은 천국에 들어갈 것이다. 그들은 '천국 랜드'에 있을 것이다. 몽땅 놓치게 되는 것보다는 들어가기라도 하는 편이 훨씬 낫다. 비교가 안 될 정도로 말이다. 하지만 그 곳에 들어가서는 전혀 탈 것들을 탈 수가 없다면··· 얼마나 끔찍한 일인지 모른다. 들어가기는 해도 다 즐길 수가 없는 것이다.

또 다르게 살펴보자. 우리 장남 토니는 로이스와 내가 작성한 유서에 확실히 언급된다. 토니는 우리 아들이고 아무것도 그 사실을 바꿀 수는 없다.

그러나 토니가 "아들 자리에서 내려올" 수는 없지만 상속권을 박탈당할 수는 있다. 사실 우리 유서에는 '우리 자식 중에 경건하지 못한 생활 양식을 받아들이고 회개하지 않는 이는 누구라 해도 다른 아이들에게 유산이 양도되어야 함'이라고 되어 있다.

장남 토니는 내 아들로 태어났다. 하지만 그는 칭찬할 만한 가치에 의해서 내 상속인이 된다. 일관된 그리스도인의 삶을 살아감으로써만이 그는 내 "나라"를 유업으로 받을 수 있다. 그를 기다리고 있는 그의 아버지가 갖고 계신 그 유업은 그가 바르게 살도록 동기 부여해야 한다. 여러분과 내가 바르게 살 동기가 되어야 하는 것이 무엇인지 아는가? 우리를 기다리고 있는 우리 하나님 아버지께서 갖고 계신 그 유업이다!

육체를 즐겁게 하는 삶은 의심할 여지없이 그리스도인된 목적을 잃게 만든다. 우리의 기쁨을 죽인다. 이 책에서 말하고 있는 모든 것의 기초가 되는 그리스도에 대한 우리의 사랑을 무디게 한다. 예수께서 "너희가 나를 사랑하면 나의 계명을 지키리라"(요 14 : 15)고 하셨다. 그리스도에 대한 여러분의 사랑을 증명할 수 있는 방법이 여기 몇 가지 있다.

1. 우리는 성적으로 거리낌이 없고 부정한 문화에 젖어 있기 때문에 계속 경계를 해야만 한다. 텔레비전이나 집안으로 성적 유혹이 기어 들어오지 않도록 하면서 집에 오는 것들을 정기 점검해야 할 것이다.

2. 미신적인 죄의 목록에서는 우리 문화에 살고 있는 많은 이들, 특히 젊은이들이 악한 영이나 사단 숭배에 빠져 있거나 매여 있음을 떠올리게 된다. 이런 류에 잡혀 있는 자녀나 친척, 친구가 있는 분은, 아니면 가족을 지키고 싶은 분은 James Logan의 'Reclaining Surrendered Ground' (Moody Press)를 읽으면 좋다. 이 책에는 자신과 가족을 보호할 수 있는 성경적인 통찰력과 실제적인 단계들이 나와 있다.

3. 사회적인 죄는 광범위해서 우리가 저지를 수 있는 문제들이 많다. 대개는 우리 혀를 잘못 사용해서 낳는 것들이다. 우리가 다룬 것 중에서 어떤 것이 여러분에게 문제가 된다면 지금 주님께 가지고 나와서 제거할 수 있도록 간구하라. 그리고 기도하는 중에 누군가의 용서를 구해야 한다고 생각나게 해주시면 가능한 한 빨리 하라.

4. 우리는 우리 육체가 연약함을 알고 우리 모두는 각자 연약한 부분이 있다. 자신이 어느부분이 떨어지기 쉬운지 모르면 하나님께 특별히 약한 곳을 보여주십사 기도하고 그것에 대해서 강하게 하는 말씀을 찾아 읽는다. 그 구절을 암송해서 필요할 때마다 쓸 수 있도록 한다. 성경 주석을 이용하면 이 구절들을 찾는데 도움이 될 것이다.

제 5 장

육체 대 영

이 장은 제 4장의 거울과 같다. 제 4장에서는 육적인 삶의 문제를 살펴보고 그리스도에 대한 우리의 처음 사랑을 빼앗아가는 도둑이 어떻게 하는지 보았다.

이 장에서는 그 다음 단계로서 그리스도인의 삶에서 육의 영향과 성령님의 영향을 대조해보는 일이다. 육체의 소욕을 처리하는 이 중요한 문제의 제2편이라고 하면 좋겠다.

이것은 너무 중대하기 때문에 신약에서 너무도 많이 성령 대 육의 전쟁과 온갖 형태로 나타나고 있으며 그 주제만으로도 책을 쓸 수가 있다. 지금은 두 장만으로 제한해서 싣기로 한다. 여기서 다시 사도 바울은 우리 선생님이 될 것이다.

「 지배하려고 하는 두 가지 다른 법 」

우리 안에 두 가지 법 혹은 행동 규칙이 동시에 존재하면서 우리를 다스리려고 작용한다. 로마서 8장부터 보자.

그러므로 이제 그리스도 예수 안에 있는 자에게는 결코 정죄함이 없나니, 이는 그리스도 예수 안에 있는 생명의 성령의 법이 죄와 사망의 법에

서 너를 해방하였음이라. 율법이 육신으로 말미암아 연약하여 할 수 없는
그것을 하나님은 하시나니 곧 죄를 인하여 자기 아들을 죄 있는 육신의
모양으로 보내어 육신에 죄를 정하사(1~3절).

바울은 우리 안에 일하고 있는 두 가지 법을 2절에서 요약하고 있다.
하나는 "생명의 성령의 법"인데 성령 하나님의 영향으로 다스림, 지배이
다. 그러나 또다른 법이 우리 안에 있다. "죄와 사망의 법"이다. 우리를
영적으로 패배하게 만들고 망치고자 하는 법이다.

─ ◦ 현실의 예

두 가지 법 모두 각 그리스도인 안에서 역사한다. 이것이 얼마나 중요
한지 이해하기 위해서는 이 전쟁이 바울에게도 얼마나 영향을 미치고 있
는지 알아야 한다. 바울은 평범한 그리스도인이 아니었다. 그는 1세기 기
독교계의 지도자였으며 이방인 사역을 하는 사도였다. 그는 하나님의 진
리를 우리에게 전하는데 있어서 지배적인 역할을 감당했다.

바울은 경건한 그리스도인으로서 견뎌내었던 육과 영 사이의 전쟁에
대한 개인적인 간증을 했다. 그러므로 죄로 고투하고 있는 분은 너무 심
하게 자신을 괴롭히지 않기를 바란다. 역사상 위대한 그리스도인이었던
바울도 죄로 씨름했기 때문이다.

4장에서 언급했듯이 죄에 대한 욕구 자체는 문제가 아니다. 우리의 육
체는 항상 죄를 원하는 마음이 있고 항상 그럴 것이다. 바울도 그렇게 느
꼈다. 로마서 7장에 그가 개인적인 간증으로 쓴 것을 보자.

우리가 율법은 신령한 줄 알거니와 나는 육신에 속하여 죄 아래 팔렸도
다. 나의 행하는 것을 내가 알지 못하노니 곧 원하는 이것은 행하지 아니
하고 도리어 미워하는 그것을 함이라(14~15절).

바울은 이렇게 말한다. "나는 이 문제를 갖고 있다. 그리고 그것은 내
가 로마에 있는 성도들에게 편지를 쓰는 지금도 내게 있다. 나는 내 삶에
육과 성령의 전쟁을 느끼며, 때로는 내가 정말 하고 싶지 않은 것을 하는

긴장감에 사로잡힌다."

그 사로잡힌다는 것이 무엇인지 여러분은 아는가? 뭔가 하지 말아야 한다는 것을 알기 때문에, 하고 싶지 않은데 어쨌든 그것을 한다. 그리고 나서 말하기를 "하지 않았으면 좋았을 것을."한다.

그것이 내 안에 두 가지 법이 작용한다는 증거이다. 바울은 전쟁의 성질을 이해했고 문제가 어디서 발생하는지 알았다. 그래서 계속 이렇게 쓴다.

> 내 속 곧 내 육신에 선한 것이 거하지 아니하는 줄을 아노니 원함은 내게 있으나 선을 행하는 것은 없노라. 내가 원하는 바 선은 하지 아니하고 도리어 원치 아니하는 바 악은 행하는도다. 만일 내가 원치 아니하는 그것을 하면 이를 행하는 자가 내가 아니요 내 속에 거하는 죄니라.(18~20절)

바울이 말하고 있는 것이 얼마나 심각한지 알겠는가? 그는 우리의 육체가 우리 육체를 고치도록 요청할 수 있을 정도가 아니라고 말한다. 왜냐하면 우리 육체에는 구출해서 이용할 만한 것들이 아무것도 없기 때문이다. 우리의 구원받지 못한 육체는 우리 삶에서의 문제들을 해결할 수 없다. 구속받지 못한 육체가 문제를 일으키고 있는 것이기 때문이다. 문제 인자에게 문제 해결사가 되라고 할 수는 없는 일이다.

이것은 오늘날 많은 소위 그리스도인들이 상담받고자 하는 문제이다. 육체를 육체로 고치려고 하는 시도가 자주 있다. 결국 되지 않을 일이다.

바울은 "내게는 바른 욕구가 있으나 너무 자주 나는 잘못된 행동을 한다."고 말한다. 그는 이 편지를 쓰면서도 어떤 이방인이 자신의 삶에 거하고 있다고 한다. 바울은 그것을 "내 안에 거하는 죄"라고 한다(20절). 그것은 자주 "원죄(sin principle)"라고 한다.

— ○ 원죄(Sin Principle)

이것은 모든 그리스도인들이 갖고 있는 본질이며 하나님의 뜻과 말씀에 반항하고자 하는 것이다. 즉 내 안에는 하나님이 싫어하시는 것을 정말 하고 싶어하는 부분이 있다. 죄는 여전히 우리 안에 거한다. 그것은 내 안에 서성대고 그것이 내 육체 자체에 착 붙어 있기 때문에 나는 그것을 제거할 수가 없다.

그러면 왜 하나님이 이 썩어질 옛 몸을 처치하고 그분의 영광스러운 몸과 같이 새로운 것을 우리에게 주시는지 알 것이다. 하나님은 우리 육체를 고치지 않으신다. 사실, 우리의 옛 몸은 한 가지를 위해서만 좋다. 벌레 먹이이다. 성경은 하나님께서 우리가 가진 몸이 지금 죄로 물들었기 때문에 우리 몸을 바꾸실 것이라고 말한다.

로마서 8장으로 돌아가서 살펴보기 전에 7장에 나온 아래 본문을 이해해야만 한다. 하나님께서 우리에게 무엇을 행하셨는지 알고 감사하려면 말이다.

> 내 속사람으로는 하나님의 법을 즐거워하되, 내 지체 속에서 한 다른 법이 내 마음의 법과 싸워 내 지체 속에 있는 죄의 법 아래로 나를 사로잡아 오는 것을 보는도다. 오호라 나는 곤고한 사람이로다. 이 사망의 몸에서 누가 나를 건져내랴. 우리 주 예수 그리스도로 말미암아 하나님께 감사하리로다. 그런즉 내 자신이 마음으로는 하나님의 법을 육신으로는 죄의 법을 섬기노라(22~25절).

이 구절에서 어떤 결론을 내릴 수 있을까? 먼저, 바울은 여기서 확실히 구원받은 사람이다. "내 안에는 주일 날 환성을 올리고 싶은 부분이 있으나 월요일에는 마음대로 하고 싶은 또다른 부분이 있다." 그는 말한다. "내 마음으로는 내가 하나님을 기쁘시게 하고 싶다는 것을 안다. 그러나 내 몸으로는 내가 내 자신을 기쁘게 하고 싶다. 내 정욕을 만족시키고 싶다."

그가 이 갈등을 전쟁이라고 부른다는 점에 유의하라. 그는 "나 바울 사도는 전쟁터에 살고 있을 뿐 아니라, 내가 전쟁터이다! 나에 대해서 내가 뭔가 할 때까지 문제는 계속되기만 할 것이다. 왜냐하면 문제가 내 안에 있는 죄이기 때문이다."

그렇기 때문에 우리는 우리 문제를 피할 수 없다. 어디로 피하더라도 우리 육체가 여전히 거기 있을 것이다. 그리고 내 죄에 대해서 다른 사람을 비난할 수 없다. 그것은 내 죄이기 때문이다. 바울이 "오호라 나는 곤고한 사람이로다!"라고 울부짖는 것도 당연하다. 우리가 죄에 대해서 고민하고 있는 것에 정직하면 이 외침은 찬양이 될 수도 있을 것이다.

감사한 것은 이 고백에 이어 2절도 있다는 사실이다. "승리로운 영적인 삶을 살기 위해서 나는 어디서 자유를 찾을 것인가?"라는 질문을 해놓고 바울은 25절에서 스스로 답을 말한다.

우리 안에 역사하는 두 가지 법을 우리가 갖고 있는데 두 가지가 대조되는 삶의 규칙으로서 나를 지배하려고 한다. 우리 생활을 지배하는 힘이 육이냐 성령이냐에 따라 영적인 그리스도인이 되느냐 아니면 육적인 그리스도인이 되느냐가 결정된다.

─ ◦ 상위의 법

그러나 감사하게도 이 법들은 권력 면에서 아주 차이가 있다. 성령의 법은 바울이 말했듯이 "죄와 사망의 법에서 우리를 해방했기 때문에" 더 높은 상위의 법이다(롬 8 : 2). 하나님에 대항하여 반항하고 자신을 기쁘게 하려는 우리 부분은 정복당했다. 상위의 법이 우리 삶에 일하도록 놓아둘 때마다 그것이 죄와 사망의 법을 폐기하는 것을 보게 된다.

마치 중력의 법과 같다. 비행기를 탈 때만 빼놓고 이것은 일반적인 법칙이다. 라이트(Orville과 Wilbur Wright) 형제가 공기역학 분석에 성공하여 더 좋은 법을 발견했기 때문에 만물의 일반적인 법칙에 예외가 생긴 것이다. 이들이 발견한 것은 일정 속력과 일정 기류에 일정량의 유기체 산화가 결합되면 중력의 법칙을 초월할 수 있다는 내용이었다.

이것은 중력의 법칙을 깨뜨리거나 없애는 것이 아니다. 단지 공기역학이라고 하는 상위 법칙의 작용에 의하여 중력의 법칙이 작용하지 않게 되었을 뿐이다. 상위의 법칙이 작용하지 않는다면, 비행기 엔진이 꺼진다면, 첫 번째 법칙인 중력의 법칙이 죽지 않았기 때문에 비행기는 땅으로 곤두박질할 것이다.

죄와 사망의 법은 여전히 곁에 있다. 작용하고 있다. 그러나 순종이라는 속력과 거룩함이라는 기류를 성령의 연소와 결합할 때 우리는 새로운 영적 생활의 비행기로 더 높이 들리울 것이다. 죄와 사망의 법을 초월하는 성령의 권능이라는 공기역학이 우리 안에 일하고 있기 때문에 환경하에 사는 것이 아니라 그 위로 높이 치솟아 더 높이 들려야 한다.

길을 가다가 어느날 보도 블록 틈에 작은 도토리들이 잔뜩 끼어서 길이 확 변해버린 것을 본 적이 있는가? 도토리는 보도 블록을 움직일 수 없다. 하지만 도토리를 그대로 두면 도토리는 사라지지만 떡갈나무가 생길 것이다.

떡갈나무가 자라기 시작하면 떡갈나무의 법칙이 콘크리트의 법칙을 초월하기 때문에 콘크리트를 움직인다. 예수 그리스도를 영접한다는 것은 콘크리트와 같은 우리의 문제들을 움직여서 파기하기 위해, 우리 삶의 떡갈나무가 되기 원하시는 성령의 도토리를 받아들인 것과 같다. 왜? 로마서 8장 3절에서 설명하듯이 율법이 할 수 없는 것을 하나님께서 그분의 아들을 보내심으로 하셨기 때문이다.

율법(Law)은 선한 것이지만 우리에게 그것을 지킬 만한 힘을 줄 수는 없다. 여기서는 모세의 율법을 뜻한다. 바울은 사실 율법이란 말을 로마서 7, 8장에서 두 가지로 다르게 쓰고 있고 혼동하기가 쉽다. 죄와 사망의 법은 앞에서 보았듯이 우리 안에 있는 원죄이다.

그러나 모세의 율법은 하나님으로부터 직접 왔고 거룩하며 공정하며 선하다. 영어 성경 중 New American Standard 버전을 보면 원죄(sin principle)에 대한 법칙(law)은 소문자로 썼고 모세의 율법(Law)에 대해서 말할 때는 대문자로 썼다. 이것이 정확한 차이이며 필자도 그렇게 하고 있다(대문자 Law는 율법으로, 소문자 law는 법으로 번역함—역주).

율법은 선하다. "간음하지 말라"는 선한 명령이다. 문제는 그것을 지키는 내 능력이다. 그래서 율법 안에 우리가 그것을 지키도록 해주는 힘이 없으면, 우리가 스스로에게 율법을 지키라고 말하더라도 긍정적인 사고의 힘이 작용할 수 없는 것이다.

그러나 우리가 할 수 없는 것을 하나님이 하셨다. 그분께서 우리에게 내적 원동력(모터)을 주셨다. 즉 우리가 하나님의 기준에까지 살 수 있도록 하셨다는 말이다. 로마서 6장 6절에서는 "우리가 알거니와 우리 옛사람이 예수와 함께 십자가에 못박힌 것은 죄의 몸이 멸하여 다시는 우리가 죄에게 종 노릇하지 아니하려 함이니"라고 했다.

죄의 노예가 된 경우는 노예의 신세를 선택했을 뿐이다. 몇 년이고 계속해서 똑같은 죄의 노예가 될 필요는 없다. 그리스도 안에서 새로운 사람이 되었기 때문이다.

「 살고자 하는 두 가지 반대 길 」

그리스도인으로서 우리 삶의 방향이나 과정은 우리가 성령의 권위 하에 사는가 아니면 육신의 권위 하에 사는가에 좌우된다. 로마서 8장 4~7절까지 보자.

> 육신을 좇지 않고 그 영을 좇아 행하는 우리에게 율법의 요구를 이루어지게 하려 하심이니라. 육신을 좇는 자는 육신의 일을, 영을 좇는 자는 영의 일을 생각하나니, 육신의 생각은 사망이요 영의 생각은 생명과 평안이니라. 육신의 생각은 하나님과 원수가 되나니 이는 하나님의 법에 굴복치 아니할 뿐 아니라 할 수도 없음이라.

바울은 "너희가 육신을 따라 걸으면 육신의 것들을 얻게 될 것이다."고 말한다. 우리가 육신의 것들을 좇아갈 때 즉, 우리가 영향을 받아야 하는 예수 그리스도와 하나님의 것들이 차지해야 할 자리를 육신의 것들에게 내어줄 때에만 그것들이 우리를 지배할 수 있다.

─ ○ 육신을 좇아 행함

그리스도에 대한 처음 사랑을 우리가 버리고 육신을 좇기 시작하면 우리는 금방 "육신에 속한 자(mere men─자연적인 인간에 불과한─역주, 고전 3 : 3)"와 같이 걷게 될 것이다. 즉, 다른 모든 이들이 하는 것을 하고 무리를 따르기 때문에 단지 무리와 같이 보일 것이다. 세상과 같이 걸으면 세상이 정하는 보폭에 맞추어 따라해야 한다.

하나님께서 어떤 그리스도인은 힘을 주시고 어떤 이는 힘을 안 주시는 것이 아니다. 우리는 똑같은 예수님과 똑같은 성령님을 갖고 있다. 다른 이들보다 좋지 못한 배경을 갖고 있다 해도 동일하신 하나님께서는 우리 생활에 영향력을 미치기 원하신다.

그러나 이 사실을 알아야 한다. 누구라도 어떤 사람이 걷게 만들 수는 없다는 것이다. 걷는 것은 자신이 해야만 한다. 어떤 길로 가야 할 지는 보여줄 수 있다. "도와줄께요"라고 말할 수는 있다. 그러나 그 사람을 위해서 걸어줄 수는 없다.

나를 위해서 하나님이 대신 내 선택을 하지 않으실 것이다. 하와가 선악과를 먹지 못하도록 막지 않으시고 아담이 먹지 못하도록 막지 않으신 것처럼 우리의 선택도 막지 않으실 것이다. 내 마음. 그래서 바울은 "마음의 결단을 내리라"고 말한다(5절). 우리는 생각하는 대로 걸어가기 때문에 길을 바꾸고 싶으면 마음과 생각을 고치라는 말이다.

이 원리가 작용하는 성경적인 예를 들어보자. 사무엘하 11장에서 다윗 왕은 왕궁 지붕 위를 거닐다가 밧세바가 목욕하고 있는 것을 보았다. 그녀는 그냥 평범한 여자가 아니었다. 심히 아름다웠다. 다윗은 보고 또 보았다. 어느새 그의 마음과 생각은 자기 육체의 욕심이 이끄는 방향으로 걷기 시작했다. 오래지 않아 자신의 계획이 실현될 것이었다.

다윗은 밧세바와의 간음 결과로 개인적이고도 국가적인 비극과 재난을 초래했다. 그러나 중요한 것은 다윗이 그 죄를 시작하기 전에, 보고 또 보아 밧세바를 불러오도록 하지 않고 돌아섰다면 상황이 바뀔 수 있었다는 점이다.

하나님의 은혜는 놀라와 다윗은 주님 앞에 고백하고 회개함으로 죄로부터 되돌아올 수 있었다. 그러나 그가 잘못된 것을 생각하고 그것을 따라 행동하고 또 그것 때문에 다친 사실은 변하지 않았다.

— ◦ 마음속의 전쟁

그리스도인 생활 가운데 있는 전쟁은 마음에서 일어나는 것이다. 누가 자기 마음과 생각을 다스리고 자기 자식들의 마음과 생각을 지배할 것인가? 마음과 생각을 지배하는 사람은 행동을 지배한다. 우리가 잘못된 길을 걷는 것은 잘못된 생각을 하기 때문이다. 사단은 우리 발이 그 길로 돌아설 때까지 우리 마음에 계속 일한다.

그렇기 때문에 쓸데없는 음식들만 먹고 하나님의 말씀은 먹지 않는 신자들은 심각한 문제에 빠진다. 경건하지 못한 음악, 친구, 오락으로 계속 충만할 때, 끔찍하다고 생각했던 것들이 어느새 그렇게 나쁘게는 보이지 않게 될 것이다.

그렇기 때문에 고린도후서 10장 3~5절에서, 바울은 우리의 전쟁이 혈과 육(즉, 육신끼리)의 싸움이 아니라고 했다. 오히려 그것들은 모두 마음과 생각 속에 있기 때문에 우리는 이 세상적 체계의 잘못된 사고 방식과 망상과 본거지를 파해야 한다.

그 결과는 매우 재미있다. "육신의 생각은 사망이요 영의 생각은 생명과 평안이니라"(롬 8 : 6). 이것은 육신을 위해 사는 그리스도인이 반드시 죽게 된다는 의미가 아니다. 여기서 사망이란 생명과 평안에 반대되는 의미이다. 성령님을 순종하지 않을 때 형성되는 우리 안의 영적인 메마름과 불모지를 말한다.

이 상태에서 신체적으로는 아주 잘 살아남을 수 있지만, 영적으로는 쇠약해진다. 우리의 영적 생활은 서서히 쇠퇴하고 온갖 감정적인 불안감과 우울함을 가져온다. 왜냐하면 우리 마음이 육신에 초점을 맞추라고 배웠기 때문이며 육신에는 목적도 평안도 기쁨도 없다.

비그리스도인들이 성령님께로부터 평안을 얻지 못하기 때문에 평안을 찾아다녀야 하는 것처럼 그리스도인도 마찬가지로 그런 지경에 이를 수 있다. 공허함만 있고 평안이 없고 불안하다. 성령님의 생명을 공급받지 못하기 때문이다.

— ◦ 성령을 좇아 행함

한편, 우리 마음을 성령님께로 두면 생명과 평안을 얻는다. 목적 의식과 의미를 발견하고 기쁨과 만족을 얻는다. 성령님께서 다스리실 때 우리는 "주님, 그것은 당신 손안에 있습니다. 제가 원하는 대로 일들이 되는 것이 아니라 주님께서 가게 하시는 쪽으로 가게 해주세요. 그래야 제가 만족하게 될 것입니다."라고 할 수 있다.

느긋한 마음의 태도와 평안 가운데 거하게 된다. 외적인 환경이 나의 생활을 지배하지 못한다. 우리가 평안 가운데 있기 때문에 어떤 것도 문제가 되지 않는다.

「 두 가지 반대되는 신분 」

여러분은 자신의 신분을 어디에서 발견하는가? 바울은 두 가지 가능한 신분을 로마서 8장 8~9절에서 제안한다.

> 육신에 있는 자들은 하나님을 기쁘시게 할 수 없느니라. 만일 너희 속에 하나님의 영이 거하시면 너희가 육신에 있지 아니하고 영에 있나니 누구든지 그리스도의 영이 없으면 그리스도의 사람이 아니라.

전치사의 쓰임에 유의해서 보자. 이 앞에서 바울은 육신에 따라(according to) 사는 것에 대해서 얘기했다. 이제 그는 육신에(in) 있는 것에 대해서 말한다. 왜일까? 우리가 어떻게 살고 있는지에 대해서 이제 얘기하고 있기 때문이다. 바로 우리가 누구인지에 대해서 말하고 있는 것이다.

이 땅 위의 모든 사람들은 육신의 영역에 있거나(구원받지 못함) 아니면 성령님의 영역(구원받음)에 있다. 바울이 염려하는 것은 성령님 안에(in) 있는 그리스도들이 아니라 육신에 따라(according to) 사는 그리스도인들이다.

그는 이렇게 시작한다. "무엇보다도 당신들이 누구인지 먼저 그 문제부터 봅시다." 우리 중 많은 이들이 자신이 누구인지 잊고 있기 때문에 해야 하는 대로 행동하고 있지 않다(11장). 우리가 누구인지 잊어버리면 어떻게 행동해야 할지도 잊게 될 것이다. 매주일마다 교회에 가는 이유 중 자신에게 좋은 것은 본인이 누구인지를 기억하게 되기 때문이다.

내 아내 로이스와 결혼해서 처음 맞은 여름에 우리는 할렘(Harlem)에 있는 레녹스(Lennox) 133번가에 살았다. 나는 거기에서 사역을 하고 있었고 우리는 교회 근처의 아파트에 살았다. 이사온 지 하루쯤이나 되었을까, 어떤 사람으로부터 전화가 와서 내 아내가 받았다. "에반스 부인 계십니까?"

로이스는 "잠시만요"하고는 에반스 부인을 찾으러 돌아서서는 자신이 에반스 부인인 것을 알았다. 다시 전화를 들고 다른 목소리로 "여보세요? 에반스 부인인데요"라고 했다고 한다.

로이스는 자기가 누구인지 잊어버렸던 것이다. 그 해 그녀의 인생에는 많은 큰 변화가 있었고 그 중 하나가 남편성을 따라 이름이 바뀐 것이었다. 이전의 이름은 로이스 캐닝이었으나 이제는 로이스 에반스가 되었다. 새로운 자신(신분)을 가졌다.

그리스도인이여, 당신은 자신이 누구인지 알고 있는가? 당신은 하나님의 자녀이다. 당신은 성도이다. 당신은 의롭게 되었다. 당신은 안전하다. 당신은 거룩한 이들에 속했다. 당신의 혈관에는 왕족의 피가 흐르게 되었다. 그것이 바로 당신이다.

사단이 이렇게 말하는 것을 막아라. "너는 거짓말쟁이야. 너는 간음한 사람이야. 너는 부정직한 인간이야." 그것은 내가 아니다. 친구들이 내가 누구라고 말하게 하지 말라. 자기가 어떤 사람이기 때문에 자기 친구도 그런 사람으로 취급해버리는 사람이 많이 있다. 자기들의 신분을 받아들이지 않으면 친구가 될 수 없다고 말한다.

그리스도인 형제자매들이여, 예수님께서 돌아가셨을 때 당신은 죽었다. 예수님께서 부활하셨을 때 당신은 부활했다. 예수님께서 다시 오실 때 당신은 그분과 함께 올라갈 것이다. 그게 바로 당신이기 때문이다. 그래서 우리는 우리가 누구인지 그리스도 안에서 이해해야만 한다. 우리는 이제 새로운 신분을 갖고 있다. 그래서 바울은 11절에서 이렇게 말한다. "예수를 죽은 자 가운데서 살리신 이의 영이 너희 안에 거하시면 그리스도 예수를 죽은 자 가운데서 살리신 이가 너희 안에 거하시는 그의 영으로 말미암아 너희 죽을 몸도 살리시리라."

예수님을 무덤에서 일으킨 바로 그 힘이 우리를 죄에서 일으킬 것이다. 내 잠자리가 아닌 곳에서, 내가 쓰고 있는 거룩하지 못한 언어에서, 내가 절제할 수 없는 노여움에서, 나를 압도하는 질투에서, 내가 살고 있는 모순에서 바로 그 힘이 나를 일으켜 세울 것이다.

우리 안에 일하는 그러한 힘을 가지고 죽은 생활을 할 필요가 없다. 성령님께서는 그리스도의 부활의 능력을 우리 안에 주실 수 있다.

「 두 가지 반대되는 빛 」

바울 사도가 그리스도인들인 우리에게 보여주는 바와 같이 그 대조 결과가 로마서 8장에 계속된다. 우리는 불순종보다는 순종의 생활을 살아야 할 빚을 졌다.

> 그러므로 형제들아 우리가 빚진 자로되 육신에게 져서 육신대로 살 것이 아니니라. 너희가 육신대로 살면 반드시 죽을 것이로되 영으로써 몸의 행실을 죽이면 살리니.(12~13절)

우리가 그리스도인으로서 우리의 육신에는 아무 은혜를 입지 않았다는 것을 알았었는가? 우리의 육신이 우리를 위해 해준 것은 하나도 없다.

사람들이 와서 이렇게 말하는 경우가 있다. "너는 나에게 이것을 빚졌고 저것을 빚졌어."

사람들은 자기 친구가 성공하면 그렇게 나온다. 돈을 조금 벌기 시작했는데 갑자기 나는 빚진 사람이 되어버린다. 물론 그들은 내가 학교 다닐 때는 도와주지 않았다. 그들은 내가 어려울 때는 아무것도 하지 않았다. 그러나 이제 내가 성공하니 빚졌다고 한다.

육신은 그렇게 말한다. "너는 나를 만족시켜야 해. 나를 지금 당장 기분좋게 해야 한단 말이야. 그렇게 해야만 해. 넌 내게 빚졌어."

그러나 바울은 다르게 본다. "여러분은 육신에 빚진 것이 아니라 성령에 빚진 자이므로, 마땅히 성령으로 인도함을 받으면 육신의 행위를 죽이게 될 것입니다. 노하는 것과 비도덕한 행위들을 죽이기 시작할 것입니다."

— ○육신의 행위를 굶겨 죽임

하지만 어떤 이는 이렇게 말할 것이다. "하지만 내 육신의 행위는 너무나 강력해요. 하고 싶은 것은 아주 지독히 원한다구요." 하지만 자신이 자꾸 만족시키기 때문에 그렇게 되는 것이다. 육신의 행위를 제어하는 유일한 방법이 무엇인지 아는가? 그것을 굶겨 죽이는 것이다!

이렇게 말하면 된다. "너는 오늘 먹을 수 없어, 육신의 행위야! 욕하는 말(bad language)을 먹고 싶겠지만 나는 오늘 너를 먹이지 않을 거야. 비도덕한 행위를 네가 더 먹고 싶겠지만 나는 오늘 너를 먹이지 않겠어. 포르노, 알코올, 마약, 교만도 너에게 먹이지 않겠어. 나는 그리스도 안에서 죽었으니 육신의 행위 너도 굶어 죽는 거야!"

이것을 잘 해내려면 도움이 필요할 것이다. 내가 내 육신의 행위를 굶겨 죽일 때 주위에 몇몇 사람이 필요할 수 있다. 어떤 대가를 치르더라도 육신의 행위는 굶겨 죽여야 한다.

육신의 행위를 먹이는 것이 얼마나 웃긴 일인지 · · · 그것은 결코 '이젠 됐다'고 할 줄을 모른다. 여러분은 중독되고 성도착에 빠진 사람들이 왜 계속 더 깊이 빠지고 점점 더 큰 만족을 갈구한다고 생각하는가? 육신의 행위는 절대 만족이 없기 때문이다. 그것을 먹이는 한, 게걸스럽게 먹기만 할 것이다. 어떠한 부스러기라도 주는 대로 다 먹어치울 것이다. 그리고 우리 육신의 행위가 아주 오랫동안 충분히 먹고 나면, 그것이 우리를 집어삼킬 것이다!

하지만 우리가 육신적 삶을 충분히 오랫동안 굶길 때 그것은 오그라들어서 죽게 된다. 그러면 멈출 수 있다고 생각하지 못했던 것들을 멈추게 된다. 깨뜨릴 수 있다고 생각하지 못했던 습관들을 깨뜨리게 될 것이다.

왜? 더 이상 먹이지 않기 때문이다. 너무나 많은 사람들이 문제를 점점 더 악화시키는 이유는 기회 있을 때마다 육신의 행위에게 먹이기 때문이다. 그래서 죄는 점점 더 커지고 점점 더 힘을 얻어 그 사람을 지배하게 되는 것이다.

육신의 삶은 그리스도인의 사망이다. 그러나 육신의 사망은 그리스도인의 생명이다. 육신의 행위를 죽일 때 우리는 산다. 육신의 행위를 먹이면 우리는 죽는다. 하나님께 대항하므로 영적으로 "악성 빈혈"이 된다. 하나님의 원수이다.

一。성령을 만족시킴

만약 자신이 육신의 행위를 먹이는 사람이라면 기도하지 말라. 시간 낭비일 뿐이다. 육신의 행위만 더욱 먹일 수 있으므로 하나님은 기도에 응답하지 않을 것이다. 그러나 성령에 따라 사는 사람이라면 하나님이 하시는 말씀을 듣기 마련이다. 휘몰아치는 폭풍우 속에서도 평안을 얻으며 하나님께서 일하시는 것을 본다. 이전에는 없던 힘을 알게 되고 가능하다고 생각하지 못했던 승리를 경험한다. 성령을 만족시키기 때문이다.

이중 위험법(동일 범죄로 피고를 재차 재판에 회부하는 일-역주)은 똑같은 범죄에 대해서 두 번 심리될 수 없는 것이다. 예수님께서 이미 우리의 범죄에 대해서 심리되었으므로 우리는 육신에 대해서 아무것도 빚지지 않았다. 예수님께서 이미 그것에 대한 심판을 선포하셨다. 이미 유죄 판결을 받은 육신이 나를 다시 심문하지 않도록 하라! 우리는 그것에 빚진 것이 없다.

「 아들됨의 두 가지 다른 차원 」

양자로 삼는 일은 바울이 살던 당시 아주 큰 일이었다. 로마서 8장 14~15절에서 중요한 얘기를 하려고 그것을 이용한다.

> 무릇 하나님의 영으로 인도함을 받는 그들은 곧 하나님의 아들이라. 너희는 다시 무서워하는 종의 영을 받지 아니하였고 양자의 영을 받았으므로 아바 아버지라 부르짖느니라.

바울이 살던 당시, 양자로 들어가는 것은 큰 축복이자 특권을 얻는 것으로 생각했다. 즉 양자로 삼아진 아이들은 아직 성인이 아니면서도 집에서 어른과 아이의 모든 권리와 특권을 갖는다. 1세기의 양자 결연은 그러했다.

바울은 위의 두 절에서 우리들을 양자로 채택된 아들딸들로 얘기한다. 그러나 하나님의 영으로 인도함을 받는 것과 아들됨을 연결하여 말한다.

자, 우리는 모든 그리스도인들이 항상 성령으로 인도함을 받지는 않음을 안다. 육신의 행위에 따라 걸을 때가 있어서 성령으로 인도함을 받지 못한다는 뜻이다.

바울이 말하는 것은 우리가 성령으로 인도함을 받지 않으면 하나님의 자녀가 아니라고 하는 것으로 들린다. 14절이 무슨 말인지 더 알아보자. 이렇게 물어보자. 하나님의 영이 나를 인도할 때는 나에게 무엇을 하라고 인도하시는가? 본문에 의하면 그분은 내가 육신의 행위를 죽이도록 인도하신다.

그래서 이것은 분명하다. 성령님께 의지하고 순종하여 살아갈 때 그분께서는 그 사람으로 하여금 육신의 행위를 죽이도록 인도하시며, 그 사람은 하나님의 아들이다.

"하지만 잠깐만요. 저는 제가 구원받았기 때문에 제가 이미 하나님의 아들이라고 생각했는데요"라고 말하는 분이 있을 것이다.

맞다. 하지만 아들의 특권을 누리지 못하고는 아들이 될 수 없다. 바울은 나의 위치에 대해서 얘기하고 있는 것이 아니다. 실제로 행하는 것에 대해서 얘기하고 있다. 나의 위치가 주는 특권을 다루고 있다.

성경은 이에 대해 여러 곳에서 얘기한다. 예수님은 화평케 하는 자와 원수를 사랑하는 자가 하나님의 아들이라고 말씀하셨다(마 5 : 9, 44~45).

예수님이 구원에 대해서 두 가지 조건을 걸고 있는 것이 아님은 확실하다. 화평케 하고 원수를 사랑해서 천국가는 수를 얻을 수는 없다. 그것이 아니라 나를 양자로 택하신 아버지를 닮아, 나의 신분과 같이 행동하는 것을 말하는 것이다. 요한계시록 21장 7절에서는 하나님의 아들이 됨에 있어서 이기는 자(overcomers)에 대해서 얘기한다.

성경은 우리가 성령을 따라 살 때 "아바! 아버지!"라고 외칠 수 있는 특권을 얻는다고 말한다. 우리가 성령으로 살 때 하나님은 들으신다. 그리고 이렇게 말씀하신다. "사랑하는 애야, 내가 네게 말하지 않고는 견딜 수가 없구나."

그러나 우리가 육신의 행위에 따라 살 때 하나님은 "너는 내가 모르는 애들처럼 살고 있구나. 어둠의 자식들처럼 말이다."라고 하신다.

'아바'란 "아빠"라는 뜻이다. 아주아주 친밀함을 나타낸다. 육신의 행위를 죽이기 위해 성령으로 인도함 받을 때 이렇게 말할 수 있다. "아빠!" 성령님께서 나를 거룩함의 자리로까지 인도하시도록 할 때 우리가 하는 기도를 하나님께서 들으신다는 것을 아는 온전한 특권을 가진 아들로써 아버지께 나아올 수 있다.

—。상속의 두 가지 다른 차원

마지막으로 요점은, 그리스도와 함께 기꺼이 고난을 받고자 함에 따라 그리스도인으로서 두 가지 다른 상속의 차원이 있다는 것이다.

> 성령이 친히 우리 영으로 더불어 우리가 하나님의 자녀인 것을 증거하시나니, 자녀이면 또한 후사 곧 하나님의 후사요 그리스도와 함께 한 후사니 우리가 그와 함께 영광을 받기 위하여 고난도 함께 받아야 될 것이니라.(롬 8 : 16~17)

모든 그리스도인들은 하나님의 가족에 속한다. 그런 의미에서 우리는 모두 후사이다. 그러나 모든 그리스도인들이 "그리스도와 함께 한 후사(fellow heirs with Christ)" 또는 공동 상속자는 아니다. 공동 상속자가 되는 조건에 유의하라. 그리스도와 함께 고난을 받는 것이다. 많은 그리스도인들이 그리스도인이 되는 대가를 피하고 싶어한다. 그 대가를 피한다면 공동 상속자가 아니다.

이것은 하나님 나라에서의 우리 유업(inheritance)에 대해 제 4장에서 말한 것을 달리 본 것이기도 하다. 여기서 다시 말하지는 않겠지만 바울이 칭찬할 만한 가치(merit)에 근거해서 논리를 펴고 있다는 점에 유의하자. 따라서 그는 구원에 대해서 얘기하고 있는 것이 아니다.

만약 구원에 대해서 얘기하고 있는 것이라면 17절을 볼 때 우리는 그리스도와 함께 고난을 받아야 구원받는다는 결론이 나온다. 앞에서 말한 화평케 하거나 원수를 사랑하는 것과 같은 구원에 대한 조건을 달게 된다. 구원은 믿음을 통해 은혜로 말미암은 것이다. 그 문제는 여기서 접어두자.

바울이 말하고자 하는 바는 우리가 그리스도와 함께 영화롭게 되거나 존귀히 될 공동 상속권은 고난이 가져다준다는 뜻이다. 디모데후서 2장 11~13절을 보면 도움이 되겠다.

> 미쁘다 이 말이여, 우리가 주와 함께 죽었으면 또한 함께 살 것이요. 참으면 또한 함께 왕 노릇할 것이요 우리가 주를 부인하면 주도 우리를 부인하실 것이라. 우리는 미쁨이 없을지라도 주는 일향 미쁘시니 자기를 부인하실 수 없으시리라.

우리가 그리스도와 함께 죽으면 그와 함께 살 것이다. 하지만 우리가 헌신된 그리스도인이라면(참으면, endure) 그분과 나란히 다스린다. 천국에는 다스리지 않을 사람들도 많이 살 것이다. 그들은 그리스도와 함께는 하지만 그리스도의 영광을 얻지는 못할 것이다.

12절 하반부가 열쇠이다. 우리가 부인하는 그리스도인의 생활을 한다면 그분도 때가 이르면 우리에게 주실 축복을 부인하실 것이다. 영원히 그분과 다스릴 특권을 우리에게 주시지 않을 것이다.

어떤 사람은 이 구절을 하나님께서 우리가 천국으로 들어가는 것을 거절하실 것이라는 뜻으로 생각한다. 13절을 보면 그것은 옳지 않다. 우리가 진정으로 구원받았으면 우리의 구원을 잃어버릴 수가 없다. 우리는 우리의 약속을 깰지라도 하나님은 그분의 말씀을 지키시기에 신실하신 분이시다.

그렇다고 해서 하나님이 우롱을 당할 분도 아니다. 우리가 진정으로 구원받았으나 부인하는 삶을 살면 우리의 기도 생활에도 부인하실 것이다. 축복을 주시지 않을 것이다. 우리가 소원하는 것들을 주시지 않을 것이고 우리가 천국에 설 때, 우리를 위해 계획하신 자리를 주시지 않을 것이다. 하지만 하나님은 약속을 지키시는 신실한 분이다. 어떤 것도 예수 그리스도 안에 있는 하나님의 사랑으로부터 우리를 떼어낼 수 없다.

이것이 육신과 성령에 인도함을 받을 때 대조되는 것들이다. 그리스도에 대한 우리의 처음 사랑을 환히 태우는 불꽃을 유지해야 할 여섯 가지 이유. 이제, 여러분은 어떻게 하겠는가?

성령과 육신에 관한 선택은 그리스도인으로서의 생활에 참으로 중대하다. 다음은 육신과 성령의 선택에 부딪힐 때 현명하게 선택할 수 있는 몇 가지 제안이다.

1. 스스로에게 이렇게 물어보면 좋다. "나는 내 생활 속에서 성령님을 만족시키고 있는가?" 말할 수 있는 방법 하나는 우리가 성경을 읽고, 기도하고 혹은 대화의 주제가 영적인 것들일 때 어떤 일이 일어나는지 보는 것이다. 그러한 것들이 나에게 이상하게 느껴지는가? 말씀을 읽으면서 하나님의 임재하심에, 하나님의 사람들 속에서 편안한가, 아니면 귀찮고 거북한가? 정직하게 답해보자. 돌아서야 할 곳에 있지는 않은가?

2. 내가 육신의 행위를 먹이고 있을 때, 누군가 나에게 "그것을 먹여서는 안돼."라고 말해줄 사람을 정하는 것이 중요하다. 배우자나 친구, 동역자, 교회 지체 등 한 사람이라도 없으면 그런 사람을 주십사 하나님께 구하라. 아무도 혼자 할 수는 없다.

3. 그리스도 안에서 나의 새로운 신분을 기억하고 그에 따라 행동할 수 있도록 갈라디아서 5장 24절을 암송하라. 카드에 적어서 갖고 다니면서 매일 잠시라도 있을 수 있는 "힘든" 때에 되씹어 암송한다.

4. 이 장에서 얘기한 것들을 훑어보고 긍정적인 부분에 대해서 기억하고 하나님께 찬양한다. 하나님께서 나를 영적으로 얼마나 부유한 사람으로 만드셨는지 알면 찬양할 이유가 너무나 많다.

가끔 그리스도인들은 항복하고 돌아서서 오던 길을 되돌아갈까 하는 생각을 하곤 한다.

모두가 그것은 바람직하지 않다는데 동의할 것이라 생각한다. 그러나 그리스도인이 그렇게 할 수 있을까? 그렇다면 우리는 문제에 봉착한다. 그리스도인이 패배할 수 있다는 뜻이기 때문이다.

그러나 돌아서서 패배하는 것이 불가능하다면 하나님의 자녀가 자신의 처음 사랑을 버릴까 하고 생각하게 만들 수 있는 사랑 도둑을 알아야겠다.

이 문제를 해결하고 답을 얻기 위해서는 히브리서 6장으로 돌아가야 한다. 이 편지를 받는 교인들은 그들의 처음 사랑인 그리스도로부터 돌아서서 유대교로 돌아갈지 망설이고 있었다. 왜냐하면 그리스도를 따르는 것이 훨씬 힘들었기 때문이다.

이 그리스도인들은 불꽃 튀는 처음 사랑을 잃고 나서 겁이 났고 혼동스러웠다. 코치가 라커룸에서 그려준 경기에 관한 모든 것을 갑자기 다 잊어버린 선수들 같았다. 그래서 히브리서 기자는 허우적거리는 선수들을 보면서 그 상황을 잘 해결해나가는 코치와도 같은 역할을 하고 있다. 그는 타임 아웃을 요청한다.

타임 아웃을 해서 코치는 선수들이 제대로 자리를 잡고 뛸 수 있도록 해준다. 그래서 히브리서 6장에서는 이렇게 한다. "타임 아웃! 너희들 무슨 생각을 하고 있니? 하나님 말씀이라는 각본은 다 어디로 간거야."

5장에서는 그들이 마땅히 더 성장했어야 함에도 불구하고 아직까지 베이비 크리스천으로 남아 있음을 얘기하고 마친다. 이미 오래 전에 극복했어야 할 문제들로 씨름하고 있었던 것이다. 아직도 씹을 수 있는 영적 음식이 아닌 우유를 필요로 했다(5 : 13).

따라서 여기서는 영적 성숙함과 비성숙함 사이의 대조가 나타난다(5 : 14). 이것을 이해하면 6장이 아주 잘 맞아 들어간다. 그리고 필자는 이 6장이 성경의 재미있는 부분을 명백하게 설명한다고 생각한다.

「 정체된 그리스도인 」

히브리서 6장에 오면 5장에 함축된 내용을 이끌어낸다.

> 그러므로 우리가 그리스도의 초보를 버리고 죽은 행실을 회개함과 하나님께 대한 신앙과 세례들과 안수와 죽은 자의 부활과 영원한 심판에 관한 교훈의 터를 다시 닦지 말고 완전한데 나아갈지니라.(1~2절)

그는 이렇게 말하고 있다. "이런 것들은 기초적인 것으로써 여러분들이 신앙 생활 초기에 이미 마쳤어야 하는 것들입니다. 지금 해야 하는 것은 더 깊이 느끼고 앞으로 나아가며 개발하고 전진하는 것입니다. 더 이상 머물러 있지 마십시오."

— ◦ 나아가기와 허락하시는 것

우리 중 많은 사람들이 정체되어 있기 때문에 하나님의 임재하심과, 권능, 특권을 경험하지 못하고 있다. 영적 영역에서 정체되었다는 의미는 가만히 서 있다는 것만을 말하는 것이 아니다. 사실은 우세한 지반을 잃고 있는, 즉 퇴각하고 있는 것이며 퇴보하는 것을 의미한다.

1절에서 "기초적인 교훈"에 대해서 말하기 때문에 학교를 예로 들어보자. 내가 5학년에 정체되어 있다고 하자. 진전이 전혀 없다. 가만히 머무른다는 사실은 나머지 아이들이 나보다 계속 앞서 나아가고 있기 때문에 나는 한참 뒤떨어지게 되는 셈이다. 학과 공부를 계속 하는데 실패하게 된다.

영적 생활은 가만히 고정시킬 수 있는 것이 아니라 물과 같이 붙잡고 있을 수 없는 것이다. 물 위를 걸을 수 없듯이 말이다. 그렇게 하려면 앞으로 추진하기 위해 써야 하는 에너지가 있어야 하기 때문이다. 결국 지쳐서 밑으로 가라앉고 말 것이다. 그리스도인들이 갖고 있는 것을 잡으려고 하면 아무데도 가지 못한다. 성경에는 더 좋은 생각을 제시하고 있다. 우리의 영적 순례의 길에서 "나아가라(let us press on)"고 한다.

3절에서 나오는 역동적인 긴장감을 느껴보자. "하나님께서 허락하시면 우리가 이것을 하리라". 이것은 사실 이 본문의 주요 절이다. 우리가 전진하도록 하나님께서 항상 허락하지 않을 수 있다는 가능성을 시사하기 때문이다. 왜 이렇게 말하고 있을까?

여러분과 내가 우리의 영적 생활에서 앞으로 움직여야 한다면 항상 작용해야 하는 것이 두 가지 있다. 우리는 나아가야(pressing) 하고 하나님이 허락하셔야 한다. 영적 성장에서 하나님의 조건과 인간의 요소가 제휴되어 작용해야 한다. 우리는 나아가야 하고 하나님은 허락하셔야 한다.

하나님이 허락하시지 않으면 아무리 우리가 나아가도 소용없다. 우리가 나아가지 않으면 하나님은 허락하시지 않을 것이다. 이 두 가지를 함께 보여주는 다른 본문을 보고 이 기자가 역동적인 긴장감으로 이런 말을 한 것이 무슨 뜻인지 알아보자. "그러므로 나의 사랑하는 자들아 너희가 나 있을 때뿐 아니라 더욱 지금 나 없을 때에도 항상 복종하여 두렵고 떨림으로 너희 구원을 이루라. 너희 안에서 행하시는 이는 하나님이시니 자기의 기쁘신 뜻을 위하여 너희로 소원을 두고 행하게 하시나니"(빌 2 : 12~13).

바울과 히브리서 기자가 말하는 바를 필자가 정리하면 "하나님은 책꽂이에서 성경이 둥둥 떠서 여러분의 품안으로 와서는 펼쳐져서 성령님께서 펜을 들고 오늘 여러분이 읽어야 하는 구절에 밑줄을 그어주시지 않으십니다."

"여러분이 성경을 집어들어야 합니다. 여러분이 펴서 들여다봐야 합니다. 여러분이 생각을 집중해야 합니다. 하지만 여러분이 힘을 들여 성경을 펼 때, 하나님께서 여러분이 깨닫고 이해하며 자라가도록 하실 것입니다."

"하나님은 여러분을 침대에서 붕붕 띄워 내려오게 해서 무릎이 굽혀지도록 하지 않습니다. 손을 모으고 머리를 조아리며 눈을 감고 입을 열어서 여러분이 기도할 수 있도록 하지도 않으십니다."

"여러분이 침대를 박차고 일어나 바닥에 무릎을 꿇고 입을 열어 하나님께 말해야 합니다. 하지만 여러분이 그렇게 할 때 하나님께서 하늘의 음성을 듣게 하실 것입니다."

즉 내가 힘을 들여 나아가지 않고는 하나님이 허락하실 부분도 없는 것이다. 영적 성장이 일어나기 위해서는 두 가지가 동시에 작용해야 한다.

─ ◦ 헌신의 대가

하지만 이 유대 기독교인들은 말하자면 영적 유치원에 고착되어 있었다. 이 장 처음에서 얘기했던 것처럼 그들은 헌신된 그리스도인이 되기가 어렵다는 것을 알았다. 처음 사랑을 계속 환히 불태우기가 어려웠다.

그리스도께 더 헌신될수록 더 많은 어려움에 직면한다. 많은 사람들은 이에 대해서 진실을 얘기하지 않는다. "예수께로 오십시오 그러면 더 이상 어떠한 문제도 없을 것입니다."라고 한다.

이것은 거짓말이다. 우리가 예수님께로 나오고 그분 안에서 자라가면 상상했던 것보다 더 많이 혼란스러운 것들을 보게 될 것이다. 왜 그럴까? 왜냐하면 지옥의 원수가 되었기 때문이다. 지옥은 우리를 막고 싶어한다. 헌신된 그리스도인이 되면 꿈도 못 꾸었던 일들이 나타날 것이다. 그리고 이렇게 유혹받기도 할 것이다. "나는 이렇게 하고 싶지 않아. 옛날로 돌아가고 싶어!"

어떤 이는 이렇게 말할 것이다. "예수님이 나를 사랑하시다니 이렇게 어려운 일들만 생기도록 놔두시는데 나를 사랑하는 것 같지 않아."

예수님은 사랑하신다. 사랑은 그렇게 되기 마련이다. 마치 결혼과 같다. 올바른 남편 혹은 아내가 되기위해 더욱 헌신할수록 자신의 거친 부분이 기꺼이 부드럽게 갈아지도록 해야 할 것이다. 아프기는 하지만, 더 깊은 사랑, 친밀함, 결혼의 충만함이라는 보상은 가치가 있다. 그렇지 않으면 그 결혼 생활은 정체되어 뒤로 움직이기 시작한다.

대학생이 이렇게 말한다고 생각해보라. "저는 이 모든 것을 공부했어야 했는지 몰랐어요. 다시 고등학교로 갈래요." 대학교에는 당연히 할 공부가 더 많다.

알파벳을 다 배우면 그것만 외우고 있지 않는다. 글자들을 맞춰서 단어를 만들고 절을 만들어서 읽을 수가 있다. 계속 배우기를 더해가며 나아간다. 해볼 만한 더 큰 일이 기다리고 있기 때문이다.

「 떨어지는 그리스도인 」

히브리서 6장 4절부터 6절까지는 많은 혼동을 일으키는 어려운 부분이다. 나아가는 것에 대해서 방금 말한 것에 비추어볼 때, 4~6절에서는 신자들이 왜 믿음 생활에서 앞으로 나아가야만 하는지를 설명할 것이다. 그러므로 우리 나아가야한다.

"한번 비침을 얻고 하늘의 은사를 맛보고 성령에 참예한 바 되고···"(4절).

어떤 사람들은 이것을 읽고 이렇게 말하기 때문에 문제가 된다. "이 사람들은 구원받았을 리가 없어. 구원을 조금 맛본 사람들, 구원에 가까이 오기만 한 사람들을 말하고 있는 거야."

그렇게 해석할 수 없다는 것을 필자는 말하고 싶다. 그렇게들 많이 얘기하지만 그럴 수가 없다. 성경적 신학 원리를 적용해서 그럴 수 없다는 것을 증명할 수 있다. 여기서 몇 가지 신학적인 분석을 해보도록 하겠다. 기초적인 것만 할 것이다.

— ◦ 진짜 그리스도인

성경적 신학(조직 신학)에서는 우리가 어떤 특별한 주제에 관한 정보를 수집하려면 성경의 나머지 부분을 찾아보기 전에 먼저 저자 자신이 쓴 것을 연구하여 저자가 의미하는 바를 알아야 한다고 한다. 그래서 그 저자가 자신이 사용한 언어의 의미를 말하면 우리는 그런 의미로 적용해야 한다.

이것은 우리가 성경적 신학을 이 본문에 적용할 때 나타나기 때문에 중요하다. 비침(enlightened)이라는 단어를 보자. 히브리서 10장 32절에서 "전날에 너희가 빛을 받은 후에 고난의 큰 싸움에 참은 것을 생각하라." 고 했다.

믿음 때문에 고난을 받았다고 했으므로, 이 사람들은 구원의 지점까지 빛을 받은 사람들임을 알 수 있다. 믿지 않는 사람들이 믿음 때문에 고난을 받을 리가 없다. 불신자는 고난받을 믿음이 없다.

하지만 이 사람들은 그리스도 때문에 고난을 받았고 그리스도 안에서 다른 신자들과 고난을 나누기도 했다(33절). 더 증거가 필요하면 10장 10절에서 독자들을 향해 "거룩함을 얻었노라"고 얘기하는 것을 보라. 그리고는 14절에서 "거룩하게 된 자들을 영원히 온전케 하셨느니라"고 말했다.

히브리서 기자가 '비추어진(enlightened)'이라는 단어를 쓸 때는 틀림없이 구원까지 받은 사람들을 말하는 것이다.

맛보고(tasted)라는 단어는 어떠한가? 어떤 이들은 이렇게 얘기한다. "그것 보십시오. 그들은 하늘의 은사를 먹지는 않았습니다. 맛보기만 한 거라구요. 조금 씹어보았을 뿐이지 다 먹은 것은 아닙니다."

그러나 그 말은 히브리서 2장 9절에서 예수 그리스도께서 우리 모두를 위해 죽음을 "맛보셨다"고 했으므로 말이 안 된다. 예수님이 죽음을 조금 씹기만 했다면 사실은 절대로 죽지 않았다는 말인가? 예수님이 죽음에 가까이만 가고 그것을 실제로 경험하지 않았다면 이것은 우리에게 보통 문제가 아니다!

"너 그거 먹어봤을 거야."라고 한 것은 한 입 먹어봤다는 얘기가 아니라 당연히 많이 먹었을 거라는 뜻이다. 먹을 수 있는 만큼 다 먹었다. 히브리서 6장 4절에서 기자가 의미하는 바가 그렇다. 이들은 하나님의 구원에 대한 모든 것을 받은 사람들이다.

4절 끝에 '참예한 바 되고'라는 말을 보면, 구원의 한 쪽 구탱이만 조금 씹어 먹고 빛의 일부만 본 불신자들에 대해서 얘기하고 있는 것이 아니라는 사실을 쉽게 알 수 있다.

2장 14절에서 부모의 혈육에 함께 속하는 자녀들과 그리스도께서 우리를 위해 죽기 위해 육신이 되심을 말할 때 그 단어를 쓰고 있다. 어떤 부모의 자식은 그 부모의 혈육 중 일부만 나누는가? 아니면 100% 부모의 혈육을 나누는가? 그리고 누가 감히 그리스도께서 완전히 인간이 아니었다고 논쟁하기 원하는가?

이 유대 기독교인들이 구원받았을 때 참예한 바가 된 것에 대해 얘기하려고 이 단어를 히브리서에서 다섯 번 사용한다. 아주 인상적인 내용이다. 하늘의 부르심(3：1), 성령(6：4), 하나님 아버지의 징계(12：8), 그의 거룩하심(12：10), 이들은 신자들이었다!

5절에서는 "하나님의 선한 말씀과 내세의 능력을 맛보고"라고 덧붙였다. 또 2장 4절에서 오는 세대의 권능은 우리 생활에 복음에 대한 성령님의 인증이라고 말한다. 아무리 봐도 이 사람들이 불신자일 리가 만무하다.

─ ◦ 구원을 잃어버린다?

그러나 히브리서 6장 4~5절은 그렇게 문제가 되지 않는다. 6절이 정말 "까다로운 부분"이다. 앞에 말한 모든 하늘의 축복들을 다 누려보고 신앙을 버리고 믿음에서 죽는 이들을 말하고 있다. "하나님의 아들을 십자가에 다시 못박아 욕을 보였으므로 그들이 다시 회개하고 새로워질 수 없다."고 말한다.

우리는 이미 이것이 앞으로 나아가라고 도전받을 수 있는 그리스도인들임을 보았다. 그러나 그리스도인들이 타락하고 믿음을 잃기까지 실로 퇴보할 수 있음을 보여준다. 바로 그렇게 히브리서 기자는 유대 기독교인들이 하지 말 것을 경고하고 있다.

이 구절을 잘못 해석한 것을 살펴보고 기자가 정말 의미하는 바가 무엇인지 정확하게 파악해보자. 예를 들면, 그리스도인에게 "타락하는(falling away)" 일이 일어난다면 그를 다시 회개케 할 수 없다는 것을 여기서 분명히 하고 있다.

우리 주위에는 우리 구원이 영구히 확실하지 않다고 믿는 사람들이 많다. 바로 이 구절을 가지고 그리스도인들도 구원을 잃어버릴 수 있다는 증거로 삼는다.

하지만 그것이 이치에 맞지 않는 것은 이 구절에서 '만약 너희가 구원을 잃으면 다시 되돌릴 수 없다'고 말하기 때문이다. 자기 구원을 잃어버릴 수 있다고 믿는 자들은 되돌이킬 수 있다고도 열렬히 믿는다. 따라서 이 구절은 그 논쟁을 지지하는 것으로 이용할 수 없다.

여기서 조직 신학을 도움을 빌어보자. 신약의 가르침을 전체적으로 볼 때 내릴 수 있는 결론으로 우리가 구원을 잃을 수 없는 것은 내가 우리 부모의 자식이 되기를 멈출 수 없는 것과 똑같은 원리이다. 우리는 태어나지 않을 수 없다.

또한 성경에서는 우리가 하나님을 붙잡고 있는 것이 아니라 하나님이 그 손으로 붙들고 있다고 한다(요 10 : 28~29). 아이가 부모 손을 잡고 있는 것과 부모가 아이 손을 붙들고 있는 것은 큰 차이가 있다. 후자의 경우에는 아이가 손을 놓아도 여전히 매달려 있을 것이다. 로마서 8장 38, 39절에서는 아무것도 우리를 하나님의 사랑에서 끊을 수 없다고 했다. 따라서 참으로 구원받은 사람은 영원히 구원받은 것이다.

─ ◦ 정말 문제는?

그래서 우리가 우리 구원을 잃어버릴 수 없다면 히브리서 6장 6절은 무슨 말인가? 그리스도인이라면 그리스도를 "다시 못박는" 상태까지 영적 생활이 한참 퇴보할 수 없다는 것을 말하고 있다고 생각한다.

자, 아무도 그리스도를 십자가에 다시 못박을 수 없다. 이것을 이해하려면 6절 후반부를 보라. "현저히 욕을 보임이라". 이것이 무슨 뜻인지 보자.

예수 그리스도께서 십자가에 달리셨을 때 그분의 십자가형을 보는 시각이 두 가지가 있었다. 어떤 사람들은 그분이 매달려 있을 때 이렇게 말했다. "저 사람은 신성 모독자이므로 십자가형을 받아 마땅해."

그러나 다른 사람들은 그분을 보고 로마의 백부장처럼 이러한 결론을 내렸다. "이분은 진실로 하나님의 아들이었구나!"(마 15 : 39).

그것은 선택이었다. 그리고 여전히 그렇다. 예수 그리스도는 죄수였거나 하나님의 아들이었다. 우리가 그분을 자신의 구세주로서 받아들이면 이렇게 말한다. "이분은 하나님의 아들이다." 그러나 우리가 처음 사랑을 버리고 퇴보하기 시작하면 사실상 예수 그리스도를 다시 못박는 셈이다.

왜일까? 세상 사람들에게 본인의 생활을 통해서 말하고 있기 때문이다. "세상이여, 예수가 죄수인 것을 여러분과 함께 나도 동의합니다. 그가 못박혔어야 했음을 나도 동의합니다. 그가 당신을 위해 내놓은 것은 아무것도 없음에 동의하며 여러분도 그를 믿을 필요가 없습니다. 나도 이제 여러분들이 사는 방식대로 살겠습니다. 여러분들이 잘 살고 있다고 생각하시는 길로 나도 걸어가겠습니다."

너무 심각한 얘기 아닌가? 우리가 그리스도인으로서 정체되어서 뒤로 움직일 때, 예수님을 십자가에 다시 못박고 그분의 옆구리에 창을 박는 상황까지 갈 수 있다.

그분은 사람들을 그들의 죄 속에서 건져내어 의로 데려다 놓으시려 죽으셨는데 우리가 의를 버리고 죄 가운데로 돌아간다면 결과는 예수님이 다시 무리에게 조롱을 당하며 공개적으로 십자가에 못박히시는 것과 같다.

그것은 아주 천천히 시작될 것이다. 성경 읽기와 기도를 조금씩 덜하게 된다. 교회 생활을 느슨히 하게 된다. 하지 말아야 될 것들을 하기 시작한다. 물론 처음에는 아주 조금, 한 입만, 몰래 한다. 그래서 나 외에는 그 사실을 아무도 모른다. 아직은 예수님을 다시 못박지는 않았다. 아직 공개적으로 수치를 당하는 지경이 되지 않았기 때문이다.

하지만 죄에 익숙해지고 더 대담해진다. 그러면 갑자기 더 이상 상관하지 않게 된다. 그래서 죄인들이 걷는 길을 걸어가고 그들이 말하는 식으로 말하고 그들이 행동하는 것처럼 행동한다. 그리고 사람들은 알아채기 시작한다.

히브리서 6장 6절에서 그런 지경에까지 이르면 "다시 새롭게 하여 회개케 할 수 없나니"라고 했다. 회개란 내 마음을 바꾸는 것을 의미하는데 그들의 마음을 바꾸는 것이 불가능하다.

여기서 혼동을 일으킨다. 하나님께서 그런 사람을 회개시키는 것이 불가능하다고 얘기하는 것이 아니다. 하나님에게는 불가능한 것이 아무것도 없기 때문이다. 또한 이미 앞에서 논했듯이 이것은 회복을 위해 하나님의 개입이 필요한 구원을 잃어버리는 문제가 아니라고 했다.

그것이 아니라 여기서 말하는 뜻은 다른 사람들이 이 사람을 회개케 하여 다시 새롭게 하는 것이 불가능하다는 것이다. 전혀 말을 들으려 하지 않는 사람들을 본 적이 없는가? 회개시키고 다시 새롭게 하려고 하지만, 무엇이 옳은지 그들이 깨닫고 마음을 바꿀 수 있도록 도우려 하지만 전혀 듣지 않을 것이다.

이렇게 밖에 말할 수 없다. "다른 누군가가 너를 인도하겠지, 나는 그만하겠어!" 어느 누가 애를 써도 별 도리가 없는 상태가 온다. 세상이 그 사람의 목을 조르며 발전을 방해하기 때문에 어떻게 할 수가 없다.

성경에서 예를 들어보겠다. 이스라엘 백성이 애굽을 떠나 출애굽했을 때 그것이 구원과 같은 구약의 상황이다. 이스라엘 백성들은 구원받았기 때문에 그들의 기업인 가나안이라는 약속의 땅으로 가게 되었다. 그곳에 가기 위해서는 광야라는 영토를 건너야 했다. 광야는 매우 불편했다. 물도 없고 고기도 없고 만나라고 하는 콘플레이크만 하늘에서 떨어졌다.

그래서 사람들은 궁시렁거렸다. "이젠, 이것이 너무 지겨워 죽겠어. 옛날 애굽에서는 이렇게까지 나쁘지 않았는데 말이야. 마늘도 있었고 부추도 있었고 그런 양념들이 있었단 말이야. 이젠 지겨워 못 먹겠어!"

그들은 광야를 지나는 동안 내내 불평을 해댔다. 그러나 마침내 약속의 땅 접경까지 도착해서 열 두 명의 스파이를 보내 조사하도록 했다. 두 명의 스파이, 여호수아와 갈렙은 "우리 모두 쳐들어갑시다. 하나님께서 우리에게 그 땅을 주셨으니 우리가 따낼 수 있습니다."라고 했다.

그러나 백성들은 나머지 열 명의 스파이 편을 들어서 이렇게 말했다. "저 거인들은 너무 커서 안돼!" 그들은 들어가지 않기로 하고 모세를 반역한다(민 14 : 1~4).(그렇기 때문에 우리는 하나님의 뜻에 관해서 투표를 하지 않는 것이다. 하나님의 뜻을 놓칠 수 있으므로)

하나님이 이 난리를 보시고 모세에게 말씀하셨다. "이 백성, 이제 그만

됐다!"(11~12절). 그들은 선을 넘어섰다. 하나님이 그들을 위해 예비하신 땅을 더 이상 경험하지 못하게 되었다. 자신들의 유업을 얻어 즐기려 하지 않았다.

자, 유의할 것은 이스라엘 백성이 그 선을 넘었을 때 다 죽어 넘어지지 않았다는 사실이다. 그들은 그러고도 수년을 더 살았다. 그 세대가 한 명도 남김없이 다 죽을 때까지 그들 자녀들이 40년 동안 광야에 머물 것이라고 말씀하셨기 때문에 우리는 알고 있다(33~35절). 그들 대부분이 살긴 했지만 받기로 되어 있었던 축복은 하나도 얻지 못했다.

이 백성들은 처음에 자기들이 애굽에서 나오게 된 목적을 전혀 경험할 수 없었던 삶을 살았다. 그들은 작은 원 안에서 헤매었다. 하나님은 그들을 용서하셨을까? 물론이다(19~20절). 그렇지 않으셨다면 11~12절에서 보았던 것처럼 다 죽었을 것이다.

그들은 자기들이 큰 문제에 빠진 것을 알고는 용서를 구했다. 그들은 모세에게 와서 이렇게 말했다. "우리가 하나님께 순종하겠습니다. 모세가 말하는 대로 하겠습니다."(39~40절).

그러나 그들의 유업을 되찾기에는 너무 늦었다. 하나님은 이미 그들에게서 빼앗기로 선언하셨다(22~23절). 회개하여 하나님의 축복을 되찾을 수 있는 지점까지 새로이 할 수는 없었다.

상실 계획 A

요점을 잃지 말자. 우리가 그리스도를 다시 십자가에 못박고 그분에게 공개적인 수치를 당하게 만들 때 하나님은 이렇게 말씀하신다. "너는 선을 넘었다." 그 말은 우리 인생에 대한 그분의 "계획 A"를 우리가 상실했다는 뜻이다.

악한 삶을 살다가 잡혔던 어떤 목사님이 한번은 나를 만나러 왔다. 자신이 어디에 있었어야 했는지 알았기 때문에 하루하루의 생활이 얼마나 불행했는지 그는 고백했다. 그는 하나님이 자신을 부르셨고 목사로 섬기도록 했음을 알았다. 그러나 그의 공개적인 수치 때문에 나머지 인생을 계획 A에 달하지 못한 채로 살아야 했다.

어떤 이는 이렇게 말할 것이다. "거참 당신 너무 하오. 하나님의 은혜와 용서는 어떻소?" 그렇다. 이스라엘 백성은 여전히 광야에서 하나님의 은혜를 경험했다. 그들이 광야에서 닳아빠진 신발을 신거나 헤진 옷을 입고 다니지 않았다고 성경은 말한다. 하나님은 여전히 그들을 돌보셨지만 그들은 구원 받고나서 얻을 것을 하나도 얻지 못했다.

최악의 저주는 정말 하나도 살지 못하고 죽는 것이다. 구원의 모든 특권들을 받았지만 처음 사랑을 떠나 선을 넘었기 때문에 애석하게 천국으로 가고마는 것이다(우리는 구원받은 사람들에 대해서 얘기하고 있다). 죽을 때 바울과 같이 고백할 수 있어야겠다.

> 관제와 같이 벌써 내가 부음이 되고 나의 떠날 기약이 가까웠도다. 내가 선한 싸움을 싸우고 나의 달려갈 길을 마치고 믿음을 지켰으니, 이제 후로는 나를 위하여 의의 면류관이 예비되었으므로 주 곧 의로우신 재판장이 그 날에 내게 주실 것이니 내게만 아니라 주의 나타나심을 사모하는 모든 자에게니라(딤후 4 : 6~8).

그리스도인으로서 우리는 모두 하나님께서 오늘 우리를 집으로 부르시면 갈 준비가 되어 있어야 한다. 이렇게 말할 수 있어야 한다. "주님, 당신의 때, 곧 나의 때라면 저를 데려가실 때 기꺼이 가겠습니다."

「 훈련을 견디는 그리스도인 」

"타락"의 심각성에 비추어볼 때, 영적으로 정체된다는 의미를 히브리서 6장의 다음 두 절에서 경고한 대로 놀랄 것 없이 당연히 받아들여야 한다.

> 땅이 그 위에 자주 내리는 비를 흡수하여 밭가는 자들의 쓰기에 합당한 채소를 내면 하나님께 복을 받고 만일 가시와 엉경퀴를 내면 버림을 당하고 저주함에 가까와 그 마지막은 불사름이 되리라(7~8절).

놀랄 필요가 없는 것이, 그리스도를 전혀 모르는 것처럼 계속 살아가는 신자들은 하나님의 심판을 받게 된다는 말이다(8절). 이것은 바로 앞에서 몇 페이지에 걸쳐 말한 요지를 매우 명확하고 간단히 보여준다. 이것을 알았으면 무슨 말씀인지 알 것이다.

— ∘ 비를 흡수하여

여기서 땅은 신자의 인생이다. 그 땅은 비를 흡수한다. 무슨 비? 하나님이 주시는 하늘의 모든 것들, 구원과 그에 따른 모든 축복이다. 이것이 구원받은 사람들에 대해서 얘기하고 있는 것이 아니라고 말하는 사람들은 땅이 비를 흡수하기 때문에 이에 대해서 어떻게 할 줄을 모른다. 비는 땅에 가까이 와서 멈추지 않고 땅으로 들어간다.

그러나 같은 땅이라도 채소를 내는 땅이 있는가 하면 가시나 엉겅퀴를 내는 땅도 있다. 같은 땅덩어리이므로 열매를 맺을 수 있거나 혹은 황무지가 되어버릴 수 있는 그리스도인에 대해서 얘기하고 있음에 틀림없다. 히브리서 6장의 말을 빌자면 이것은 나아가는 그리스도인과 정체되어 있는 자와의 차이가 되겠다.

이 두 가지 삶의 결과는 근본적으로 다르다. 우리 인생이 열매를 맺으면, 즉 믿음에서 자라가는 자의 삶에서 나오는 유용하고 유익한 것을 내면, 하나님으로부터 축복을 받을 것이다. 우리 생활 가운데 하나님의 손을 보게 될 것이다. 그 말은 문제가 생기지 않는다는 뜻이 아니다. 광야에는 항상 문제가 있다. 하지만 그런 문제들이 생김에도 불구하고 우리가 인도하시는 하나님의 손을 보게 될 것이다.

— ∘ 가치 없는 인생

만약 우리가 그리스도인으로서 살아가면서 가시와 엉겅퀴만 낸다면, 본문에서는 그것이 무가치하다고 말한다. 필자가 그렇게 말하는 것이 아니다. 성경이 그렇게 말한다.

가치 없는 그리스도들은 어떻게 보일까? 히브리서 기자는 하나님이 이러한 사람들을 더 이상 가치있다고, 더 이상 그들을 사랑하고 돌보신다고 말씀하지 않으신다고 얘기한다. 가시와 엉겅퀴로 가득한 땅을 농부가 쓸 수 없는 것과 마찬가지로 그들은 하나님이 어떠한 선을 위해서도 쓰실 수 없다는 의미에서 무가치하다.

앞에서 얘기했듯이 하나님이 "됐다"고 말씀하실 정도로 선을 넘었을 때는 회개하여 새롭게 하는 것이 불가능하다고 했다. 밭에서 옥수수를 내지는 않고 가시만 계속 나올 때 그 밭은 아무 소용이 없다. 오히려 태워버릴지도 모르겠다. 그렇게 해야만 가시가 다 죽을 것이기 때문이다.

어떤 사람은 이렇게 말한다. "이 말은 그리스도인에 대해서 얘기하는 것일 리가 없어요. 이와 같은 사람은 불사른다고 했으니까 말입니다. 그리스도인이라면 지옥에 갈 리가 없죠."

그렇다. 그리스도인은 지옥에 가지 않는다. 그러나 지옥만이 성경에서 말하는 불덩이가 아니다. 성경은 불로 심판받는 그리스도인에 대해서 말한다. "누구든지 공력이 불타면 해를 받으리니 그러나 자기는 구원을 얻되 불 가운데서 얻은 것 같으리라"(고전 3 : 15).

간신히 천국에 들어가는 그리스도인들에 대해서 하는 말이다. 천국에는 들어갔지만 그들이 살면서 낸 것은 온통 가시뿐이다. 아무런 보일 것이 없다. 아무 채소도 낸 것이 없다.

히브리서 기자는 열매가 풍성한 그리스도인들은 불로 하는 심판을 겪지 않을 것이며, 저주를 받지 않을 것이라고 말한다.

저주에는 두 가지가 있다. 이 땅에서의 저주와 영원 속에서의 저주이다. 이 땅에서의 저주는 하나님이 나를 거스리시며 내가 하는 모든 것을 안되게 하신다. 기도에 응답하시지 않는다. 아무런 축복도 없다. 영원 속에서의 저주는 보상을 잃어버리는 것이다. 하나님 나라에는 들어가지만 유업으로 받을 것이 없다는 말이다. 천국 잔치를 보면서 밖에 서 있고 참석자로 초청받지 못한다.

천국에는 여러 차원의 보상이 있다. 모두가 똑같지 않다. 모두가 똑같은 특권과 똑같은 기쁨을 갖고 있지 않다. 성경은 그리스도의 심판 보좌에서 있을 눈물에 대해서 말하고 있다. 우리가 이것을 이해해야 하는 것은 어떤 그리스도인들은 이런 태도를 갖고 있기 때문이다. "천국에 가는데 무슨 상관이야."

여러분이 참된 그리스도인이면서 정체된, 퇴보하는 생활을 하고 있다면 생각보다 더 빨리 천국에 가게 될 것이다. 왜냐하면 하나님은 이 구원과 거룩의 문제를 심각하게 생각하시기 때문이다. 필자가 여기서 말하는 것은 우리가 투쟁하지 않는다는 말이 아니다. 넘어지는 적이 한 번도 없다는 말이 아니다. 우리 모두가 넘어진다. 말하고자 하는 바는 우리가 나아가지 않고 계속 놓아둔다면 문제에서 헤어나오기가 더 어려워질 것이라는 말이다.

우리가 너무나 잘 알고 있는 개구리 얘기와 같다. 개구리를 물에 편하게 넣어주고는 물을 서서히 끓이기 시작해도 개구리는 자신이 익어버리기까지 자신의 운명을 모른다는 얘기 말이다.

— 。큰 보상을 받는 그리스도인

히브리서 6장이 불사름과 저주로 끝나지 않으니 얼마나 감사한지 모르겠다. 9절에서 12절까지를 보자.

사랑하는 자들아 우리가 이같이 말하나 너희에게는 이보다 나은 것과 구원에 가까운 것을 확신하노라. 하나님이 불의치 아니하사 너희 행위와 그의 이름을 위하여 나타낸 사랑으로 이미 성도를 섬긴 것과 이제도 섬기는 것을 잊어버리지 아니하시느니라. 우리가 간절히 원하는 것은 너희 각 사람이 동일한 부지런을 나타내어 끝까지 소망의 풍성함에 이르러 게으르지 아니하고 믿음과 오래 참음으로 말미암아 약속들을 기업으로 받는 자들을 본받는 자 되게 하려는 것이니라.

누가 약속들을 물려받는가? 단지 그리스도를 받아들이는 사람이 아니라 그리스도와 함께 끝까지 견디는 "믿음과 오래 참음"의 사람들이다. 힘들어질 때 누군가가 그만두는 것을 보기를 아무도 좋아하지 않는다. 때로는 우리가 하나님의 사람들로서도 뭔가 힘들어지기도 한다. 하지만 하나님은 우리에게 "그만두지 말아라!"고 말씀하신다.

그래서 우리의 교회 생활이 그렇게 중요한 것이다. 앞에서 얘기했듯이 우리는 몸의 지체이며, 우리가 단지 뭔가를 얻는 것 이상으로 그리스도인이 된다는 것과 그리스도를 섬긴다는 것에는 의미가 있다. 10절에 따르면 우리가 상속자인가 아닌가를 결정짓는 것 중 하나가 우리가 다른 신자들을 섬기는가 그렇지 않은가이다.

그래서 히브리서 기자는 10장 24~25절에서 우리가 서로 계속 모여서 서로가 그만두지 않도록 할 수 있다고 얘기한다. 필자도 우리 교회를 그만두고 싶었던 때가 여러 번 있었다. "이것 더 이상 할 수 없습니다."라고 말해버리고 사직서를 내고 싶은 때가 많이 있었다.

그러나 그렇게 하지 않았다. 왜냐하면 그 곳에 있던 사람들이 나를 격려해주었기 때문이다. 우리는 모두 격려가 필요하고 우리 모두가 그만두고 싶은 것을 느낄 때가 있다. 그만두는 자들은 상속자가 아니다.

그래서 우리가 앞으로 나아가기 원하고 선한 일에 참여한다면 그렇게 할 수 있다. 하나님은 우리가 나아가도록 하실 것이다. 하지만 우리가 앞으로 나아가도록 밀지는 않으실 것이다. 사랑은 강요될 수 없다. 우리가 자라기를 원할 때 자라도록 해주실 것이다.

같은 이유로, 우리가 그리스도인으로서 정체되어 있고 퇴각하고 있다면 돌아서야 한다. 하나님이 우리를 돌아서게 하지 않으신다. 우리가 그분께 돌아갈 때 하나님께서 모든 것으로 하여금 우리가 돌아갈 수 있도록 해주실 것이다.

이렇게 말하는 사람이 있을 수도 있다. "저는 이미 떨어졌을지도 모르니 두렵습니다. 이미 가시밭이 되어버린 것 아닌가 해서 나는 너무 늦지 않았는지 무섭습니다." 그렇게 걱정한다는 사실이 아직 그렇지 않다는 흔적이다. 선을 넘은 사람들은 전혀 상관하지 않는다.

이 장 처음에서 필자는 운동 경기에서 하는 타임 아웃 얘기를 했다. 대부분의 운동 경기가 중간 휴식이라는 것이 있다. 경기 중간에 휴식 시간으로서 선수들의 단결을 목적으로 한다. 은혜의 때이다. 그것이 중간 휴식의 매력이기도 하다. 중간 휴식의 또다른 매력은 전반전에 아무리 망쳤다고 해도 다시 협력할 수 있는 후반전이 있다는 점이다.

우리 중 많은 이들에게 있어 지금은 중간 휴식의 때이다. 함께 단결할 때이다.

첫사랑 회복하기

　수영장에 깨끗한 물을 계속 공급하는 펌프가 꺼진다면 그 수영장 물은 침체된다. 하지만 물세척제로 깨끗이 하고 다시 흐르도록 해줄 수 있다. 사랑도 마찬가지다. 그리스도에 대한 나의 사랑이 지금 정체되어 있을 수 있지만 다시 활기있는 아름다움을 되찾을 수 있다. 앞으로 나아갈 수 있는 몇 가지 제안을 하겠다.

　1. 애인과의 정체된 사랑의 관계를 일으킬 수 있는 한 가지 방법은 상대방에게 나의 사랑을 표현하는 글을 쓰는 것이다. 그 사람이 내게 얼마나 큰 의미를 지니는지 말하는 것이다. 한 번도 이런 것을 해보지 않았다면 예수 그리스도께 사랑과 감사의 기도를 써보도록 하라. 시간을 들여서 내 영혼을 쏟아부어서 한다! 그리고는 그분께 사랑과 찬양의 제사로서 읽어드린다.

　2. 정체된 영적 생활에 대한 놀라운 세척제는 그리스도의 피이다. 성령님께서 내 마음을 살펴주시도록 구한다. 그분께서 보여주시는 어떠한 죄라도 다 고백할 준비를 하고 요한일서 1장 9절("만일 우리가 우리 죄를 자백하면 저는 미쁘시고 의로우사 우리 죄를 사하시며 모든 불의에서 우리를 깨끗케 하실 것이요")의 약속을 선포한다.

　3. 몇 시간 동안 혼자서 "열매 점검"을 한다. 특별한 열매, 기쁨, 평화, 영적 권능의 때를 회상한다. 그리고나서 스스로에게 두 가지를 묻는다.(1) 그러한 경험들을 기억해내기 위해 얼마나 거슬러 올라가야 하는가?(2) 일이 이렇게 변하는 동안에 무슨 일이 일어났는가?

　4. 히브리서 6장 9절～12절을 다시 읽는다. 히브리서 기자가 독자들이 경기에서 승리하도록 애쓰고 있다면 하나님은 내가 해낼 수 있도록 얼마나 애쓰시고 있다고 생각하는가? 하나님은 내가 움직이기를 원하신다. 내가 앞으로 나아가도록 돕는 하늘의 모든 재원들을 내 마음대로 쓸 수 있다는 것에 감사하라.

제 7 장
죄를 허용하는 위험

병원은 아픈 사람들을 돕는 곳이라는 것을 아이들도 잘 알고 있다. 그래서 병원을 재는 가장 중요한 기준은 건물의 아름다움도 아니고 직원들이 얼마나 친절한가도 아니며 얼마나 최신 장비를 갖추고 있는가도 아니다. 병원을 평가하는 기준은 환자들을 낫게 하는 능력이다. 병원이 그것을 못하면 다른 것들이 모두 소용없다.

필자가 아는 사람 중에 재미를 위해서나 혹은 건축가를 존경해서 병원에 가는 사람은 없다. 내가 알기로는 모두가 다음 질문을 갖고 병원에 간다. "이 병을 고칠 수 있나요?"

교회는 하나님의 영적인 병원이다. 죄, 중독, 짐, 상처로 아픈 사람들에게 들어오라고 한다. 그들이 교회에 오면 환영받는다. 하나님의 병원이기 때문이다.

그 말은 하나님이 임명하신 목사나 다른 영적 리더들은 대장되신 의사의 지도 하에 있는 영혼의 의사들이다. 의사가 내 몸을 진단해서 예를 들어 악성 종양이라는 시험 결과가 나왔을 때 그가 수술을 해야 한다고 하면 화를 내서는 안된다.

교회에 오는 어떤 사람들은 수술을 받기 싫어한다. 그들은 스피커에서 나오는 음악을 듣고 싶어한다. 의사가 상황에 대해서 말하는 것을 듣고는 싫어하지만 수술하러 들어가기는 원치 않는다.

이 책 처음 부분에서 필자는 요한계시록 2장 4절("그러나 너를 책망할 것이 있나니 너의 처음 사랑을 버렸느니라.")에 나와 있는 에베소 교회에 대한 예수님의 진단에 기초하여 성경적 진단과 수술을 하려고 했다.

자, 필자도 그 수술이 그렇게 유쾌하지 않다는 것을 알고 있다. 다른 의사들처럼 필자도 환자를 아프게 하려는 것이 아니라 낫게 하려는 것이 목표이다. 그래서 성령님께서 여러분의 문제를 밝히는데 필자의 진단을 쓰셨다면 감사하겠다. 하나님의 사람들이 아플 때 단지 기분이 좋아지는 것이 아니라 정말 더 회복되도록 하는 것이 필자의 소원이기 때문이다.

우리는 예수님이 요한계시록 2장에서 말씀하신 것을 진지하게 받아들여야만 한다. 문제가 계속 된다면 어떤 일이 생길지에 대해서 5절에서 경고하시며, 치료를 위한 처방에서 의미하는 바는 우리가 그리스도인으로서 개인적으로 또는 교회 전체적으로 우리를 주님에 대한 처음 사랑에서 떠나게 한 것이 있다면 무엇이건 간에 다루어야 할 책임이 있다는 것이다. 이 책의 논지를 간단히 말하면 그것이다.

의학적인 분석을 통해서 문제를 볼 때 우리는 그리스도에 대한 우리의 사랑을 갉아먹는 것은 무엇이든지 잘라내야만 하는 악성이라고 말할 수 있다. 심각한 병을 앓고 있는 환자를 앞에 놓고 하는 가장 잔인한 말은 '당신 아무렇지도 않습니다'라고 말하는 것이다.

그래서 이 장에서는 또다른 사랑 도둑인 악성이 치료되지 않은 채로 있어서 개인뿐만 아니라 교회의 생명까지도 손상시킬 수 있는 것을 진단해내고 치유하는 것이다. 교회가 허용하고 무시하고 변명하는 그리스도의 몸 안에 있는 죄라는 악성이다.

─ ∘ 악성

그러면 환자가 앓고 있는 질병과 처방 치료법을 보여주는 환자용 차트를 보자.

> 너희 중에 심지어 음행이 있다 함을 들으니 이런 음행은 이방인 중에라도 없는 것이라 누가 그 아비의 아내를 취하였다 하는도다(고전 5 : 1).

고린도 교회에는 그 안에 악성 종양이 자라고 있었다. 이 교회가 밖에서 보기에는 건강하게 보였기 때문에 사람들은 그것을 알아차리지 못했지만 말이다. 그들은 그야말로 가장 위대한 설교가들의 설교를 들으며 즐겼다. 바울, 베드로, 아볼로 · · · 교회는 고린도라는 큰 도시에 위치했다. 하지만 치명적인 병을 앓고 있었다. 아주 악성이고 파괴적이어서 주위의 이방인들까지도 피하려 하는 부도덕한 행위이다.

더 심한 것은 이 교회가 영적 X선 검사가 보여주는 것을 무시하고 있었다는 점이다. 직면해서 질병을 없애려고 하지 않았다. 교회가 죄에 맞서는데 실패하는 것은 하나님이 의도하신 병원이기를 포기하는 것과 같다.

고린도 교회의 문제는 참으로 충격적인 것이었다. 바울이 그냥 어머니라 하지 않고 그 아비의 아내라고 했기 때문에, 계모로 생각되는 여인과 일을 저지른 어떤 남자가 있었다. 바울은 이렇게 말한다. "너희가 예수 그리스도의 이름으로 그렇게 그냥 놔둔 일은 이방인들이라도 인정하지 않는 일이다." 시제가 현재임을 보아, 바울이 이 편지를 썼을 때 이 문제는 아직 계속되고 있었음을 알 수 있다.

다시 말하면 이 사람은 공동체의 체면을 땅에 떨어뜨리는 부도덕한 삶을 살아왔다는 얘기다. 이것은 우리가 앞에서 나눈 말을 생각나게 한다. 그리스도인들도 비그리스도인들 만큼이나 나쁜 행동을 할 수 있고 때로는 더 심하게 하는 역량이 있다는 것이다. 우리가 그리스도의 이름을 부르지만 여전히 육체 속에 살기 때문에 구원받지 않은 세상과 같이 죄에 대해서 똑같은 성향을 갖고 있다.

이것을 내가 어떻게 알까? 잠깐 10~11절을 보면 재미있는 사실을 알게 될 것이다. 10절에서 불신자들을 특징짓는 죄들이 11절에서 반복되는데 바울은 여기서 "만일 형제라 일컫는 자가"라고 말한다.

사실 바울은 10절에서 말하지 않은 두 가지 죄까지도 언급한다. 후욕하는 것과 술 취하는 것이다. 요는, 회심한 사람이라고 해서 아주 기본적인 죄라 할지라도 죄에서 완전히 벗어나는 것은 아니다.

비그리스도인이 지을 수 있는 똑같은 죄에 내가 빠질 수 있다면 그들과 무슨 차이가 있을까? 내 밖에서의 죄를 극복할 힘이 내 안에 주어졌다는 것이 다르다.

그러나 앞의 두 목록이 기본적으로 같다는 사실은 어쩔 수 없다. 그래서 바울은 고린도 교회 안에 있는 부도덕이라는 악성을 진단하고 제거해야만 했다.

영적 악성은 하나님의 가족을 공격할 수 있다. 그것이 좋은 소식은 아니지만, 교회는 병원이기 때문에 교회가 그것을 처리할 수 있는 준비만 되어 있다면 문제는 해결된다.

바울은 진단을 하고 나서 수술 장갑을 끼고는 악성을 제거하려 한다. 고통스럽겠지만 위에서 말씀드렸듯이 제발 나에게 화내지 마시기를 바란다. 수술은 인기가 없지만 바울과 같이 필자도 인기를 위해 소명을 받은 사람은 아니다. 나는 성경 말씀을 좇아야 할 뿐이다.

「 치　　료 」

고린도전서 5장에서는 죄를 다루지 않고 허용했을 때 그것이 그 죄를 저지른 사람뿐만 아니라 교회 전체에까지 얼마나 치명적인 영향을 미치는지 아주 명확하게 그리고 있기 때문에, 이 장에서 우리는 교회에 관해 좀더 직접적으로 살펴보겠다.

사람들의 몸으로서 교회는 그리스도에 대한 처음 사랑을 잃어버릴 수도 있다. 사실 예수님은 요한계시록 2장에서 어떤 개인이나 몇몇 사람에게가 아니라 에베소 교회에게 그렇게 말씀하셨다. 고린도 교회가 수술받아야 할 필요가 고린도전서 5장 2절에 명확히 나와 있다. "그리하고도 너희가 오히려 교만하여져서 어찌하여 통한이 여기지 아니하고 그 일 행한 자를 너희 중에서 물리치지 아니하였느냐."

― ◦ 문제를 허용함

바울은 이렇게 책망한다. "교회가 마땅히 슬퍼하지 않고 오히려 자긍하고 있으니 웬말입니까? 죄에 대해서 애통해 하지 않고 건물을 자랑하고 설교가를 자랑하고 성가대를 자랑하고 프로그램을 자랑하니 말입니다."

병원에 가서 진찰을 받았더니 내가 암이라는 것을 알면 자랑하던 것들이 이제는 아무 소용이 없다. 통장에 얼마가 들었든지 이제는 자랑거리가 못된다. 내가 얼마나 좋은 곳에 사는지 이제는 자랑하고 싶지 않다. 내가 어떤 차를 끌고 다니는지 더 이상 자랑하고 싶지 않다. 내 외모에 대해서도 더 이상 뽐내고 싶지 않다. 이제는 모두가 다 무의미하기 때문이다.

내가 암에 걸리면 가장 중요한 문제는 하나 뿐이다. "이제 어떻게 하면 살까?"

이 추문이 그렇게까지 다 알도록 해결되지 않은 채로 오래 갈 수 있었다는 것은 고린도 교회가 한참 벗어났음을 보여준다. 병원이라기 보다는 컨트리 클럽(테니스, 골프, 수영 등의 시설이 있는 교외의 클럽-역주)이었다.

─◦ 진단하기

많은 그리스도인들이 그런 것을 원한다. 그들은 컨트리 클럽 기독교 신앙을 원한다! 한참 응석을 떨면 받아주고 다독거려주기를 원하지만, 영적인 수술을 받으려고는 하지 않는다. 그러나 교회가 영적인 수술을 하지 않으면 그것은 교회가 아니다. 그래서 바울이 처음으로 말하는 것은 이것이다. "그 종양을 제거하십시오. 여러분 가운데서 제하십시오."

고린도 교인들의 자만심이 죄에 대한 무관심을 낳았다. 인간들에게 인정받고자 하는 그들의 욕망이 죄에 대해서 눈멀게 했다. 사람들은 죄를 가지고 교회 문을 들어올 수 있다. 거기까지는 좋다. 교회는 병원이다.

그러나 환자들이 교회문을 들어서서는 절대로 죄에 대해서 기분좋게 느껴서는 안된다. 점점 쇠약하게 만드는 병을 앓고 있는 환자에게 이렇게 말하는 의사는 한 명도 없을 것이다. "그것 때문에 침울해 하지 마시고 즐거운 마음을 가지십시오." 그 사람이 침울해 하는 것이 당연하다. 그래서 온 것이다.

참된 교회의 한 가지 특징은 죄에 대해서 안일한 방법을 취하지 않는다. 특히 문제가 계속 진행 중일 때 그렇다. 어떤 형제가 죄에 빠졌다는 말을 들으면 우리 마음이 부서져야 하지 수화기를 드는 것이 아니다. 한

지체가 그렇게 되었다는 사실 때문에 내가 울어야 마땅하다. 바울은 이렇게 계속 쓴다.

> 내가 실로 몸으로는 떠나 있으나 영으로는 함께 있어서 거기 있는 것같이 이 일 행한 자를 이미 판단하였느니라. 주 예수의 이름으로 너희가 내 영과 함께 모여서 우리 주 예수의 능력으로···(고전 5 : 3~4)

이제 여기서 그만하고 싶다. 분명히 뭔가 중요한 것이 오고 있다. 그리고 우리가 그것에 이를 것이다. 바울이 말하는 것은 "너희가 교회라면 교회답게 행동하라."는 것이다. 교회가 된다는 뜻은 그리스도의 권위 하에서 그리스도를 위하여 행동한다는 것이다. 그것이 "주 예수의 이름으로"라는 말이 의미하는 바이다.

교회는 예수 그리스도를 위하여 행동한다. 우리는 하나님의 요구를 충족시킨다. 이 사람의 죄가 모두에게 알려졌기 때문에 판단도 대중 앞에서 받아야 했다. 죄는 간과될 수 없었다.

어떤 사람들은 이렇게 반대한다. "하지만 우리는 사람을 판단해서는 안되잖아요" 바울이 한 얘기는 그런 것이 아니다. 그는 이미 그 사람을 판단했다(3절).

이 문제를 똑바로 봐야 하는데 그리스도인들과 판단(judging)에 대해서 잘못된 생각이 많이 있기 때문이다. 앞에서 그런 얘기를 하는 사람들은 대부분이 마태복음 7장 1~5절에 있는 예수님의 '비판(judge)을 받지 아니하려거든 비판하지 말라'는 말씀을 생각하고 한 것이다.

하지만 예수님은 그리스도인들이 사람들에게 판단(judge)을 하지 말라고 한 것이 아니다. 7장 1절 다음에 있는 말씀을 더 읽어보면 무슨 뜻인지 알 수 있다. 우리가 무엇을 어떻게 판단(비판)해야 하는지 분명히 해주신다. 문제는 우리가 보통 잘못된 것을 판단하거나 아니면 우리 자신이 죄 가운데 있으면서 남을 비판하는 것이다.

예를 들면 우리는 사람들의 동기를 판단하지 않는다. 하나님만이 그 마음을 보실 수 있다. 이 남자가 무엇을 생각하고 있는지 우리는 모른다. 저 여자가 어떻게 느끼고 있는지 우리는 모른다. 그러나 "그 사람은 자기가 뭐라고 생각해!"라며 얘기하곤 한다.

그 사람이 어떻게 생각하는지 우리가 어떻게 아는가? 다른 사람이 생각하거나 느끼는 것을 알 수는 없는 것이다. 하지만 판단할 수 있는 것이 있다. 사람이 하는 것은 판단할 수 있다.

어떤 사람이 악한 생활을 살고 있으면서 이렇게 말할 수 있다. "제 마음은 그렇지 않았어요." 그렇다. 하지만 그 발은 그렇게 했다. 그 눈도 그렇게 했다. 그 손이 그렇게 했다. 그 사람의 마음이 어떠했는가를 판단하는 것이 아니다.

어떤 사람이 죄를 짓고는 이렇게 말할 수 있다. "그런 뜻이 아니었는데." 그렇다. 하지만 그렇게 했다. 그렇게 한 것에 대해서 얘기하자. 우리는 그것만 판단할 수 있다. 물론 먼저, 내 형제의 눈에 있는 "티"를 볼 수 있기 전에 내 눈 속에서 "들보"를 빼내야 한다(마 7 : 3~5). 무슨 말인가 하면 내가 남을 재는 그 판단이 나에게 돌아오기 때문에 내가 하고 있는 뭔가에 대해서 남을 판단하지 말라는 의미이다.

— ◦ 치료책 적용하기

그래서 그리스도인은 다른 사람 마음의 의도를 판단할 수 없다. 그러나 행위는 판단할 수 있다. 사실 교회는 교회 속의 죄를 다루라는 명령을 받았다.

교회가 영적 수술을 감행하는데 반대하는 의견이 여기 또 있다. "하지만 그 사람이 하는 것은 그 사람 일이지요(무슨 상관입니까)"

이런 생각도 잘못된 것이다. 에베소서 5장 11절에서, 노출시키지 않으면 숨겨진 채로 있을 어두움의 일을 "노출시켜야만" 한다고 했다. 이 말은 그리스도인이 죄를 지으면 그 사람만의 일이 아니라는 뜻이다. 우리 일이다.

암에 걸린 사랑하는 사람에게 여러분이라면 이렇게 말하겠는가? "그것은 당신 일이에요. 병원에 가고 싶든 그렇지 않든 그것은 당신한테 달렸어요."

가족은 그렇지 않다. 식구 중 누구 하나가 고통 중에 있으면 우리 모두가 그 고통을 나눈다. 교회도 그렇게 되어야 한다.

달라스에 있는 필자의 교회에서 필자는 성도들에게 이렇게 말한다. "여러분들이 그것을 원하지 않는다면 여러분은 클럽을 원하는 것입니다." 하나님의 가족에게 악성이 있을 때 그것을 가족의 일처럼 돌보지 않는다면 그 사람들은 교회를 원하는 것이 아니다.

따라서 한 가지 분명한 것은 교회가 건물만이 아니며 가족이라는 얘기다. 부모는 반항하고 있는 아이들을 무시 하고 있을 수 만은 없다. 교회도 반항하고 있는 성도들을 무시할 수가 없다. 그러한 성격도 성가대나 예배, 또는 행사 등 그 밖의 어떤 것 만큼이나 교회의 중요한 부분이다.

그래서 만약 우리가 우리 교회의 프로그램이나 사역에 대해서 자랑할 수 있다면, 암을 빨리 알아내고 처리한다는 사실 또한 자랑할 수 있어야 한다. 순결함에 대한 헌신도를 자랑할 수 없다면 자랑할 것이 없다.

교회가 죄의 문제를 말하고 있지 않다면 다른 것을 말할 자격도 없다. 하나님께서는 우리를 순결하라고 부르셨기 때문이다. 아무도 더러운 병원에 가서 잘 낫기를 원하는 사람은 없다. 교회는 필요한 수술을 하기 위해서 하나님의 깨끗한 병원이어야 한다.

「 다루는 데 실패했을 때의 결과 」

공개된 죄에 대해서 교회가 필요한 치료책을 쓰지 않았을 때 어떤 일이 일어날까? 바울은 고린도전서 5장 5절에서 이렇게 말한다. "이런 자를 사단에게 내어주었으니 이는 육신은 멸하고 영은 주 예수의 날에 구원 얻게 하려 함이라."

고린도에서 이 사람이 그리스도인이었다면(바울은 그가 그리스도인이었다고 생각했다) 그를 사단에게 내어준다는 것이 무슨 말인가? 이 말은 교회에서 파문시킨다는 것이며 단순히 교회의 회원 카드를 압수한다는 것 이상의 의미이다. 이 사람의 생활에서 하나님의 보호를 하나님이 제거하신다는 뜻이며 그러면 이 사람은 원수로부터의 해로운 공격에까지도 열린 채로 있게 된다. 그의 목숨까지도

— 。징계의 필요성

　오늘날은 교회에서 징계를 아주 진지하게 생각하지 않는다. "이 사람을 내쫓는다 해도 다른 교회로 가면 될텐데요" 그가 다른 교회에 갈 수도 있지만 그는 하나님의 보호하심 없이 가게 될 것이다. 그리고 그 사람 가까이에는 앉고 싶지 않을 것이다. 왜냐하면 그 사람 위로 지붕이 내려앉을지도 모르니까!

　내가 어렸을 때 우리 형이 아버지께 반항했던 일이 있는데 기억이 생생하다. 우리 형은 아버지가 세운 규칙을 싫어했다. 그 명령을 좋아하지 않았다. 그 때 작은 형은 메릴랜드(Maryland)주의 무제한 체급 레슬링 챔피언이었다. 100킬로가 넘는 체격에 힘이 셌다. 그런데 형은 그런 태도를 집안에서까지 행사했다. "나는 챔피언이야!"

　우리 아버지는 이렇게 말씀하셨다. "이 집에서는 내가 챔피언이다."

　우리 아버지가 형에게 무엇을 하라고 하셨다. 그것이 무엇이었는지는 생각이 안나는데 형은 그것을 해야만 한다고 생각하지 않았다. 그래서 얼굴을 찌푸리고 고개를 저으면서 "싫어요!"라고 반응했다.

　아버지는 "아니, 해라!"

　작은 형은 "싫어요!"

　아버지는 주먹을 불끈 쥐셨다. 오, 주님이시여. 자비를 베푸소서! 아버지는 몸을 뒤로 젖히더니 형을 때려눕혔다. 이층으로 끌고가서는 짐을 싸도록 하셨다. 형도 펄쩍 뛰면서 떠나겠다고 했다.

　그리고 형은 집을 걸어나갔다. 하지만 형은 몇 가지를 잊고 있었다. 자기는 일자리가 없다는 사실과 밖은 눈이 오고있다는 것과 차가 없다는 것을 까맣게 잊고 있었다. 그는 펄쩍 뛰었지만 자기가 아무것도 가지지 않을 때는 그럴 수 없다는 것을 잊었다.

　그래서 20분이 지나자 · · · 똑똑 · · · 똑똑! 형은 집에 들어오려고 문 앞에서 두드리고 있었다. 아버지는 아들이 부모를 공경해야 할 것을 가르치기 원하셨던 것이다.

　내가 만약 펄쩍 뛴다고 생각한다면 그것은 그 날 당장 없어졌다! 형이 내쫓겼을 때 더 이상 우리 집의 보호를 받을 수 없었다. 스스로가 부양해야만 했다.

욥기 1장에서 사단이 욥을 괴롭히는 배경을 보자. 사단이 하나님께 이렇게 말한다. "제게 잠깐 욥을 주셔서 · · · 이렇게 하고 저렇게 하게 해 주십시오."

하나님은 "네가 욥에게 이렇게 이렇게는 할 수 있지만 저렇게는 못한다."라고 하셨다. 욥은 하나님의 보호 아래 있었기 때문에 사단이 그에게는 그렇게까지만 할 수 있었다.

하나님께서 우리 둘레를 보호하고 있는 보호벽을 제거하신다는 뜻은 사단이 우리 생활에 들어올 수 있는 길을 얻는 것이다. 교회가 수술로써 하나님을 위해서 처신했기 때문에 하나님이 일단 그 사람에게서 손을 떼시면 더 이상 보호는 없다.

마치 어떤 암환자가 수술을 받지 않겠다고 해서 퇴원하는 것과 같다. 암은 계속 번져갈 것이다. 의사가 종양을 잘라내지 않으면 막을 길이 없다. 제 마음대로 죄된 삶을 사는 이가 이렇게 징계와 심판을 받는 것을 필자는 여러 번 보았다. 사람들이 타락하고는 죽게 되는 것을 보았다.

그렇다. 하나님은 죄인이 돌아오기를 간절히 구하실 것이다. 하지만 그가 돌아오지 않을 때 그의 길을 사단이 건드리지 못하도록 하시던 일을 그만두실 것이다. 그리고 그 사람이 계속 죄를 지으면 그는 파멸을 맞이하게 된다.

이런 것이 우리 현대의 기질에는 거슬린다. 우리는 이렇게 말할 것이다. "오래 참고 이해합시다. 왜 그 사람을 쫓아내야 합니까? 왜 그 사람 일에 우리가 조치를 취해야 합니까?" 6절에서 왜 그런지를 설명한다. "너희의 자랑하는 것이 옳지 아니하도다. 적은 누룩이 온 덩어리에 퍼지는 것을 알지 못하느냐?"

다시 말하면 "나쁜 한 사람이 온통 망쳐버린다"는 얘기이다. 바울은 "그 죄된 부분을 제거해버리라. 그렇지 않으면 그것이 영향을 미칠 것이다"는 말이다. 좋은 사과는 썩은 사과를 좋게 만들지 않는다. 썩은 사과가 좋은 사과들을 썩게 만든다. 어떤 학급에 떠드는 학생이 한 명 있을 때 어떻게 되는가? 교사가 가르칠 수 없을 만큼 그 아이가 교실을 지배할 수 있다. 아이들을 웃게 만들거나 농땡이를 부리게 만들고 완전히 반을 혼란시킨다. 수업 분위기를 되찾으려면 그 아이를 내보내야 한다.

말을 듣지 않으려고 하는 반항적인 십대 자녀가 있는 경우, 예를 들어 밤새 밖으로 나돈다거나 마약을 먹는다거나 비도덕적인 행위를 하며 살거나 하는 자식이 있을 때 지체없이 뭔가 손을 봐야 한다. 그 아이를 계속 방치해둔다면 다른 아이들까지도 이런 생각을 할 것이다. "어! 그것 별 문제가 아니구만!"

— ∘ 죄의 결과

하나님의 가정도 마찬가지다. "적은 누룩이 빵덩어리 전체에 영향을 미친다." 죄의 결과, 다른 이들을 다치게 할 수 있다. 아간을 기억하는가? 그가 하나님의 명령에 반항해서 이스라엘 백성이 아이에서 패배하는 고통을 겪었다. 아간의 죄에 대한 대가로 다른 사람들의 생명이 치러졌다. 여호수아 7장을 읽고 아간에게 무슨 일이 일어났는지 보라(24~25절). 그가 권고를 받았는가? 아니다. 돌로 침을 당하였다.

요나의 생애에서 중요한 점을 또 보자. 하나님의 뜻에서 벗어나 도망가려고 할 때마다 우리는 그 값을 지불하게 된다. 하나님께 대적해서 반항하고 다른 길로 갈 때마다 그 운임을 지불한다.

아시다시피 요나는 하나님께서 니느웨로 가라고 말씀하셨을 때 반대 방향인 다시스로 길을 택한 불순종의 선지자였다. 요나는 다시스로 가기 위해 스스로 "그 운임을 지불했다"(욘 1 : 3). 그러나 니느웨로 갈 때 멋있는 부분은 하나님께서 그 운임을 지불할 것이라는 점이다. 다시스로 가는 것에 대해서 끔찍한 일은 그 대가를 지불하게 된다는 것이었다.

자, 많은 사람들이 '다시스행'을 하면서 큰 값을 지불하고 있다. 하나님의 길로 갔으면 하나님께서 지불하셨을 것을 말이다. 많은 이들이 사는 동안에 하나님의 뜻에 대항해서 반항하고 있기 때문에 감정적으로, 심리적으로, 육체적으로 큰 대가를 지불하고 있다.

이것이 교회 사람들이 원하지 않는 부분이다. 그러나 의사가 어떻게 해야 하겠는가? 환자는 의사의 충고에 따라야 한다. 문제가 있으면 병원은 잘못된 것을 고치는 곳이다. 하지만 환자가 치료를 받아야 한다.

그래서 모든 교회 예배의 일부는 우리들의 죄를 판단해주어야 한다. 바울은 고린도전서 후반부에서 이런 말을 한다. "우리가 우리를 살폈으면 판단을 받지 아니하려니와"(11 : 31). 이것이 요점이다. 주님께 와서 보라 그리고 스스로를 판단해보라. 그러면 하나님께서 교회를 통해 너를 판단할 필요가 없지 않느냐?

우리가 그것을 원하지 않는다면 교회는 우리가 원하는 것이 아니다. 왜? 이것이 교회가 하는 일 중에서 중심 역할이기 때문이다. 교회는 하나님의 백성을 순결하게 지켜야 한다.

그래서 어떤 형제가 내 어깨에 손을 얹고는 "그렇게 해서는 안되네." 라고 했을 때 나는 누군가가 나를 사랑하고 있다는 사실 때문에 기뻐해야 한다. 내가 탈선해서 도랑으로 빠지고 있는 것을 보면서도 "그것은 당신 일이지만 당신을 위해서 기도하지."라고 한다면 나를 사랑하는 것이 아니다. 당신의 기도만을 원하는 것이 아니다. 내가 잘못된 길로 내려가고 있을 때 나를 멈춰 세워주기를 원한다. 그것이 가족이다. 그리고 교회이다.

— 。초기 발견

의학에서와 마찬가지로 영적 진단의 열쇠는 초기 진단에 있다. 그렇기 때문에 우리가 죄를 없애기 전에 그렇게 많은 단계들을 성경에서는 제시하는 것이다. 몇 달이고 몇 년이고 그냥 놔두지 않는다. 그러면 퍼지기 때문이다. 그래서 바울은 이렇게 계속 쓴다.

너희는 누룩 없는 자인데 새 덩어리가 되기 위하여 묵은 누룩을 내어 버리라. 우리의 유월절 양 곧 그리스도께서 희생이 되셨느니라. 이러므로 우리가 명절을 지키되 묵은 누룩도 말고 괴악하고 악독한 누룩도 말고 오직 순전함과 진실함의 누룩 없는 떡으로 하자(고전 5 : 7~8).

누룩이 효모라는 것은 다 알 것이다. 빵을 굽는 사람은 효모의 중요성을 알고 있다. 효모를 조금만 넣어도 크게 부풀릴 수가 있다. 여기서 누룩은 죄를 나타낸다.

이스라엘이 애굽에 있었을 때 애굽인들은 누룩으로 요리를 했다. 하나님은 이스라엘에게 매우 중요한 영적 교훈을 가르치기 위해서 그것을 사용하셨다. 죽음의 사자가 애굽을 다니며 온 집안의 장자를 죽일 때, 문설주에 피를 바른 이스라엘 백성의 집은 그 비극을 피할 수 있었던 날이 유월절이었다.

애굽에서 이스라엘 백성이 떠나는 준비를 하면서 하나님은 그들에게 집에서 모든 누룩을 제거하라고 말씀하셨다. 나중에 그들은 누룩을 넣지 않은 빵으로 축제를 즐기며(무교절) 유월절을 지키도록 명령받았다. 이스라엘 자손들은 더 이상 애굽의 누룩을 사용해서는 안되었다.

그들은 유월절의 피를 통해서 애굽을 떠나는 것이었고 새로운 인생의 길을 향해 나아가기 때문이었다. 옛 묵은 것들을 가져와서는 안되었다. 우리는 우리의 유월절 어린 양이신 그리스도의 보혈을 통해서 구원받았고 역시 새로운 삶을 살아야 한다.

교회의 역할이 무엇인가? 죄의 누룩이, 새 빵인 그리스도인의 새로운 삶에 섞이기 전에 그 옛 묵은 누룩을 사용하고 있는 사람들을 맞서는 것이다.

"옛 누룩을 깨끗이 없애라"는 바울의 명령은 한 사람이 온 회중에 대한 하나님의 축복을 막을 수 있다는 사실을 기억케 한다. 죄가 알려졌는데 처리되지 않으면 그로 인해 모두가 하나님의 축복을 받을 수 없게 된다. 아무도 그만한 힘을 가져서는 안된다. 상대방이 나의 축복을 막도록 놔두고 싶지 않고 또 내가 상대방의 축복을 막는 사람이 되고 싶지 않다. 그러므로 뭔가 주어져야 한다.

우리는 누룩을 넣지 않은 사람들이다. 우리가 그리스도를 받아들였을 때 옛 삶은 우리에게서 제거되었다. 우리는 그리스도 안에서 새로운 피조물이 되었다. 하나님께서 우리가 하기를 원하시는 것은 우리가 그랬던 것처럼 옛 사람들의 빛 속에서보다는 새로운 사람들의 빛 가운데서 사는 것이다.

그러므로 우리가 죄된 불순종의 삶을 살고 있는 신자들을 알고 있다면 생각해보자. 우리는 의사이다. 그들을 피해서 돌아가지 말라. 그들이 듣기 싫어하면 우리가 잘못해서가 아니다. 더 이상 아무것도 할 수 없지만 그것에 대해서 다른 그리스도인이 그를 직면하지 않고 병들도록 놔두어서는 안된다.

악성 종양을 가진 사람이 수술 후에 가장 먼저 묻고 싶은 말은 무엇이겠는가? "다 떼어냈나요?" 의사가 종양을 다 떼어내지 않았다면 재발할 것이기 때문이다. 죄를 반절만 지을 수 없듯이, 들어낼 때도 모두 다 제거해야 한다.

자식이 못쓰게 되는 꼴을 보면서 가만히 앉아 있을 부모는 없다. 문제를 다 꺼내어서 그 때 처리하는 것이다. 일부만 떼어내고 싶지 않다. 남겨둔 것이 다시 자랄 것이기 때문이다. 교회는 모든 지체들을 정결하게 지키는 소명을 받았다.

「 수술 자리 」

현재 계속되고 있는 시끄러운 죄의 문제를 바로잡기 위해서 심한 징계를 받아야 하는 사람이 교회에 있다고 하자. 여기서 바울은 교회 밖의 세상과 징계할 곳으로서의 교회 사이에 중요한 구별을 한다.

> 내가 너희에게 쓴 것에 음행하는 자들을 사귀지 말라 하였거니와 이 말은 이 세상의 음행하는 자들이나 탐하는 자들과 토색하는 자들이나 우상 숭배하는 자들을 도무지 사귀지 말라 하는 것이 아니니 만일 그리하려면 세상 밖으로 나가야 할 것이라. 이제 내가 너희에게 쓴 것은 만일 어떤 형제라 일컫는 자가 음행하거나 탐람하거나 우상 숭배를 하거나 후욕하거나 술 취하거나 토색하거든 사귀지도 말고 그런 자와는 함께 먹지도 말라 함이라.(고전 5 : 9~11)

위에서 차이점을 살펴보자. 이 세상이 죄인들로 덮여 있기 때문에 우리가 죄인들과 어울리지 않는다는 것은 말이 안된다는 말이다. 또한 죄인들은 죄인들이 하는 것을 하기 때문에 징계의 문제를 언급하지 않는다. 그들은 죄를 짓기 마련이다.

즉, 죄인들은 애초부터 그리스도를 사랑해본 일이 없기 때문에 처음 사랑으로서의 그리스도를 떠나는 죄를 짓지도 않는다. 그래서 이러한 사람들과 사귀기를 금지하지도 않는다. 그들과 어깨를 맞대고 일하면서 살아야 하기 때문이다. 죄인은 죄인이다.

— ◦ 교제를 끊음

그러나 "형제라 일컫는 자"에 대한 얘기는 완전히 달라진다. 사귄다 (associate)는 말은 "친밀한 교제를 유지한다"는 뜻이다. 말하지 않는다는 의미가 아니다. 잔인하게 대하거나 매몰차게 하라는 의미도 아니다. 다만 이 사람과 친밀한 교제를 없이 하라는 뜻이다.

여기서 "형제라 일컫는 자"라고 했는데, 죄 가운데 사는 어떤 사람이 그리스도인일 수도 있고 아닐 수도 있기 때문이다. 사람의 마음을 판단할 수는 없지만 이렇게 말할 수 있다. "당신이 그리스도인이면 그렇게 행동해서는 안됩니다. 그렇게 행동하기를 계속 고집하신다면 교회의 다른 지체들이 당신과 함께 교제할 수 없습니다."

고린도 교회는 이것을 거꾸로 하고 있었다. 그들은 죄를 짓고 있는 회원과 사귀고 있으면서 세상과는 사귀지 않고 오히려 자신들의 개방성에 대해서 자랑하기까지 했다. 어떤 사람은 또 바울이 파문에 대해서 부도덕의 죄 하나만 꼬집어낸 것으로 생각할지 모르기 때문에 다음 구절에 이어 설명한다.

11절에 열거한 내용을 보자. 바울은 부도덕만 꼬집어 말하지 않는다. 내게 속하지 않은 것을 탐하고 갈망하면 역시 판단받아야 하며 다른 신을 섬기는 우상 숭배자라도 역시 마찬가지이고 남을 헐뜯고 욕하며 난폭한 사람이라도 판단받고 술고래이어도 마찬가지이다. 사업을 하면서 속이는 사기꾼이어도 판단받게 된다.

필자가 섬기던 교회에서는 몇 년 전 끔찍한 사업 행각을 벌이던 사람을 교제권에서 제명해야만 했다. 그 파문이 아주 심한 수단이라는 것을 알고 있었지만 11절 후반부에 따르면 죄인을 교회 밖으로 내놓는 것보다 더 심한 것을 볼 수 있다.

아침, 점심, 저녁 식사를 그 사람과 함께 할 수 없다. 다른 말로 하면 사회적인 교제나 왕래가 없다는 말이다. "형제라 일컫는 자"가 하나님 아버지에 대해서 반항하는 삶을 살 때 친밀함이 있을 수 없다. 형이 우리 아버지에 대해서 불경한 태도를 보였을 때 내가 형에게 가지 않았던 것과 마찬가지다. 형에게 다가가서 친근하게 다독거리며 나는 형 편이라고, 형이 옳았다고, 아빠가 너무 심했다고 하지 않았던 것과 같다.

— ◦ 징계의 목적

왜 하나님은 그렇게 철저하신 것일까? 죄인을 정신차리게 하기 위해서이다. 하나님은 엄하게 하려고 그렇게 하는 것이 아니다. 사랑으로 하기 위함이며 나머지 식구들을 보호하기 위해서이다.

어떤 반항적인 삶을 살아가는 사람과 식사를 할 때에는 그 사람이 회개하도록 하는데 도움이 되고자 하는것이 아니면 식사를 하러 가지 않을 것이다. 여기서 이해할 것은 도움을 기꺼이 받고자 하는 사람을 말하는 것이 아니라는 점이다. "저는 술고래입니다. 하지만 이것을 이겨냈으면 좋겠어요" 바울은 죄를 자신의 생활양식으로 받아들인 신자에 대해서 얘기하고 있다.

"그것 너무 심한데요."라고 말할지도 모르겠다.

아니다. 그것이 하나님의 집이다. 자, 여러분이 우리 집에 온다면 여러분이 할 수 없는 것이 몇 가지 있다. 담배를 피우시는 분이라면 우리 집에 들어오기 전에 꺼야 한다. 술을 드시는 분이라면 술병은 밖에 두고 오셔야 한다. 불경한 언어는 사용할 수 없다. 이성 친구와 하룻밤을 지내려면 다른 방에서 자야 할 것이다. 왜냐하면 내 집에서는 결혼하지 않은 사람들은 한 침대에서 자는 일을 하지 않기 때문이다.

"당신 규칙은 싫습니다."라고 한다면

우리 집에 오지 말라. 결국 그렇게 된다. 여러분의 집에는 여러분의 규칙이 있듯이 내 집에는 내 규칙이 있다.

교회는 하나님 아버지의 집이다. 그래서 우리가 하나님의 집에 오면 이렇게 말씀하신다. "그 누룩을 밖에 버리라. 그 세상적인 것들은 밖에 버리라. 그것들을 내 집에 들이지 말라. 내 가족을 죄로 더럽히지 말라.”

교회는 하나님의 집이며 하나님 집의 규칙에 대해서 판단하는 것이 성 직자인 목사와 교회의 리더들이 할 일이다. 사람들에게 문제가 있으면 우리가 도울 것이다. 사람들이 아프면 약을 줄 것이다. 우리가 수술을 할 수 있지만 환자가 원해야만 할 수 있다.

필자는 달라스에 있는 우리 교회가 깨끗한 병원을 지켜나가도록 권고 했다. 영적으로 아픈 사람들을 못 들어오게 하는 것이 아니라, 그들이 들 어왔을 때 아픈 채로 놔두지 않도록 말이다. 우리 가운데 있는 죄를 우리 가 무시하면 교회 전체는 결국 그리스도에 대한 우리의 처음 사랑의 순 결함에서 멀어질 것이다.

예수 그리스도께서 Oak Cliff Bible Fellowship Church에 대하여 “너희가 처음 사랑을 버렸도다. 너희 촛대를 내가 옮겨야만 되겠다”라고 말씀하 시는 상황보다 눈앞이 캄캄한 일은 없을 것이다. 그런 일이 벌어진다면, 우리 교회가 신앙 고백을 잃게 된다면, 훌륭한 많은 성도들이 모두 다치 게 될 것이다. 우리는 그런 일이 벌어지도록 할 수 없다.

몇 년 전 가족과 함께 나는 놀랐던 적이 있다. 내 몸에 종양이 있었는 데 의사가 암이라고 생각했다. 의사 선생님이 “빨리 수술하지 않으면 안 되겠습니다.”라고 했다.

수술 전날 밤 침대에 누워서 이렇게 생각했겠는가? “내 살을 자르다니 싫어, 그러면 상처가 날 것이고, 아플 것 아닌가? 일주일 내내 아플텐데.” 아니다! 나는 내가 암을 갖고 있을지 모른다고 생각했다. 의사가 어서 수 술을 집도하기를 기다렸다.

수술팀은 그 덩어리를 잘라냈다. 회복이 되어 눈을 떴을 때 물어봤다. “어떻게 됐습니까, 선생님?”

“다행입니다. 종양이 양성이었어요. 하지만 떼내길 잘한 것이, 그것들 은 악성으로 변할 수 있는 것이었거든요”

그 의사 선생님이 내게는 은인이었던 것이다. 그가 내게 이렇게 말했 다면 어떻겠는가? “제게도 종양이 있습니다. 당신도 종양이 있구요 하나 님의 자녀는 모두 종양이 있습니다.” 나는 그날 어떻게 되었을지 모른다. 그러나 종양이 악성이고 번졌다고 해도, 화학 요법과 방사선으로 점차 없어지도록 처리할 수 있다.

　술을 마시고 싶은 충동을 한 번에 모두 없앨 수는 없을지도 모른다. 그러나 교회는 위에서와 마찬가지로 점차 없어지도록 도울 수 있다. 악성 종양과 같은 성질을 한 번에 모두 없앨 수는 없을지 몰라도 우리는 점차 없어지게 할 수 있다. 모든 비도덕적인 욕구를 한 번의 치료로 박멸할 수 없을지 모르지만 당신과 그리스도의 다른 몸과 그분을 위해서 우리가 그것을 치료하도록 하기를 바란다.

첫사랑 회복하기

요새 건강 관리에 있어서 점차로 집에서 치료하는 추세가 늘고 있다. 병원에서도 환자를 집에서 돌봐주는 간병인을 두거나 스스로 어떻게 치료하는지 보여준다. 그리고 아주 어려운 치료법이 아닌 이상 병원에 가지 않아도 치료할 수 있도록 하고 있다. 다음은 여러분이 집에서 죄를 처리하거나 건강을 지키는 몇 가지 "치료법"이다.

1. 죄 가운데 있는 형제를 만나 직접 얘기하는 것이 쉬운 사람은 아무도 없다. 그러나 그것은 너무나 중대한 문제이다. 하나님의 심판을 무릅쓰고 예수 그리스도를 욕먹이는 사람이 있다면 그 문제를 직면할 용기와 기회를 달라고 기도하라. 그 사람을 도울 수 있는 제삼자가 가까이 있으면 함께 갈 수도 있겠다.

2. 함께 사귀는 사람들을 생각해보자. 내가 그들보다 영적으로 못하기 때문에 그들에게 나쁜 영향을 미치는가, 아니면 내가 영적으로 못해서 그들이 내게 좋은 영향을 미치는가?

3. 누군가가 내게 나의 습관이나 사고 방식, 태도 등을 언급할 때 과민한 부분이 있는가? 이것은 약간 생각하는 시간이 필요하지만 악성으로 변할 수 있는 뭔가를 여러분이 숨겨두고 있다면 도움이 될 수 있는 방법이 여기 있다. 성령님이 여러분에게 생각나도록 하실 때 여러분은 그것에 대해서 방어적인가, 아니면 아랑곳하지 않는가?

4. 암으로 발전할 수 있는 것을 의사 선생님이 수술로 나를 살렸다면 마땅히 감사를 표할 것이다! 목사님께 감사의 편지나 사역을 격려하는 말을 건넨 적이 있는가? 있다면 그것이 언제인가? 다음 기회를 만들어서 실천하도록 하자. 그런 격려를 받으면 굉장히 기뻐하는 사람 중의 하나가 필자이다.

제 8 장

떠날 때 치르는 대가, 1

여러분의 사랑은 얼마나 진지한 것인가?

이상한 질문 같지만 사실은 그렇지 않다. 우리가 누군가를 사랑하면 그 사람이 가장 진지하게 하는 것을 받아들인다. 그리고 우리가 사랑하는 어떤 사람이 자신이나 우리 또는 그 주위의 사람들을 아프게 하면, 우리가 진짜로 사랑할 경우 무시하고 그냥 지나가지 않는다.

자기 자식이 몇 달이고 계속 나쁜 행동을 하고 다니도록 놔두지 않는다. 너무 멀리까지 가면 본인이 해로울 뿐 아니라 자기의 특권을 나쁘게 이용하면서 가족에게까지 수치를 끼얹기 때문에 집에서 쫓아내야 할 수도 있다.

가끔 사람들이 이렇게 말하는 것을 듣는다. "저는 제 아들(딸, 친구 등)을 끔찍이 사랑해서 그렇게까지는 할 수 없어요." 그런 사랑에 대해서 하는 말이 있다. 거짓되고 어리석은 짓이다.

하나님은 그분에 대한 우리의 사랑과 우리를 향한 그분의 사랑에 대해서 매우 진지하다. 예수님은 요한계시록 2장에서 에베소 교인들에 대한 여러 계명들을 나열하지만 그분에 대한 그들의 사랑이 차갑게 식어버렸기 때문에 그것들이 조금도 중요하지 않았다. 그래서 예수님은 "너희가 나에 대해서 식어버렸기 때문에 너희 등잔불을 끄겠다. 너희가 불꽃의 따뜻함을 사용하지 않고 있기 때문이다" 라고 한다.

필자가 지금까지 말하고자 하는 요지가 제대로 전해졌기를 바라는데, 요는, 그리스도에 대한 우리의 '처음 사랑'이 우리 생활에서 참으로 가장 먼저가 아니면 어떤 값을 치르고서라도 제자리에 돌려놓아야 한다는 말이다.

이 말은 필자가 하는 소리가 아니다. 예수님께서 "생각하고 회개하여 처음 행위를 가지라"고 하셨다(계 2 : 5). 이것이 처음 사랑을 회복하는 단계이다. 제10장에서 다루도록 하겠다.

그러나 먼저 이 장과 9장에서 매우 중요한 동전의 양면을 생각해보고 싶다. 처음 사랑을 버리고 떠나서 돌아오지 않는 그리스도인에 대한 이 세상에서의 결과와 영원한 결과이다. 다음 출구에서 빠지지 않는 사람, 길을 건너 고속 도로를 타고 다른 길로 향한 사람이다. 하나님을 그분의 자리에 다시 모시기를 거부한 사람이다.

우리는 지금까지 이것을 여러 번 다루었으나 여러 가지 이유에서 그 주제를 깊이있게 다루고 싶다. 먼저, 성경은 그리스도에 대한 심판에 대해서 많이 말하고 있기 때문이다. 둘째, 필자가 얘기를 전부 하지 않는다면 정당하지 않기 때문이다. 셋째, 벽에 부딪히기 전에 돌아서도록 도와주고 싶기 때문이다.

8, 9장에서 필자가 논하는 요점은 간단하게 이것이다. 처음 사랑이 차갑게 식고, 자기 중심적인 삶을 고집하며, 그리스도 중심이지 않고 육적인 삶을 사는 그리스도인은 시간 속에서 또 영원 속에서 모두 심각한 손실을 당한다.

여러분이 잊지 않도록 다시 얘기하겠다. 우리는 여기서 구원을 잃는 문제를 다루는 것이 아니다. 그리스도인에게 있어서 그것은 확정된 문제이다. 아무것도 그리스도 예수 안에 있는 하나님의 사랑에서 우리를 끊을 수 없다. 이 땅에서 하나님의 축복을 잃는 것과 천국에서 보상을 잃는 것을 얘기하고 있는 것이다. 이 장은 이 땅과 관련해서 다룬다. 9장에서는 천국에 대해서 얘기할 것이다. 그러면 끊임없는 육욕으로 인한 이 땅에서의 결과를 살펴보자.

「 하나님의 징계 」

이러한 징계나 결과는 히브리서 12장 5~6절에 매우 세밀하게 나와 있다.

> 또 아들들에게 권하는 것같이 너희에게 권면하신 말씀을 잊었도다 일렀으되 내 아들아 주의 징계하심을 경히 여기지 말며 그에게 꾸지람을 받을 때에 낙심하지 말라. 주께서 그 사랑하시는 자를 징계하시고 그의 받으시는 아들마다 채찍질하심이니라 하였으니

징계를 받을 수 있는 자격은 먼저 내가 하나님의 자식이어야 한다. 구원이 문제가 아니라는 점을 다시 강조해준다. 지금까지 우리의 친한 친구가 된 히브리서 기자는 사실상 이렇게 말하는 것과 같다. "하나님이 여러분을 사랑하신다면 매를 댈 것입니다."

—。징계가 사랑을 나타낸다

우리 아이들이 반항할 때처럼 우리가 하나님께 반항할 때, 그분의 사랑에는 징계가 포함됨을 발견한다. 위에서 말했듯이 사랑은 잘못된 것을 수정하고 그것들을 바르게 돌이키는 것과 관련된다. 사실 히브리서 기자는 7절에서 이렇게 말한다. "곤란을 징계로서 참으라. 하나님은 너희를 아들과 같이 다루신다. 아들을 혼내지 않는 아버지가 어디 있는가?"

아버지가 가정에서 훈련(징계)할 책임이 있기 때문에 기자는 하나님 아버지를 이 땅의 아버지와 비교한다. "자식들을 훈련(징계)하지 않는 아버지가 있다면 과연 어떤 아버지이겠는가? 자식들을 너무 사랑하기에 때릴 수 없다고 한다면 사실은 너무 싫어하는 것이다. 자식들을 제한하기에는 너무 사랑한다고 말한다면 아버지로서의 의무를 포기하는 것이다."

위의 말이 맞기 때문에 하나님께서 내가 반항하는 데도 계속 벌받지 않고 두신다면 어떤 하나님이겠는가? 차가 흔들리면서 질주하여 길을 벗어나 벽에 충돌할 때까지 가만히 서서 지켜보고 있을 아빠가 어디 있겠는가? 필자가 성장할 때 우리 부모님은 이렇게 말씀하시는 적이 있었다.

“계속 해라. 그래 계속해.” 징계가 얼마 멀지 않았음을 알리시는 말씀이었다. 우리가 육욕 가운데 살고 있다면 하나님에 대항해서 끊임없는 반항을 하고 있는 것이며 하나님은 그 징계가 얼마 멀지 않았음을 우리가 알기 원하신다. 매를 대실 것이다. 하지만 우리를 사랑하기 때문이다.

사실 하나님이 우리를 때리지 않고, 몇 년이고 계속해서 하나님께 징계를 받지 않고 지나가면, 완전히 다른 문제를 갖게 된다. 8절을 보자. “징계는 다 받는 것이거늘 너희에게 없으면 사생자요 참아들이 아니니라.”

즉, 문제는 내가 징계를 받아야 되느냐의 여부가 아니라 구원을 받아야 된다는 문제이다. 하나님이 우리를 때리지 않으면 그것은 우리가 그분의 자녀가 아니기 때문이다. 다른 식구―사단의 가족―이며 하나님은 우리를 영원히 징계하실 것이다. 그 때에야 혼나게 될 것이다.

이웃집 아이가 나쁜 짓 하는 것을 보면 그 아이는 내 책임이 아니기 때문에 데려다가 매를 대지 않는다. 뭐라고 할 수는 있겠지만 매를 때리지는 않는다. 그 아이는 내 자식이 아니기 때문이다. 하지만 내 자식이라면 얘기가 다르다.

내 자식들이 내게 “아빠, 이웃집 애들의 부모님들은 때리지 않아요”라고 한다면 “그래, 너희가 그들과 함께 살면 너도 안 맞게 될 것이다. 하지만 여기 있는 한, 내 아들이고 딸이려면 훈련(징계)은 절대적으로 필요한 거야”라고 할 것이다.

―。징계는 공경심을 만든다

9절에 따르면 징계는 공경심을 만든다. 둘 사이에는 직접적인 상관 관계가 있다. 자식을 징계하지 않으면 공경도 받을 수 없다. 윗사람을 공경할 줄 모르는 사람들은 징계를 받으며 성장하지 않았다. 그들은 집에서 훈련받지 않았기 때문에 사회에서도 젊은 사람들이 나이든 분들에게 말버릇 없이 대하는 결과를 낳는다. 이 젊은이들은 한 번도 누가 타이르거나 징계한 적이 없다.

어떤 거친 아이를 보고 이렇게 생각해 본 적이 있는가? “저 녀석 한번 혼 좀 나야겠군”. 그 생각이 아마도 옳을 것이다. 사는 것과 징계에는 인과율의 관계가 있기 때문이다.

집에서 아버지가 아이를 훈련시켜 징계를 주고 타이르고 해서 키우면 나중에 경찰에게 혼날 일이 없다. 필자의 친구들 중에는 감옥에 갇혀본 이들이 많다. 필자가 감옥 신세를 지지 않은 이유는 매맞는 것이 즐겁지 않다는 것을 어려서 알았기 때문이다.

필자는 매를 맞으면서 컸다. 우리 아버지는 나를 질리게 만들었다. 아버지는 이발사 가죽 혁대를 가지고 나를 때리셨는데 그 가죽 혁대 어딘가에는 면도날이 있음을 확실히 느낄 수 있었다! 하지만 아버지가 그 때 나를 그렇게 키웠기 때문에 경찰이나 판사에게 맞을 일이 없게 된 것이다.

― 。징계는 반항을 바로잡는다

이 문제를 다루면서 필자는 우리가 단순히 가족이라는 이유만으로 모든 그리스도인들이 겪는 징계와 불순종(반항)을 바로잡기 위해서 필요한 훨씬 심한 징계, 앞으로 보겠지만 필요한 경우 목숨을 잃기까지의 징계 사이의 차이를 말하고 싶다.

모든 그리스도인들이 징계를 받는다. 모든 신자들이 죄를 짓는다고 처음부터 내내 말해왔다. 우리 모두가 그렇다. 하지만 우리가 얘기하고자 하는 바는 끊임없는 불순종의 생활양식에 대해서이다. 처음 사랑을 버리고 다른 것이나 다른 사람을 쫓기로 의도적인 선택을 하는 것이다.

"그것을 어떻게 구별하죠? 하나님은 나를 얼마나 오래 때려야만 할까요?" 성경에서는 정확한 기간을 말하지 않는데 필자는 왜 그런지 알 것 같다.

하나님이 만약 "거짓말에는 두 대"라고 한다면 어떤 사람들은 "두 대쯤이야"하면서 거짓말을 밥먹듯이 할 것이다. 하나님이 "간음에는 열 대"하시면 그 고통을 받을 만한 가치가 있다고 머리를 돌리는 사람이 있을 거라는 얘기다. 그래서 그들은 거짓말하고 간음죄를 범하면서 매를 맞고도 나아지지 않고 계속 그런 식으로 살아갈 것이다.

필자는 이러한 교훈을 아버지의 징계에서 배웠다. 매맞을 짓을 했을 때 아버지한테 이렇게 물었다. "몇 대나 맞게 되죠?"

아버지는 "모르겠다. 보자"라고 하신다.

아버지의 말씀은 이것이었다. "아들아, 이렇게 네가 혼나고 나서 깨닫기를 원하는 것이 있다. 네가 순종하는 아들이 되기를 바라고 이것으로 네가 그것을 배웠으면 좋겠다. 그러니 네가 그것을 배울 때까지 나는 너를 때리겠다." 그때그때마다 내 마음이 완고하거나 부드러운 것에 따라, 한 대가 될 수도 있었고 열 대가 될 수도 있었다.

모든 부모가 이러한 차이를 자식들에게서 느낀다. 우리 대부분은 자식을 혼낼 때 두 가지 다른 양상을 보게 된다. 꾸중하는 한 마디에 뉘우치면서 문제를 고치는 아이가 있다.

그와 달리 매를 맞고서도 꼿꼿이 서서 눈을 쳐다보면서 이렇게 말하는 아이도 있다. "하나도 안 아파요" 이 아들은 아버지의 뜻이 무엇인지 못 깨달은 것이 분명하다. 그래서 아들이 또 다시 실망시키지 않도록 해야만 한다!

자식이 말을 알아들을 때까지 때리게 된다는 말이다. 그가 이것을 다시 하고 싶어지지 않도록 절대적으로 분명해질 때까지 때린다. 이것은 매우 좋은 기준이며 부모로서 어떻게 해야 한다는 것이 정확한 과학이 아니기 때문에 부모들이 항상 올바르게 하는 것은 아니다.

히브리서 12장 9～10절에서는 육체의 아버지가 항상 완전하게 징계하는 것이 아니라는 사실을 상기시켜준다. 동생이 했는데 아빠는 누가 했는지 못봤기 때문에 동생이 거짓말한 것만 믿고 나를 때릴 수 있다. 아빠는 그에게 "가장 좋아보이는" 것을 한 것이다(10절).

하나님 아버지와는 이런 문제가 없다. 아버지는 우리를 완벽하게 징계하신다. 누가 했는지 다 아시기 때문에 실수하지 않으신다. 하나님은 절대 놀라지 않으신다. 내가 그것을 왜 했는지도 아시고 언제 그것을 했는지, 그것을 하는 것에 대해서 처음으로 생각했는지, 또 다시 하기로 생각하는지도 아시기 때문이다.

하루는 우리 가족이 해변가에 놀러갔었다. 무엇인지는 생각이 안 나는데 우리가 집안의 어떤 중요한 물건을 갖고 나와서 깨뜨렸다. 나는 하늘 높이 그것을 던졌다. 너무 멀리 던져서 그것이 부서졌다. 몇 분 뒤에 아빠가 그것을 주워 오셔서는 아주 짧게 물어보셨다. "네가 이것 깼냐?"

그것을 던지기 전에 내가 둘러보았을 때 아무도 보고 있지 않았기 때문에 나는 "어, 누가 그것을 던졌는지 전 몰라요, 아빠. 이런···세상에!"

아빠는 믿지 않으셨다. 주여 자비를! 나를 숲으로 데려가시더니 "다시는 거짓말하지 말아라, 애야."하시며 때리셨다.

여러 가지 많은 잘못들을 할지라도 필자는 거짓말에 대해서는 매우 민감하다. 그 때 아빠한테 혼이 난 일을 절대로 잊지 못하기 때문이다. 우리가 거룩하게 되고 하나님이 우리에게 원하시는 모습으로 되어가는 중이라면 죄에 대한 결과가 있음에 틀림없다.

「 기쁨 가운데 견딜 수 있는 고통 」

11절에서는 "무릇 징계가 당시에는 즐거워 보이지 않고 슬퍼 보이나···"라고 한다. 하나님은 정직하다. 우리가 육욕 가운데 살고 있다면 하나님은 징계하실 것이고 그것은 아플 것이다. 그분의 징계는 형태가 있는 것으로 온다. 그것은 육체적일 수 있다. 성경에서는 가끔 하나님께서 질병을 보내시는 장면을 보여준다. 정신적인 고통일 수 있고 재정적인 실패나 다른 많은 여러 가지일 수 있다.

"하지만 하나님의 뜻 가운데 있으면서도 믿음을 시험받는 그리스도인들에게도 일어날 수 있는 일 아닙니까?"라고 하시는 분이 있을 것이다. 그렇다. 하지만 한 가지 중요한 차이점이 있다. 11절을 야고보서 1장 2절과 같이 보면 알 수 있다.

하나님의 뜻 안에 있는 그리스도인이 시험을 겪는 것과 하나님의 뜻 밖에 있는 그리스도인이 징계를 받는 것의 차이는 이것이다. 믿음을 강하게 하기 위해서 하나님이 보내신 시험을 겪는 경우라면 야고보서 1장 2절에서는 "온전히 기쁘게 여기라"고 말한다. 즉 고통 중에서라도 하나님께서 우리에게 그분의 기쁨을 주실 것이다.

그러나 잘못된 길을 가고 있어서 벽에 거의 부딪히려고 하는 이에게 주시는 심한 징계를 겪는 것이라면 고통 중에 기쁨이 없을 것이다. 오직 슬픔만 있을 것이다. 그 상황에 기쁨이 있는가 아니면 슬픔이 있는가? 그것이 내가 시험을 겪고 있는 것인지 아니면 징계를 받고 있는 것인지 보여준다.

그리고 시험에는 이 둘 말고도 다른 것이 있다. 단순히 우리가 불완전한 세상에서 사는 불완전한 인간들이기 때문에 있을 수밖에 없는 것들이다. 그래도 시험인지는 판단할 수 있다. 나의 상황 가운데서 기쁨이 있는가 아니면 슬픔이 있는가? 그것으로 나와 하나님과의 관계가 얼마나 건강한지 알 수 있다.

하지만 심한 징계인 경우라 해도 우리가 무슨 말씀이신지 알고 우리가 제대로 훈련받기를 인정한다면(히 12 : 11) 주님과의 관계에서 바른 길로 되돌아왔기 때문에 그 후에 다시 평안을 얻을 수 있다. 아버지가 자식을 혼낸 후에 감싸 안으며 "내가 너를 사랑하는 것 알지"라고 하는 것과 같다. 그 아이가 눈물은 흘리지만 아버지가 사랑한다는 확신 때문에 마음의 평안을 찾을 수 있다.

어떤 꼬마가 연못에서 배를 타고 있었는데 그 배가 점점 연못을 벗어나 떠내려가려는 찰나였다. 어떤 어른이 지나가다가 그것을 보고는 배를 넘어 저쪽으로 돌을 던지기 시작했다. 배가 흔들거리자 아이는 놀라서 "뭐 하시는 거예요?"하고 소리쳤다.

그 때 아주 재미있는 현상이 벌어졌다. 배를 지나 저편 수면으로 떨어진 돌이 물결을 일으켜서 배를 육지 쪽으로 밀어내는 것이었다. 돌이 잔잔한 연못의 물결을 출렁거리게는 했지만 원하는 결과를 낳은 셈이었다.

하나님의 징계도 마찬가지이다. 우리가 "죄의 바다"나 "불의의 연못"에서 하나님께로부터 멀리 떠내려갈 때, 우리를 넘어서 징계라는 사랑의 돌을 던져서 떠내려가는 길을 막으시고 처음 사랑으로 되돌아오게 하신다.

「 응답되지 않는 기도 」

처음 사랑을 떠나 다른 것을 좇을 때 이 땅에서의 또다른 결과는 기도가 응답되지 않는 것이다. 먼저 야고보서 1장 5절을 보자. "너희 중에 누구든지 지혜가 부족하거든 모든 사람에게 후히 주시고 꾸짖지 아니하시는 하나님께 구하라. 그리하면 주시리라."

하나님이 정하신 시험을 겪는 중이라면 고통 중에도 불구하고 즐거울 수 있을 뿐 아니라 또한 그 상황을 다루는데 있어서 하나님의 지혜를 구할 수 있다.

이것은 성경에 있는 큰 약속들 중의 하나이다. 하나님께서 우리의 요구를 거부하지 않으실 것이라고 말씀하신다. 우리가 구한다고 해서 꾸짖거나 흠잡지 않으신다고 하신다. 그러나 이렇게 함에 있어서 주의할 점을 야고보가 말해준다.

> 오직 믿음으로 구하고 조금도 의심하지 말라 의심하는 자는 마치 바람에 밀려 요동하는 바다 물결 같으니 이런 사람은 무엇이든지 주께 얻기를 생각하지 말라(약 1 : 6~7).

一。다른 마음을 가짐

우리가 믿음으로 하나님께 오지 않고 의심하거나 "다른 마음을 갖고" 오는 사람은 빈손으로 가게 될 것이다. 무슨 말인가 하면 이 사람이 "모든 길에 있어서 불안정"하기 때문에 그런 삶의 모습을 보여주는 것이다.

다른 마음을 가진 사람을 본 적이 있는가? 그들은 금방 '네'라고 했다가 그 다음에는 '아니오'라고 한다. 그들은 어느 길로 갈지를 모른다.

믿음으로 기도한다는 말은 이런 뜻이다. 하나님께서 나에게 무엇을 보여주시든지 그 길로 내가 가는 것이라는 사실을 알고서 하나님께 오는 것을 의미한다. 하나님이 일단 말씀하시는 것을 자신들이 할 것이라는 사실을 모르는 그리스도인들의 기도는 하나님이 응답하시지 않을 것이다. 그렇기 때문에 "제 뜻대로 마옵시고 주님의 뜻대로 하옵소서"라고 하나님께 기꺼이 말해야만 하는 것이다.

그것이 왜 중요한지 보자. 만약 하나님께서 우리가 하나님의 뜻에 대해서 논쟁할 것을 아신다면 생각해보라 하나님이 어떻게 하실지? 하나님은 자신의 뜻이 무엇인지 우리에게 말씀조차 안 하실 것이다. 말씀하시면 우리가 그것을 논할 수 있기 때문이다. 하나님은 제안하는 분이 아니다. 명령만 하신다.

하나님은 우리에게 생각해보라고 제안하시지 않을 것이다. 우리가 고려해보도록 알려주시지 않을 것이다. 우리가 순종할지를 알고 계시기 때문에 우리가 무엇을 할지 말해주실 것이다. 그렇지 안다면 하나님으로부터 아무것도 받지 못한다.

따라서 육욕을 따라 산 결과는 아무런 기도 응답을 받지 못하게 된다. 하나님은 우리 안에 품은 다른 마음에 양보하거나 타협하지 않으실 것이다.

어떤 부부가 필자에게 상담하러 와서는 남편이 이렇게 말하는 것을 생각해보라. "제가 제 아내를 원하는지 그 여자를 원하는지 확실하지 않습니다. 저는 둘 다 사랑하거든요. 하지만 제가 결정할 때까지는 부인이 저랑 있었으면 좋겠습니다.

아내가 저를 위해 계속 요리도 하고 세탁도 해주면 좋겠어요. 그녀가 이해를 좀 해주기 바랍니다. 제가 아내를 원하는지 아니면 그 여자를 원하는지 결정할 때까지는 아내가 저에게 충실하고 저를 섬겨주었으면 합니다. 내 아내는 제 필요를 채워줄 만한 좋은 자질이 좀 있거든요. 하지만 그 여자도 그렇거든요. 그래서 제가 아내를 원하는지 그 여자를 원하는지 결정할 동안 제 아내는 멋진 아내로 계속 남아주었으면 좋겠습니다."

자, 그런 제정신이 아닌 남자가 내 사무실에 있다면 이렇게 말할 것이다. "선생님은 이 방을 나가기 전에 결심을 하시는 것이 좋겠습니다. 아내가 다 들고 떠난 후 선생님은 빚더미에 앉지 않도록 말입니다!"

─ ° 마음을 깨끗이 하라

우리가 어떤 관계에서 두 마음을 품고 있으면, 즉, 일편단심이어야 할 사랑이 다른 생각을 하고 있다면 제 기능을 할 수가 없다. 가끔 사람들은 이렇게 말한다. "제가 뭘 원하는지 모르겠어요." 그것은 틀린 대답이다. 진실된 답일 수도 있다. 자기가 무엇을 원하는지 모를 수도 있지만 그래도 맞는 답은 아니다.

우리가 생각할 수 있는 것이 내가 무엇을 원하는지에 대한 것뿐이라면 우리는 영원히 혼동스러울 것이다. 문제는 하나님께서는 내가 무엇을 하기 원하시는가이다. 이 남편의 경우 잔소리할 여지가 없다. 왜냐하면 하나님께서 이렇게 말씀하시기 때문이다. "너는 네가 헌신한 한 명에게 충실해야만 한다." 하나님은 이러한 것에 대해서 다른 생각을 말라고 하셨다.

발을 깨끗이 함으로써 마음을 깨끗이 하라. 행동에서 하나님을 따르게 되면 마음도 다른 생각을 하지 않고 하나로 가게 될 것이다.

순종은 감정이나 욕심보다 앞선다. 우리가 순종하면 하나님께서 내가 무엇을 하라고 말씀하시는지에 대해서 제대로 느끼게 된다. 그러기 마련이다. 그렇지 않을 때 하나님께서는 나의 기도에 응답하지 않으실 것이다. 세상과 친구가 되면 하나님과 원수가 된다. 하나님은 교만한 자를 대적하시고 겸손한 자에게 은혜를 주신다. 우리는 하나님께 순복해야 한다(약 4 : 4~7). 처음 사랑을 떠난 사람이라면 구하는 기도를 할 생각은 하지 말라. 하나님께서는 전혀 그 기도에 응답할 책임이 없으시기 때문이다.

<h2 align="center">「 확신을 잃어버림 」</h2>

처음 사랑으로 돌아오지 않을 때 오는 세 번째 결과는 구원의 확신을 잃어버리게 되는 것이다.

이 때문에 몇몇 사람들은 우리가 타락하면 구원을 잃어버린다고 생각하는지도 모르겠다. 베드로후서 1장 9절에서 사도 베드로는 우리가 구원의 확신을 잃을 수 있다고 말한다. 구원받지 않았다고 느끼는 것이다. 그러나 그 두 위치 사이에는 여전히 큰 차이가 있다.

베드로후서 1장 4절로 보아 베드로는 그리스도인들에게 쓰고 있음이 분명하다. 5~7절에서 베드로는 영적인 특성에 대해서 나열하고 우리가 성장하고 우리 삶 가운데 있는 하나님의 능력과 역사하심을 경험하기 위해서는 그것들이 개발되어야 함을 얘기한다. 그리고는 이렇게 쓴다.

> 이런 것이 없는 자는 소경이라 원시치 못하고 그의 옛 죄를 깨끗케 하심을 잊었느니라. 그러므로 형제들아 더욱 힘써 너희 부르심과 택하심을 굳게 하라. 너희가 이것을 행한즉 언제든지 실족치 아니하리라(벧후 1 : 8~9).

「 영적 기억 상실증 」

하나님의 권능을 체험하지 못하고 성장하지 않는 그리스도인은 자신이 구원받았다는 사실을 잊는다. 어떤 그리스도인들은 세상에 너무 오래 있어서 자신들이 다시 태어난 것도 잊어버린다. 불의한 삶에 너무 오래 몸을 맡겨왔기 때문에 그것이 생활화되었다. 그래서 무슨 일이 일어나는가?

그들은 부르심에 대한 확신을 잃어버린다(10절). 자신들이 하나님께 속하는지 여부가 불확실해진다. 택하심을 받았는지(하나님이 자신들을 택했는지)도 확실하지 않다. 그리고 영적인 패배 속에 살아간다.

베드로가 대략 적은 이 특성들이 없고, 성장하지 않은 채로 성숙하지 않은 채로 있을 때 그리스도인은 온갖 의심만 갖게 된다. 이러한 상태에 있는 사람들은 하나님께서 자기들의 삶에서 아무것도 하고 계시지 않기 때문에 자신감을 잃게 된다. 그들에게는 구원의 확신에서 오는 평안이나 기쁨이 없다. 치료책은 바른 길로 들어서는 것이다. "그러므로 형제들아 더욱 힘써 너희 부르심과 택하심을 굳게 하라 너희가 이것을 행한즉 언제든지 실족치 아니하리라"(10절).

「 육체적 죽음 」

이것은 이 땅의 관점에서 볼 때 무엇보다도 가장 심각한 결과이다. 고린도전서 10장 1~5절에서 바울은 광야에서의 이스라엘 백성과 고린도 교회의 불순종하는 신자들을 비교하고 있다.

형제들아 너희가 알지 못하기를 내가 원치 아니하노니 우리 조상들이 다 구름 아래 있고 바다 가운데로 지나며, 모세에게 속하여 다 구름과 바다에서 세례를 받고 다 같은 신령한 식물을 먹으며 다 같은 신령한 음료를 마셨으니 이는 저희를 따르는 신령한 반석으로부터 마셨으매 그 반석은 곧 그리스도시라. 그러나 저희의 다수를 하나님이 기뻐하지 아니하신 고로 저희가 광야에서 멸망을 받았느니라.

이스라엘 백성은 하나님의 백성이었다는 것을 우리가 안다. 그들은 애굽에서 나온 것을 구원의 상징으로 하여, 유월절을 믿음의 행위로서 지켰다.

바울은 또한 모든 이스라엘 백성들이 하나님이 공급하시는 모든 유익을 누렸다고 말한다. 그들은 구름 아래 있었다. 즉 하나님의 인도하심을 받았다. 그들은 바다를 통과했다. 하나님의 구원을 받았다. 그들은 모세에게 침례를 받았다. 그들에게는 하나님이 세우신 지도자가 있었다. 그들은 그리스도의 상징인 영적 음식을 먹고 마셨다. 하나님의 공급하심을 경험했다.

—。선을 넘는 것

그러나 앞에서 보았듯이 애굽을 나온 이스라엘 백성 중 모든 성인은 "광야에서 다 죽게 되었다." 무엇 때문에 그랬을까?

그들의 무지무지한 믿음의 부족과 지독한 죄, 하나님께 대한 불순종때문이었다. 이들은 끔찍한 선을 넘었고 삶에서 그 값을 치러야 했다. 바울이 죽음에 대해서 말하는 것이 조금이라도 의심스러우면 8~10절을 참조하라.

이 심한 징계는 오늘날 뻔뻔스럽게 불순종하는 신자들에게 어떻게 실행될까? 이렇게 답해보겠다. 여러분이 그리스도인이라면 이 땅에서 하나님의 계획을 실행하도록 파송받은 하나님의 대리인으로서 보호 천사를 갖는다. 그래서 여러분이 고속도로 상에서 운전을 하다가 잠이 들어 다른 차를 받을 상황이 되면 누군가 어깨를 톡톡 치면서 "잠깨!"라고 소리치는 것은 그 천사이다.

필자가 하루는 차를 마시려고 물을 불에 올려놓고는 물이 끓기를 기다리며 누워 있었다. 이 때 잠이 들었는데 아주 선명하게 기억하는 것은 분명히 깊이 잠들어 있었는데 내 머리 속에서 계속 "일어나! 일어나! 일어나!"하는 소리가 났다.

몸을 뒤척이면서 그 소리를 무시하려고 했으나 계속 두드리는 것이었다. 그래서 벌떡 일어나서는 부엌으로 갔는데 스토브에 불이 나기 직전이었다. 머리를 숙이고는 "주님 감사합니다"라고 했던 그 날을 기억한다.

하나님은 그렇게 하신다. 나와 함께 누군가가 있게 된다. 하지만 그리스도로부터 멀리 길을 벗어난 그리스도인이라면 그 보호 천사는 그를 파멸시키는 일을 할 수 있다(고전 10 : 10). 왜냐하면 하나님이 이렇게 말하실 수 있기 때문이다. "이번에는 깨우지 말아라."

— ∘ 심각한 교훈

이것은 심각한 일이다. 지금 하나님과 허풍 내지는 속임수에 대해서 얘기하고 있는 것이 아니다. 죽음은 심각한 것이다.

이스라엘 백성들에게 어떤 일이 벌어졌는지 왜 하나님이 고린도 교인들―그리고 우리들―에게 말씀하시겠는가? 그들의 실패를 보고 우리가 배울 수 있기 때문이다. "그런 일은 우리의 거울이 되어 우리로 하여금 저희가 악을 즐겨 한 것같이 즐겨 하는 자가 되지 않게 하려 함이니"(6절).

우리의 처음 사랑을 버리거나 바울이 고린도전서 2~3장에서 육적이라고 한 그리스도인의 생활을 사는 것은 하나님께서 우리에게 원하시지 않는 것을 열망하는 것이다. 하나님이 원하시는 것에 정 반대되는 것을 추구하는 것이다. 사실, 이것은 너무 중요해서 바울이 반복해서 말하고 있다(10 : 11).

어떤 이는 이렇게 말할 지도 모르겠다. "그래요, 하지만 여기의 유혹은 견딜 수 없습니다. 제가 걷잡을 수 없을 정도로 너무 유혹이 많단 말입니다." 그렇지 않다.

> 사람이 감당할 시험밖에는 너희에게 당한 것이 없나니 오직 하나님은
> 미쁘사 너희가 감당치 못할 시험 당함을 허락지 아니하시고 시험 당할
> 즈음에 또한 피할 길을 내사 너희로 능히 감당하게 하시느니라.(13절)

바울은 시험이 "닥쳐올 수 있다"는 것을 인정한다. 시험이 와서 나를 넘어뜨릴 수도 있다. 내가 원하는 것이 무엇이든지 간에 생각하지 않을 수 없다. 그것을 열망하지 않을 수가 없다. 묵묵히 좇아간다.

그러나 내가 이런 시험을 겪는 최초의 그리스도인이 아니다. 내가 예쁜 여자를 본 최초의 남자가 아니다. 내가 멋진 남자를 본 최초의 여자가 아니다. 내가 이런 저런 유혹을 경험한 최초의 신자가 아니라는 말이다.

가끔 이렇게 얘기하는 사람도 있다. "와! 이것은 감당할 수 없어!" 글쎄, 이전에도 그런 유혹을 감당한 사람들이 무수히 많다. 우리가 가끔 그런 유혹들을 피하지 않는 것은 너무 좋아하기 때문이다. 우리가 그 유혹을 원하기 때문에 피하고 싶지 않은 것이다.

그래서 우리는 어떻게 하는가? 출구를 찾아 빠져나가지 않고 유혹과 함께 유희를 벌인다. 하나님은 우리가 나가고 싶으면 나갈 수 있도록 유혹에서 벗어날 큰 문을 즉시로 만드신다. 그러나 내가 도망가고 싶지 않기 때문에 오히려 악한 것을 열망하고 그러한 나를 하나님은 징계를 하실 것이다.

앞에서 보았듯이 우리는 온갖 종류의 벽에 부딪히고 하나님의 기도에 응답하지 않으신다. 정말 내가 구원받았는지 확신을 잃게 된다. 이 모든 것에도 내가 정신을 차리지 못하면 하나님은 일찍 집으로 데려가셔야만 할 수도 있다.

이것은 정말 가볍게 할 수 있는 얘기가 아니다. 이 땅에서 받을 수 있는 가장 심한 징계이다. 고린도전서 10장 6~10절에 그들이 지은 죄들이 나와 있는데 이것들은 가장 기본적인 것들이다.

하나님의 백성도 이렇게까지 천해질 수 있다는 점이다. 그런 일이 벌어지면 하나님은 우리를 쳐야만 할지도 모른다. 그리스도인들은 때가 되기 전에 죽을 수 있다. 그 이스라엘 백성들도 죽기로 되어 있지 않았다. 그들은 약속의 땅으로 들어가기로 되어 있었다. 이 얼마나 큰 차이인가!

— ◦ 돌아서는 일

그러나 하나님은 이 땅에서의 마지막 징계에까지 춤을 추고 돌아다닐 때까지도 우리가 돌아설 기회는 주신다.

내 형제들아 너희 중에 미혹하여 진리를 떠난 자를 누가 돌아서게 하면

너희가 알 것은 죄인을 미혹한 길에서 돌아서게 하는 자가 그 영혼을 사
망에서 구원하며 ··· (약 5 : 19~20)

어떤 형제의 죄를 무시하는 것은 곧 그가 때아닌 죽음을 맞이하도록
도와주는 일이다. "그 사람 일인데 뭐"라는 태도를 내가 계속 보였기 때
문에 그가 하나님께 멸망을 당할 때 나는 종범자가 될 수 있다.

Oak Cliff Bible Fellowship Church의 모든 회원들에게 필자는 이렇게 늘
말한다. 목사인 내가 잘못된 길을 들어서 향하고 있는 것을 보시면 나를
붙잡고 돌아서라고 얘기해 달라고 말이다. 하나님께서 그분의 사자에게
"에반스를 집으로 데려와라"고 하시기 전에 교인들이 이렇게 해주기를
원한다.

요한일서 5장 16절에서 요한은 야고보가 우리에게 권고한 것과 똑같
이 말한다. 그러나 요한은 다음의 냉정한 말을 덧붙인다. "··· 사망에
이르는 죄가 있으니 이에 대하여 나는 구하라 하지 않노라.(하나님께서
그를 살려 주시도록 기도하지 않음-역주)"

문제는 언제 그 지점에 달하는지 모른다는 것이다. 전혀 미리 알 수
없을 수도 있다. 아나니아와 삽비라에게 하셨던 것처럼 그렇게 부르실
수도 있다(행 5).

하나님이 하시는 심한 징계를 우리가 어떻게 피할 수 있을까? 완전해
져서일 수 없다. 그럴 일은 없기 때문이다. 그만 고민하고 괴로워해서일
수 없다. 우리가 육체 가운데 사는 한 죄와 투쟁할 것이기 때문이다.

하나님의 심판을 피하는 길은 다음 출구에서 빠져나가 길을 건너서 반
대편 길로 다시 돌아오는 것이다.

징계는 아무리 가벼운 것이라 해도 유쾌하지 않기 마련이다. 하지만 하나님의 징계는 우리가 올바른 태도로 순복할 경우 매우 풍성한 결과를 가져올 수 있다. 아래 몇 가지 적용의 목표는 이 영역에서 스스로 훈련(self-discipline)하여 나중에 하나님이 더 무거운 징계(discipline)를 하실 필요가 없도록 하기 위해서이다.

1. 우리 모두는 하나님의 자녀로서 징계가 필요하다. 하지만 하나님의 축복과 유익을 잃어버릴 만큼 멀리까지 갈 필요는 없다. 나의 삶을 면밀히 돌아보고 성가신 잔소리를 듣는 문제나 힘든 관계, 또는 끊임없는 걱정거리가 하나님께서 나의 믿음을 강하게 하시려고 하시는 보통 징계인지 아니면 불순종의 결과인지 판단해보자. 문제 속에서 하나님의 기쁨이나 평화가 있는지 여부가 좋은 기준이 될 수 있다.

2. 하나님께서 나에게 요구하신 순종의 구체적인 단계가 무엇인지 안다면 가장 가까운 거울 앞에 서서 스스로를 직면하라! 지금 순종할 것인지 결정하라. 친구에게 봐달라고 부탁하라.

3. 그리스도인이 가장 잘 묻는 질문은 "제가 구원받았는지 어떻게 확실히 알 수 있죠?"이다. 8장에서 보았듯이 구원의 확신은 신학적인 진리를 이해하는 것 이상이다. 종종 우리의 순종 여부와 연관된다. 무디 출판사에서 나온 C. Donald Cole 목사의 How to Know You're Saved 참조.

4. 하나님이 우리에게 주신 가장 큰 선물은 성경 말씀이다. 말씀에서 볼 수 있는 역사상의 수많은 예와 교훈들을 배우고, 바른 길에 머무르며 다른 이들이 당한 비극과 승리에서 그들의 고통을 피하고 하나님의 좋은 것들을 누릴 수 있기 때문이다. 우리에게 그러한 유익을 주는 것이 또 있는가? 그렇지 않다면 말씀을 읽고 귀기울이는 일을 소홀히 하지 말아야 할 것이다. 우리는 기다릴 이유가 하나도 없다. 성령님은 우리의 교사가 되기를 열망하신다. 말씀을 열어 하나님께서 나의 영적인 눈과 귀를 열어주시도록 구한다.

제 9 장
떠날 때 치르는 대가, 2

앞 장에서 우리는 우리가 일단 그리스도에 대한 처음 사랑을 떠나서는 돌아서지 않을 때 이 땅에서 받는 한정적인 결과, 심하게까지는 죽음도 있다는 것을 다루었다.

잘못된 길에 머무르면, 소위 육적인, 퇴보하는, 미숙한, 열매 없는 그리스도인의 삶을 살 때 영원 속에서도 고통스러운 지불일이 있다는 것을 알아야 한다. 이러한 사실에 근거하여 결정해야 할 것이다.

하루아침에 일어나서 "나는 의사가 되고 싶어"하고는 그날 의학 실습을 시작하는 사람은 아무도 없다. 오늘 의학 실습을 할 수 있으려면 몇 년 전에 의사가 되기로 결심했어야 한다. 그러한 소원을 두고 적절한 학교에 들어가서 과정을 밟았어야 했다. 재정 문제나 결혼 문제, 심지어는 아이를 두는 문제까지도 잘 관리했어야 했다.

즉 오늘 내가 의사이고 싶으면 그 목표를 시작하기에는 오늘이 너무 늦다는 말이다. 약 10년이나 15년 전에 시작했어야 했다.

미래의 지식이 현재의 활동을 제어한다는 얘기이다. 어디서 끝나고 싶은가 알면 지금 무엇을 하고 있어야 되는지 알 수가 있다.

모든 그리스도인들이 하나님 앞에 서서 하나님의 자녀로서 어떻게 살았는지 설명할 날이 온다. 그날에 어떠한 조정이 필요하다 하여 해보려 하면 너무 늦을 것이다.

　그러므로 그날에 대해서 더 배우고 어떤 영향을 미치는지 보자. 이 문제들 중 몇 가지는 전에 다루었지만 이 장에서는 그것을 체계적으로 함께 살펴보도록 하자.

　우리의 처음 사랑을 떠나는 대가를 영원의 차원에서 생각한 후에, 이 책의 후반부에서는 어떻게 처음 사랑으로 돌아와 하나님의 복을 이 땅에서와 천국에서 누릴 수 있을지 깊이있게 공부할 것이다.

「 심판의 자리 」

　이 대가 지불의 날은 그리스도의 심판대라고 한다. 고린도후서 5장을 보면 아주 중요한 말씀이 나와 있다.

> 그런즉 우리는 거하든지 떠나든지 주를 기쁘시게 하는 자 되기를 힘쓰노라. 이는 우리가 다 반드시 그리스도의 심판대 앞에 드러나 각각 선악 간에 그 몸으로 행한 것을 따라 받으려 함이라. 우리가 주의 두려우심을 알므로 사람을 권하노니 우리가 하나님 앞에 알리어졌고 또 너희의 양심에도 알리어졌기를 바라노라(9~11절).

　바울은 "우리가 다 반드시 · · · 앞에 드러난다"고 한다. 예외가 없을 것이다. 새로운 몸을 받은 모든 그리스도인은 어느 날 소집될 것이다.

　예수 그리스도가 오늘 다시 오신다면 참으로 그분을 구세주로 영접한 모든 사람들은 즉시로 사라질 것이다. 우리는 그분 앞에 나아갈 것이다. 휴거 즉시로 그리스도의 심판대 앞에 드러날 것이다.

　"심판대(judgment seat)"라는 뜻의 헬라어 bema는 당시 고린도에서 열린 경기(Isthmian games)때문에 익숙한 단어였다. 지금의 올림픽과 흡사한 이 경기 중에, bema라고 하는 연단이나 지휘대가 장터에 세워졌다. 판사가 bema에 앉아 경기마다 심판을 하고 페널티 및 상을 주곤 했다.

― ○ 보상의 자리

　올림픽 선수가 어떤 경기에서 우승을 하면 메달을 받기 위해 시상대까지 경호받으면서 나아가는 것과 마찬가지로 심판대까지 경호를 받고 나아간다. 이것은 상을 받는 자리이다. 우승자는 머리에 화관을 받고 다른 상들을 받는다. 명성 또한 얻는다. 가령 최고 우승자는 더 이상 세금을 내지 않는다.

— ◦ 평가의 자리

그러나 심판대는 또한 평가의 자리이기도 했다. 자신이 우승했다고 생각하는 선수들도 있었다. 그러나 심판대에서는 그들이 어떤 규칙들을 어겼다고 판정한다. 자신들이 승리했다고 생각했을지라도 심판대에서는 인정을 하지 않는 것이다.

바울은 고린도 지협의 이 경기와 그 심판대를 염두에 두면서 글을 썼다. "내가 내 몸을 쳐 복종하게 함은 내가 남에게 전파한 후에 자기가 도리어 버림이 될까 두려워함이로라"(고전 9 : 27). 자신이 언젠가는 그리스도 앞에 서서 승리했다고 생각했으나 부적격 판정을 받을까 두렵다고 염려했다.

모든 그리스도인은 언젠가 심판대 앞에 서게 될 것이다. 그리스도께서 내가 경주에 승리했는지, 그분을 기쁘시게 하는 그리스도인의 삶을 살았는지 아니면 부적격한지 판정을 내리실 것이다. 그날에 성경은 말한다. "처음된 자가 나중되고 나중된 자가 처음되리라."

그리스도의 심판대에서 자신이 박수를 받을 것이라고 생각하는 많은 사람들은 야유를 받을 것이다. 자기들이 승리자라고 생각한 많은 사람들은 패배자였음을 알게 될 것이다. 심판대에서는 진짜 이야기가 드러나기 때문이다.

이 땅에서는 사람들이 속일 수가 있다. 영적인 미소와 영적인 말을 입에 담을 수 있다. 그러나 그리스도의 심판대에서는 모든 것이 명백해질 것이다.

「 심판의 문제 」

그러면 문제가 생긴다. 우리가 앞에서 잠깐 다루었던 부분인데 성경에서는 그리스도 안에 있으면 누구라도 정죄 받지 아니하며 심판 아래 있지 않다고 말하지 않는가?(요 5 : 24; 롬 8 : 1). 그러나 성경은 이렇게도 말한다. "원수 갚는 것이 내게 있으니 내가 갚으리라 하시고 또다시 주께서 그의 백성을 심판하리라 말씀하신 것을 우리가 아노니"(히 10 : 30).

─ ◦ 절대 모순이 아님

이것이 모순일까? 아니다. 겉으로 볼 때 모순이다. 이게 무슨 말인가? 모순이란 쌍방이 동시에 참일 수 없는 것이다. 겉으로 볼 때 모순이라는 것은 우리가 아직 모든 사실을 다 갖고 있지 않기 때문에 모순으로 보일 뿐이다. 성경이 모순된다고 사람들이 말할 때 가만있지 말라. 그들은 단지 모든 사실들을 갖고 있지 않기 때문이다.

성경은 왜 우리가 정죄받지 않으며 심판 아래 있지 않고 또 심판받게 될 것인지 다음과 같이 말한다. 우리가 예수 그리스도를 받아들이기 전 조차도 하나님은 우리 모든 죄를 십자가에서 심판하셨다. 성경은 그리스도의 죽음으로 모든 사람의 모든 죗값을 갚았다고 말한다(요일 2 : 2). 고린도후서 5장에서 바울은 이렇게 쓴다. "이는 하나님께서 그리스도 안에 계시사 세상을 자기와 화목하게 하시며 저희의 죄를 저희에게 돌리지 아니하시고 ··· "(19절).

하나님께서 이미 모든 사람들의 죗값을 지불하셨다면 사람들은 왜 지옥에 가는걸까? 모든 죄값이 이미 지불되었다. 그러나 사람들은 구세주를 거부하기 때문에 지옥에 간다. 하나님께서 죄를 위해 지불하신 유일한 그 죄값을 거부하기 때문이다.

지옥에 가는 사람들은 그리스도를 내놓고 거부하거나 아니면 그리스도께서 십자가에서 하신 것에 뭔가를 덧붙이려는 사람들이다. 그리스도는 모든 시대의 모든 사람들의 그 죗값을 지불하셨다. 그러나 구세주를 받아들이지 않으면 그분이 치르신 값으로 얻는 유익도 누릴 수 없다.

─ ◦ 다른 구세주는 없다

나를 구원해주는 분은 그리스도 한분뿐임을 신뢰해야 한다. 교회도 아니고 침례도 아니고 선하게 살아서도 아니다. 그리스도에 무엇을 더한 것도 아니다. 우리를 구원하는 것은 그리스도에 아무것도 더하지 않은 것이다. 많은 사람들이 그 부분에서 넘어진다. 그리스도가 하신 것에 뭔가 더하고 싶어한다.

우리가 그리스도를 믿을 때 우리는 위로부터 태어나서 하나님의 가족이 된다. 내가 하나님의 자녀가 된다. 일단 그 일이 벌어지면 하나님 자녀로서의 내 신분은 절대 의심의 여지가 없다. 일단 위로부터 나면 구원을 잃을 수 없다.

그리스도의 심판대에서 그분은 내가 그분의 합법적인 자녀인지 아닌지를 판정하려고 나를 심판하지 않으실 것이다. 나는 종으로서 심판받을 것이다. 즉, 그리스도인으로서 제 구실을 어떻게 했는지, 그리스도인의 삶을 어떻게 살았는지 심판받을 것이다.

예를 들어보자. 내가 학교 교사일 때 내 딸은 우리 반 학생이다. 딸이 교실에서 말을 안들을 때 이렇게 한다. "일어나! 가서 복도에 서 있어. 방과 후 학교에 남아!"

딸의 행동을 학생으로서 보고 판단하여 평가했을 뿐이다. 그렇기 때문에 딸은 이렇게 말할 수 없다. "저는 딸이잖아요? 제가 어떻게 그런 벌을 받을 수 있어요?" 딸과의 관계가 문제가 아니다. 딸이 벌을 받고나서 집에 오면 여전히 딸이다. 하지만 딸이라고 해서 학생의 본분을 져버려도 되는 것은 아니다.

그리스도인으로서 우리는 하나님의 자녀와 종으로서 관계되어 있다. 내가 그리스도께 속하지 않으면 심판대에조차 있을 수 없을 것이다. 그러나 내가 종으로서 어떻게 섬겼는지를 심판하실 것이다. 우리는 이 두 가지 관계를 이해해야 한다.

「 심판의 기초 」

지금까지는 그리스도인으로서 자기 중심적인 삶을 살 때의 결과에 대해서 아무것도 말하지 않았다. 먼저 모든 그리스도인은 그리스도의 심판대에 드러난다는 것을 밝혀두고 싶었기 때문이다.

그리스도의 심판 원리에서 이제 우리는 결론에 도달할 것이다. 고린도후서 5장 10절에 보면 우리가 "그 몸으로 행한 것"을 따라 심판받을 것이다.

고린도전서 3장 후반부에서 바울은 이에 대해서 매우 중요한 내용을 상세히 다루고 있다.

> 내게 주신 하나님의 은혜를 따라 내가 지혜로운 건축자와 같이 터를 닦아 두매 다른 이가 그 위에 세우나 그러나 각각 어떻게 그 위에 세우기를 조심할지니라. 이 닦아 둔 것 외에 능히 다른 터를 닦아 둘 자가 없으니 이 터는 곧 예수 그리스도라. 만일 누구든지 금이나 은이나 보석이나 나무나 풀이나 짚으로 이 터 위에 세우면 각각 공력이 나타날 터인데 그 날이 공력을 밝히리니 이는 불로 나타내고 그 불이 각 사람의 공력이 어떠한 것을 시험할 것임이니라. 만일 누구든지 그 위에 세운 공력이 그대로 있으면 상을 받고 누구든지 공력이 불타면 해를 받으리니 그러나 자기는 구원을 얻되 불 가운데서 얻은 것 같으리라(10~15절).

여기서 말하는 불은 지옥이 아니다. 지금 이 말은 그리스도인에 대해서 하는 얘기이고 그리스도인으로서 어떠한 기초 위에 세웠는지를 말하는 것이다. 성경에서 불은 심판을 의미한다. 비그리스도인에게 적용한다면 지옥을 의미한다. 하지만 그리스도인에게 적용하면 이 세상에서와 영원의 차원에서 하나님의 심판이나 징계를 의미한다.

위 본문은 아주 직접적이어서 설명할 필요가 거의 없다. 완전하지는 않지만 신실하게 사는 그리스도인들은 하나님을 중심으로 추구하는 사람들로서 보상을 받을 것이다. 금이나 은, 값진 돌들로 지었기 때문이다.

이것들은 불에 녹지 않는다. 불이 하는 일은 정결케 하는 것이다. 하지만 나무나 건초, 지푸라기로 짓게 되면 금방 재로 변하게 될 것이다.

바울이 건축자의 이미지를 이용하고 있으므로 우리가 어떤 새 집을 짓는데 큰 돈을 들여서 한다고 하자. 그런데 집짓는 사람들이 온갖 색깔로 된 벽돌들을 갖고 왔다. 파란색, 검은색, 흰색, 청록색, 자주색 등.

그러면 일을 맡긴 우리는 전혀 달갑지 않을 것이다. 지불한 돈을 생각하면 그럴 수 없기 때문이다. 돈을 최고로 지불했기 때문에 그 건축자들이 하는 일을 보고 가만히 있지 않을 것이다. 최고의 집을 지을 것이라면 재료도 최고를 원하기 때문이다.

십자가 상에서 예수님은 우리의 죄를 위해서 최고의 값을 치르셨다. 하나님은 우리가 하나님과 관계를 가질 수 있도록 자신의 독생자를 주셨다. 바울이 이렇게 말하는 것이 당연하다. "집을 지을 때 주의할 것은 하나님께서 최고의 값을 지불하셨으므로 값싼 재료를 이용하지 말아야 합니다."

나무나 건초, 지푸라기로 집을 짓는다는 말이 무슨 의미인가? 구원받은 것을 나타내어 보여줄 것이 아무것도 없다는 뜻이다. 어떤 그리스도인들의 공력(work)은 그리스도의 심판대에서 불타 없어질 것이다. 하나님은 거룩하심으로 그들이 한 일을 간파하시며 그분 앞에 그들의 인생은 무너질 것이다. 이 땅에서 천국까지 전할 영원한 가치가 있는 것은 아무것도 가지지 못했기 때문이다.

스스로를 즐겁게 하기 위해 살았고 자신들의 꿈과 목표와 욕구와 소원과 욕망을 위해서 살았을 뿐이다. 하나님께서 바라보시며 이렇게 말할 것이다. "너는 나를 위해 이 곳까지 무엇을 가지고 왔느냐?" 모든 것들이 땅으로 가라앉을 것이다. "그날이 그것을 보여줄" 것이기 때문이다(고전 3 : 13).

─ ◦ 우리의 행위

하나님께서 우리를 심판하실 때 찾으실 세 가지에 대해서 말하겠다. 먼저 하나님은 우리의 행위들을 점검하실 것이다. 히브리서 4장 12~13절을 보자.

> 하나님의 말씀은 살았고 운동력이 있어 좌우에 날선 어떤 검보다도 예리하여 혼과 영과 및 관절과 골수를 찔러 쪼개기까지 하며 또 마음의 생각과 뜻을 감찰하나니 지으신 것이 하나라도 그 앞에 나타나지 않음이 없고 오직 만물이 우리를 상관하시는 자의 눈앞에 벌거벗은 것같이 드러나느니라.

언젠가 우리는 하나님께서 드러내시는 앞에 설 것이다. 허울도 없을 것이고 숨기는 것도 없으며 비밀스러운 곳도 없을 것이다. 하나님은 우리가 한 것을 두 가지 기준으로 평가하실 것이다. 하나님께서 하라고 말씀하신 것을 했는지와 올바른 이유에서 그것을 했는지이다.

어떤 사람들은 그리스도의 심판대에 서서 이렇게 말할 것이다. "하지만 ··· 라고 생각했어요 ··· "

그러면 그리스도께서 이렇게 말씀하실 것이다. "아니다, 내가 말했다." 즉 그분은 우리의 행위가 말씀에 따른 것인지를 판단할 것이다. 그렇기 때문에 우리의 헌신은 궁극적으로 하나님의 말씀에 대해서여야 한다. 어떤 사람을 따르되 그 사람이 말씀을 따르고 있는 한 괜찮다.

하지만 그 사람이 나를 말씀에서 벗어나기까지 이끌도록 해서는 안된다. 왜냐하면 하나님은 그 사람을 기준으로 놓고 나를 심판하시지 않기 때문이다. 하나님은 그분의 말씀을 기준으로 나를 심판하실 것이다.

하나님은 내가 한 것을 보실 뿐 아니라 왜 했는지도 보신다. 고린도전서 4장 5절에서는 어떤 것도 때가 되기 전에는 우리가 판단하지 말 것을 얘기한다. 감추어진 것들이 드러날 것이기 때문이다. 우리가 지금 보는 것들은 하나님께서 나중에 보시는 것들이 아닐 수 있다.

우리는 올바른 것들을 하는 것처럼 보일 수 있지만 그리스도에 대한 헌신 없이, 사랑하는 가슴 없이 하나님께 영광을 드리려는 소원 없이 우리는 단지 연극처럼 할 수가 있다. 그렇기 때문에 하나님은 마음의 의도를 드러내실 것이다. 하나님은 속마음과 관심사를 드러내실 것이다.

—。의지하는 삶

두 번째로 하나님이 우리를 심판하실 것은 우리의 의존성이다. 고린도전서 4장 2절에서 맡은 자들은 신실해야 한다고 했다. 요한계시록 2장 10절에서도 죽도록 충성하라고 말한다. 그리스도께서 그날 이렇게 칭찬하실 것이다. "잘했다, 착하고 충성된 종아."

어떤 이들은 1년에 한 가지 큰 일을 하나님을 위해서 하면 만족해한다. "11월 26일에 난 하나님을 위해서 큰 일을 했어. 하늘에서도 박수를 치고 있을거야." 그분의 심판대에서 그리스도께서는 그 사람이 11월 1일부터 25일까지 한 것도 평가하실 것이다. 그러고 나서 다른 11개월간에 대해서도 말씀하실 것이다. 그리고는 다시 이렇게 말씀하실 것이다. "너는 나에게 충성된 삶을 살았느냐?"

아무도 완벽하게는 그렇게 하지 못한다. 하지만 그리스도께서 나의 삶을 훑어보실 때 어떤 모습이 대표적일까? 그분을 따르고 순종하고자 하는 일관된 모습이 있는가? 실패하고 낙심할 때 회개하고 다시 돌아가 시작하는 꾸준함이 있는가?

— ∘ 증인된 삶

세 번째 목록은 하나님께서 우리를 심판하실 때 우리의 말을 보신다. 우리가 과연 증언을 했는가이다. 우리가 말하는 모든 "부주의한 말"은 심판날에 심문을 받는다고 했다(마 12 : 36). 그러면 드러나지 않을 죄가 있겠는가? 예를 들어 욕한 것들이 컴퓨터에 다 기록된 것과 같다. 어떤 이가 "저는 그렇게 말하지 않았는데요."라고 하면 컴퓨터에서 꺼내 보이실 것이다.

이런 이도 있을 것이다. "주님 저는 험담 같은 남의 얘기한 적 없는데요." 땡! 자명하게 드러날 것이다. "이러므로 너희가 어두운 데서 말한 모든 것이 광명한 데서 들리고."(눅 12 : 3).

「 심판의 결과 」

마태복음 25장 14절부터는 예수님께서 여행을 떠나는 어떤 사람의 이야기를 하신다. 이 사람은 자기가 떠나 있을 동안 일을 돌봐줄 세 하인에게 각각 돈을 맡기고 떠났다. 두 하인은 돈을 현명하게 투자해서 주인의 돈을 갑절로 늘렸다.

그런데 한 달란트를 받은 종은 그것을 숨겨두었다. 주인이 준 돈을 가지고 아무것도 하지 않았다. 하나님을 상징하는 그 주인이 돌아왔을 때 이 세 종에게 "내가 너희에게 준 것을 가지고 무엇을 했는지 보여달라"

고 했다(19절).

두 종은 보여줄 것이 많았고 상을 받고 주인의 칭찬을 들었다(21, 23절). 하지만 한 달란트 받은 종은 숨겨두었던 한 달란트밖에 보여줄 것이 없었다.

많은 그리스도인들이 이렇게 하고 있다. 하나님께서 주신 재능, 능력, 돈과 같은 보물을 숨겨둔다. 하나님을 위해서 결코 쓰지 않는다. 그들은 자신들을 위한 권력과 명성, 특권을 얻기 위해서 이것들을 쓸지도 모른다. 하지만 하나님의 나라를 위해서는 이익을 조금도 남기지 않는다.

그러나 주인은 이 신실하지 않은 종의 변명을 듣지 않고 심판을 내린다(26~30절). 필자는 이 비유를 그리스도의 심판대 앞에 선 그리스도인의 모습으로 믿기 때문에 지금 여기서 우리가 어떻게 하고 있는지가 얼마나 심각한 것인지 알아야 한다고 생각한다. 하나님을 적절한 자리에 모시지 않았을 때 그리스도인이 잃는 보상에 대해서 얘기하고 있는 것이다. 여기서 엄청난 손실이라 함은 세 가지를 말한다.

첫째, 고통스러운 질책이다(26~27절). 내가 그리스도 앞에 설 때, 내가 천국을 누릴 수 있도록 그분께서 치르신 값을 보여주신다. 그리고 내가 할 수 있었던 것들을 보게 될 때 아주 불편한 시간이 될 것이다.

둘째, 하나님 나라를 유업으로 받지 못한다(28~29절). 그리스도께서 심판 후 즉시 이어지는 그분의 천년 왕국에서 내가 그분과 함께 할 수 있었을 일을 보여주실 것이다.

세 번째 심판은 그리스도의 왕국 혼인 잔치에서 쫓겨나는 것이다(30절). 필자는 하나님의 자녀 중 일부는 불충성됨으로 인해 쫓겨날 것이라고 생각한다.

우리가 가질 수 있었던 것을 알면 그 얼마나 비참하겠는가! 가끔 우리는 후회되는 일을 고쳐보려고 애를 쓴다. 하지만 심판대에서는 아무것도 고칠 수가 없을 것이다.

「 심판의 기간 」

이 심판이 기간을 따지자면 어떻게 되는지, 아이스하키를 예를 들어

설명해보겠다. 하키를 하다가 규칙을 어겨서 레퍼리는 나를 반칙자 대기소에 있게 했다. 나는 여전히 팀에 속하는 선수이다. 얼음판에서 일어나는 경기를 모두 볼 수가 있지만 규칙을 어겼기 때문에 게임은 할 수가 없다. 어떤 규칙을 어겼느냐에 따라 얼마나 오래 그 대기소에 있어야 하는지 결정된다.

이것이 하나님 나라에서 육적인 그리스도인에게 일어난다고 필자가 생각하는 것을 가장 잘 설명할 수 있는 길이다. 하나님은 나의 삶을 평가하시고 규칙들을 어겼는지 판단하신다. 그리고 나를 반칙자 대기소로 데려가도록 하신다. 아직은 팀에 속해있지만 육을 위해 살았기 때문에 온전히 참여하지 못하게 되는 것이다.

성경은 지옥의 형벌에도 정도가 있다고 가르친다(마 11 : 21〜24). 같은 원리 하에 천국의 축복에도 정도가 있다. 따라서 어떤 그리스도인들은 그리스도의 심판대에 나타날 때 모든 것들이 불타고 그들은 반칙자 대기소로 보내질 것이다. 하나님의 자녀로서 경험하고 싶지 않은 것이라고 말할 수 있다. 필자도 마찬가지로···

「 값어치 없는 값비싼 대가 」

제8장과 9장에서 지금까지 얘기한 모든 것들을 통해서 같은 결론에 도달했으리라 본다. 그리스도에 대한 처음 사랑을 떠날 때 값비싼 대가를 치르게 되는데 그것은 그만한 값어치가 없다는 것이다. 영적인 불순종에서 얻는 순간적인 쾌락이 어떠한 것이건 간에 장기적인 관점에서 볼 때는 물론 때로는 단기적으로도 너무나 값비싼 대가를 치러야 한다.

─◦ 오늘을 위해서 사는 삶

갈라디아서 6장 7절을 보자. 여러분도 이미 알 것이다. 하지만 들어본 것이라 해서 무시하고 넘어가지 않기를 바란다. "스스로 속이지 말라. 하나님은 만홀히 여김을 받지 아니하시나니 사람이 무엇으로 심든지 그대로 거두리라."

잠깐 위 말을 생각해보면 강력한 원리임을 깨닫게 될 것이다. 바울은 우리가 오늘 짧은 기간에 무엇을 하든지 간에 내일 장기간의 결과를 갖게 된다. 우리의 처음 사랑으로 돌아오라고 부르시는 예수님의 명령에 비추어볼 때 이것은 중대한 사고이다.

성숙도를 측정하는 한 가지 방법은 지금의 현실을 미래의 결과와 연결시킬 수 있는 정도와 내일에 마음을 두고 오늘 삶을 살아가는 정도를 보는 것이다

성숙함의 핵심은 미래의 결과에 비추어 현재를 사는가이다. 즉, 작정한 행동의 대가를 재고 나중에 치를 값에 기초하여 지금 무엇을 할지 판단한다.

갈라디아서는 바울이 심각한 육욕과 영적인 미숙함을 보이고 있는 교회에게 쓰는 편지이다. 3장 1~5절과 5장 1~4절을 보면 율법 아래 스스로를 다시 묶고자 하는 할례자들에게 바울이 쓴 편지들은 아주 강도가 센 표현으로 경고하고 있다.

이 곳 갈라디아 교인들은 할례자들에게 현혹당해서 금방이라도 뒤로 넘어갈 판이다. 바울은 그들이 하나님의 은혜를 새로이 바라보고 자신들이 하려고 하는 결정을 현실적으로 바라보도록 권면한다.

— ◦ 내포된 결과

갈라디아서 6장 7절은 우주적인 진리와 같은 금언이며 명백한 사실이어서 자명한 이치이기도 하다. 예수 그리스도에 대한 우리의 처음 사랑의 문제를 생각할 때 갈라디아서 6장 7절의 진리는 우리가 좋든 싫든 효력을 발휘한다. 그것을 넘어서서 심고 거두는 원리는 아무리 우리가 그것을 무시하거나 뒤집어보려 해도 원리대로 되기 마련이다.

그리스도인들이 하나님의 원리를 실제로 무시하거나 뒤집으려 할까? 그리스도를 떠나 잘못된 길을 향하고 있는 그리스도인들은 그럴 것이고, 그런 일이 종종 있다. 우리가 주의하지 않으면 우리는 그리스도에 대한 우리의 사랑에 냉랭하고 무관심해질 수 있고 다른 신자들에게 적용되는 규칙들은 생각하면서 자신에게는 적용하지 않게 된다.

"나는 중력에 관심 없어요. 나는 중력을 좋아하지 않아요. 한 번도 좋았던 적도 없구요. 중력의 법칙은 있어야 한다고조차 생각하지 않고 그것을 증명하기 위해서 거기에 대항하겠어요." 그래서 이 사람은 빌딩 꼭대기에 올라가 하늘을 향해 주먹을 날리며 "중력, 나는 네가 싫어! 나는 너를 거부한다. 나는 너에게 도전하겠어"하고는 뛰어내린다.

처음 몇 초간은 새처럼 자유롭다고 느낄 것이다. 숨을 쉴 수 있다면 이렇게까지 말할 수 있을 것이다. "보라구 중력! 내가 하는 것을 봐! 누가 대장인지 봤지!"

그러나 몇 초가 더 지나면 사람들이 그를 도로에서 치워갈 것이며 몇 가지 현실이 증명될 것이다. 첫째, 중력은 내가 어떻게 생각하든 상관하지 않는다. 둘째, 내가 중력을 깨지는 못하되 중력은 나를 깬다.

— ◦ 하나님을 만홀히 여김

그래서 바울은 우리에게 "스스로 속이지 말라(Do not be deceived)"라고 강권한다. 다시 말하면 "내가 지금 너희에게 얘기하는 것과 다른 것은 어떤 것도 누군가가 말하도록 하지 말라"라는 뜻이다. 엄마나 아빠가 다른 어떤 것을 내게 말하도록 하지 말라. 친구들이나 겁쟁이들이 이것과 다른 것을 말하게 놔두지 말라. 처음 사랑을 떠나도 별 것 아니다라는 식으로 누가 나를 현혹하도록 내버려두지 말라.

다음 구절을 주의해서 보자. "하나님은 만홀히 여김을 받지 아니하시나니(God is not mocked)" 자, 이것은 아주 재미있는 말이다. 무슨 말인가 하면 엄지손가락을 코에 찍고 돼지코를 만들어 혀를 내밀며 얼굴을 찡그리고는 누군가를 조롱할 때 쓰는 표현이다.

이 말을 하나님과 맞춰보면 바울이 의미하는 바가 아주 분명해진다. 하나님은 사람들이 그분 자신을 조롱하거나 놀리도록 놔두지 않으실 것이다. 아무도 하나님께 최후의 비웃음을 던지도록 내버려두지 않으실 것이다. 하나님을 내가 이길 수 있는 것처럼 생각하도록 아무도 나를 속이지 않도록 하라.

수 년 동안 영적인 냉랭함과 무관심 속에서 살아온 사람들을 우리는 모두 알고 있다. 이렇게 말하고 싶어질지도 모르겠다. "저 사람들한테는 아직 아무 일도 일어나지 않았는데."

바울은 이렇게 말한다. "속지 말라."

위조 지폐와 같이 어떤 그리스도인들은 위조된 삶을 살고 있다. 그들은 다른 사람들에게 좋아보인다. 우리는 그들의 "겉모습"을 보고 "저들은 훌륭한 그리스도인임에 틀림없어. 영적인 미소를 띄우고 영적인 말을 하며 성경을 들고 다니지."라고 한다.

그러나 언젠가 그들의 거짓된 삶은 그리스도의 심판대에서 드러날 것이다. 그리고 그러한 일들이 벌어지면 갈라디아서 6장 7절의 말씀은 사실임이 드러날 것이다.

─ ∘ 심고 거두기

심은 대로 거둔다는 말을 이해하기란 어렵지 않다. 그것을 깨닫기 위해서 신학자가 될 필요도 없다. 농사짓는 것만 이해하면 된다. "무엇으로 심든지 그대로 거두리라"(7절).

어떠한 농부라도 심는 것을 거두게 된다고 말할 것이다. 옥수수를 심고서는 밀을 거둘 수 없다. 감자를 심고는 호박을 거두지 않는다. 무엇을 심든지 심은 것을 거두게 된다.

얼마나 많은 사람들이 불의를 심고 하나님의 축복을 기대하는 것을 보면 놀라지 않을 수 없다. 나쁜 것을 심기 원하지만 좋은 것을 추수하기 원한다. 잘못된 씨앗들을 심고 싶어하지만 옳은 것을 거두기 원한다.

하지만 하나님의 방법은 그런 식으로 통하지 않는다. 심는 것에 대해서 우리가 알아야 할 것이 있다. 무엇을 심든지 우리가 일단 심으면 그것은 자연스럽게 자랄 것이다. 심은 것의 결과는 이미 정해졌다. 앞으로 성장할 것에 어떤 특별한 것을 할 필요가 없다. 심은 것은 언젠가 땅을 뚫고 나올 것이다. 그 과정을 따라 나올 것이다.

이것을 그리스도에 대한 우리의 사랑과 같이 극히 중대한 것과 관련하여 그 심각성을 볼 수 있기를 바란다. 처음 사랑을 제자리에 돌려놓는 일이 너무나 중요하기 때문에 이 책의 절반은 처음 사랑을 회복하는 일을 돕기 위해 전적으로 맞춰 썼다.

하지만 그 일을 하기 전에 심고 거두는 것에 대한 원리를 한 가지 더 말하겠다. 고린도후서 9장 6절에 따르면 얼마나 심는지가 얼마나 거두는지를 결정한다고 했다. 바울은 "적게 심는 자는 적게 거두고 많이 심는 자는 많이 거둔다"고 말한다.

영적인 것에 조금만 투자하면 주님으로부터 조금만 거둘 것이다. 영적인 것에 많이 투자하면 많이 거둘 것이다. 이 본문과 갈라디아서 6장 7절 두 군데 모두 주의해서 보자. 무엇을 심는가는 나에게 달려 있다.

가끔 이렇게 말하는 그리스도인들이 있다. "하나님께서 내가 그것을 하기 원하시면 내가 그것을 하도록 움직이셔야 할 거야." 하지만 심는 것은 당사자에게 달려 있기 때문에 문제는 내가 무엇을 하기로 선택하는가이며 어디로 가기로 선택하는가이다. 내가 "무엇을 심든지" 기다린 끝에 가서 결과가 있다.

"하지만 저는 이 길을 오랫동안 걸어왔고 아직 벽에 안 부딪혔는데요"라고 말하는 사람이 있는가? 그것은 아직도 자신의 "추수" 때까지 쌓고 있기 때문이다. 아직 오지 않았을 뿐이다. 하지만 그 때가 왔을 때 처음 사랑을 떠난 것이 별 것 아닌 것이 아님을 알게 될 것이다. 그러므로 추수 때가 이르기 전에 지금 돌아서는 것이 어찌 옳지 않겠는가?

「 마지막 질문 」

지금까지 그리스도의 심판대와 보상의 손실, 우리가 가질 수 있었던 것과 우리가 그리스도께 신실하지 않았음을 알 때 오는 고통에 대해서 많이 얘기했다.

이제 마지막 질문이 남아 있다. 우리가 완전한 몸과 새로운 마음으로 천국에 있다면 고통을 느끼는 것이 어떻게 가능할 것인가?

먼저 우리는 하나님께서 천국에 있지만 고통을 느끼시기 때문에 가능하다는 것을 알 수 있다. 우리가 죄를 지으면 하나님의 마음을 아프게 한다. 그래서 예수님께서 예루살렘을 보고 우셨다. 탕자의 비유에서 가장 중요한 부분도 그것이다. 하나님은 우리의 죄에 대해서 고통을 느끼신다.

둘째, 전에는 한 번도 느껴보지 않은 것처럼 고통을 느낄 완전한 몸을 갖기 때문에 바로 그렇다. 이 땅에서 우리가 죄를 지으면 처음에 아주 심하게 느낀다. 두 번째로 지으면 그냥 안 좋게 느껴지고 세 번째는 약간 찜찜하게··· 다섯 번째는 죄에 익숙해져서 전혀 느끼지 못한다.

우리가 죄를 지으면 죄의 고통이 처음에는 왜 그렇게 심할까? 새롭기 때문이다. 그 감각에 익숙해져 있지 않기 때문이다. 천국에서는 우리가 새로운 몸을 갖게 될텐데 이 몸은 전혀 악에 익숙해 있지 않을 것이다. 이전에 한 번도 없었던 민감함을 갖게 될 것이다.

그래서 육적인 생활 양식 때문에 보상을 잃어버리는 고통을 겪으면 그만큼 고통을 느끼게 될 것이다. 그리스도의 나라에서 이전에 한 번도 느끼지 못했던 것과 같은 실패의 감각을 느낄 것이다.

필자가 우리 교회 스탭들을 평가할 때 둘 중 하나로 점수를 매긴다. 만족스럽지 못한 점수를 받으면 심각한 결과를 미친다. 하급 승진을 의미하기 때문이다. 자신이 바라고 원하는 곳, 어쩌면 가야 할 곳으로 올라가지 못하게 된다.

반대로 만족스런 점수를 받는다는 것은 자신이 희망하던 곳으로 간다는 의미이다. 사실, 훌륭한 일을 해낸 스탭들에게 우리는 해마다 감사의 표시를 한다.

1988년 올림픽에서 캐나다의 벤 존슨(Ben Johnson)은 100미터 경주를 할 때 출발대에서 마치 폭탄과 같이 터져나갔다. 그 실황을 보면서 해설자가 한 말이 생각난다. "저 출발하는 것 보셨나요?"

존슨이 테이프를 끊었을 때 TV 상의 시계는 이전까지 한 번도 깨지지 않은 올림픽 100미터 기록이 깨졌음을 보여주었다. 그는 세계에서 가장 빠른 인간이었다.

군중은 환호성을 울리며 완전히 흥분의 도가니였다! 다른 경주자들도 그를 축하했다. 존슨은 캐나다 국기를 흔들며 감격스럽게 트랙을 돌았다. 그러나 그가 판정석에 왔을 때 사실이 드러났다. 심판은 그의 혈액에서 스테로이드를 발견했다. "벤 존슨, 금메달을 내놓아라." 메달을 빼앗아 미국 출신 칼 루이스에게 수여되었다. 존슨은 불명예를 안고 캐나다로 돌아갔다.

군중들은 존슨이 뛰고 있을 때 이 모든 사실을 몰랐었다. 출발대에서 그가 뛰어나갔을 때 사람들은 열광했다. 그가 우승을 하고 트랙을 돌 때 승리자처럼 보였다. 하지만 심판들은 벤 존슨의 몸 속으로 들어가 밖으로 드러내보였다. 존슨이 어떤 일을 하고 있었는지 그날 드러난 것이다.

그리스도의 심판대에서 벤 존슨과 같은 신자들이 있을 것이다. 금메달이 자기들 것이라고 생각했는데 규칙을 따라 뛰지 않았기 때문에 다른 사람에게로 돌아가는 것을 보게 될 것이다.

한편 많은 사람들은 트랙을 돌며 승리의 함성을 들을 것이다. "신사 숙녀 여러분, 우승자입니다!"

나는 과연 어느 쪽일까?

　예수 그리스도가 나를 그분의 심판대에서 승리자로 발표하실까 아니면 나의 메달을 빼앗으실까? 그 날 승리자가 되기를 원한다면 오늘 그분을 나의 처음 사랑으로 삼아야 한다. 여기 이 땅에서 규칙에 따라 경주함으로 천국에서 받을 상을 잃는 일이 없기를 바라며, 다음 제안 사항들이 적용에 도움이 되기를 바란다.

　1. 가족들이나 지체들끼리 다음 번 식사할 때 재미있는 대화 시간을 가져보자. 각 사람이 자신의 영적인 은사를 말하는 것이다(롬 12장, 고전 12장). 그리고 나서 그 은사들을 하나님을 위해서 일하도록 하나님께서 각자들을 쓰실 수 있는 방법에 대해서 얘기해보자. 마태복음 25장 14〜30절에 있는 예수님의 비유를 읽고 그분께서 우리에게 맡기신 것을 이용하는 것이 얼마나 중요한지 생각해보자.

　2. 하나님께서 나에게 주신 재능이나 능력을 알고 있지만 무슨 이유에서든지 아직 숨기고 있는 것이 있는가? 그렇다면 삽을 들고 묻혀 있는 “재능”을 파내어(마 25 : 25) 그것을 가지고 하나님을 섬길 기회를 주시도록 하나님께 구하자. 그리고 응답하실 때에 깨어 있으라.

　3. 우리는 그리스도인으로서 재능이나 능력이나 재정적인 면에서 다르지만 모두가 신실할 수는 있다. 주위를 둘러보고 주님과 하나님의 백성에 대한 신실함이 나의 삶에 축복이 되는 사람들을 찾아본다. 그 중 적어도 세 사람에게 얼마나 감사한지 알리는 편지를 쓰자.

　4. 내 삶의 영역에서(결혼, 사역, 재정 관리 등) 특별히 “잘했다. 착하고 충성된 종아”라는 예수님의 칭찬을 듣고 싶은 부분을 종이에 적는다. 이제 각 항목의 반대편에 내가 지금 나의 목표를 이루기 위해 하고 있는 것들을 적는다.

처음 사랑을 회복하는 것

제 10 장
예수가 누구인지 기억하라

자 이제 좋은 얘기 좀 해보자!

이 책의 후반부에 들어섰다. 신자로서 걸어갈 가장 중요한 "여행길"에 올라보자. 그 여행길이란 우리의 처음 사랑을 회복하는 길이다.

제2부는 세 부분으로 나뉘는데 그 배경을 설명하자면 요한계시록 2장 4~5절을 다시 봐야겠다. 5절 처음을 보면 부활하신 주 예수 그리스도께서 이렇게 명령하신다. "그러므로 어디서 떨어진 것을 생각하고 회개하여 처음 행위를 가지라"

이 구절에서 볼 수 있듯이 제2부의 세 부분은 이 말씀에서 나온 것이다. 기억하라. 회개하라. 다시 하라. 이것은 개인적인 영적 회복을 위해서뿐 아니라 우리 가족이나 교회의 부흥을 위해 강력한 타개책이기도 하다. 필자는 목사로서 다음과 같이 확신한다. 신자 개개인이 예수님의 권고를 진지하게 받아들이면 우리가 부흥하게 된다는 것이다! 그러므로 그 여행길을 떠나보자.

예수님께서 에베소 교회에게 "그러므로 어디서 떨어진 것을 생각하고 (remember)"라고 하신 것은 그들의 처음 사랑이 마땅히 있어야 할 처음 그 자리에 있을 때를 그들이 기억하기를 원하신다는 말씀이다. 말할 것도 없이 그분 자신이 우리의 처음 사랑의 대상이어야 한다. 예수님이 누구인지 우리가 기억할 때 다시 출발할 수 있다.

그래서 필자는 우리 마음에 예수 그리스도에 대한 기본적인 몇 가지 진리를 돌아보고 바로 세우기 원한다. 그것들을 요약하고 나서 우리 생활에 관련하여 연구해보자.

예수 그리스도는 모든 사람 가운데 유일무이한 분이시다. 그는 하나님의 자녀라고 하는 모든 사람들을 다스리는 권세를 선포하신다. 예수 그리스도만이 주이시며 어떠한 다른 권위 위에 그리고 이름지어질 수 있는 모든 위에 뛰어난 이름이다.

따라서 예수 그리스도께서 우리의 처음 사랑을 요구하시고 우리의 온전한 충성과 온전한 헌신을 요구하실 때 그것은 그분의 권리와 특권을 요구하고 계신 것이다.

신약 성경에서 예수 그리스도를 가장 명확하게 나타낸 곳은 빌립보서 2장 5~11이다. 다음은 이 본문을 가지고 같이 살펴볼텐데 바울은 여기서 우리의 처음 사랑을 요구하시는 그 분에 대해서 기억해야 할 모든 것들을 언급하고 있다.

「 우리의 사랑에 대한 기준 」

이 구절을 빌립보서 중간에 달아놓은 신학적인 논설로서만 알아서는 안되므로 빌립보서 2장 1~4절을 먼저 보자. 여기서 그리스도에 대한 우리의 사랑이 그분이 누구인지에뿐 아니라 그분께서 우리를 위해 무엇을 하셨는가에 근거한 것임을 알게 된다.

바울은 1~2절에서 우리가 "주님은 제게 선하셨어요. 그분은 저를 격려해 주시고 저를 위해서 십자가를 지셨어요."라고 [말할 수 있다면] 다른 그리스도인과의 관계에서도 그러한 고백이 반영되어야 한다고 말한다. 1절에서 있거든(말할 수 있다면, if)이라 하는 말은 미심쩍어서 하는 말이 아니다. "때문에(since)"로 해석될 수 있는 말이다. 왜냐하면 그것이 이 문장의 요점이기 때문이다.

즉, 우리가 예수님께서 우리를 위해 무엇을 하셨는지 기억할 때, 자신을 주는 사랑과 연합의 영과 목적으로 지체들과 관계하지 않을 수 없다는 말이다. 그래서 바울은 수평적인 관계에 초점을 맞추었지만 그 시작은 우리가 예수 그리스도를 바라보고 "그렇다. 그분께서 나를 위해 이 모든 일을 하셨지."라고 말할 때 일어난다.

3~4절에서 바울은 계속하여 지체들 간의 관계를 강조하지만 모두가 그리스도와의 관계에 달려 있다. 우리가 예수 그리스도와 역동적인 관계를 가질수록 그만큼 우리는 개인으로서 가족으로서 교회로서 바울이 이 본문에서 요청하는 하나됨과 서로 나누고 돌보는 모습을 보이게 될 것이다.

「 그리스도의 마음(mind) 」

이와 함께 5절에 오면 바울은 그 배경으로서 예수 그리스도의 신성과 하신 일에 대한 어마어마한 단언으로 서두를 꺼낸다. 하지만 바울이 단순히 이렇게 시작하지 않았다는 점에 유의하자. "예수 그리스도께서 여러분의 본이 되어야 합니다."

그렇게 말하지 않고 바울은 5절에서 "너희 안에 이 마음(mind)을 품으라 곧 그리스도 예수의 마음(mind)이니"라고 하면서 바로 요점을 파고든다. 풀어서 설명하면 "그리스도와 같이 생각하기를 배우라"는 뜻이다. 그리스도를 기억하고 생각하는 것을 얘기하려는 이 시점에서 이 구절은 그야말로 정곡을 찌른다. 바울은 우리에게 생각하는 법을 가르쳐주기 원하는 것이다.

그리스도인으로서 우리는 "다들 괜찮다고 하던데요" "아무도 잘못되었다고 생각하는 것 같지 않은데요" "누구누구는 이렇게 말하더라"하는 식의 태도를 취해서는 안된다. 예수 그리스도의 주권 아래있는 사람들로서 우리는 다른 마음(생각)을 가져야 한다. 바로 예수 그리스도의 마음이다.

우리가 계속 그리스도께 초점을 맞춘다면은 바로 이 곳에서 많은 사람들이 잘못된 길로 들어섰다고 생각 할 수있다. 우리가 부딪히는 큰 싸움은 이 세상이 우리가 어떻게 생각할지를 명하지 않도록 하는 것이다. 그것이 쉽지 않은 이유는 우리가 계속 퍼부어지는 세상 메시지의 공격을 받고 있기 때문이다. 그 세상 메시지에서는 우리가 어떻게 생각할지 무엇을 생각할지 계속적으로 말한다.

우리가 주의하지 않으면 세상의 기준을 가지고 판단하고 만다. 그리고 세상은 그리스도에 대한 사랑이 없다는 것을 안다. 처음 사랑이고 둘째고 할 것 없이 말이다. 얼마나 많은 그리스도인들이 세상이 말하는 대로 세상이 말하는 것을 말하는지! 그들은 로마서 12장 2절에서 말하는 마음을 새롭게(제15장에서 다룰 주제임) 하지 않았음을 보여줄 뿐이다.

「 예수 그리스도의 신성 」

우리의 처음 사랑이 어디에 놓였는지 기억하고 그리스도께 초점을 맞추기를 배우고 그분이 생각하시는 것처럼 생각해야 한다면 우리는 그분이 누구인지를 깨달아야 한다. 이 장에서 필자가 나누고 싶은 내용의 핵심이 여기에 있다. 빌립보서 2장 6절부터 바울은 그분에 대해서 다음과 같은 독특한 문장으로 예수 그리스도를 정의한다. "그는 근본 하나님의 본체(form)시나 하나님과 동등됨을 취할 것으로 여기지 아니하시고"

이 말은 해석하기가 어려울 수 있으므로 풀어보도록 하자. 예수께서는 하나님으로서 영원부터 계셨음에도 불구하고 이것을 어떻게 해서든지 붙잡았어야 할 어떤 것으로 여기지 않으셨다.

— ◦ 하나님의 본체(form)

바울이 여기서 사용하는 본체(form)란 말은 로마의 도장을 말했다. 정부의 공식 문서는 밀랍으로 봉했다. 밀랍이 아직 뜨거울 때 황제의 휘장을 새긴 도장이나 반지를 찍는다. 따라서 밀랍으로 생기는 무늬는 반지의 휘장과 똑같은 문양으로 나온다.

오늘날도 고무 도장에 잉크를 묻혀 종이에 찍어 사용하는 일이 많다. 종이에 나타난 문양은 고무 도장에 새겨진 것과 정확히 들어맞게 되어 있다.

바울은 "하나님 아버지를 드러내는 예수 그리스도와 하나님 아버지와의 관계가 바로 그렇다. 예수님은 하나님이 어떤 분인지를 정확히 나타내시는 분이다.”라고 말한다.

그래서 우리가 예수 그리스도에 대해서 말할 때 하나님보다 좀 덜한 어떤 분에 대해서 얘기하는 것이 아니다. 영원하시고 스스로 존재하시는 하나님의 “형상을 나타내시는” 분에 대해서 말하는 것이다.

—。하나님의 아들

예수님이 과연 하나님이 어떤 분인지 누구인지를 정확히 나타내는 분이라면 왜 예수님을 하나님의 아들이라 했는지 하는 의문이 생긴다. 성경은 하나님은 아버지요, 하나님은 아들이요, 하나님은 성령이라고 가르친다. 이 세 가지 모두가 똑같이 하나님이시지만 신격(Godhead)에서는 같은 관계를 갖지 않는다.

예를 들어 하나님 아버지는 계획을 세우신다. 우리가 빌립보서 2장에서 본 것과 같이 하나님 아들은 그 계획을 실행하신다. 성령 하나님은 그 계획에 영향을 미친다. 삼위일체에서 각 신격(Godhead)은 독특한 역할을 갖고 계신다. 그러나 각각이 동일하게 하나님이다. 예수님은 인자(사람의 아들)되심이 인간의 본질을 담고 있음을 의미하듯이 신성의 본질을 담고 있다는 의미에서 하나님의 아들이다.

성육신 하시기 전(이 땅에 오시기 전)의 상태에서 예수 그리스도는 이 땅의 불편함은 하나도 가지지 않고 모든 영광만을 지니셨었다. 신성을 소유했을 뿐 아니라 자신의 원하는 대로 신성을 사용할 자유도 있었다. 예수께서 하나님의 본체라는 말이 바로 이런 뜻이다.

—。구세주

그러나 6절에서 바울의 요점은 예수님께서 우리와 같이 타락한 피조물들을 구하려 하나님의 특권들을 기꺼이 내려놓으셨다는 것이다. 다른 식으로 말하면 예수님은 인간들이 구원을 필요로 할 때 하나님이기 때문에 그 자리를 꼭 고수하고는, 하늘을 버리고 이 땅위에 와서 우리의 필요를 채울 수 없는 이 땅과 독립된 하나님이라고 생각하지 않으셨다.

그리스도인이라면 누구나 그리스도에 대한 처음 사랑을 다시 환히 밝혀야 하는 이유가 여기 있다. 천국 의회에서 구원 계획이 나왔을 때 이 땅위의 인간들을 구원하기 위해 누군가가 내려가야만 했다.

예수님은 이렇게 말씀하지 않으셨다. "죄송합니다만 땅 위의 저 불행한 인간들을 구원하기 위해 이 안락한 영광의 자리를 버리지는 않겠습니다."

그렇게 하지 않으시고 이렇게 하셨다. "저 곳에 내려가 인간이 될 수 없다면 여기에서 신(God)으로서 가만있을 수 없습니다. 저 곳에서 사람들에게 어떤 일이 일어나는지 상관하지 않고 어찌 이 곳 영광에만 관심이 있겠습니까?"

예수님께서 한 순간이라도 자신의 신성을 지켜야 한다고 생각하셨다면, 천국을 떠날 때, 다른 누군가가 아들로서의 그분 자리를 차지할 것이라고 생각하셨다면, 그래서 그분의 신성이 그러한 침입을 받지 않도록 천국에 머무르셨다면, 이 땅 위에 올 자는 아무도 없었을 것이다.

이 땅에는 우리 구세주가 될 자격이 있는 사람이 아무도 없었다. 이 땅 위의 모든 사람들이 죄를 지었기 때문이다. 이 땅에서는 아무도 우리의 구세주가 될 자격이 없었기 때문에 예수님께서 하늘의 영광을 기꺼이 버리지 않으셨다면 구세주는 없었을 것이다.

구세주 없이는 구원도 없었을 것이다. 구원 없이는 아무런 소망도 없었을 것이다. 소망 없이는 우리가 영원에 대해 기대할 만한 것이 아무것도 없다.

그래서 그 어떤 다른 사랑보다 위에 있는 바로 이 주님의 사랑에 우리는 헌신해야 한다. 그분께서 우리를 위해 하신 일을 안다면 어떻게 그분을 사랑하지 않을 수 있는가? 그분을 향한 우리의 사랑에서 우리가 떠난다면 그밖에 다른 것을 아무리 해도 아무 소용이 없다고 하신 예수님의 말씀이 지극히 당연한 것이다. 그래서 우리는 지금 그분이 누구인가를 기억하면서 요한계시록 2장 5절에 나온 세 가지 명령을 차례로 짚어가는 중이다.

— ◦ 이와 관련하여

이 진리의 힘이 바로 우리가 살고 있는 곳을 친다. 우리 그리스도인들은 가끔 세상과 같이 우리가 갖고 있는 것을 보호해야 한다는 생각을 한다. 그러나 그리스도의 마음을 가진다는 의미는 우리가 가진 것을 남들에게 준다는 것이다. 예수님께서 우리에게 이렇게 말씀하신다. "내가 가진 것을 지키고 보호했다면 너희는 지키고 보호할 것이 아무것도 없을 것이다. 왜냐하면 내가 너희 구세주가 되지 않았을 것이기 때문이다."

기억할 것은 예수님께서 인간이 되셨을 때 하나님이 되기를 그만두지 않으셨다는 점이다. 예수님은 영원한 하나님이셨다. 다만 그분께서 인간의 필요를 충족시키기 위해 그분의 신성을 인성 안에 넣으셨다는 것이 다를 뿐이다.

우리는 그리스도께로부터 눈과 마음을 떼어 처음 사랑을 떠날 때 우리 스스로를 다르게 보기 시작한다. 우리는 우리가 누구인지 때문에 스스로를 대단하게 본다.

그러나 하나님은 우리를 그런 식으로 보시지 않는다. 하나님은 그 대화가 이제 진력이 나셨을 것이다. 하나님은 "네가 누구냐, 너는 내가 그렇게 만들었을 뿐이다. 내가 너를 그렇게 만든 것은 다른 이들이 나의 사랑을 경험하도록 네가 도우라고 그렇게 만들었다. 그리스도가 하늘을 버리고 이 땅에 내려와 너의 구세주가 되었을 때 보인 그 사랑을 말이다."

"또한 예수 그리스도 안에 있는" 그 마음(생각)이 우리의 사고를 뒤집어 놓지 않는 한 우리는 기독교 신앙의 전부를 잃어버린 것이다.

「 예수 그리스도의 인성 」

빌립보서 2장에서 그리스도에 대한 영광스러운 진리를 몇 가지 살펴보았는데 다섯 구절이 더 남아 있다. 그리스도는 단지 하늘의 영광을 버리기만 하신 것이 아니다. 그는 "오히려 자기를 비어 종의 형체를 가져 사람들과 같이 되었고"(7절).

필자는 이 구절을 참 좋아한다. 영원에서 생각되고 결정된 것을 그리스도께서 행하셨음을 의미하기 때문이다. 너무나 자주 우리는 생각하는 것이나, 믿는 것, 말하는 것을 행동으로 옮기지 않는다.

그러나 내가 하는 말과 행동이 일치하지 않으면 내 말은 믿지 못할 말이 된다. 내가 상대방에게 사랑한다고 말하지만 내 말을 실제로 증명할 수 있는 것이 아무것도 뒤따르지 않는다면 무의미한 말로 끝날 뿐이다. 그리스도께서 천국에 머물러서 "내가 너희들을 사랑한다!"고 하실 수 있었다면 "그래서 뭡니까? 나는 여기서 이렇게 괴로운데 당신은 그 위에 있으니 아무런 도움도 되지 않습니다. 뭔가 해주셔야 합니다."라고 대답할 수 있을 것이다. 하지만 그리스도는 천국에 머무르지 않으셨고 우리가 그분의 마음으로 생각한다면 우리가 사랑한다는 말은 행동으로 증명될 것이다.

— 。그리스도께서 자기를 비우심

그리스도께서 자기를 비우신다는 말이 무슨 뜻인가? 신학적인 교리에서는 kenosis라고 하며 헬라어 동사의 의미로는 "비운다(to empty)"는 뜻이다. 예수님께서 그분의 신성을 스스로에게서 없어지게 하고 단순히 한 인간이 되셨는가? 그렇지 않다. 그분께서 자기를 비운다는 말의 초점은 하늘에 있는 것이 아니라 이 땅에서이다. 즉 어디로 자신을 옮기셨는가이다.

그분은 하나님되심을 쏟아버리고 사람으로 쏟아부으심을 받은 것이 아니다. 오히려 모든 하나님되심을 사람으로 옮겨 부으셨다. 즉, 예수님은 하나님이시기를 그만두시지 않으셨다. 이렇게 말씀하신 것이 아니다. "신성아, 나는 하늘에 너를 버리고 인간이 되기 위하여 내려가겠다."

— 。완전한 인간

예수님께서 하신 것은 그분의 모든 신성을 가져다가 그것을 인성 안에 부으셔서 단순히 인간 그보다 훨씬 이상이 되셨다. 그는 하나님인간이 되셨다. 하나님이 인간 안에 흘러들어 오셨다. 우리에게 지금 계신 그분은 이전에 한 번도 없었던 인간과 같은 인간이다. 완전한 인간이시기 때문이다.

중요한 점을 한 가지 보자. 예수 그리스도께서 여러분과 나의 죄에 대해서 뭔가 하셨을 때 그분은 우리에게 찌꺼기를 주신 것이 아니었다. 그분은 하나님이 인간으로 되신 그 모든 것을 쏟아부으셔서 인간이 하나님의 모든 것을 가질 수 있도록 하신 것이다. 예수님께서 자신을 인간으로 비우셨을 때 인성 안에 없는 하나님의 속성은 하나도 없다.

하나님이 어떤 하나님이기 때문에 예수님도 어떤 인간(Man)이셨다. 그 어떤 하나님의 모든 것이 그리스도의 인성에 부어진 어떤 인간(Man)이다.

그렇기 때문에 예수 그리스도의 삶은 특별하다. 그분은 자신을 비우셨다. 그분은 우리를 구하기 위해서 모든 신성을 인성 안에 부으셨다. 그래서 우리가 우리 삶에서 하나님의 축복과 은혜를 볼 때 기억해야 할 것은 누가 그 모든 것을 가능케 하셨는가이다.

그리스도인이여, 누가 예수인지, 그분께서 나를 위해 무엇을 하셨는지 기억하라! "그리스도께서 나를 위해 이렇게 하셨습니다"라고 말하는 것보다 처음 사랑을 더 빨리 회복시킬 것은 아무것도 없다. 우리는 그 고백을 날마다 해야 한다.

우리를 위해 그리스도께서 자기를 비우신 사랑과 그분에 대한 우리의 사랑은 또한 우리의 생활을 "그래서 뭔가" 다르게 만들었어야 한다. 하나님이 나를 축복하셔서 나에게 능력을 주시고 지혜나 돈을 주셨다고 말한다면 그래서 뭐가 어떻단 말인가? 나는 그것들을 가지고 무엇을 하고 있는가? 그리스도가 나의 전부라고? 그래서 뭐가 어떻단 말인가? 그분의 사랑 때문에 남들을 어떻게 섬길지 나는 자극받고 있는가? 남들을 섬긴다는 것이 그리스도의 사고 방식이며 마음과 태도(mind-set)이다.

— ◦ 그리스도의 겸손

자, 그리스도는 이렇게 하늘의 영광을 버리는 것 그 이상을 하셨다. 그분은 자신을 인간에게 부으시기 위해 하나님의 속성을 독자적으로 사용하는 자유를 포기하는 것 그 이상까지 하셨다. 7절을 보면 그분께서 종의 모습을 취하셨음을 알 수 있다. 이것이 왜 그렇게 중요한지 보자.

예수 그리스도는 천국에서 얼마나 부요했는가? 말할 수 없을 만큼 그러했다. 성경은 그분으로 모든 것이 창조되었다고 말한다(골 1 : 16). 어마어마한 부자시다.

바울은 예수께서 그 부요함을 버리셨다고 말한다. 그분이 누리는 영광과 소유를 버리고 단지 인간만 된 것이 아니라 "종(bond-servant)"이 되셨다. 성령님이 주신 영감을 통해 바울은 조심스럽게 이 단어를 선택했다. 둘로스(doulos)란 단어이다. 이 말은 "노예(slave)"란 뜻이다. 로마의 노예로서 그 당시 가장 비천한 학대를 받은 사람들이었다.

예수님 당시 종(bond-servant)보다 더 낮은 계층은 없었다. 우리가 둘로스, 즉 노예로 태어났다면 인생의 가장 밑바닥에 있는 것이었다. 그렇기 때문에 왕의 왕이시고 주의 주이신 예수 그리스도께서 동물들이 자는 더러운 마구간에서 태어나 죽은 사람들을 덮는 천에 싸여 구유에 누이셨을 때 모든 사람들이 당황스러웠던 것이다.

아기 예수를 감쌀 수 있는 것이라고는 그것이 전부였다. 그분은 가난한 부모님 아래 태어났고 평생을 가난 속에서 사셨다. 피조물이 다 그분께 속했으나 우리를 위해 인생의 바닥으로 친히 가셨다. 우리를 구원하기 위해 어떠한 손실이나 낮아짐도 아끼지 않으신 구세주를 향한 우리의 처음 사랑을 떠나는 것이 왜 심각한지 알겠는가?

예수 그리스도가 누구인지 기억하면서 예수님께서 보이신 겸손함과 똑같은 마음을 갖기를 또한 잊지 말아야 한다. 그 마음을 가지면 우리가 아무리 높아보여도 누군가의 필요를 충족시키기 위해서 필요할 때, 인생의 바닥으로 내려갈 수 없을 정도로 높아질 수 없다. 그 이유는 예수님께서 우리를 위해 인생의 바닥까지 가셨기 때문이다.

그렇기 때문에 이 땅에서 가장 남을 잘 섬기는 사람들은 그리스도인이어야 한다. 우리가 가진 모든 것과 우리의 축복을 가지고 기꺼이 그리고 지혜롭게 남들을 위해 써야 한다. 예수님께서 우리에게 그와 같이 하셨기 때문이다.

「 예수 그리스도의 죽음 」

빌립보서 2장의 이 구절을 처음 읽거나 깨닫는 사람은 지금까지 이렇게 말할지도 모르겠다. "예수님은 이보다 더 낮아질 수 없었겠군요. 우리를 구원하기 위해서 이보다 더 큰 굴욕을 겪을 수 없었겠어요, 그렇죠?”

그렇지 않다. 8절에서는 예수 그리스도께서 우리를 위해 기꺼이 겪으신 굴욕의 마지막 단계가 나와 있다. 그분은 십자가에서 죽음의 고통을 겪기 위해 하늘의 찬란함을 포기하셨다. “사람의 모양으로 나타나셨으매 자기를 낮추시고 죽기까지 복종하셨으니 곧 십자가에 죽으심이라.”

우리는 성육신, 예수 그리스도께서 “육체로 오심”에 대해서 얘기하고 있다. 그분이 사람이 되셨다. 우리가 위에서 보았듯이 그분은 이 땅에 왕처럼 오지 않으셨다. 그분은 왕처럼 살지 않으셨다. 그리고 지금 8절에서 보듯이 그분은 왕처럼 대우받기를 요구하지 않으셨다. 즉, 예수 그리스도는 하나님의 뜻을 행하기 위해 자신을 겸손히 낮추셨다.

―。예수님의 순종

우리가 이 땅에서 예수님과 함께 동행했다면 뭔가 놀랄 만한 것을 보고 들었을 것이다. 예수님은 항상 어떤 누군가의 일을 하기 위해 오셨다고 말씀하실 것이다. 어디를 함께 가든지 항상 왜 그분께서 거기에 있는지 말씀하실 것이다. 누군가가 “예수님, 왜 여기에 오셨습니까?”라고 물으면

“내 아버지의 뜻을 행하기 위해서네”

“예수님, 어디 가고 계십니까?”

“내 아버지의 일을 수행하기 위해서라네.”라고 하실 것이다.

어떤 이는 “이제 예수님, 이런 겸손한 일을 그만합시다. 결국 당신은 인간입니다. 당신 고유의 과제가 있어야 합니다. 예수를 위해서만 하는 뭔가가 있어야 합니다.”라고 반대했을지도 모른다.

이에 예수님은 이렇게 반응하셨을 것이다. “그렇지 않다. 너희는 이해하지 못한다. ‘하나님이여 보시옵소서(두루마리 책에 나를 가리켜 기록한 것과 같이) 하나님의 뜻을 행하려 왔나이다’”(히 10 : 7). 예수님께서 이 땅에 계실 때, 예수님은 “우리와 함께 하시는 하나님”이셨다. 육체 가운데 계신 하나님이었지만 그분 자신의 계획에 맞추지 않으셨다. 그분은 하나님 아버지의 뜻에 자신을 드리셨다.

왜 예수님은 자신을 겸손케 하셔야 했을까? 첫째, 아무도 그분을 그렇

게 만들 수 없기 때문이다. 둘째, 우리 구원의 대가를 치르기 위해 그분께서 오셔서 채우셔야 하는 필요가 그분의 특권보다 더 중요했기 때문이다. 그래서 예수님은 기꺼이 자신을 낮추셨다. 기꺼이 자신의 권리를 포기하셨다. 히브리서 기자는 예수님께서 "그분 앞에 있는 즐거움을 위하여" 십자가를 참으셨다고 말한다(12 : 2).

예수님께서 십자가에 달리셨을 때 그것을 바라보던 사람들은 그분을 놀려댔다. "네가 하나님의 아들이면 내려와봐. 그러면 내가 널 믿지. 내려와서 어디 보여봐라!"

그들은 "예수님께서 만군의 천사라도 부르실 수 있음을" 깨닫지 못했다. 그 사람들은 예수 그리스도께서 정말 내려오기를 원치 않았다. 그분의 명령 한 마디로 하늘이 열렸을 것이기 때문이다.

그러나 예수님은 그렇게 하지 않으셨다. 그분은 자신을 낮추셨다. "내가 신(God)이고 저 아래 필요가 있다고 해서 내가 가야 하는 것은 아니지만, 그렇지 않으면 그 결과가 너무 커."

예수님은 자신을 낮추셨다. 그리고 소위 그분의 백성이라고 하는 우리들도 그렇게 해야 한다. 하나님께서 우리를 축복하시면 많은 문제가 생긴다. 왜냐하면 그분의 축복이 우리 안에 겸손을 생기게 하지 않고 오히려 교만을 만들기 때문이다.

하나님은 결코 우리가 교만해지라고 축복하지 않으셨다. 우리는 축복을 받을수록 겸손해져야 한다. 우리는 가질수록 더 낮은 곳으로 가야 한다.

그러나 우리는 혼란한 이 땅의 나라에서 받은 축복을 잘못된 길에 들어서게 만든다. 우리가 가질수록 목은 뻣뻣해지고 턱은 높아져만 간다. 그래서 하나님께서 싫어하시는 일곱 가지 죄 중에서 교만이 가장 먼저 있는 것이다(잠 6 : 16−17). 교만은 이렇게 말한다. "나는 스스로 성공했어."

하나님은 이렇게 말씀하실 것이다. "그것을 누가 주었느냐? 내가 네게 주지 않았느냐?" 그래서 우리는 그리스도의 마음을 가지고 우리가 받은 축복에 대해서 생각해야 한다. 우리가 받은 축복은 하나님의 영광을 위해서 다른 사람들 사이에 변화를 일으키도록 있는 것이라고 그리스도께서는 말씀하신다.

─ ◦ 십자가에서의 죽음

예수님은 얼마만큼이나 자신을 낮추셨는가? 그분은 "죽기까지 순종하셨다". 그보다 더 낮추실 수 있겠는가? 필자라면 나 자신을 낮춰서 뭔가 하기는 할 것이다. 하지만 나 자신을 죽기까지 낮춘다는 것은 쉽게 대답할 수 없는 심각한 겸손의 행위이다.

예수님께서 나이가 많이 들어서 잠을 주무시다가 평화롭게 죽도록 자신을 낮추셨거나 심장마비와 같이 뭔가 빨리 죽을 수 있는 죽음으로 겸손한 행위를 보이셨다면 그것은 또다른 문제이다.

그러나 예수님은 겟세마네 동산에서 하나님께서 요구하시는 것이 무엇인지 아셨다. 하나님은 그분의 아들에게 로마의 십자가 상에서 범죄자의 고통스러운 죽음으로 자신을 죽이는 겸손을 요구하고 계셨던 것이다.

보라. 예수님은 그냥 죽은 것이 아니다. 그분은 어떤 사람도 원치 않는 죽음의 방법으로 죽으셔야만 했다. 로마식 채찍으로 맞으면서 살점이 떨어져나가는 고통을 겪으셔야 했다. 이 채찍에는 끝에 금속판이 있어서 등에 내려칠 때마다 살점이 같이 떨어져나가는 것이다.

그리고 피가 철철 흐르는 맨 살 위에 십자가를 지고 걸으셔야 했다. 예수님이 쓰러지신 것은 당연하다. 십자가의 무게를 견딜 수 없어서가 아니었다. 거칠게 패인 나무 껍질이 피가 흐르는 등의 상처에 닿을 때 그 고통을 이루 말할 수 없는 것이다.

그들은 예수님을 치고 멍들게 했다. 욕설을 퍼붓고 침을 뱉었다. 바늘과 같은 가시관을 머리에 왕관이라고 푹 씌웠다. 왕의 왕, 주의 주를 놀렸다. 시편 22편 14절에서 내 뼈가 어그러졌다고 예언했다. 여러분은 뼈가 빠져본 경험이 있는지 모르겠다.

이 모든 것과 함께 성경은 예수님이 하나님이었다고 말한다. 그분이 지고 가신 십자가의 나무도 자신이 만드신 피조물이다. 그 나무에 매달리셔야 했다. 어느 누가 이보다 가치있는 사랑을 하겠는가?

기억할 것은 예수님께서 이 모든 고통을 온전히 겪으셨다는 점이다.

완전한 인간이셨기 때문이다. 고통스러운 것처럼 보인 것이 아니다. 겟세마네 동산에서 이렇게 기도하셨을 때 그분의 인성은 자명했다. "내 아버지여 만일 할만 하시거든 이 잔을 내게서 지나가게 하옵소서"(마 26 : 39).

이 말은 예수님도 다른 방식을 더 원하셨다는 얘기가 된다. 그러나 예수님은 다음의 기도로 그분의 마음과 생각을 보여주셨다. "그러나 나의 원대로 마옵시고 아버지의 원대로 하옵소서"(39절).

「 예수 그리스도의 찬미 」

예수님은 어떻게 십자가의 죽음까지 자신을 낮추시며 견딜 수 없는 고통을 겪기까지 자신을 드릴 수 있었을까? 그것이 아버지 하나님의 뜻임을 알았기 때문이다. 그리고 그분의 아버지께서 그분을 들어올리시리란 사실을 알았기 때문이다. 하나님께서 바로 그렇게 하셨다.

> 이러므로 하나님이 그를 지극히 높여 모든 이름 위에 뛰어난 이름을 주사 하늘에 있는 자들과 땅에 있는 자들과 땅 아래있는 자들로 모든 무릎을 꿇게 하시고 모든 입으로 예수 그리스도를 주라 시인하여 하나님 아버지께 영광을 돌리게 하셨느니라(빌 2 : 9~11).

오늘 세상은 예수님께 엎드리지 않을 수도 있지만 나중에는 그렇게 될 것이다. 모든 무릎이 꿇게 될 그날이 올 것이다. 누가 뭐라 생각하든 그날엔 문제가 되지 않는다. 모든 사람이 하나님께서 예수님을 죽게 보내셨음을 알 것이기 때문이다. 잃어버린 자들은 이 땅에서 엎드렸을 것을 바라면서 영원을 보내게 될 것이다.

예수 그리스도의 이름을 부르는 자들은 이렇게 말해야 한다. "나는 이곳에서 엎드리고 지금 기꺼이 그렇게 하겠습니다. 예수님께 주로서 절하며 그분께서 저를 데려가시는 곳에 기꺼이 있겠으며 그분의 목적을 위해서 쓰신다면 기꺼이 드리겠습니다."

자, 여기서 필자가 하는 말로 잘못된 인상을 받지 않기 바란다. 우리가 그리스도에 대한 처음 사랑을 제자리에 돌려놓을 때 십자가도 기다리고 있을 것이다. 예수님은 "아무든지 나를 따라오려거든 자기를 부인하고 자기 십자가를 지고 나를 좇을 것이니라"(마 8 : 34).

여러분이 정말 예수 그리스도와 함께 있을 것이라면 여러분의 인생 속에 뭔가 불편한 것을 경험하게 될 것을 여기서 필자는 말하지 않을 수 없다. 똑바로 말하지 않으면 안되기 때문이다. 어떤 사람들은 우리가 우리 인생을 예수 그리스도께 헌신하면 모든 문제가 해결될 것이라고 믿게 만든다.

많은 문제가 해결될 것이다. 하지만 새로운 것들을 잔뜩 얻게 될 것이다. 예수 그리스도를 주님으로 모시기 때문에 이 세상이 원하는 것과 반대 방향으로 간다. 사업을 하는 사람이면 이윤에 영향을 받을 수도 있다. 가정 생활에는 분명히 영향을 받을 것이다. 도덕적인 생활이나 정신적인 생활에도 영향을 미칠 것이다.

그러나 예수 그리스도의 주권아래 사는 것은 진정으로 사는 유일한 길임을 또한 말하고 싶다!

　나를 위해 죽기까지 자신을 낮추시고 사랑하신 그분 앞에 나는 나 자신을 낮춰서 얼마나 잃을 수 있는가? 그 답은 '없다'이다. 처음 사랑을 회복하는 첫 단계는 예수님이 누구인지 그분께서 나를 위해 무엇을 하셨는지 기억하는 일이다. 다음 단계를 통해 그분을 기억하고 그분 앞에 엎드리자.

　1. 빌립보서 2장 5~11절은 성경에서 참 놀라운 본문 중의 하나로 강력한 기도를 하게 만든다. 본문을 이용하여 예수님이 누구인지 무엇을 하셨는지에 대한 각 구절을 따라 다시 주님께 기도로 드리라. "주님, 감사합니다. 주님께서 · · · "

　주님께서 생각하시는 것과 같이 내가 생각하도록 해주십사 구하는 기도로 마치며 나중에가 아니라 지금 그분 앞에 엎드릴 수 있는 특권을 주신 것에 감사드리자.

　2. 여러분이 필자 같다면 찬양을 하지 않고는 예수님이 누구인지 오랫동안 생각할 수 없을 것이다. 좋아하는 찬양이 있다면 지금 그분께 드리도록 하라. 좋은 성가집이나 찬양집이 집에 하나도 없다면 가까운 기독교 서점에 가서 구입하여 이용하도록 하자.

　3. 사람들이 병이 들거나 가족에 어려움이 생기거나 혹은 다른 문제들과 실패한 것들을 안고는 자신의 "십자가"를 지고 있다고 말하는 것을 자주 듣는다. 예수님이 우리에게 십자가를 지라고 하신 것은 그런 의미가 아니다. 우리 자신을 부인해야 한다는 말씀이다. 이해하기 쉬운 말씀은 아니다. 우리가 원하고, 생각하고, 필요하고, 필요하다고 생각하는 것 등에 '아니오'라고 말하며 예수님이 원하시고, 생각하시고, 우리를 위해 계획하시는 것에는 '예'라고 말할 수 있어야 한다는 뜻이다.

　예수님께서 내가 '아니오'라고 말하기를 원하시는 것에 내가 '예'라고 말한 것이 있는가? 성령님께서 그것이 무엇인지 보여주실 것이다. 나의 그 대답을 예수님의 대답으로 바꾸기를 촉구한다!

4. 여러분이 아는 사람 중에 나중에 지옥 가는 길에서 예수님 앞에 무릎꿇는 것이 아니라 지금 예수님을 주님으로 모셔야 할 사람을 위해 매일 기도하자. 그렇게 기도하고 있는 사람이 없다면 하나님께서 내 마음에 알려주실 때까지 무릎을 꿇고 일어나지 말라.

제11장
내가 누구인지 기억하라

예수 그리스도가 누구인지 생각해 봤으므로 이제 나는 누구인지 이해할 준비가 된 셈이다. 사실 그리스도인으로서 예수님이 누구인지 모르고서는 내가 누구인지 확실히 알 수 없다.

그렇기 때문에 내가 누구인지는 예수께서 누구인지와 관련해서만이 이해될 수 있다. 나의 신분은 그분 안에서만 온전히 발견할 수 있다. 마땅히 그 방법대로 예수님을 알 때까지 나를 알 수 없다. 그리고 마땅히 그 방법대로 그분을 알아야만 온전히 그분을 사랑할 수 있다.

그러나 많은 그리스도인들이 자신이 누구인지에 대해서 혼란스러워한다. 많은 그리스도인들은 정체감의 위기를 겪고 있다. 그래서 우리는 로마서 6장을 펴서 우리의 처음 사랑을 처음 자리로 되돌려놓고 영적인 승리 속에 살기 위해 그리스도와의 관계에 대해서 우리가 알고 깨달아야 하는 것을 이 고전적인 본문에서 뭐라고 설명하는지 보자.

이 장에서 필자는 로마서 6장에서 찾을 수 있는 중요한 진리 네 가지를 말하겠다. 각각이 주요 단어로 요약될 수가 있다.

「 우리는 뭔가 알아야 한다 」

내가 누구인지 모르면 어떻게 행동할지 어떤 길을 가야할지 누구를 본

받아야 할지 모를 것이다. 그래서 로마서 6장 1~4절에서 바울은 신분의 문제를 명백히 밝히고 싶어한다. 주요 단어는 '알다(know)'이다.

바울은 로마서 6장에서 지식에 대한 다른 단어를 몇 가지 이용할 것이다. 하나는 경험적인 지식과 관련있고 하나는 직관적인 지식을 말한다. 그것들을 묶으면 바울은 우리가 이 진리를 학문적으로나 직관적으로 이해할 뿐 아니라 이 진리를 또한 경험하기를 원한다는 사실을 알 수 있다.

— ◦ 은혜를 깨닫는 것

그래서 그는 이런 질문으로 시작한다. "은혜를 더하게 하려고 죄에 거하겠느뇨?"(1절). 바울은 여기서 오해를 기대하고 있다. 사람들이 하나님의 은혜에 관해서 들을 때 이제는 하고 싶은 대로 아무 때나 아무렇게 할 자유가 있다는 의미로 착각할 수 있다고 생각한 것이다.

그리스도인들은 그리스도 안에서 안전하고 구원을 잃을 수 없기 때문에 바울은 이 로마에 있는 신자들이 은혜를 죄짓는 특허권으로 잘못 해석하지 않을까 염려했다. 따라서 그는 자신의 질문에 아주 강한 언조로 답한다. "그럴 수 없느니라!"(2절). 또는, "하나님의 은혜를 잘못 해석하여 죄를 자유롭게 지을 수 있는 특권으로 절대로 생각하지 말기를···"

그렇게 강한 부정을 한 이유는 2절 후반부에서 찾을 수 있다. 우리가 그리스도 안에서 누구인지 가르치려 다음 단계를 밟고 있다. "죄에 대하여 죽은 우리가 어찌 그 가운데 더 살리요?"

"이제 나는 구원받았으니 죄를 자유롭게 지어도 돼"라고 하는 사람은 그리스도 안에서 자신의 새로운 신분을 완전히 오해했다는 것이다.

바울이 이 문제를 꺼낸 사실만으로도 이런 식으로 생각하여 넘어질 수 있는 그리스도인들이 있음을 알 수 있다. 이것은 끔찍한 생각이지만 우리 신분을 똑바로 알지 못할 때 일어날 수가 있다.

— ◦ 그리스도와 더불어 우리의 신분

요컨대 바울은 "자, 여러분 허리를 펴고 똑바로 앉아서 주의를 기울이시기 바랍니다. 지금부터 그리스도와 더불어 우리의 공동 신분에 대해서 논하겠습니다. 우리는 그리스도와 함께 십자가에 못박혔고 그리스도와 함께 장사되었으며 그리스도와 함께 부활하였습니다."

무릇 그리스도 예수와 합하여 세례를 받은 우리는 그의 죽으심과 합하여 세례받은 줄을 알지 못하느뇨. 그러므로 우리가 그의 죽으심과 합하여 세례를 받음으로 그와 함께 장사되었나니 이는 아버지의 영광으로 말미암아 그리스도를 죽은 자 가운데서 살리심과 같이 우리로 또한 새 생명 가운데서 행하게 하려 함이니라(3~4절).

달리 말하면 이 천년 전에 그리스도께 일어난 일은 하나님의 마음 (mind)에서 나에게 일어났다는 말이다. 예수께서 죽으셨을 때 내가 죽었다. 예수께서 장사되었을 때 내가 장사되었다. 예수께서 죽은 자로부터 부활하셨을 때 내가 죽은 자로부터 부활하였다.

하나님은 이 천년 전에 그리스도께 일어난 일을 내가 구원받았을 때 꺼내어서 나의 경험에 적용하셨다.

이 천년 전에 그리스도께 육체적으로 일어난 것이 오늘날 우리에게 영적으로 일어난다. 이것은 동일시(identification)의 원리로서 침례(baptism)라는 재미있는 단어에 요약된 원리이다.

이 단어는 "담그다(dip)", "잠기다, 던져넣다(plunge)"라는 뜻이다. 로마 시대에 옷감을 물들이는 사람이 쓰는 용어였다. 물들이는 사람이 자주색 옷감을 원하면 그것을 자주색 물감에 담갔다. 그 옷감은 침례받았기 때문에, 물감에 던져넣어졌기 때문에 이제 그 물감색을 나타낸다.

고린도전서 12장 13절에서는 우리가 그리스도를 영접한 순간 우리가 그분의 몸에 침례 또는 깊이 담가졌다고 말한다. 물들이는 직공이 옷감을 물감 속으로 집어넣는 것과 같이 나는 그리스도의 피에 잠겼고 그리스도의 일부로서 그분의 몸이 되었다. 이것이 동일시(identification)이다. 나는 이제 그리스도와 함께 동일시되었다.

동일시라는 것은 우리가 로마서 6장에서 처음 보는 개념이 아니다. 성경 전체를 통해서 하나님은 우리를 무언가와 동일시된 것으로서 보신다. 가령 로마서 5장 12절에서 그리스도 밖에 있는 모든 사람은 아담과 동일시된다. 아담이 불순종하고 우리는 아담의 열매이기 때문에 우리도 불순종했다.

어떤 사람들은 "내가 아담과 동일시되어야 한다니 옳지 않습니다. 나는 아담에게 나를 대표해 달라고 부탁하지도 않았는데요"라고 한다. 우리가 우리 스스로를 대표할지라도 우리는 아담 안에 있음을 나타낼 것이다. 아담 안에서는 모두가 죄를 짓기 때문이다. 그리고 지금도 우리는 여전히 죄를 짓는다. 우리는 아담과 동일시되었기 때문에 죄를 짓는다.

하지만 우리는 그리스도인으로서 이제 그리스도와 함께 동일시되었다. 하지만 우리가 누구인지 깨닫지 않으면 우리가 살기로 되어 있는 인생을 살아갈 수가 없다. 사단은 마술의 대가이다. 그는 우리 마음에 생각을 집어넣고 내 생각인 것처럼 생각하게 만들 수 있다. 그래서 사단은 우리가 이렇게 생각하게 만든다. "나는 이 죄를 지울 수가 없어. 나는 이 유혹을 극복할 수가 없어. 나는 할 수 없어."

그것은 거짓말이다. "당신에게 능력주시는 자 안에서 당신은 모든 것을 할 수 있다"(빌 4 : 113). 그러므로 그 거짓말을 이제는 믿지 말라. 당신은 더 이상 아담 안에 있지 않다. 당신은 그리스도 안에 있다.

그래서 우리의 새로운 신분으로 환산하여 생각하기를 배우는 것이 중요하다. 우리의 뇌는 은행과 같다. 나의 옛 사람에게서 쌓인 기억을 많이 갖고 있다. 그 옛 자아는 계속해서 나를 옛날에 그랬던 나와 동일시하고 동일시하려고 애쓸 것이다. 옛 자아는 내가 아담 안에 있을 때와 나를 동일시하려 할 것이다.

그렇기 때문에 내가 그리스도 안에서 누구인지로 내 마음을 새롭게 해야만 한다. 다음 성경 구절을 외워서 매일 아침 일어날 때마다 암송하면 좋은 출발을 하게 될 것이다.

내가 그리스도와 함께 십자가에 못 박혔나니 그런즉 이제는 내가 산 것이 아니요 오직 내 안에 그리스도께서 사신 것이라 이제 내가 육체 가운데 사는 것은 나를 사랑하사 자기 몸을 버리신 하나님의 아들을 믿는 믿음 안에서 사는 것이다.(갈 2 : 20)

이것은 우리의 새로운 신분에 관한 구절이다. 나는 옛 토니 에반스에 대해서 죽었다. 여러분도 옛 자아에 대해서 죽었다. 당신이 옛 자아에 대해서 살아 있다고 말하는 것은 사단의 거짓말이다.

— ◦ 새로운 힘의 원천

때때로 그리스도인들은 다른 그리스도인들을 보면서 이렇게 말한다. "와, 나도 저 사람들처럼 영적일 수 있다면 얼마나 좋을까" 바울이 그 말을 들으면 이렇게 얘기할 것이다. "당신도 저들과 똑같은 신분을 갖고 있으니 할 수 있어요. 모르십니까?" 다른 그리스도인들은 전진하고 있고 나는 후퇴하고 있다면 그들은 자신들이 누구인지의 견지에서 살고 있고 나는 그렇지 못하기 때문이다.

우리 집에는 토스트기와 통조림 따개, 전자렌지, 냉장고가 있다. 그것들이 모두 다르지만 전력은 모두 다 똑같은 곳에서 끌어 쓴다. 그래서 전원만 꼽으면 냉장고는 냉동을 하고 토스트기는 가열되는 것이다.

각 전기 기구가 다 다르지만 같은 전력 소스를 갖고 있기 때문에 제조업체의 사양에만 따르면 이용이 가능하다. 저 사람과 나는 다르지만, 나와 여러분은 다르지만, 우리 모두가 그리스도께 속한 이라면 다들 이용할 수 있는 그분의 권능 때문에 각자에 대한 하나님의 사양에 따라 살 수 있는 것이다. 하나님 나라에는 특별 아동이 없다.

— ◦ 새로운 주인

그리스도 안에서의 새로운 신분은 어떤 집으로 이사를 가는 것과 같다. 그 집의 이전 주인은 더럽고 너저분한 사람이었다. 집을 보니 어떤 사람이 살았는지 알겠지만 이제는 내가 그 집을 구입했고 나는 깨끗한 사람이다. 먼지를 깨끗이 닦아내고 카펫을 청소하고 벽을 새로 칠한다. 내가 누구인지에 따라 그 집은 완전히 다른 모습을 띄게 된다.

내가 그리스도를 만나기 전에는 육체라고 하는 그 집에 이전 주인이 살고 있었다. 그러나 이제 예수님이 이사를 오셨다. 거룩하고 깨끗하고 정결하고 의로운 새 거주자를 모시게 되었다.

따라서 그분이 그 옛 집에 사시지만 그것을 훌륭하게 단장하실 수 있다. 페인트칠도 새로 하고 카펫 먼지도 진공 청소기로 싹 뽑아내고 커튼도 새 것으로 단다. 내 몸이 바뀌어서 새 것이 되었다는 말이 아니라 어떤 분이 새로 이사해 들어오셨기 때문이다.

「 우리는 뭔가 여겨야(reckon) 한다 」

바울은 로마서 6장 5~11절에서 우리가 그리스도와 함께 연합되었다는 사실을 논한다. 이 본문에서 주요 단어는 '여긴다(reckon)'는 말이다. 이 단어는 11절에서 다룰텐데 다음 구절을 함께 보자.

> 만일 우리가 그의 죽으심을 본받아 연합한 자가 되었으면 또한 그의 부활을 본받아 연합한 자가 되리라. 우리가 알거니와 우리 옛사람이 예수와 함께 십자가에 못박힌 것은···(롬 6 : 5~6)

즉 우리는 그리스도와 함께 죽었으므로 하나님께서는 우리의 죄에 대해서 우리가 책임질 것으로 더 이상 생각하지 않으신다는 말이다. 그러므로 우리는 그리스도와 함께 새로운 삶을 살아야 한다는 말이며 그분과 함께 내가 죽은 사실을 나타낸다. 이 새로운 삶은 내가 그리스도와 함께 다시 살아났기 때문에 부활한 생명이다.

—。옛 자아(Old You)

구원받기 전의 나였던 옛 자아는 십자가에 못박혔다. 자, 이에 질문이 발동한다. 옛 자아가 십자가에 못박혔다면 나의 옛 자아는 왜 아직도 발길질을 하고 있을까?

그 이유는 옛 자아(Old You)가 거의 반사 작용처럼 반응하는 내 몸에 죄의 본질이 아직도 찌들어 있어 옛 자아는 그만큼 오염되어 있기 때문이다. 그것이 십자가에 못박혔음에도 불구하고 옛 자아는 아직도 살아 있는 것처럼 죄에 대해서 반응한다.

장의사라면 지금 하는 얘기를 다들 잘 알고 있을 것이다. 예를 들어 어떤 죽은 사람의 머리카락과 손톱은 한동안 계속 자라기 마련이다. 어떤 장의사 친구는 시체가 가끔 누워 있다가 떨 때가 있다고 했다. 그래서 필자는 장의사가 절대로 될 수 없다.

다른 장의사가 이런 얘기를 하는 것도 들었다. 때로는 시체가 신경 근육 반작용을 일으켜서 누워 있다가 그야말로 벌떡 일어난다고 한다. 이 말은 필자가 그 자리에 있다면 그 방에 죽은 사람은 둘이 된다는 뜻이다.

하지만 장의사인 그 친구는 조금도 놀라지 않는다. "떨림이나 튀어오르거나, 손톱과 머리카락이 자라는 행위가 있을 수는 있지만, 보통 사람이 이해하지 못하는 것을 나는 알고 있지. 시체가 열심히 움직여봤자 죽은 자는 죽은 게지 뭐가 더 있겠나."

마찬가지로 그리스도와 함께 십자가에 못박힌 우리도 그렇다. 죄의 본질이 아직도 어슬렁거리기 때문에 죄는 여전히 추한 머리를 쳐들지만 그 것은 옛 시체가 살아 있는 것처럼 행동하기 원하는 것뿐임을 우리가 알 아야 한다. 하지만 그것은 십자가에 못박혔기 때문에 죽었다는 것을 깨달아야만 한다.

하나님은 우리를 왜 십자가에 못박았을까? 로마서 6장 6~7절에 보면 이렇다. "죄의 몸이 멸하여 다시는 우리가 죄에게 종 노릇하지 아니하려 함이니 이는 죽은 자가 죄에서 벗어나 의롭다 하심을 얻었음이니라"

"죄의 몸"은 죄의 본질로 오염된 몸이다. 몸이 죄된(sinful) 것이 아니다. 죄의 본질이 죄된 것이고 죄의 본질은 몸을 통해서 자체를 드러낼 뿐이다. 그리스도와 함께 십자가에 못 박힌 결과 우리 몸의 죄도 무력하게 된 것이다.

틀림없이 우리는 죄를 지을 것이다. 그러나 죄의 노예가 될 필요는 없다. 구원받기 전에는 채널이 하나만 있는 라디오 같았다. 옛 자아라는 채널이었다. 들을 수 있는 것이라고는 모두 그 채널에서 나오는 것뿐이었다.

그러나 그리스도께 나왔을 때 우리는 새로운 채널을 갖게 된다. 하지만 채널을 맞추지 않으면 음악이 나오지 않을 것이다. 너무나 많은 그리스도인들이 하나님께서 새로운 채널을 주셨는데도 여전히 옛 채널을 들으면서 옛 방식대로 살고 있다.

하나님은 우리에게 새로운 채널을 주셨고 우리가 그리스도와 함께 연합되었음을 깨닫기 원하신다. 하나님을 대적하는 것들을 하기 원하는 내 "죄의 몸"은 무력하게 되었다.

이제 나의 손에게 나는 이렇게 말할 수 있다. "너는 이제 그것을 만질 필요 없어." 발에게 이렇게 말할 수 있다. "너는 이제 그 곳에 갈 필요 없어." 혀에게 이렇게 말할 수 있다. "너는 이제 그것을 더 말할 필요 없어." 내 마음에 이렇게 말할 수 있다. "너는 이제 그것을 더 이상 생각할 필요가 없어."

죄로 물든 이 몸을 이제 지배하여 새로운 방향으로 걸어가도록 하고 새로운 생각을 하도록 하며 새로운 용어를 쓰도록 한다. 내가 이제는 그리스도 안에 있기 때문이다. 그것이 십자가의 능력이다.

─ ◦ 새로운 나

그리스도 안에서 새로운 생명이 나를 유지하므로 내가 떨어지고 싶어도, 아무리 힘겹게 애써도, 그리스도께서 내 생명을 유지하고 지지하기 때문에 나는 아무데나 가지 않는다. 그래서 바울은 이렇게 말한다.

> 만일 우리가 그리스도와 함께 죽었으면 또한 그와 함께 살 줄을 믿노니 이는 그리스도께서 죽은 자 가운데서 사셨으매 다시 죽지 아니하시고 사망이 다시 그를 주장하지 못할 줄을 앎이로다. 그의 죽으심은 죄에 대하여 단번에 죽으심이요 그의 살으심은 하나님께 대하여 살으심이니(롬 6 : 8~10).

"그런데 왜 나는 그런 경험을 하고 있지 않죠?" 왜냐하면 뭔가를 해야 하기 때문이다. 11절을 보면 주요 단어가 있다. "이와 같이 너희도 너희 자신을 죄에 대하여는 죽은 자요 그리스도 예수 안에서 하나님을 대하여는 산 자로 여길지어다(reckon, consider)" 바울은 이렇게 말한다. "여러분은 그것을 그렇다고 여겨야 합니다. 그것을 사실로서 생각하십시오 그리스도 안에서 여러분은 새로운 신분을 얻은 것입니다."

영적인 은행 통장에 내가 억만장자가 되었다는 것을 알면, 수표를 써서 이용하기 시작하라는 말을 하고 있는 것이다. 아무리 큰 돈이 통장에 있어도 그렇다고 생각하지 않으면 아무 소용이 없다. 수표를 써서 백만 장자와 같이 행동하라. 그렇지 않으면 날마다 부도맞은 사람처럼 살 것이다.

미국 남북 전쟁 중에 군입소를 원하지 않는 사람이 징병 채무를 채우기 위해서 누군가에게 돈을 지불하는 것이 합법적이었다. 프레트(Pratt)라는 이가 화이트(White)라는 사람에게 돈을 지불하여 자기 대신 전쟁에 나가도록 했다.

화이트는 전사했다. 프레트는 재징집되었다. 하지만 프레트는 화이트라는 사람과 징집 위원회에 대해서 계약을 맺었으므로 자신은 "화이트로" 죽었기 때문에 2차 징집은 무효했다. 징집 위원회에서는 프레트가 법적으로 죽었다는 것에 동의해야 했다.

사단이 나를 나의 옛 생활로 재징집하기 위해서 올 때(옛 사고 방식과 행동 양식, 쓰던 언어로 나를 부르려고 할 때) 나는 그 계약서를 보여주어야 한다.

"예수 그리스도께서 나를 대신해서 이미 죽으셨어. 너는 나를 옛 생활로 더 이상 징집할 수 없어. 나를 옛 사고 방식으로 더 이상 돌아가게 할 수 없어. 값은 지불되었어. 다시 너를 섬기러 돌아가라고 나를 부를 수 없어."

예수님께서 죽으셨기 때문에 그분께서 단번에 죽으셨기 때문에 사단은 나에 대해서 더 이상 권한이 없다(10절). 영적 생활에서 승리하기 위해 더 이상 지불해야 할 것도 없다. 나는 이미 죽었다. 사단은 내 인생의 일들을 계속 경영하고 싶어하는 이미 자리를 찬탈당한 독재자와 같다. 그럴 때마다 우리는 이렇게 말해야 한다. "너는 이미 그리고 영원히 왕위를 빼앗긴 놈이야".

「 우리는 뭔가에 따라야만 한다(yield) 」

하나님의 은혜로 성취된 것은 죄가 더 이상 나의 생활을 지배하지 못한다는 것이다. 예수 그리스도는 이제 내 인생의 왕좌에 앉아 계시다.

그러나 내가 그것을 경험하기 위해서는 먼저 내가 그리스도와 연합되었음을 알아야 한다. 그리고 나서 두 번째로 그렇다고 여기거나 생각해야(reckon, consider) 한다. 셋째로 우리는 그리스도 안에 있는 새로운 신분에 따라야만 한다. 이것은 다음 주요 단어이다(New American Standard Version에는 "present(바치다, 배알시키다)"로 번역). 12절부터 보자. "그러므로 너희는 죄로 너희 죽을 몸에 왕 노릇하지 못하게 하여 몸의 사욕을 순종치 말고"

우리가 이제 사욕을 갖지 않게 될 것이라고 말하지 않는다. 성령님께서 내가 내 육체의 욕망을 채우는 일을 내가 멈추도록 하실 뿐, 육체의 소원을 갖는 일을 멈추지는 않으실 것이다.

그 대신에 하나님의 공급하심으로 인해 나의 욕구가 내 인생의 "주인처럼 행동"하도록 할 필요가 없다는 것이다. 내 육체의 소원이 나에게 하라고 말하는 대로 순종할 필요가 없다.

> 또한 너희 지체를 불의의 병기로 죄에게 드리지 말고 오직 너희 자신을 죽은 자 가운데서 다시 산 자같이 하나님께 드리며 너희 지체를 의의 병기로 하나님께 드리라. 죄가 너희를 주관치 못하리니 이는 너희가 법 아래 있지 아니하고 은혜 아래 있음이니라(13~14절).

필자가 성직자로서 하는 일 중에 결혼식 주례를 볼 때가 있다. 결혼식마다 주례자가 이렇게 말하는 부분이 있다. "누가 이 여자를 이 남자에게 결혼하도록 주십니까?"

대개는 아버지나 아버지의 대리인이 "접니다."라고 답한다. 그러면 교환식이 일어난다.

자, 아버지에게는 별로 좋지 않게 들리겠지만 일단 그가 "접니다."라고 하며 그는 자리에 가서 앉는다. 그리고 나는 이제 아버지와는 끝났다. 결혼식 내내 이제는 아버지와 다른 대화는 하지 않을 것이다. 왜? 이제는 그가 상관없기 때문이다.

신랑이 아버지를 대신해서 나아온다. 신랑과 신부는 내 앞에 와서 결혼 선언과 함께 반지를 교환하고 이렇게 식을 마친다. "이제 두 분을 남편과 아내로서 선언합니다." 그러면 하객들이 일어나 새 신랑과 신부를 맞이할 것이다.

이 젊은 숙녀는 이전과 다른 사람으로 바뀌었다. 똑같은 사람이 아니어서가 아니라 이제 새로운 신분을 갖게 되었기 때문이다. 일단 아버지에 의해서 드려지면 그녀는 새로운 권위아래 있게 된다. 새로운 관계 가운데 들어가는 것이다.

그 결과 몇 분 전만 해도 그녀에게 "애야, 네가 이것을 했으면 좋겠다."라고 말씀하실 수 있던 아버지는 "저는 그렇게 생각하지 않습니다."라고 말하는 젊은 남자에게 그녀에 대한 권위를 빼앗긴 셈이다.

첫 번째 남자의 의견은 한 가지 이유만으로 새로운 남자의 의견에 무효가 될 수 있다. 이 여인은 신분이 전가되었다. 성경은 우리의 신분이 그리스도께로 전가되었다고 말한다. 그래서 옛 사람이 육체를 불러 나에게 해야 할 것을 말하기 시작해도 나는 이렇게 반응해야 한다. "나는 이제 새로운 남편이 있어. 보라구, 이 새 반지. 내 이름도 새로 바뀌었어."

물 세례가 의미하는 것이 바로 이것이다. 물 세례는 이렇게 말한다. "나는 이제 결혼했어. 그러니 세상아, 네가 내게 시키고 싶은 대로 나는 할 수 없어. 나는 이제 결혼했어. 너는 내가 가기를 원하는 곳이 있지만 나는 그 곳에 갈 수 없어. 나는 결혼했어. 나는 네가 원하는 식으로 생각하고 말하고 행동할 수 없어. 나는 이제 결혼했어. 나는 새로운 남편에게 속했거든."

우리는 매일매일을 단위로 하나님께 나 자신을 드리고 순종해야 한다. 이렇게 말하고 하루를 시작한다. "주님 저는 당신과 결혼했습니다. 그러니 오늘도 당신과 함께 십자가에 못박힐 수 있도록 해주세요." 내 몸의 하나하나를 그리스도께 드리고 그분을 따라야 한다. 이제 그분의 이름을 갖고 있는 사람이다.

「 우리는 노예된 생활을 끝내야 한다 」

로마서 6장의 네 번째 부분은 네 번째 주요 단어인 '노예의 몸(slavery)'에 맞춰 다뤄보자. 15절이다. "그런즉 어찌하리요 우리가 법아래 있지 아니하고 은혜아래 있으니 죄를 지으리요 그럴 수 없느니라"

1~2절과 얼마나 비슷한지 보라. 죄를 지어도 좋다는 면허장이 아니라 은혜임을 말하기 위해서 바울은 한 바퀴를 돌아 다시 처음 생각으로 온 것이다.

─ ◦ 은혜와 율법

여기서 그는 율법의 원리에 또 하나의 요소를 갖다붙인다. 우리가 은혜아래 살면 율법을 지킬 것이라고 말한다. 우리가 하나님의 기준을 따를 것이라는 얘기이다. 그러나 그 동기는 그 기준 자체가 아니고 벌을 주겠다는 위협도 아니다. 그 동기는 하나님의 은혜이다.

우리가 정말 은혜를 깨달으면 단지 용서받을 것을 알기 때문에 또 나가서 죄를 짓지는 않을 것이다. 그분께서 나를 위해 하신 모든 것들에 대해 감사해서 하나님을 기쁘시게 해 드리고 싶을 것이다.

율법은 나에게 그 기준을 보여준다. 거울과 같이 그것은 내가 정말 어떠한지 보여준다. 나의 문제를 나타낼 수 있다. 나의 죄를 내게 보여줄 수 있다. 그러나 율법은 나의 문제를 고칠 수가 없다. "거짓말하지 말라"는 소리를 들으면 거짓말하는 것은 잘못된 것이고 내가 그것을 했음을 알기 때문에 정죄감을 느낀다.

그러나 율법이 할 수 없는 것을 그리스도께서 하셨다. 그분께서 엉망이 된 것을 고치셨다. 그리고 그분의 사랑과 은혜에 대한 감사로 우리는 기쁘게 세수도 하고 머리도 빗고 이빨도 닦도록 자극받는다. 우리 생활은 정결해진다.

─ ◦ 바른 주인 섬기기

그래서 내가 누구인지는 내가 누구를 섬길지 결정한다. 16절에서는 이렇게 말한다.

너희 자신을 종으로 드려 누구에게 순종하든지 그 순종함을 받는 자의
종이 되는 줄을 너희가 알지 못하느냐 혹은 죄의 종으로 사망에 이르고

혹은 순종의 종으로 의에 이르느니라.

그리스도인이 잘못된 주인의 노예가 될 수 있다는 것을 알았는가? 내가 그리스도께 속할지라도 다른 사람에게 매여 노예 생활을 하게 될 수 있다. 바울에 따르면 죄를 섬기면 죽음에 이르게 되고 하나님을 섬기면 생명에 이른다. 17절부터 이렇게 계속된다.

> 하나님께 감사하리로다 너희가 본래 죄의 종이더니 너희에게 전하여 준 바 교훈의 본을 마음으로 순종하여 죄에게서 해방되어 의에게 종이 되었느니라 … 너희가 죄의 종이 되었을 때에는 의에 대하여 자유하였느니라. 너희가 그 때에 무슨 열매를 얻었느뇨. 이제는 너희가 그 일을 부끄러워하나니 이는 그 마지막이 사망임이니라(롬 6 : 17~18, 20~21).

내 옛 생활의 열매나 유익은 무엇이었는가? 옛 생활이 나를 어디로 인도했는가? 그렇다. 죄와 즐겼었다. 그러나 어디로 가게 되었는가? 아무 유익이 없었다. 죽음을 유익으로 생각하지 않는다면 말이다!

그리스도인으로서 우리는 자신을 드릴 훨씬 좋은 것들이 있다. "그러나 이제는 너희가 죄에게서 해방되고 하나님께 종이 되어 거룩함에 이르는 열매를 얻었으니 이 마지막은 영생이라"(22절)

내가 누구인지 때문에 나 자신을 누구에게 드릴 것인가도 조심해서 해야 한다. 나 스스로를 옛 자아에게 예속시키지 말라. 나는 이미 그리스도 안에서 새로운 종이기 때문이다.

내가 누구인지에 대해서 분명히 하라. 나 자신을 죄의 노예가 아닌 의의 종으로 바치라. 나는 죄에게 빚진 것이 아무것도 없다. 나는 죄에게 가겠지만 죄의 노예가 되지 말라. 죄가 나를 다스리도록 하지 말라.

죄의 노예가 된다는 것이 무슨 의미인지 성경에 많은 예가 있다. 삼손(삿 13~16)은 하나님의 위대한 사람이었지만 정욕의 노예가 되었다. 삼손은 성인으로서의 거의 모든 인생을 이성에게 지배당했다. 그의 성적인 열정은 해가 갈수록 날뛰어서 그 결과 그의 눈은 뽑히고 사슬에 매이는 신세로 끝나게 되었다(삿 16 : 21).

예수님은 요한복음 17장 3절에서 영생은 하나님과 그 아들을 아는 것이라고 했다. 따라서 내가 죄의 노예라면 하나님의 기쁨을 잃는 것이다. 하나님의 뜻에 온전히 참여하지 못하는 것이다.

제8장에서 말했던, 마치 우리의 처음 사랑을 떠날 때 이 땅에서 얻는 결과와 같다. 신자들이 그들의 기쁨을 잃을 수 있음을 보았다. 그들은 약해지고 아파지고 목적과 의미를 잃게 될 수 있다.

─ ∘ 노예 신세와 자유

바울이 살던 당시 로마법에 따라 로마 시민은 어느 누구도 노예가 될 수 없었다. 그래서 파렴치한 사람들은 묘한 사기 술수를 써서 그 법을 이용해먹기 시작했다. 자신이 로마 시민인 것을 알리지 않고 큰 돈에 자신을 노예로 파는 계약을 한다.

그 사람은 돈을 모아서는 친구에게 이런 부탁을 한다. "내가 로마 시민인 것을 네가 확인 좀 해줄래?" 그 친구가 그것을 확인해주면 법적으로 로마 시민은 노예가 될 수 없기 때문에 자기는 풀려나야만 한다.

로마 시대의 경제는 노예 제도 위에 세워졌고 사람들은 이 술책을 여러 번 써먹을 수 있었기 때문에 이것이 당시 큰 골치거리였다. 그래서 로마 정부는 머리를 써서 새로운 법령을 시행했는데 어떤 사람이라도 자신을 노예로 팔면 더 이상 자유 상태를 선언할 수 없다는 것이었다. 노예로만 남아 있어야 한다는 것이다.

바울이 16절에서 하는 말이 그것이다. "너희가 누군가의 노예가 되면 그 사람이 너희를 소유한다. 너는 예수 그리스도의 노예가 되었으니 그분께서 너의 소유주다. 그러므로 옛 자아인 너희의 옛 주인이 너를 소유하지 못하도록 하라."

누가복음 15장에 있는 탕자의 비유가 생각난다. 탕자가 제 갈 길로 가서 노예가 되었었다. 하지만 그가 아버지의 종이 되고서라도 집에 돌아왔을 때 그는 자유를 찾았다.

우리가 어떻게 자유를 찾는지 아는가? 그리스도께 종이 됨으로써이다. 어떻게 내가 노예가 되는지 아는가? 세상에 자유해짐으로써이다. 마약에 노예가 된 사람에게 물어보라. 마약에 매이지 않는 것이 얼마나 좋은지? 세상은 나에게 자유를 주마고 노예를 삼을 것이다. C. S. 루이스가 '지옥은 모든 영원 세계에 대해서 내 마음대로 하는 것이었다'라고 하며 지옥의 개념을 잘 꼬집었다.

그러나 하나님은 내게 노예될 것을 제안하시면서 나를 자유롭게 해주신다. 우리 신앙의 또다른 대역설이다. 하나님은 "네가 나의 종이 되면 너는 참으로 자유할 것이다."라고 하신다.

1863년 1월 노예 해방이 선포되었다. 모든 노예들은 자유롭게 되었다. 그러나 텍사스에서는 그것이 비밀로 지켜졌다. 그들은 우리 조상들에게 이제는 자유라고 말해주지 않았다.

그래서 노예 해방 선언 이후 몇 년이 지난 후에도 텍사스에 있던 흑인들은 계속 노예로 살았다. 그들은 자유인처럼 행동하지 않았다. 아무도 그들에게 말해주지 않았기 때문이다.

누군가가 마침내 그들의 노예 생활은 끝났다고 말했을 때 그들은 기뻐서 축제를 벌였다. 그리고 우리는 오늘날 너무 기뻐서 매년 이 축제일을 아직도 지킨다. 그것이 Juneteenth이다.

이천 년 전 갈보리에서 예수 그리스도는 노예 해방 선언문에 서명을 하셨다. 그분은 우리가 이제는 자유라고 선포하셨지만 사단은 우리의 자유를 알리지 않고 비밀로 하려 하고 있다. 더 이상 그의 명령에 "네, 주인님"하고 대답할 필요가 없다는 현실을 우리가 모르게 하려 애쓰고 있다.

이제 그 쟁기를 놓을 수 있다. 내게 주어진 자유로 이젠 행동할 수 있다. 이제는 내 땅을 사서 내 소를 가지고 내 밭을 경작할 수 있다. 이제는 그리스도 안에서 자유롭게 되었으므로 자유 속에 살 수 있다. 그것이 나이다. 하지만 내가 그와 같이 살아야 한다.

영국 비행 조종사 프레드릭 헨들리 페이지(Frederick Handley Page)가 한 번은 아라비아를 건너 항공할 때 자신이 타고 있던 작은 비행기 안에 뭔가 갉아대는 이상한 소리를 들었다. 모르는 사이에 큰 쥐 한 마리가 비행기에 실린 음식 냄새를 맡고 탑승한 것이다.

이 쥐가 잘못하면 비행기의 제어 장치에 손상을 일으킬 수 있다고 생각하자 페이지의 심장은 뛰기 시작했다. 이 쥐가 어떤 중요한 선이라도 갉아먹는 날엔 보통 문제가 아니었다.

어떻게 해야 할지 몰랐다. 단독으로 비행하고 있었고 그 당시에는 자동 조종과 같은 것도 없던 때였다. 그런데 학교에서 배운 것이 생각났다. 쥐는 고도가 높은 곳에서는 살 수 없다.

그래서 페이지는 더 높이 올라가기 시작했다. 너무 높이 올라가서 자신도 숨쉬기가 어렵게 되었다. 하지만 그는 여념 없이 계속 귀를 기울였는데 얼마 후 그 갉아먹는 소리가 그쳤다. 목적지에 도착해서 보니 그 쥐는 조종석 뒤에 조용히 누워 있었다.

너무나 많은 사람들이 죄라는 쥐가 우리의 삶을 갉아먹도록 놔두고 있다. 비도덕이라는 쥐가 우리를 물고 부적절한 언어라는 쥐가 우리를 물어뜯고, 결혼 파괴라는 쥐가 우리를 씹는다. 우리의 영적 비행기는 추락하고 말 것이다.

그러나 우리가 할 수 있는 것이 있다. 더 높이 올라갈 수 있다. 고도를 높이는 것이다! 전에 그만큼 높이 올라가보지 않았기 때문에 숨쉬기가 조금 힘들어질 수 있다. 그러나 계속 올라가기만 하라. 성령님께서 나를 깨어 있도록 하실 것이다. 그 쥐가 더 이상 갉아먹는 소리를 들을 수 없을 때까지 계속 올라가라. 생각도 못한 승리를 하나님이 주실 때까지 그 곳까지 계속 올라가라.

나의 영적 비행기가 닿을 수 있으리라고 생각도 못했던 고도까지 올라가라. 그러면 가능하리라고 생각하지 못했던 자유를 발견하게 될 것이다. 알라. 여기라. 따르라. 자유하라!

이제까지 말했듯이 내가 누구인지 모르면 무엇을 해야 하는지 어디로 가야 하는지 알기란 쉽지 않다. 다음 사항들을 적용하여 영적인 거울에서 보이는 나의 모습을 바르게 하자.

1. 이 장 초반부에서 갈라디아서 2장 20절을 매일 아침 암송할 것을 제안했다. 그 진리가 내 기억 속에 영원히 남을 때까지 스스로 암송해보자.

2. 내 안에 사시는 예수 그리스도께 페인트 붓과 걸레, 양동이 등 그분께서 내 안을 청소하시고 훌륭하게 보이도록 하시기 위해 필요한 모든 것을 드린다. 그분께 불순종하는 부분이 있다면 모두 순종한다. 지금 잠글 수도 있는 내 마음의 어떠한 방에라도 그분께서 들어가실 수 있도록 열쇠를 드린다.

3. 사단이 어디에서 나를 가장 잘 넘어뜨리기 쉬운지 그리고 옛 자아처럼 행동하도록 만드는지 알고 있는가? 이 부분에서 영적인 방어력을 돌아보고 필요한 곳을 강화하라. 예를 들면 어떤 장소를 피하거나 혹은 나를 특히 유혹하게 될 TV 프로그램을 끈다.

4. 세상에게 노예였을 때 쓰던 옛 수갑이나 족쇄 때문에 생긴 상처가 지금도 나를 괴롭힐 수 있다. 사단이 옛 기억을 이용하여 용서받은 죄가 죄의식을 일으키고 우울하게 만든다면 치유하시는 하나님 약속의 연고를 바른다. 전에는 원수가 아니었던 그를 기억하여 그 원수가 나에게 어떤 책임을 물을 수 없음을 어떤 일로 나를 정죄할 수 없음을 혹은 나를 그리스도로부터 떼어낼 수 없음을 기억하라(롬 8 : 33~35)!

제12 장
나를 기다리고 있는 것은 무엇인지 기억하라

사랑 없는 에베소 교회에 대한 주님의 치료책에 다음의 권고가 포함되었음을 우리가 이미 여러 번 보았다. "그러므로 어디서 떨어진 것을 생각하고(remember)"(계 2 : 5).

에베소 교회는 예수 그리스도의 사랑에서 떨어졌다. 그로써 다른 것에도 여러 번 "떨어짐(fall)"을 겪게 되었다. 신약에서 어떤 교회나 개인이 그리스도와의 사랑에서 떨어져 나갈 때, 떨어짐이란 보상 및 축복의 자리에서 떨어지는 것을 말한다. 제8장과 9장에서 일시적인 보상과 영원한 보상의 손실에 대해서 살펴보았다.

이 장에서 살펴볼 것은 더 좋은 내용이다. 그리스도와의 사랑에 의지하는 것과 그분을 가장 우선으로 하는 축복을 생각해보기 원한다. 말하고 싶은 요지는 간단히 이렇다. 우리가 처음 사랑으로 돌아올 때, 우리가 우리 삶의 중앙에 예수 그리스도를 놓고 거리낌없이 나 자신을 그분께 드릴 때, 그분께서는 우리를 위해 무한한 축복을 갖고 계신다.

마땅히 해야 할 그리스도를 사랑하는 것에서 떨어졌을 때 이 땅에서와 천국에서의 결과를 모두 공부했으므로 똑같이 두 제목 하에 보상의 주제를 생각해보겠다.

예수 그리스도를 최고로 사랑하는 이들에게 이 땅에서 주시는 축복부터 시작하자. 이에 대해서 여러 장을 얘기할 수 있지만 특별히 두 가지에만 제한하여 논하고 싶다. 너무나 많은 그리스도인들은 오늘날 이러한 보상들이 없는 것 같고 혹은 적어도 그것들을 제대로 이해하지 못하는 것 같다. 여기서 얘기할 두 가지 축복 모두 성경의 똑같은 본문에 있다. 빌립보서 4장 10~19절이다. 이 토론을 이해하기 위해서 바울이 이 편지를 언제 썼는지 기억해야 한다. 그는 로마의 감옥에서 사형 선고를 기다리고 있는 중이었다. 말할 것도 없이 혼자 말이다.

그런데 10절에 보면 바울은 주님 안에서 기뻐한다. "내가 주 안에서 크게 기뻐함은 너희가 나를 생각하던 것이 이제 다시 싹이 남이니 너희가 또한 이를 위하여 생각은 하였으나 기회가 없었느니라."

여러분은 어려운 시간 속에서 이렇게 말할 수 있었던 적이 언제였던가? 대개 우리는 고통의 시간 속에서 기뻐하지 않을 뿐 아니라 사람들이 나를 보면 다들 내가 기쁘지 않다는 것을 알 정도이다.

그러나 바울은 빌립보 교회가 그에게 보여준 관심 때문에 기뻐하고 있다. 이 신자들은 바울을 사랑했다. 그들은 그에게 깊이 헌신되어 있었다. 바울이 매우 어려워 도움을 필요로 할 때 그들은 에바브로디도를 보내어 재정적으로 도왔다. 그들의 선물이 특히나 고마웠던 것은 다른 이들은 아무도 반응하지 않았기 때문이다.

여기서 바울이 다음에 말하는 것이 중요하다. "내가 궁핍하므로 말하는 것이 아니라 · · · "(11절). 바울이 빌립보 교인들에게 감사를 전하며 쓰는 이 글은 "돈을 더 보내시오"라는 뜻이 아니다.

바울은 "돈을 더 보내라고 드리는 말씀이 아닙니다. 왜냐하면 아주 중요한 것을 제가 배웠기 때문입니다." 우리도 그것을 배워야 하기 때문에 그가 배운 것이 무엇인지 물어봐야겠다.

> 어떠한 형편에든지 내가 자족하기를 배웠노니 내가 비천에 처할 줄도 알고 풍부에 처할 줄도 알아 모든 일에 배부르며 배고픔과 풍부와 궁핍에도 일체의 비결을 배웠노라(11~12절).

그 옛날 1960년대 어떤 연예인이 그랬듯이 바울은 이렇게 말했다. "내게 비밀이 있노라."

「 만족의 보상 」

　　우리는 만족을 움켜쥐려는 세상에 살고 있다. 사람들은 그것을 원하지만 그것이 어디에 있는지를 모른다. 그들은 이 만족(contentment)이라는 것을 찾으려고 분투하고 있다. 이것은 바깥의 환경과 상관없이 내면에 만족을 가져다주는 선물이다.

　　그러나 대부분의 사람들은 온통 잘못된 곳에서 그것을 찾고 있기 때문에 참된 만족을 찾지 못한다. 만족은 그리스도에 대한 신실함(충성)의 부산물이다. 미친 듯이 만족을 구하러 다닐 것이 아니라 그리스도와의 사랑 관계를 추구해야 한다. 왜냐하면 그것이 만족이라는 보상을 가져다주는 것이기 때문이다.

— 。가짜 만족

　　세상이 만족이라 부르는 것은 참된 것을 위조한 것이다. 큰 돈을 만지고 차와 집이 크고 새것이면 사람들은 만족을 느낀다. 돈을 받고 친구가 있으면 그들은 만족한다. 그러나 돈과 친구가 없어지고 새로운 장난감을 빼앗기면 갑자기 사람들은 절망에 빠지고 만족을 잃게 된다.

　　이것은 세상이, 참되고 영원한 만족을 어떻게 그리고 어디서 찾을지 도무지 알지 못하기 때문이다. 사실 많은 고가 산업들이 두 가지 사실에 의지하여 벌어먹고 있는 셈이다. 하나는 사람들이 가진 것으로 만족하지 못한다는 점이고 둘째는 사람들이 항상 더 많이 더 좋은 것을 갈망할 것이라는 점이다.

　　광고계에서 메디슨가(Madison Avenue)의 소년들은 아주 머리를 잘 썼다. 그들이 그렇게 큰 돈을 모은 것은 어떻게 불만족을 만들어내는지 알았기 때문이다. 그들은 시장에 새로운 것만 계속해서 채워넣으면 된다는 사실을 알았다.

　　이렇게 우리는 절대 만족하지 못한다. "새롭고 더 좋아진" 최신판이 나왔는데 누가 그 낡은 구식 제품을 원하겠는가? 1960년대에 어떤 자동차 회사는 "슈퍼 스포츠" 모델을 내놓았다. 지금 어떤 젊은이가 자신이 "슈퍼 스포츠맨"답게 할 수 있다는데 맹숭맹숭한 그냥 스포츠맨답게 하기로 결정하겠는가?

온 세상이 이렇게 움직이도록 만들어졌기 때문에 미국의 자본가였던 J. D. 록펠러가 "돈이 얼마면 충분하겠습니까?"라는 질문을 받자 "조금만 더면 되죠"라고 했던 이유를 이해할 수가 있다.

─ ◦ 만족의 비밀

불행으로 병이든 어떤 왕이 만족을 찾던 이야기가 있다. 그의 점성가 중 하나가 말하기를 부하에게 시켜서 어떤 만족한 사람을 찾아 그 사람의 윗도리를 왕에게 가져오면 병이 나을 것이라고 했다.

그래서 왕은 사람들을 보내 온 나라를 뒤져 만족한 사람을 찾아 윗도리를 가져오도록 했다. 부하들은 멀리까지 찾아봤으나 전국에서 유일하게 만족한 한 사람을 찾고 보니 그 사람은 윗도리도 하나 없었다는 것이다.

얼마나 가졌느냐에 만족을 찾을 수 없음을 우리는 안다. 대부분의 우리들에게 그것은 사실 좋은 소식이다. 무슨 말인가 하면 다 갖고 있는 사람들만큼 우리는 참된 만족을 느낄 수 있는 사람으로서 많이 갖고 있다는 뜻이다.

만족의 비밀은 그리스도께 충성하고 그리스도를 사랑하는 사람들에게 그리스도께서 주시는 보상이자 부산물이기 때문에 부유하고 유명한 사람들이 보통 사람들보다 더 가진 것은 아무것도 없다. 우리가 그리스도를 가졌다면 만족하기 위해 필요한 모든 힘과 재원을 가진 것이다.

─ ◦ 만족의 시험

내가 참으로 만족하고 있는지 어떻게 알 수 있을까? 그리스도로부터 오는 축복과 이 보상을 내가 누리고 있는지 어떻게 알까? 만족의 시험은 좋은 때에만 아니라 나쁜 때에도 해당된다. 만족을 찾으려고 하는 대부분의 사람들은 잘못된 곳에서 찾고 있고 잘못된 사람들에게 말하고 있다.

만족은 모든 사람들에게 있을 수 있는 것이 아니라는 얘기이다. 모든 그리스도인이 소유하고 있지도 않다. 바울은 "내가 배운 비밀은 죽음을 앞에 두고 옥에 갇혀 있거나 부유 속에서 살아 있거나(큰 돈을 만지거나)

그것이 문제가 되지 않는다. 내게 그리스도가 있기 때문이다.”고 말한다.

바울의 시각으로 말미암아 그는 기쁨을 누릴 뿐 아니라 어떤 것에도 위협당하지 않는다. 죽음의 위협 속에서 바울은 이렇게 반응한다. “죽음도 유익이라.” 일상의 문제로 도전받을 때 그는 이렇게 반응했다. “사는 것은 그리스도니.” 그리고 고난에 부딪혔을 때 그는 담대히 이렇게 말했다. “현재의 고난은 장차 우리에게 **나타날** 영광과 족히 비교할 수 없도다”(롬 8 : 18).

신자들이 바울에게 어떻게 했는지가 중요하지 않았다. 예수 그리스도께서 그의 인생의 전부였기 때문이다.

환경이나 주위의 일들이 그렇게 많이 문제가 되지 않는 경지까지 도달했는가? 인생에 대해서 무관심하라는 얘기가 아니다. 주위의 일들이 내 만족의 수준을 지배하도록 놔두지 말라는 얘기이다.

어떤 이는 이렇게 말할 수도 있다. “바울은 바울이고 저는 접니다. 그는 위대한 사도였고 나는 단지 보통 신자일 뿐인데요.” 아, 그러나 바울의 만족에 대한 비밀은 그 자신과는 아무 상관이 없었다. 그것은 모두 그리스도와 관련되었다. 바울은 “내게 능력주시는 자 안에서 내가 모든 것을 할 수 있느니라”(빌 4 : 13). 그것이 비밀이다.

또 이렇게 반문하는 분이 있다. “그게 다예요? 저는 또 뭔가 새로운 진리를 말씀하시려나 했죠. 그 말씀은 몇 년 전에 암송한 거라구요.”

문제는 우리가 이 친숙한 구절을 암송할 수 있느냐의 여부가 아니다. 문제는 이 말씀이 내 마음판에 지울 수 없도록 새겨졌는가이다. 바울은 “할 수 있다”고 말한다. 여러분이 긍정적인 사고의 힘을 원한다면 바로 그것이다.

— ◦ 만족의 초점

그러나 주의할 것은 바울이 이렇게 말하지 않았다. “나는 어떤 것이라도 할 수 있고 모든 것을 할 수 있다.” 그는 그보다 훨씬 더 어떤 것에 집중하고 있다. 그는 “나는 그리스도께서 내가 하라고 부르신 것들을 할 수 있다. 나는 그리스도께서 내가 되기를 원하는 사람이 될 수 있다. 그분께서 나로 할 수 있게 하시기 때문에 그 모든 것들을 할 수 있고 될 수 있다. 따라서 그리스도께서 내게 기대하시는 것 중에서 내가 할 수 없는 것은 아무것도 없다. 그분께서는 책임지시고 내게 능력을 주셔서 훌륭하게 해내도록 하시기 때문이다."라고 한다.

대부분의 그리스도인들이 만족하지 못하는 이유는 이 능력이 없어서이다. 다시 말해서, 만족의 비밀은 예수 그리스도와 역동적인 사랑의 관계를 갖는 것이며, 그분께 완전히 몰입되는 것이다. 그러면 그분께서 내가 하라고 주시는 사명이나 내가 되라고 부르신 소명을 내가 할 수 있도록 직접 책임지신다.

그래서 만족의 초점은 그리스도이지 만족 자체가 아니다. 앞에서 말했듯이 대부분의 사람들이 만족하지 못하는 이유는 너무 열심히 만족하려고 하기 때문이다. 우리가 그리스도께 전념한다면 만족에 대한 갈증과 다른 모든 것들이 채워질 것이다. 그렇게 우리의 제일인 처음 사랑으로 돌아가자.

우리가 뭔가 좀 갖고 있다고 해서 바울이 뭐라고 하는 것이 아니다. 그도 상당한 재산을 가졌던 때가 있다고 말했기 때문이다(빌 4 : 12). 그가 말하는 것은 이생의 어떤 것도 만족을 주지 못한다는 것이다. 그리스도께 전념하는 길만이 정답이다.

바울은 갖는 것이나 잃는 것(3 : 7~8)과 자족과 평강의 문제(4 : 6~7) 모두에 대해서 개인적인 경험으로 말할 수 있다. 이 사람이 하루종일 무엇에 대해서 생각하고 있었는지 알겠는가? 그는 그리스도께 삼키어졌고 그래서 그는 만족했다.

나는 그리스도께 삼키어졌는가? 그렇다면 만족을 찾는 것에 대해서 걱정할 필요가 없다. 그것이 그분의 보상이기 때문이다.

「 공급된 필요의 보상 」

빌립보서 4장에 여기 또 여러분이 몇 년 전에 암송했을 익숙한 구절이 있다. "나의 하나님이 그리스도 예수 안에서 영광 가운데 그 풍성한 대로 너희 모든 쓸 것을 채우시리라"(19절).

자, 이것은 참 놀라운 말씀이다. 우리 하나님께서 공급하실 수 없는 필요는 아무것도 없다. 우리의 필요가 재정적이든 육체적이든 감정적이든 무엇이든지 간에 하나님은 그것들을 채우실 수 있다. 이것이 그분께서 그리스도를 처음 사랑으로 유일한 사랑으로 사랑하는 이들에게 이 땅에서 주시는 두 번째 보상이다.

━ ◦ 필요에 대한 하나님의 생각

그러나 몇 가지를 분명히 해야겠다. 먼저 그것은 누가 그 필요를 규정하느냐에 달려 있다. 무슨 말인가 하면 때때로 하나님은 우리를 문제에서 건져내심으로써 우리의 필요를 공급하신다. 그러나 어떤 때는 적절한 문제들을 주심으로써 우리의 필요를 공급하신다.

"어떤 필요를 공급하실까?" 하나님께서 우리가 되도록 하고자 하는 사람으로 개발시킬 필요이다. 우리를 다음 영적 성장 단계로 이끌어가기 원하실 때 어려운 환경을 주시거나 혹은 건져내시는 두 경우 모두 하나님은 여전히 필요를 충족시키신다.

━ ◦ 필요에 대한 하나님의 공급

하나님은 우리의 필요를 어떻게 채우실까? "그리스도 예수 안에 있는 그분의 영광의 풍성함을 따라 채우신다." 그 '따라'라는 말 때문에 이것도 참 놀라운 말씀이다. 하나님은 그리스도 안에 있는 그분의 부요함 "속에서 꺼내어" 우리의 필요를 채우시는 것이 아니라 그 풍성함을 "따라" 채우신다.

그것에는 큰 차이가 있다. 억만장자는 '자신의 부' 속에서 1달러를 내게 줄 수 있다. 그러나 그것은 그의 부를 따라 한 것이 아니다. 그가 할 수 있는 능력을 나타내지 않을 것이다. 하나님이 주시는 것은 그분께서 하실 수 있는 것을 나타낸다.

상대방이 내게 와서 "10달러만 주세요"라고 할 때의 상황으로 또다른 면을 설명할 수 있다. 그래서 내가 그에게 내 돈에서 10달러를 준다. 하지만 나는 내 돈이 제한되어 있기 때문에 내게는 10달러가 줄은 셈이다.

상대방이 너무 자주 내게 와서 10달러를 요구하면 문제가 생길 것이다.

그러나 하나님과는 그런 문제가 없다. 하나님은 재원이 바닥나지 않기 때문이다. 그분이 갖고 계신 것을 우리가 고갈시킬 염려는 전혀 없다. 그래서 하나님이 내 곁에 오셔서 내 필요를 보시고는 모든 것을 공급하신다. 그렇게 다 하셔도 그분의 소유는 줄어들 수 없는 분이다. 그래서 우리는 내일 다시 그분께 나아갈 수 있다.

그러나 유의해야 할 아주 중요한 사실이 있다. 하나님의 재원은 "그리스도 예수 안에" 있다. 그리스도가 초점이지 그분께서 우리를 줄 수 있는 것이 아니다. 바울이 그리스도를 섬기고 사랑한 것의 동기는 선물을 구하려 한 것이 아니었다(빌 4 : 17). 그러면 우리의 필요가 공급되는 문제에 대해서 또다른 중요한 문제가 생긴다.

— ◦ 백지 수표라?

분명히 이런 얘기를 하면 이렇게 말하는 사람이 있다. "잠깐만요. 하나님이 나의 모든 필요를 공급하시기로 약속하셨다면 왜 내 필요는 채워지지 않는 거죠? 제게는 이러한 필요도 있고 그것에 대해서도 기도했는데요. 저러한 필요도 있고 공급해주시도록 주님께 구했는데요. 하지만 아무 일도 일어나지 않았어요. 마치 하나님이 나를 위해 지불하셔야 되는 것처럼 그것이 마치 자동인 것처럼 말씀하시는군요."

대부분의 사람들은 그 약속이 무조건적인 약속이 아니라 조건적인 것임을 깨닫지 못해서 그 약속에 대해 많은 혼돈을 일으킨다. 무조건적인 약속은 하나님께서 여하튼 채우시는 것이다.

그러나 조건적인 약속이란 하나님이 행하시기 전에 내가 충족시켜야 할 조건이 있다는 뜻이다. 16절을 보자. "데살로니가에 있을 때에도 너희가 한 번 두 번 나의 쓸 것을 보내었도다." 자 이제 19절을 생각하면서 그 약속과 함께 이것을 연결해보자.

그러면 필요를 공급하시리라는 하나님의 약속은 신실하고 아낌이 없으며 때로는 희생적이기까지 주는 것과 함께라는 것을 알게 된다.

바울이 이렇게 말한다. "여러분은 하나님께서 하라고 말씀하신 대로 했습니다. 그리스도로 인해서 희생했으며 하나님의 나라를 세우기 위해 주셨습니다. 그분의 영광을 위해서 여러분은 사셨습니다. 여러분은 하나님을 합당한 첫째 자리에 모셨습니다. 여러분은 예수 그리스도를 여러분의 처음 사랑으로 만들고 있습니다."

그러면 시각이 좀 달라진다. 하나님은 우리에게 맡기신 재원을 우리가 어떻게 사용하고 있는지에 관해서 아무 생각 없이 우리가 내키는 대로 아무 때나 하늘의 은행에서 빼낼 수 있는 "백지 수표"를 그냥 우리에게 건네주시지 않는다. 그분의 공급하심은 우리의 순종과 연결된다.

은행에서도 수표를 현금으로 바꿔주기 전에 내게 충분히 돈이 있는지 은행 잔고를 조사하듯이, 하나님은 내 영적 통장을 통해 하늘의 보화를 쌓아둔 것이 있는지 보신다. 그리고 마태복음 6장 33절에서 이렇게 말한다. "너희는 먼저 그의 나라와 그의 의를 구하라 그리하면 이 모든 것을 너희에게 더하시리라."

여러분이 현재 복음에 관련되어 있다면, 사람들의 삶을 세워주고, 사람들을 그리스도께로 인도하고, 그분의 일을 후원하고, 즉 그리스도에 대한 나의 사랑을 보이고 있다면 하나님께서 "네게 좋은 소식이 있다."고 말씀하신다.

우리가 그러한 조건을 만족시키지 않더라도 우리가 필요 가운데 있을 때 여전히 하나님은 채우실지도 모른다. 하지만 그것은 하나님이 은혜로우시고 우리를 사랑해서이지 그렇게 채우실 의무나 책임이 있어서는 아니다. 그러나 우리가 빌립보서 4장 15~16절의 조건을 만족시킨다면 하나님은 19절에 있는 약속을 반드시 지키실 것이다.

우리는 지금 당장 이 보상이 필요하다고 생각하지 않을 수도 있지만 계속 살아보라. 하나님의 공급하심이 필요하게 될 것이다. 재정적으로가 아니더라도 감정적으로든 신체적으로든 혹은 영적으로든 필요하게 될 것이다. 그런 때가 오면 나의 통장은 지금 어떠한지 묻게 될 것이다.

「 하나님 나라에서의 보상 」

이제는 다른 쪽을 공부할 차례이다. 그리스도에 대한 처음 사랑을 꼭 붙잡고 있는 이들을 영원에서 기다리고 있는 보상은 어떤 것일까?

이것을 조사하기 위해 요한계시록 2~3장을 보자. 이것도 또 놀랄 수밖에 없는 성경 본문이다. 일곱 교회에게 보내는 메시지에서 예수 그리스도는 이기는 자(overcomer)라고 하는 신자들을 묘사한다. 모든 그리스도인들이 어떤 의미에서는 이기는 자이다. 요한일서 4장 4절에 "너희 안에 계신 이가 세상에 있는 이보다 크심이라"고 했기 때문이다.

그러나 이기는 자인 신자들 모두가 실제로 이기는 것은 아니다. 하나님이 우리에게 주신 승리를 매일 매일 경험하며 살아가야만 한다. 그래서 모든 신자들이 그리스도 안에서 이기는 자이지만 그리스도 안에서 그들의 것인 승리를 모든 신자들이 경험하며 살아가는 것은 아니다.

그러나 요한계시록 2~3장에는 이기는 자들이 그리스도에 대한 자기들의 사랑을 환히 불태우며 확실히 승리하는 이들이다. 이 신실한 자들에게 부활하신 주님께서 몇 가지 놀라운 약속을 주신다. 우리의 오랜 친구인 에베소 교회부터 하나씩 보자(계 2 : 1~7).

─ ◦ 특별한 친밀함

이 장에서 처음 다섯 구절은 많이 설명하지 않겠다. 단지 하나님께서는 하나님께 대해서 우리가 해야 할 바인 의무가 그분께 대한 우리의 사랑의 자리를 차지하도록 해서는 안된다는 것만 다시 얘기한다. 의무와 헌신은 항상 나란히 가야만 한다.

우리가 앞에서 보았듯이 예수님은 이 교회에게 과거에 어떠했었는지 돌아보고 역동적인 사랑과 관심이 있었던 것은 언제였는지 그분과의 관계를 그렇게 움직이고 있던 모든 것을 기억하도록 권고하신다. 제10장부터 우리가 계속 다룬 내용이 바로 이것이다.

필자가 결혼 상담을 할 때는 그 부부에게 이렇게 말한다. "시간 관리를 다시 시작하세요. 이전에 하던 것을 하십쇼." 사람들은 이전에 갖던 관계를 원하지만 이전에 하던 것들을 기꺼이 하지는 않을 것이다. 7절로 가보자. "··· 이기는 그에게는 내가 하나님의 낙원에 있는 생명나무의 과실을 주어 먹게 하리라."

이기는 자는 구세주에 대한 의무를 수행하되 헌신도 잃지 않는 그리스도인이다. 단지 옳은 일을 할 뿐 아니라 바른 마음으로 그 옳은 일들을 하는 그리스도인이다. 그리스도께서 이렇게 말씀하신다. "너희가 부족한 헌신을 이기면 내가 너희로 생명나무 과실을 먹게 하겠다."

생명나무는 낙원의 기원인 에덴 동산에 있었다. 그 곳에서 아담은 하나님과 친밀함을 누리기로 되어 있었다. 하나님은 "하나님의 낙원"이라고 하는 곳에서 이기는 자들에게 그리스도와의 친밀한 교제를 공급하실 것이다. 즉, 그리스도께서 그분의 동산을 소유하실 것인데 말하자면 이생에서 그분께 헌신한 자들이 그분의 나라에서 그분과 함께 특별한 친밀함을 갖게 될 것이다.

—◦ 특별한 면류관

다음은 서머나 교회이다(2 : 8~11). 고난받는 교회이다. 서머나는 재미있는 모습을 하고 있었다. 역사적으로 많은 건물들이 도시 황제의 영향으로 왕관 모양을 하고 있었다.

예수님은 이 왕관을 들어 강조하시며 그들이 당할 고난에 대해서 말하고 있다. "네가 죽도록 충성하라 그리하면 내가 생명의 면류관을 네게 주리라"(10절). 이것은 시험 아래에서 신실했던 사람들에게 주시는 그분의 보상이다(약 1 : 12).

우리들 중 많은 이가 고난이 무엇인지 모른다. 그러나 서머나 교회의 신자들은 진짜 고난을 겪고 있었다. 어떤 이들은 믿음 때문에 옥에 갇히고 심한 박해를 받는다. 그러나 그들에게 예수님은 이렇게 말씀하신다. "이기는 자는 둘째 사망의 해를 받지 아니하리라"(계 2 : 11).

둘째 사망은 무엇인가? 지옥, 불못이다. "하지만 잠깐만요 그리스도인은 불못에 안 가지 않습니까?" 그렇다. 예수님께서 하시는 말씀은 이런 뜻이라고 생각한다. "둘째 사망으로 가는 죄인들이 네가 받을 보상을 잃게 하지 말라."

다시 말하면 지옥으로 가는 사람들이 내가 천국에서 누릴 최대의 축복을 막도록 하지 말라는 얘기이다. 죄인들이 내게 집어던지는 온갖 것들을 견디고 그리스도께 신실히 남아 있을 수 있다면 그 보상이 클 것이다. 면류관을 쌓고 있는 셈이다. 필자라면, 내가 예수 그리스도께 헌신되어서 사람들이 나를 미워할 때, "할렐루야. 또 면류관이네"라고 외칠 것이다.

내가 바르게 살고 하나님께 영광을 돌리기 때문에 고난받는다면(벧전 4 : 12~16), 그것은 하늘에 기록된다. 내가 그만두지 아니하고 "죽도록 충성하면(신실하면)" 나를 기다리는 보상이 있다.

∘특별한 영예

버가모 교회도 역시 고난을 겪었다. 안디바라는 성도가 죽기도 했다. 그러나 이 교회도 이겨야 할 것이 있었다.

그러나 네게 두어 가지 책망할 것이 있나니 거기 네게 발람의 교훈을 지키는 자들이 있도다. 발람이 발락을 가르쳐 이스라엘 앞에 올무를 놓아 우상의 제물을 먹게 하였고 또 행음하게 하였느니라(14절).

발람과 발락이 함께 하나님의 백성이 타협하도록 공모했다(수 22~24). 유다서 11절은 "발람의 어그러진 길"이 초대 교회의 문제였다고 말한다. 타협은 항상 그리스도인에게 유혹거리였지만 하나님은 그분의 교회가 굳게 서서 타협을 거부하면 보상해 주시겠다고 말씀하신다.

이기는 그에게는 내가 감추었던 만나를 주고 또 흰 돌을 줄 터인데 그 돌 위에 새 이름을 기록한 것이 있나니 받는 자밖에는 그 이름을 알 사람 이 없느니라(계 2 : 17).

만나와 흰 돌이 어떤 보상으로 들리는 사람은 없을 것이기 때문에 이에 대해서 얘기해야겠다. 구약 시대, 이스라엘은 하나님이 공급하신 만나를 항아리 안에 넣어서 지성소의 언약궤 속에 넣어두고 하나님께서 그들에게 공급하신 것을 백성들이 기억하도록 했다.

요한계시록 2장에서 이 말은 하나님께서 지금도 감춰두시고 특별히 공급해주실 것이 있다는 의미이다. 모두가 그것에 이를 수는 없지만 하나님께서는 그분의 이기는 자들이 쓸 수 있도록 주실 것이다. 계속 읽어 보면 필자가 왜 흰 돌을 이런 식으로 연결하는지 알 것이다.

예수님 당시 흰 돌은 티켓과 같은 것이었다. 올림픽과 같은 운동 경기를 관람도 하고 극장에도 들어갈 수 있었다. 어떤 행사에 들어갈 때 상자 안에 흰 돌을 떨어뜨리는 것이다.

그 당시, 정기 입장권 소유주도 있었기 때문에 자신이 그런 사람이 아니라면 그렇게 할 것이다. 그 경우에 사람들은 돌에 자기 이름을 쓰거나 사인을 해서 필요할 때마다 계속 다시 쓸 수 있었다. 어느 경기라도 들어갈 때마다 보여주면서 말이다.

이 땅에서 이기는 자에게는 그분의 나라에서 "일반 대중"(이기지 못한 신자들)이 들어가지 못할 만찬과 같은 그분의 특별한 공급에 대한 티켓으로서 내 이름자가 새겨진 돌을 주실 것이라고 예수님은 말씀하신다.

다시 말해서, 어떤 식사에도 사용할 수 있는 "정기 입장권"을 갖게 될 것이다. 그것은 항상 이용할 수가 있다. 일반인들이 하지 못하는 그리스도의 바로 면전으로 들어가는 것, 그분과 함께 비공식 식사 시간을 갖는다든지 하는 특별한 방법을 주실 것이다.

그것은 특별한 영예이다. 천국에는 많은 사람들이 있을지라도 모두가 정기 입장권을 갖지는 않을 것이다. 모두가 다 똑같은 수준으로 예수 그리스도 앞에 나아가지 않을 것이다. 우리가 그분께 충성(신실)할 때 그리스도와 특별히 교제하는 은혜를 얻는다.

— ∘ 특별한 자리

이제 두아디라 교회로 가보자(계 2 : 18~29). 이 교회는 거룩하지 않았다. 이것은 가장 작은 도시에 주신 가장 긴 말씀이다. 20절에 예수님께서 말씀하신다. "그러나 네게 책망할 일이 있노라. 자칭 선지자라 하는 여자 이세벨을 네가 용납함이니."

이것이 그녀의 진짜 이름인지 단지 상징하는 것인지 필자는 모르겠다. 자기 딸 이름을 이세벨(Jezebel)이라고 하는 부모가 있을까 싶다(왕상 16 : 29~31). 이 여자는 한 쪽으로 교회를 움직이고 있었다. 자신이 원하는 것을 하면서 사람들을 죄로 이끌고 있었다. 그런데 아무도 뭐라고 하지 않았다.

그들은 그녀와 그녀의 죄를 용납했다. 하지만 우리가 이기는 자라면 죄를 용납할 수는 없다. 죄에 참여하지 않을 뿐 아니라 그것을 볼 때 정죄한다. 이세벨은 자신의 부도덕을 회개하기는커녕 공개적으로 과시했다. 그래서 하나님은 "너희가 그것을 판단하지 않기 때문에 내가 하겠다"고 하신다(22절).

여기서 이기는 자에 대한 보상은 무엇인가? 26~28절에 있다.

> 이기는 자와 끝까지 내 일을 지키는 그에게 만국을 다스리는 권세를 주리니, 그가 철장을 가지고 저희를 다스려 질그릇 깨뜨리는 것과 같이 하리라. 나도 내 아버지께 받은 것이 그러하니라. 내가 또 그에게 새벽 별을 주리라.

예수님은 "네가 나와 함께 다스리도록 할 것이다."고 하신다. 이것이 정말 특별한 이유는 이기는 자의 권위에 대한 설명이 그리스도의 천년 왕국을 설명하는데 쓰인 것과 같기 때문이다(시편 2 : 9; 계 12 : 5).

그리고는 이렇게 말씀하신다. "네가 나와 함께 다스리는 한편 내가 네게 새벽 별도 줄 것이다." 요한계시록 22장 16절에 따르면 새벽 별은 예수님 자신이다. 내가 이기는 자일 때, 내가 그분과 밀접하게 연합되었음을 모두가 분명히 알 수 있게 될 자리에서 그리스도와 함께 다스릴 것이라는 약속이다. 어떻게 그 모든 일이 일어날지 모르겠지만 참으로 멋질 것이다.

─。특별한 초대

사데 교회는(계 3 : 1~6) "일깨워 그 남은 바 죽게 된 것을 굳게 하라"는 책망을 받는다(2절).

이 교회는 과거에 살기를 좋아했다. 그런 사람들이 주위에도 많이 있다. 항상 과거에 대해서만 얘기한다. 무엇을 했었다는 둥 어땠었다는 둥. 그러나 앞으로는 전혀 움직이지를 않는다. 몇 가지 신실한 부분이 있었지만 말이다.

> 그러나 사데에 그 옷을 더럽히지 아니한 자 몇 명이 네게 있어 흰 옷을 입고 나와 함께 다니리니 그들은 합당한 자인 연고라. 이기는 자는 이와 같이 흰 옷을 입을 것이요 내가 그 이름을 생명책에서 반드시 흐리지 아니하고 그 이름을 내 아버지 앞과 그 천사들 앞에서 시인하리라(4~5절).

사데는 모직 옷을 생산했기 때문에 예수님께서 옷을 언급하신다. 이기는 자들에 대한 보상의 약속을 하신다. 흰 옷은 특별한 행사나 파티에 입고가는 옷이다. 이것은 '쇼 타임'이라는 뜻이다. 이기는 자들은 하나님 나라에서 특별한 행사가 열릴 때마다 예수님의 초청자 명단에 오를 것이다. 수많은 행사가 있을 것이다. 내가 이기는 자라면 왕의 특별 초청 손님이 될 것이다.

모든 그리스도인들이 하나님 나라에서 열리는 행사마다 참석하지는 않을 것이다. 보상의 때에서는 다 같지가 않기 때문이다. 그러나 일단 예수님의 초청 명단에 들면 그 이름은 지워지지 않을 것이다. 예수님께서 "나의 특별한 하나님 나라 파티에 너를 위한 초청장을 계속 보낼 것이다" 라고 말씀하신다.

— ◦ 특별한 인식

빌라델비아는 "형제 사랑"의 도시로서 충성된 교회의 고향이었다(계 3 : 7~13). 예수님은 이 교회에 대해서 책망할 것이 하나도 없었다. 그러나 그래도 이기는 자가 필요했다.

> 이기는 자는 내 하나님 성전에 기둥이 되게 하리니 그가 결코 다시 나가지 아니하리라 내가 하나님의 이름과 하나님의 성 곧 하늘에서 내 하나님께로부터 내려오는 새 예루살렘의 이름과 나의 새 이름을 그이 위에 기록하리라(12절).

건물의 기둥이 하는 역할을 알 것이다. 기둥은 그 건물을 떠받치는 동시에 아름답고 웅장함을 과시하기도 한다. 하나님의 성전에 기둥과 같은 신실한 이기는 자들을 만들 것이라고 예수님께서 말씀하신다. 그리고 그들 위에 또한 특별한 이름을 기록할 것이다.

즉 내가 그리스도께 충성하면, 그분에 대한 나의 사랑을 올바른 자리에 지키면, 그 하나님 나라 어디를 가더라도 사람들의 특별한 인식을 얻게 될 것이다. "이 사람이 누구죠?"라고 사람들이 물을 것이다.

"저 분은 자신의 도덕관과 타협하지 않고 자신을 정결하게 지킨 신실한 종입니다. 저 분은요, 자신의 가족이 주님을 따르도록 그리스도를 끝까지 바라고 견고히 선 신자이지요. 저들은 무슨 일이 있어도, 변명 없이 주님께 충성한 자들입니다."

─ ◦ 특별한 권위

라오디게아 교회는 그 중에서 제일 나쁜 경우였다(계 3 : 14~22). 15~16절에 문제가 있다.

> 내가 네 행위를 아노니 네가 차지도 아니하고 더웁지도 아니하도다. 네가 차든지 더웁든지 하기를 원하노라. 네가 이같이 미지근하여 더웁지도 아니하고 차지도 아니하니 내 입에서 너를 토하여 내치리라.

허풍과 속임수 때문에 예수님이 위에서 토해내고 싶은 교회들이 많이 있다. 그들은 그분께 대한 불로 뜨겁지가 않다. 하물며 차지도 않다. 그들은 그 중간에서 다니려고 한다.

라오디게아는 부유한 사람들이었다. 모직을 생산하고 눈에 바르는 특수 안약도 생산했기 때문에 예수님은 이것들을 이용해서 이 교회가 영적으로 얼마나 깊은 필요 가운데 빠져 있는지 말하신다(계 3 : 18). 그 다음에 이기는 자에 대한 보상이 있다. "이기는 그에게는 내가 내 보좌에 함께 앉게 하여 주기를 내가 이기고 아버지 보좌에 함께 앉은 것과 같이 하리라"(21절).

내가 이기는 자이면 하나님 나라에서 예수 그리스도께서 만인 앞에서 권위가 있는 특별 보좌를 주시려고 부르실 것이다. 그리스도께 오는 영광을 어떤 특별한 방식으로 나에게 나누실 것이다.

우리가 우리의 처음 사랑에 진실하게만 머문다면 하나님께서 우리를 위해 갖고 계신 것이 이렇게 많다. 내가 이기는 자가 되고 이 보상들을 나누기 원한다면 예수 그리스도와 함께 끝까지 가야 할 것이다. "하지만 그것은 너무 힘들어요. 나는 지금 아무런 칭찬도 명예도 얻지 못하고 있으니 말이죠"라고 하시는 분이 계신가?

아프리카 선교사였던 헨리 모리슨(Henry Morrison)에 대해서 나누고 싶다. 그가 아프리카에서 이제 고향으로 오는 배를 타고 있었다. 그 배에는 데오도르 루즈벨트(Theodore Roosevelt) 대통령도 있었다. 배가 뉴욕 부두에 닿자 수천만 명의 인파가 루즈벨트를 맞이하러 나왔었다. 그러나 모리슨을 반겨주는 사람은 한 명도 없었다.

헨리 모리슨은 아프리카에서 주님을 40년간 섬겼다. 루즈벨트 대통령을 환영하러 나온 군중들을 보자 자신이 그 세월 동안 주님을 섬겼는데 한 사람도 마중하러 나오지 않은 것을 생각하고는 낙심이 되었다.

모리슨이 침울한 기분으로 배에서 부두까지 걸어가는데 어떤 속삭이는 목소리가 들려왔다. "헨리, 염려하지 말아라. 아직 고향에 오지 않았어." 그리고는 수천 명의 아프리카인들, 그리스도께 자신이 인도한 자들이 천국문에 서서 그가 진주로 장식한 문에 들어설 때 박수 갈채를 보내는 환상이 보였다고 말했다.

이 곳에서 사람들이 나를 인정하지 않고 지금 당장은 어떤 갈채도 받지 못해도, 고민하지 말라. 아직 고향에 온 것이 아니다. 그리스도께서 나를 기다리시는 것을 기억하라.

우리 모두는 이 세상이 우리의 최종 목적지가 아니며 우리는 뭔가 훨씬 더 좋은 것을 위해서 수고하고 있음을 기억해야 한다. 우리가 신실하게 예수 그리스도를 섬기고 사랑할 때 그 사랑을 환히 불태우도록 다음 사항들을 적용해보기 바란다.

1. 내가 그리스도께 완전히 삼키어졌는지 아니면 그분의 이익만을 내가 구하고 있는지 말할 수 있는 한 가지 방법은 내가 기도하고 있던 것에 그분께서 '아니다'라고 말씀하실 때 그 사랑의 불꽃이 어떻게 되는가 보는 것이다. 화가 났든지, 아니면 실망을 해서 마음속의 불꽃이 깜박거리며 점점 약해지는가? 아니면 그분께서 사랑하셔서 아니라고 말씀하신 것을 알기 때문에 더 강한 사랑으로 남아 있는가?

2. 성령님께서 나에게 그것이 문제라고 보여주신다면 생각해보고 뭔가 그에 대해서 해볼 만한 질문이 하나 있다. 하나님께서 그분의 일에 나를 드리는 것에 "따라" 생활에 필요한 것들(음식, 옷, 거할 곳)을 주신다면, 과연 나는 충성할까, 아니면 배고프고 벌거벗고 집 없는 이가 되겠는가?

3. 요한계시록 2~3장에서 교회들이 이겨야 할 일곱 가지 영적 문제 중에서 내가 지금 가장 극복해야 할 문제를 골라 기도의 초점으로 삼으라.

4. 성경이 반복해서 우리에게 나중 사람이 첫째가 될 것이고 첫째 사람이 꼴찌가 될 것이라고 말하기 때문에, 위대함을 측정하는 이 세상의 기준과 그 보상에 내가 지나치게 영향받지 않도록 하나님께 구하자. "아직 집에 안 왔다"라고 써 붙이고 자신의 삶을 다른 체계 속에서 운영해 나가기를 잊지 않도록 하자.

제13 장
회개의 중요성

요한계시록 2장 5절에서 예수님이 우리에게 우리 처음 사랑으로 돌아오라고 하시는 명령 세 부분 중에서 두 번째 부분을 살펴볼 차례이다. 첫 번째 명령은 '기억하라'였다. 그리고는 '회개하라'고 요청하신다. 이 장과 다음 14장에서 회개에 대하여 얘기하겠다.

이미 아시겠지만 필자는 유부남이다. 1970년, 로이스와 나는 교회에서 목사님 앞에 서서 서로에 대한 사랑과 충성의 서약을 맺는 인생길에 들어섰다.

결혼한 사람이라면 처음 결혼했을 때 눈이 반짝반짝 빛날 것이라고 장담할 수 있다. 제정신이 아니다. 온 세상이 멋져 보인다. 배우자를 볼 때마다 인생의 기쁨과 흥분, 생기와 활력을 느낀다. 더없는 행복이라는 얘기다.

그러나 나중에는 이렇게 말한다. "도대체 내가 뭘 했지?" 결혼 생활이 생각했던 대로가 아님을 알게 되기 때문이다. 기대했던 것보다 약간 더 있음을 발견한다. 여전히 헌신되어 있지만 노래 가사가 말하듯이 "스릴은 사라진다."

우리 그리스도인의 생활에서도 이런 것을 발견한다. 구원받고 그것이 행복의 전부인 양 생각했다. 하나님이 함께 하시는데 감히 어떤 것으로 괴로우랴. 승리 또 승리, 축복의 연속이다. 더 이상 어려움이나 재난이나 시련은 없다. 이 말들은 사실이 아니다. 그렇지 않은가? 구원받은 것으로 많은 문제들이 고쳐지지만 완전히 새로운 문제들이 드러나며 오래된 문제들 중 어떤 것은 아직도 처리해야 할 것들이 있다.

죄가 어느 때보다 참 죄된 것임을 알게 된다. 유혹이 어느 때보다 참 유혹한다는 것을 알게 된다. 그 성질은 여전히 거기 있다. 그리스도인이 된다고 해서 육체의 충동과 변덕을 느끼지 않는 것이 아니라는 적나라한 현실이 충격적으로 다가온다.

그러므로 결혼한 부부가 문제로 인해서 교제에 틈이 생기고 친밀함은 없어지고 가까움도 사라지는 것과 마찬가지로 우리도 그리스도인으로서 하나님과의 교제와 친밀함이 죄로 인해서 방해를 받을 수가 있다.

그렇다고 관계가 끊어지는 것은 아니다. 여전히 그리스도와 결혼한 상태이다. 그러나 그분과 나 사이에 죄가 들어와서 친밀함을 잃어버리게 된다. 유일한 치료책은 회개이다.

우리는 회개를 하는 것이 아니라 스스로를 변명하고 사람들에게 나도 사람일 뿐이라고 이해시키고 나의 죄를 사람들이 봐주기를 원한다.

그러나 하나님은 그렇지 않다. 항상 그분과 관계되어 있는 사람들을 부르시거나 혹은 그분과 관계하기를 원하는 사람을 부르셔서 그들의 마음이 죄에 대해서 바뀌도록 하신다. 그것이 '회개'라는 말의 기본적인 의미이다. 이전 방식에서 옳은 방식으로 생각을 바꾼다는 의미이다.

방향 전환을 가져오는 생각의 변화임에도 틀림없다. 회개는 혼돈이 있는 곳에 조화를 가져오고 그리스도에 대한 우리의 처음 사랑을 회복시키기 때문에 중요하다. 구원을 받는 것이 가능했어도 회개 없이는 구세주와의 교제가 불가능하다. 우리의 사랑이 꽃피도록 교제를 회복시킬 방법을 보도록 하자.

「 스스로 회개할 수 있다 」

죄가 하나님과의 동행을 분열시킬 때 그리스도인이 회개하는데 필요한 것과 관련하여 네 가지 점을 논하고 싶다. 먼저 쉬운 것부터 보도록 하자.

컨디션이 별로 좋지 않을 때 누군가가 이렇게 말할 수 있다. "아스피린 하나 먹고 좀 쉬어라." 의사까지 볼 필요는 없다는 것이다. 스스로 처리할 수 있는 상황이다.

마찬가지로 요한일서 1장 9절에서 말씀하신 것처럼 하나님도 내 스스로가 하나님과의 관계를 깨끗이 하러 나올 것이면 더 쓴 약이 필요 없다고 하실 것이다. 스스로 처리한다면 죄로 인한 결과가 더 악화되지 않을 수 있다.

─ ◦ 죄의 사실

최후의 만찬 자리에서 예수님의 품에 누워 있던 요한은 친밀함에 대해서 매우 관심이 많았다. 그가 가장 좋아하는 단어는 abide였다. "가까이 머물다, 누구와 함께 친밀한 교제 가운데 있다"라는 뜻이다. 그러나 요한은 또한 하나님과의 친밀함이 그분의 거룩함의 기준에 근거해야만 함을 알았다(요일 1 : 5).

하나님은 우리가 죄로 가득하거나 죄가 있을 때 우리로부터 완전히 떨어져 계신다. 사실 "내게는 죄가 없다고 말하면"(8절) 거짓말하는 것이다. 이 문장에서 죄는 단수 명사로 쓰였다. 바로 우리가 죄를 지을 수 있음을 말하는 것이다. 그리스도인이지만 아직도 우리 안에 있는 죄의 본질을 말한다. 그러나 9절에서 요한은 이렇게 말한다. "만일 우리가 우리 죄를 자백하면 저는 미쁘시고 의로우사 우리 죄를 사하시며 모든 불의에서 우리를 깨끗케 하실 것이요"

자백한다는 것은 아시다시피 무엇에 동의한다는 뜻이다. 하나님께서 생각하시는 것과 같이 나도 그렇게 생각한다는 의미이다. 회개의 열매인 그리스도와 사랑하는 관계를 우리가 회복시키지 못하는 이유 중 하나는 회개가 무엇인지 충분히 이해하고 있지 못하기 때문이다.

하나님께서 어떤 것을 죄라고 하실 때 그것은 나쁜 버릇이 아니다. 어떤 실수가 아니다. 어떤 연약함이 아니다. 그것은 죄이다. 그리고 죄는 하나님의 기질에 맞서는 것이다. 일부 그리스도인들이 육욕의 상태에 남아 있는 이유는 죄가 정말 얼마나 죄스러운지 전혀 모르기 때문이다. 우리는 죄를 크기와 결과대로 나누는 경향이 있다. 하지만 하나님께는 "어두움이 조금도 없으시다"(5절).

죄가 다르면 결과도 다르다. 그러나 죄를 종류별로 나눈다고 할 때 하나님께는 다를 바가 없다. 죄는 사소한 거짓말이든 혹은 1급 살인이든 똑같이 엄청나게 죄스러운 것이다. "화가 나서 그랬어요. 그 놈을 죽일 수도 있었다구요."라고 말하면서 죄의 죄성을 넘어가보려는 사람들이 있기 때문에 이 점이 아주 중요하다.

그러나 하나님은 "독선적인(self-righteous) 분노는 아무도 죽지 않았기 때문에 덜 죄스러운 것이다"라고 말씀하시지 않는다. 오히려 이렇게 말씀하신다. "죄는 나의 성품에 대한 모욕이다."

─ 。자백해야 함

그래서 요한은 우리가 "지은 죄"를 자백하라고 말한다. 여기서는 죄가 복수 명사(sins)이므로 8절에서의 단수 명사인 죄(sin)와 다르다. 여기에서는 사람들이 지은 죄들을 말한다. 아침 10시에 거짓말한 것, 점심 때 지은 간음죄(lust) 등 죄를 밝히며 그 진짜 이름대로 부른다. 이것이 오늘날 특히 중요한 것은 여러 가지 잘못된 신학이 그리스도인들을 엉망으로 만들기 때문이다. 사람들은 그리스도인의 생활에 대하여 그러한 독단적인 질주를 하려 하고 끝내는 바로 죄를 만들어내는 일로 마감한다.

필자가 성경을 읽은 바로는 그렇지 않다. 노아가 방주를 만들면서 사람들에게 "뭔가 좋은 일이 일어날 겁니다."라고 외쳤는가?

사람들이 예레미야를 구덩이에 집어던졌을 때 그가 이렇게 말하지 않았다. "나도 괜찮고 당신들도 괜찮습니다."

다니엘이 사자굴에 집어넣어졌을 때 "가능하다고 생각하면 산이 움직일 것이다"라고 말하지 않았다.

헤롯왕이 자기 동생의 아내를 취하는 것을 본 요한이 "웃으세요! 하나님은 당신을 사랑합니다!"라고 하지 않았다.

그것은 죄를 짓는 사람들이 들어야 할 소리가 아니다. 죄짓는 성도나 그리스도를 모르는 죄인들에게는 이렇게 말해야 한다. "당신은 죄를 지었습니다. 그것은 하나님의 성품을 거스르는 것이며 당신은 회개해야 합니다."

─ ◦ 자백할 시간

내가 지은 죄를 언제 자백해야 할까? 요한일서 1장 9절에 따라 죄를 지으면 자백한다. 하지만 보통 우리는 어떻게 하는가? 하루를 다 살고 나서 잘 때 무릎을 꿇고 "주님, 제가 오늘 어떤 죄를 지었다면···"

그래서 뭐를 어떻게 하라구? 지금 이 말에는 두 가지 문제가 있다. "지었다면"이란 말은 내가 죄를 지었는지 안 지었는지 잘 모른다는 뜻이다.

두 번째 문제는 죄를 한참 모아놓고 있었다는 것이다. 한 바구니에 다 담아놓았다. 하나님은 거룩하시다. 그래서 내가 예를 들어 아침 8시 반에 거짓말을 했으면 그 죄는 밤 11시에 무릎을 꿇을 때까지 해결되지 않은 것이다. 아침 8시 반부터 밤 11시까지 하나님과의 교제가 단절된 것이다.

고작 죄를 자백한다고 하는 것이 다 싸잡아 가지고 "자세한 것들은 기억하지 마시고, 그것 죄송해요"라고 자기 전에 기도한데서야 그리스도와 사랑의 관계를 제대로 가질 리가 없다. 평안과 승리가 없는 것도 당연하다. 죄의 문제를 해결해야 할 때 해결해야 한다.

결혼한 사람이 이렇게 말하는 경우를 많이 들어봤을 것이다. "제 아내(남편)는 도대체 아무것도 안 하려고 해요." 어떤 잘못을 했을 때, 그 잘못에 대해 한 쪽이 불평을 늘어놓고, 자백을 하면서 용서를 구하지는 않고 그런 일이 없었던 척 한다면 둘 사이의 친밀함은 손상을 입는다.

하나님은 말씀하신다. "너희가 죄를 지으면 그것을 죄로서 자백하라. 그것이 무엇인지 이름을 대고 그것이 일어났을 때 자백하라."

─ ◦ 하나님이 치르신 대가

죄에 대해서 우리가 하나님께 동의하기를 원하시는 이유는 그분이 그것을 위해서 치르셔야 했던 대가를 우리가 기억하기 원하시기 때문이다. 죄를 실수나 나쁜 버릇으로 변명하거나 죄를 무시하고 넘어가기를 원치 않으신다. 죄에 대해서 하나님은 큰 대가를 치르셨기 때문이다.

우리의 죄값을 치르는데 하나님은 아들의 생명을 내놓으셨고 우리가 그 사실을 기억하기 원하신다. 요한은 7절에서 우리를 죄에서 계속 깨끗케 하는데는 예수 그리스도의 보혈이 필요하다고 말했다.

다윗이 바세바와 죄를 짓고나서 회개할 때 "우슬초로 나를 정결케 하소서"라는 기도를 했다(시 51 : 7). 우슬초는 구약 시대에 제사장들이 제사 때 쓰던 식물이다. 제사장이 우슬초 가지를 가져다가 그 잎을 희생 제물의 피에 담갔다가는 제단에 그 피를 뿌렸다.

그래서 다윗이 "우슬초로 나를 정결케 하소서"라는 말은 "희생의 피를 당신의 자비의 제단에 뿌리소서"라는 뜻이다.

우리가 죄를 자백하면 이렇게 말하는 것이다. "주님 저의 불의에 예수 그리스도의 보혈을 뿌리셔서 제가 지은 죄값을 온전히 치르기 위해 필요한 값을 그 피로 거두소서."

어떤 이는 이렇게 물을 것이다. "제가 그분을 영접했을 때 예수님의 피가 내 모든 죄값을 치르시지 않았나요?" 그렇다. 하지만 그분과의 교제를 지켜나가기 위해서 그분과 함께 정결하게 나와야 하고 나의 죄에 대해서 마음을 바꾸어야 한다. 하나님이 죄라 하시는 것을 죄라고 해야 하며 그분께서 그것을 보시듯이 나도 죄를 봐야 그분께서 그 죄에 깨끗케 하시는 그리스도의 보혈을 쓰실 수 있다. 이런 식으로 교제가 회복된다.

— ◦ 죄 탐지기

바울이 "쉬지 말고 기도하라"고 한 이유는 하나님과의 친밀함을 유지하기 위해서이다(살전 5 : 17). 죄를 신실하게 자백할 때 계속적으로 정결하게 된다.

"하지만 저는 잘 잊어버린다구요."라고 말하는 분이 계시는가? 하나님께서는 그에 대한 해결책이 있다. 9절 끝에서 요한은 하나님께서 우리를 "모든 불의"에서 깨끗케 하실 것이라고 말한다.

내가 아는 죄에 대해서 처리하는 한 하나님께서 잊어버린 죄까지 처리하실 것이라는 말이다. 내가 아는 죄를 깨끗이 하러 나오면 그분께서 내가 모르는 것들까지 깨끗케 하실 것이다. 하나님은 내가 그분을 진지하게 대하고 있는지 죄를 심각하게 생각하고 있는지 알고 싶어하신다.

"내가 죄를 지었을 때 어떻게 알죠?" 먼저, 말씀이라는 기준에 비추어 안다. 하나님은 이 문제에 대해서 어두움에 내버려두시지 않으셨다. 둘째 그리스도인은 자기 속에 죄 탐지기가 있어서 죄를 지으면 안다.

필자는 보통 열쇠를 주머니에 넣고 다니는데, 공항에서 탐지기를 통과할 때면 삑! 하는 소리가 난다. 그러면 검사하는 공항 직원이 나를 부른다. 주머니 속의 열쇠를 빼서 내놓고는 다시 통과한다.

그러면 또 삑! 소리가 난다. 두 번째로 그 직원은 말한다. "주머니 속을 다 비우세요." 그래서 나는 주머니 속에 있는 것을 다 꺼낸다. 그리고 시계도 끄른다. 내게 있는 숨겨진 쇠를 그 탐지기가 모두 발견해서 삑 소리를 내기 때문이다.

우리는 속에 죄를 탐지하시는 성령님이라고 하는 분이 계신다. 그래서 우리 생활에 죄가 들어올 때마다 속에서 삑 하는 소리가 날 것이다. 그것은 나의 양심을 움직이는 성령 하나님이시다. 그래서 나의 양심이 뭔가를 내게 말할 때 넘어가서는 안된다. 그리스도를 전심으로 사랑하기를 애쓰고 구할 때 나의 양심은 죄에 매우 민감해지기 때문이다.

하나님은 그분의 자녀들을 다르게 다루신다. 자식들 중 한 녀석이 와서 "엄마, 저 ··· 을 잘못했어요"라고 할 때 잘못을 해놓고도 결코 인정하지 않는 아이들과는 다르게 그 아이를 취급할 것이다. 다 잘못한 녀석들이지만 한 놈은 그것을 자백한 것이고 다른 놈은 무시하고 있는 것이다.

「 남들로 인해서 우리는 회개할 수 있다 」

바울이 고린도후서를 보내자 고린도 교회는 그 가운데 있는 죄들을 더 잘 처리하게 되었다. 7장에서 보았듯이 이전에는 지체들의 죄를 간과하고 오히려 자랑하기까지 했다.

─ ◦ 후회하지 아니함

고린도전서 5장 1~13절에서 바울이 그들에게 하는 말은 이러했다.

"너희는 지금 엉망이다. 정말 너무 부끄럽다." 그러나 바울이 그 엉망진
창인 것에 맞선 이후 그들은 그것을 처리했다. 그래서 여기 고린도후서
에서 바울은 "그러므로 내가 편지로 너희를 근심하게 한 것을 후회하였
으나 지금은 후회하지 아니함은···"(7 : 8). 바울은 하나님의 말씀을 근
거로 처리했고 그 일은 그렇게 해결되었기 때문이다.

주일날 필자 때문에 화가 나서 교회를 떠나는 몇몇 사람들을 안다. 한
번은 이렇게 말하는 형제가 있었다. "제가 처음에 이 교회에 와서 목사님
이 설교하시는 것을 들었을 때는 이런 생각이 들었어요"

"도대체 자기가 누구라고 생각하길래 저런 소리를 하는 거야?"

"그런데 계속 말씀을 듣다보니, 목사님이 말하고 있던 것은 하나님께
서 내게 말씀하고 계신 것이 분명해졌어요. 제가 들어야 할 소리였지요"

어떤 이가 필자가 말하는 것이나 글쓴 것에 화가 난다면 필자는 바울
과 같이 말해야 할 말씀에 근거했기 때문이다. "너희를 진리에 부딪히게
만들어서 내가 너희를 슬프게 혹은 화나게 한 것을 후회하지 않는 것은
진리만이 너희를 자유케 하기 때문일세."

그래서 바울은 "그 사람을 교회에서 쫓아내라고 말한 것에 너희를 근
심하게 했으나 그것을 후회하지 않는다"라고 말한다. 교회 지체가 회개
하기를 거부하고 계속 불순종하여, 우리가 교회에서 그를 징계하거나 교
제권에서 제거해야 할 때 많은 그리스도인들은 이해하지 못한다.

그러나 그러한 처리가 필요하고 성경적 지침에 따라 되었을 때 슬픔이
나 분노는 잠깐뿐이다. 그것은 지나간다. 사람들은 그것을 극복한다. 8절
끝에서 고린도 교인들에게 바울이 말하는 것이 그런 뜻이다. 그러고 나
서 9절은 이렇다. "내가 지금 기뻐함은 너희로 근심하게 한 까닭이 아니
요 도리어 너희가 근심함으로 회개함에 이른 까닭이라. 너희가 하나님의
뜻대로 근심하게 된 것은 우리에게서 아무 해도 받지 않게 하려 함이라."

— ∘ 세상 슬픔(근심)

유감스럽거나 섭섭한 것에 대해서 슬픔으로 인해 뭔가 된다면 그 슬픔
은 괜찮은 것이다. 주위에 보면 끊임없이 "I'm sorry."를 입에 달고 다니는

사람이 있다. 처음에는 그 말 그대로를 받지만 같은 말을 계속 반복해서 말하게 되면 그 말이 정말 "회개함에 이르는" 미안함이거나 잘못한 것을 이제는 그만두겠다는 죄송함이 아니라는 것을 알게 된다.

바울이 10절에서 설명하는 것처럼 슬픔(근심)에는 여러 가지가 있다. "하나님의 뜻대로 하는 근심은 후회할 것이 없는 구원에 이르게 하는 회개를 이루는 것이요 세상 근심은 사망을 이루는 것이라." 위에서 필자가 말한 슬픔에는 울고불고하는 것들을 포함한다. 그러나 마음의 변화와 행동의 변화가 일어나지 않으면 성경에서는 그것을 세상 근심이라고 한다. 9절에서 그 차이가 10절에 반복된다. "하나님의 뜻대로 하는 근심".

세상 근심은 내가 한 것에 대해서는 유감스럽게 느끼지만 그것에 대해서 마음의 변화는 없다. 세상 근심은 이렇게 말한다. "그렇게 하지 말았어야 했어." "내가 그렇게 하다니 너무 잘못했지."

— 。하나님의 뜻대로 하는 근심(슬픔)

그러나 하나님의 뜻대로 하는 근심(슬픔)은 이렇게 말한다. "나는 내가 한 것에 대해서 미안하게 생각해. 내가 그렇게 하다니 잘못했어. 그 죄에 대해서 내 마음을 바꾸겠어. 그리고 그것을 의로 바꾸기 위한 행동 계획을 짜야지."

이것이 '하나님의 뜻대로 하는' 근심이다. 어디론가 가게 된다. 마음의 변화인 회개를 일으킨다. 내 마음이 생각하는 대로 내 발이 움직인다는 것을 기억하라. 내 마음이 발을 지배한다. 따라서 내가 회개한 것을 행동으로 옮기는 계획을 명확히 말해줘야 한다.

예를 들어 남편이 아내에게 잘못 말한 것에 대해서 미안하다면 그것을 그냥 지나갈 수는 없다. 그냥 "오늘 그렇게 말해서 미안해. 어제 무시한 것 미안해. 조금 아까 말한 것 미안해"라고 말할 수만은 없다.

하나님의 뜻대로 하는 근심(슬픔)은 이렇게 말한다. "내가 그렇게 한 것에 대해서 정말 괴로워. 내 마음을 바꾸자. 이것은 잘못됐어. 그러니 사랑하고 세우고 격려하는 말로 칭찬하는 말로 바꾸자. 내 입술의 말을 이제 뒤집어 놓자." 이러한 근심은 후회하지 않는다.

갈라디아서 6장이 또 여기서 중요하다. 이 본문은 제17장에서 아주 더 자세히 공부할 것이므로 간단히 얘기하고 싶다. 이제까지 하던 얘기를 마무리하기 위해서 몇 가지만 짚어보자. 바울은 1절에서 "형제들아 사람이 만일 무슨 범죄한 일이 드러나거든(if a man is caught in any trespass) 신령한 너희는 온유한 심령으로 그러한 자를 바로잡고 네 자신을 돌아보아 너도 시험을 받을까 두려워하라."고 한다.

영어 본문에서 'caught'라고 하는 말은 죄에게 "닥쳐진, 덮쳐진(overtaken)" 상황이다. 죄를 저지른 사람은 꼼짝 못하게 된다. 죄를 범하기 시작하는 사람들은 거기에 빠지기 마련이다. 나가고 싶고 나가려 애를 써도 그들은 표사(올라서면 빠져버리는 젖은 모래층—역주)에 있는 것과 같다.

"그러한 자를 바로잡고(restore such a one)"에 쓰인 "바로잡고(restore—회복시키다, 복구하다)"라는 말은 부러진 다리나 찢어진 망을 고쳐서 온전한 상태로 되돌려 놓는다는 뜻이다. 죄에서 잡힌 사람을 보고 불러서는 "이봐, 내가 방금 뭘 알았는지 말해주지."라고 하라는 뜻이 아니다.

만약 그렇게 하면 그 사람은 "신령한 너희"에 들어가는 수준이 아니다. 자신이 죄인이라고 말하는 그 사람과 같이 죄를 지을 뿐이다. 신령한(영적인) 사람이라면 그 뼈를 맞추고, 그 망을 고치듯이 그 사람이 회개하고 회복(복구)되도록 도울 것이기 때문이다.

성경은 신령한 그리스도인이 땅에 주저앉아 있는 다른 그리스도인을 보면 "거기서 뭐하고 있는 건가? 일어나게!"라고 하지 않는다고 말한다. 오히려 "제가 도와 드리지요"라고 말한다. 우리가 할 일은 죄짓는 형제자매들을 회복시키는 것이다. 사도 야고보는 우리에게 이렇게 권면한다.

내 형제들아 너희 중에 미혹하여 진리를 떠난 자를 누가 돌아서게 하면 너희가 알 것은 죄인을 미혹한 길에서 돌아서게 하는 자가 그 영혼을 사망에서 구원하며 허다한 죄를 덮을 것이니라(5 : 19~20).

필자는 우리 교회 교인들에게 내가 헤매는 것을 그들이 본다면 내 가족이나 다른 교인들에게 가서 "목사가 저래서는 안되는데"라고 하지 말고 나에게 와서 내가 돌이키도록 도와달라고 얘기한다.

교회가 이러한 실수를 하는 것은 오늘날 기독교 신앙에서 큰 재앙이다. 우리는 부상당한 이를 회복시키지 않고 오히려 총을 쏜다. 전혀 상관하지 않으며 불순종하는 이들을 말하는 것이 아니다. 죄에 빠지고 닥쳐서 나가고 싶어하는 사람을 말한다. 성경은 그런 사람을 가서 구하고 다시 데리고 오라고 말한다.

어렸을 때 필자는 형을 고자질하기를 좋아했다. 특히 내가 매를 맞으면 이렇게 결심을 한다. "나 혼자 이렇게 맞을 수는 없지."

그래서 다음에 형이 한 것을 봐놓고는 아빠한테 이렇게 말한다. "아빠, 제가 뭘 봤는지 맞춰보세요!"

그러나 아버지는 내가 왜 그러는지 아신다. 그래서 내가 막 매를 맞고 나서 한번은 그 장난을 치려고 했다. 그랬더니 아버지가 "아래층으로 내려가"

"아래층이요, 왜요?"

"너 좀 다시 맞아야겠다."

"하지만 아빠, 제가 아니고 형이라니까요."

아빠는 "그래 안다. 그런데 너는 네 형을 의도적으로 혼나게 하려고 하니 맞아야겠다는 얘기야."

하나님은 어떤 형제가 죄를 짓는 것을 우리가 봤을 때 다른 사람한테 가서 이르는 식으로 하지 말고 그에게 가서 그가 고치고 회개하도록 도와주라고 말씀하신다. 그렇지 않으면 내가 그 매를 맞게 될 것이다.

「 하나님의 징계로 회개한다 」

스스로 회개하지 않고 주의의 형제들이 그들을 회복시키려 들이는 노력을 거부하는 그리스도인들에게 하나님은 이렇게 말씀하신다. "너를 여러 번 낫게 하려고 했는데, 이제는 내가 좀 더 쓴 약을 써야겠다."

고린도전서 11장 29~32절을 보자. 성찬식을 나누는 배경이다.

주의 몸을 분변치 못하고 먹고 마시는 자는 자기의 죄를 먹고 마시는 것이니라. 이러므로 너희 중에 약한 자와 병 든 자가 많고 잠자는 자도 적지 아니하니 우리가 우리를 살폈으면 판단을 받지 아니하려니와 우리가 판단을 받는 것은 주께 징계를 받는 것이니 이는 우리로 세상과 함께 죄 정함을 받지 않게 하려 하심이라.

― ◦ 직접 중재

주님께서 간섭하시고 직접 처리하시는 경우이다. 어떤 고린도 교인들은 성찬식을 하는데 취해 있던 이가 있었다. 어떤 이들은 시장기를 채우고 있었다(21절). 그런데 그에 대해서 아무런 조치가 없었다.

그래서 하나님은 이렇게 말씀하시며 활동을 개시하신다. "너희가 나의 말을 순종하지 않고 스스로를 살피지 않는구나. 형제 자매들의 말을 듣지 않는구나. 내가 여기서 개입하마." 이것이 심각한 것은 30절을 보면 알 수 있다. 바울의 말은 죄 때문에 어떤 고린도 신자들은 약하고 병들었고 심지어는 죽기도 했다는 것이다.

죄를 짓고 회개하지 않는 그리스도인을 하나님은 어떻게 약하게 하실까? 여러가지 방법으로 하실 수 있다. 인생의 환경을 이용해서 삶의 문제들이 풀리지 않아 안정을 못하고 가족이나 결혼 또는 재정 문제로 힘들어질 수 있다.

우리 모두가 이런 것을 한 번쯤은 경험했으리라고 생각한다. 한 가지가 해결되는가 싶으면 금방 또다른 일이 터진다. 가족의 위기를 거의 막아낼 무렵 또다른 것이 생긴다. 성령님이 개입하시는 때이다.

물론 우리에게 생기는 모든 문제가 하나님의 벌이라는 말은 아니다. 절대로 어떻게 할 수가 없는 심각한 연약함들을 얘기하고 있는 것이다. 그분께서 그러셔야만 한다면 조정하셔서 내 주위를 무너뜨릴 수 있다.

또 이렇게 말하는 사람도 있다. "하나님께서 내가 이것하는 것을 원하지 않으신다면 그냥 번개로 날 치시지 왜 가만 계십니까?" 하나님께서 바로 그렇게 하시고 있는 중일 수도 있다. 다만 그 '번개'가 '기한 초과' 혹은 '최종 통보'라는 말이 붙어서 우편으로 날아올지도 모른다. 병 또는 어떤 다른 비참한 형편으로 닥칠 수 있다.

— ○ 과감한 단계

부모들은 자녀들을 가끔 심하게 다루어야 하기 때문에 이것이 무슨 말인지 안다. 어떤 사람이 한번은 내게 와서 이렇게 말했다. "제 아들은 제 말을 듣지 않을 겁니다. 경찰이 그를 잡아가서 감옥에 넣었어요. 보석으로 꺼내야 합니까?"

뭐라고 대답했을까? "아닙니다. 그만 두십시오. 자기를 사랑하는 아빠의 말을 듣지 않는 자식이니 경찰 말을 들을 것입니다." 고통스러운 일이다. 그러나 하나님이 벌을 내리시는 목적은 우리를 사랑으로 고치기 위함이지 빨리 무덤으로 보내고자 함이 아니다. 가끔 우리 애들이 어떤 것을 배우려면 세상이 무너지는 경험도 필요하다.

웃시야왕도 그런 경험을 했다. 그는 하나님의 권위에 대항하여 문둥병에 걸렸다(대하 26장). 아나니아와 삽비라에게도 그런 일이 일어났다(행 5). 다윗이 바세바와 죄를 지어놓고 1년 동안 자백하지 않고 지냈을 때 하나님께서 개입하셔서 벌하셔야만 했다(삼하 12).

교회의 많은 사람들이 "이런 심판 얘기 따위는 듣고 싶지 않아. 기분 나쁘다구."하면서 듣기 싫어한다. 그러나 베드로전서 4장 17절은 이렇다. "하나님 집에서 심판을 시작할 때가 되었나니". 하나님의 집, 즉 진리를 들을 수 있는 곳이 하나 있어야만 한다. 가끔 진리에는 심판이 포함된다. 그리고 우리는 잘못된 것에 대해서 아무렇지도 않게 느낄 수는 없다.

「 사단의 재앙으로 회개할 수 있다 」

아무것도 되지 않으면 주님께서는 그 사람을 마귀에게 넘기신다. 디모데전서 1장 18~20절을 생각해보자.

> 아들 디모데야 내가 네게 이 경계로써 명하노니 전에 너를 지도한 예언을 따라 그것으로 선한 싸움을 싸우며 믿음과 착한 양심을 가지라. 어떤 이들이 이 양심을 버렸고 그 믿음에 관하여는 파선하였느니라. 그 가운데 후메내오와 알렉산더가 있으니 내가 사단에게 내어준 것은 저희로 징계

를 받아 훼방(신성모독, blaspheme)하지 말게 하려 함이니라.

파선(shipwreck−난파)이 무엇인지 여러분도 알 것이다. 그 원인은 무엇인가? 때로는 노가 제자리에 있지 않아서이다. 우리가 타고가는 영적 배가 제 길로 가기 위해서 쓰는 노는 두 개가 있다. 믿음과 선한 양심이다.

— ◦ 두 개의 노

그 두 노가 어떻게 작용하는지 보자. 우리가 하나님의 말씀에서 보여주실 때 순종하는 삶을 살고 하나님을 신뢰하여 그분의 말씀을 감사히 받으면 그것이 믿음의 생활이다.

물론 양심으로 옳고 그른 것을 알기도 한다. 비기독교인들도 양심이 있다. 그러나 그들은 잘못된 데이터를 갖고 있어서 잘못된 것에 대해서 옳게 느끼고 옳은 것에 대해서 잘못되었다고 느낄 수 있다.

그러나 우리가 구원받으면 양심이 마음(mind)과 함께 새로워진다. 왜냐하면 새로운 데이터인 성경이 입력되어 그에 따라 작동하기 때문이다. 우리가 하나님의 말씀에 근거한 믿음의 생활을 살면 성령님께서 내 양심을 인도하셔서 여기서는 그래, 거기서는 아니라고 말씀하실 수 있다. 그것이 선한 양심이다.

— ◦ 문제에 부딪힘

많은 이들이 예를 들어 네모낳게 생긴 우리 양심의 말뚝을 맞지 않는 세상 시스템이라는 구멍에 끼워넣으려고 애쓴다. 계속해서 한참 동안 빡빡 돌리고 세게 쑤셔 넣으려고 하면 네모난 말뚝은 패여서 둥그런 구멍에 맞게 변할 것이다.

성령님께서 우리 양심을 찔러주실 때 그것을 무시하면 어떤 일이 생기는가? 다시 따끔해지고 또 그것을 무시한다. 무시하는 것에 이제는 뭐 익숙해질 때까지 하고 결국에는 죄를 지어도 마음이 불편하지 않게 된다. 일단 그렇게 되면 우리는 파선을 향하고 있는 셈이다.

Urban Alternative라는 미전역 사역을 지원하는 친구들이 있었는데 그 좋은 세 명의 동료가 부도덕한 행각에 빠진 것을 알고나서 얼마 전에 편지를 썼다. 그들은 배를 타고 가다가 바위에 부딪힌 것이다. 가족들도 잃고 자식들에게서도 존경받지 못하고 사역이나 명성은 말할 것도 없다.

그래서 그 편지에 필자는 후원하는 이들에게 기도를 부탁했다. 주님께서 나의 양심과 그분의 말씀과 함께 나를 정직하게 지켜주시도록, 죄를 지으면 빨리 해결하도록 그래서 언젠가 나를 신문에서 보는 사람이 아무도 없도록 · · ·

내가 존경하고 주님을 사랑하는 자들에게 이런 일이 일어나는 것을 볼 때 나에게도 일어날 수 있음을 안다. 나도 사단의 세력을 초월해 있지 않다. 여러분도 마찬가지이다. 파선당한 후에 용서받을 수 있지만 하나님께 쓰임받는 능력은 파괴될지도 모른다.

후메네오와 알렉산더에게 그런 일이 일어났다. 디모데후서 2장 17~18절에서 후메네오는 부활(휴거)이 이미 지나갔다고 가르쳐서 일부 신자들이 믿음을 버리게 되었다.

— ◦ 넘겨줌

그래서 바울은 이 두 사람을 사단에게 넘겼다. 이 말은 그들을 교회에서 쫓아냈다는 뜻이다. 앞에서 우리는 하나님의 보호하시는 손길이 치워지고 사단이 그의 생활을 직접 찾아드는 파문에 대해서 살펴보았다.

많은 이들은 하나님께서 교회에 덧입히시는 능력을 이해하지 못한다. 교회가 어떤 사람을 사단에게로 돌릴 때 그 징계가 합법적인 기준에 의한 것이라면 된 것이다. 이것은 아주 심한 경우이다. 그러나 고린도 교회의 경우에서 보았듯이 징계를 하는 목적은 회개와 회복을 위한 것임을 다시 강조한다(고전 5; 고후 2).

스스로 회개하지 않거나, 동료 그리스도인이 하는 권면을 듣지 않을 때, 그리고 하나님의 직접 징계하심에 반응하지 않을 때는 사단에게 넘겨진다. 사단은 우리를 노예삼고 싶어하는 피도 눈물도 없는 판단자(judge)이다. 그 길만이 회개하는 유일한 길일 때 하나님은 그 길로 가게 하신다.

우리가 우리 마음을 바꾸어서 주님께로 돌아오는 것이란 얼마나 덜 고통스럽고 즐거운 일인가? 탕자의 비유를 그래서 필자는 좋아한다. 그는 타락하여 죄 속에 살며 돼지와 함께 먹다가 하루는 이런 생각이 들었다. "잠깐! 아버지 집에 사는 하인들이 이보다 더 낫게 살지 않는가?"

그래서 이 젊은이는 집을 향해 간다. 그의 아버지는 그를 애타게 기다리고 계셨다. 탕자가 아버지께 와서 "아버지, 제가 죄를 지었습니다!"했다.

이 아들은 이렇게 변명하지 않았다. "제가 바보 같은 짓을 해서 다 날려버렸습니다." "사람들 때문에 제가 실수했습니다."

그는 이렇게 말한다. "제가 죄를 지었습니다. 제가 당신의 기준을 범했습니다." 여러분도 나머지 얘기를 알 것이다. 그 아버지는 아들을 용서하고 회복시킨다. 그리고 잔치를 벌인다.

어떤 이가 내게 이렇게 말했다. "제 아내는 저와 싸울 때마다 히스토리칼(historical)해집니다."

"히스테리칼 말입니까?"

"아니요, 히스토리칼이요. 옛날에 제가 했던 일들을 모두 다 끄집어낸다니까요."

하나님의 용서하심이 아름답고 위대한 것은 우리의 죄를 더 이상 기억치 않으신다는 점이다. 그분은 우리가 참으로 회개할 때 그런 일이 전혀 일어나지 않았던 것처럼 행동하신다. 그분은 우리와의 교제를 회복시키신다. 우리의 처음 사랑은 원래 그 처음 자리로 되돌아온다.

주님은 우리가 자발적으로 회개하고 그분께 돌아올 기회를 주시는 분이다. 예수 그리스도께서도 사랑을 강요하지 않으신다. 우리 각 사람이 어떤 부분에서 회개할 것이 있든지 필자는 여러분이 그것을 지금 해결하기를 기도한다.

1. 시편 32편에는 다윗이 죄를 회개한 후, 하나님의 용서하심에 대한 기쁨이 나와 있다. 이 32편을 읽는다. 지금 솔직히 이러한 회개의 기쁨을 느낄 수 없다면 주님 앞에 나아가서 그분과의 교제를 막고 있는 것이 해결될 때까지 있자.

2. 하나님께서 우리 동료 그리스도인들을 사용해서 우리를 되돌아오게 하는 것에 대해서 배운 것에 근거하여 마음을 점검해볼 좋은 기회이다. 마음속으로 이 질문에 답해보자. 다른 신자가 나에게 와서 올바른 동기와 사랑으로 나를 대면하여 내 생활의 죄에 대해서 언급할 때 그를 보고 처음에 화를 내거나 방어하겠는가 아니면 마음을 열고 그가 염려해준 것에 감사하겠는가?

3. 그리스도와의 관계가 최우선의 사랑인 이래 나의 마음이 그분을 향하여 늘 굳어지지 않도록 기도하라. 주님을 사랑하는 것에 내가 초점을 맞추고 있다면 죄에 민감할 것에 대해서 염려하지 않아도 된다. 당장 느낄 수 있을 테니까!

4. 그리스도인이라면 적어도 한 사람은 내 생활에 대해서 계속 잘 알고 있어야 한다. 그 사람에게 감사의 편지나 전화를 하는 것이 어떨까? 그 친구가 얼마나 내게 소중한지 구체적으로 말해주라. 그 사람이 이미 주님과 함께 있다면 하나님께 얼마나 감사한지 기도하자. 그리고 그 얘기를 전해주시도록 부탁드리자.

제 14 장
양다리는 이제 그만

몇 년 전 유행했던 노래 가사 중에 이런 내용이 있다. "둘을 사랑하려 하는 것은 쉽지 않네."

이 14장을 요약하면 바로 그렇다. 회개하고 우리의 처음 사랑으로 돌아오는 것에서 아주 중요한 부분은 그리스도께 대한 경쟁이 될 수 있는 다른 어떠한 사랑은 버리는 것이다.

"양다리 걸친다는 것"이 무엇인지 우리는 다 안다. 두 상대(사랑)를 동시에 속이려고 한다. 집과 가족이 있고 겉으로 아무렇지도 않은 척 하면서 부정한 관계를 동시에 갖고 있는 사람이다.

다시 말하면 간통이다. 이것은 수많은 문제를 불러일으킨다. 그리고 양 상대방이나 하나가 그 조작극에 지치고 만다.

「 두 애인의 문제 」

합법적인 배우자로서 그 간부(간음한 쪽)의 배우자는 유일한(독점적인) 애정과 충실함을 주장할 권리가 있다. "다른 여자(또는 남자)"는 자신이 그저 한 쪽인 것에 지쳐 그 간부가 선택할 것을 요구한다. 한 사람이 동시에 두 애인을 유지할 수 없음을 모두 알게 된다.

— 。다른 애인

성경은 간음을 들어 그리스도께 영적으로 불충성하는 것을 설명한다. 예수님은 우리의 처음 사랑을 주장할 권리가 있을 뿐 아니라 우리의 유일한 사랑일 것을 요구하신다. 양다리 걸치는 그리스도인들에게 주님께서 뭐라고 말씀하시는지 보자.

> 간음하는 여자들이여 세상과 벗된 것이 하나님의 원수임을 알지 못하느뇨 그런즉 누구든지 세상과 벗이 되고자 하는 자는 스스로 하나님과 원수되게 하는 것이니라(약 4 : 4).

"너희가 주일 아침 예배에 참석해서 나를 속이려 한다. 너는 주일 날 교회에 와서 일하다가 귀가한 사람처럼 아무 문제도 없다는 듯이 앉아 있구나. 그러나 네가 주일 아침마다 '아멘, 할렐루야'라고 해도, 월요일부터 토요일까지 양다리를 걸치고 살았음을 나는 안다. 너와 애기해야 할 심각한 문제가 있다."

주님은 이렇게 말하는 그리스도인들에게 말씀하고 계신다. "저는 전심으로 당신을 사랑합니다. 저를 구원해주서서 감사합니다. 저를 천국으로 인도하서서 감사합니다. 저는 당신을 위해 살기 원합니다." 그러나 월요일 아침이 되면 세상이라고 하는 다른 애인을 향해 달려간다. 자 그러면 여기서 세상이라고 하는 것이 무엇인지 그에 대해 애기해보자.

주님께서 죄인들이 있는 곳으로 가신 것이 양다리 걸친 것인가? 다시 말해서, 우리가 죄인들과 함께 일하고 죄인들과 거래하고 혹은 죄인들에 둘러싸여 살고 있기 때문에 우리는 세상과 놀고 있는 것인가? 그것이 '세상과 우정'을 쌓는 것인가?

물론 그렇지 않다. 성경에서 신자들이 세상과 일을 벌인다고 할 때, 하나님의 말씀에서 쓰고 있는 세상(world)이란 단어는 하나님을 대적하고 떠난 사단이 이끄는 악한 체계와 방식(system)을 말한다.

一. 하나님을 떠남

문제는 우리가 매일 죄인들이 일하는 곳에서 일하는 것이 아니다. 문제는 우리가 하나님을 떠나 일하러 갈 때이다. 죄인들을 이웃으로 두고 우리가 살 때가 아니다. 우리가 그 이웃에서 하나님을 떠나는 것이다. 죄인들을 우리 친구로 둘 때가 아니다. 하나님을 떠난 우리의 우정이 문제이다.

그러나 동시에 주일에는 교회에 가서 우리의 사랑 예수 그리스도께 이렇게 말한다. "다 좋아요. 제 급료를 집에 갖다주세요. 참 좋네요."

그러나 주님이 말씀하신다. "너는 주일날 내게 한 가지만 말하고 일주일 내내 네 일을 하러 가는 동안 나를 교회 의자에 앉혀두는구나. 하지만 네가 잊은 것은 내가 이 의자에 앉아서도 네가 어디를 가는지 무엇을 하는지 볼 수 있다는 것이다. 나는 바로 이 곳에 앉아서 네가 나를 버리고 갔음을 알 수 있다."

"너는 그리스도인으로서 할 수 없는 것들을 하고 있다. 내가 갈 수 없는 곳에 가고 내가 입에 담을 수 없는 것들을 말하는구나. 하지만 네가 주일날 집에 돌아와서는 우리 관계가 괜찮은 것처럼 내게 말하는구나."

이렇게 말하는 남자와 같다. "저와 집사람 잘 지냅니다." 그런데 이 남자는 일주일 내내 집에 들어오지도 않고 아내에게는 아무 관심도 없으면서 모든 것이 괜찮은 것처럼 말하고 있다. 토요일 밤에 나타나서는 이렇게 말한다. "무슨 일 있어?"

하나님의 토로하심을 보라. "너는 세상과 친밀하게 우정을 가지며 내게는 적대감을 갖고 있구나. 나는 바보가 아니다. '사랑한다'는 말에만 내가 만족할 것 같은가? 그 말 뒤에는 아무런 실제도 없다는 것을 아는데 말이다. 너는 세상이라는 다른 애인을 두고 일주일 내내 그와 어울리고 있음을 안다. 내가 너의 애인이고 그것을 밝히기를 네가 부끄러워한다는 사실을 알고 있다. 그러니 다음 주일 아침에 또 나타나서 '저와 예수님은 잘 지냅니다'라고 속이려고 하지 말아라. 너의 처음 사랑이고 유일한 사랑인 나를 네가 그렇게 취급하고 있으니 화가 난다."

충실하고 유일한 애인인 사랑하는 배우자가 배반했을 때와 마찬가지로 예수 그리스도께서도 그렇게 느끼신다. 주일 아침 그 헌신에 만족해하지 않으신다.

오늘날 우리 그리스도인 공동체의 비극 중 하나는 다른 애인을 둔 양다리 걸친 그리스도인들이다. 그들은 주님을 온 마음과 정성과 뜻과 힘을 다해 사랑한다고 말하면서 생각과 행동은 그분에게서 떠나 있고 관계에서도 멀리 가버린 상태이다.

주님께서 그들에게 어떻게 살아야 할지를 말할 수가 없다. 그들이 가는 곳에 주님께서 가실 수가 없다. 그들은 교회 좌석에 주님을 앉혀두고 떠나면서 이렇게 말한다. "여기 가만히 앉아 있어라. 착한 꼬마야. 다음 주에 와서 보자."

「 둘을 사랑하는 것의 불가능함 」

오늘날 한 쪽 다리는 세상에, 다른 한 쪽은 하나님 나라에 걸치고 서 있는 그리스도인들이 너무 많다. 그들은 때에 맞춰 정중하게 자세를 바꿔 움직인다. 하나님 나라에 있을 때가 되면 자리를 옮긴다. 자기 친구들과 있을 때가 되면 세상으로 돌아간다.

따라서 그들은 자기 케익을 갖고 그것을 먹고도 싶어서 끊임없이 앞뒤로 흔들리고 좌우로 치우친다.

— ° 갈등

예수 그리스도 외에 다른 애인이 있는지 어떻게 알까? 그리고 만약 그렇다면 그에 대해서 어떻게 해야 할까? 야고보서 4장 1~10절에서 그 답을 보자. 야고보 사도는 1절에서 즉각 보여준다. "너희 중에 싸움이 어디로 다툼이 어디로 좇아나느뇨? 너희 지체 중에서 싸우는 정욕으로 좇아난 것이 아니냐?"

내가 예수님을 배신하고 있는지 알 수 있는 방법은 내 삶에 수많은 갈등과 혼란, 마찰이 있을 때이다. "나의 즐거움"을 찾으며 선한 삶을 살기로 할 때 내가 원하는 것을 얻기 위해서는 세상과 같이 되어야 함을 발견한다.

집에서도 마찬가지다. 아내와 남편이 계속 갈등에 빠지는 것은 두 쪽이 모두 자기 쾌락을 원하기 때문이다. 이런 경우와 같이 쾌락은 보통 이기려고 한다. 둘이 말다툼하면서 둘 다 이기고 싶어한다. 둘 다 자신이 옳다고 한다. 둘 다 자신의 방식을 원한다.

상대방을 누르고 자신이 이기려 하면 틀림없이 갈등을 초래한다. 왜냐하면 삶의 목표가 자신을 기쁘게 하는 것이기 때문이다. 어느 쪽도 이길 필요가 없다는 것에 양쪽이 다 동의한다면 풀릴 수 없는 부부 갈등은 없다. 교회에서 해결할 수 없는 논쟁은 없다. 그러나 모든 사람들이 이겨야 하는 한 갈등은 있을 수밖에 없다. 세상은 바로 그렇다.

기업에서 승진 사닥다리를 올라갈 때 그렇다. 승진을 위해서 많은 사람들은 그렇게 함으로써 갈등에 빠진다. 그들은 다른 사람들을 밟고 올라간다. 앞서가는 사람을 뒤로 잡아당긴다. 자신이 밟고 있는 단을 아무도 지나갈 수 없도록 철저히 지킨다. 먹느냐, 먹히느냐 하는 세상의 방식이다.

—。해결책

하나님은 "그 폐물(쓰레기)을 내 나라에 들여오지 말아라. 우리는 그런 식으로 움직이지 않으니 말이다. 내 나라에는 오직 하나의 사랑만 있고 그것은 나다. 그리고 내가 유일한 사랑이라면 어떤 갈등도 있어서는 안된다. 모든 것은 나 하나만을 위해서 되어져야 하기 때문이다."라고 하신다.

갈등을 빨리 해결할 수 있는 한두 가지 방법을 말하면, 하나는 내게 뭐가 잘못되었는지부터 시작하는 것이다. 거기서 시작하면 다른 사람에게 무엇이 잘못되었는지에 대해서 말할 시간이 그렇게 많지 않을 것이다.

배우자와 혹은 다른 사람과 다음에 다툴 때, "전에는 당신에게 무엇이 잘못되었는지를 내가 얘기했지만 나는 이 부분에서 어떻게 잘못되었는지 얘기하지."라고 해야 한다. 그러면 더 이상 다툴 것은 없다.

또 이렇게 할 수 있다. "지난 번에는 누가 이겼는지 생각이 안 나는데, 이번에는 아마 당신이 이길 차례일거야. 그래서 이번은 당신에게 양보하지. 자, 당신 불만에 대해서 내가 무엇을 고칠 수 있는지 볼까?"

「 우리 쾌락의 문제 」

세상 사람들은 말할 것도 없이, 그리스도인들조차도 얼마나 지독히 자신의 쾌락을 충족시키고 싶어하는가? 정말 지독할 정도이다. 야고보가 말한다. "너희가 욕심을 내어도 얻지 못하고 살인하며 시기하여도 능히 취하지 못하나니 너희가 다투고 싸우는도다"(약 4 : 2). 이 정도로 원한다. 가끔 사람들은 어떤 것을 너무 몹시 원해서 그것을 갈망할 것이며 그것을 얻기 위해서는 거의 어떤 것이라도 할 것이다.

—。영적 살인

야고보가 여기서 하는 말은 그리스도인들이 교회에 오면서 칼을 들고 다닌다는 얘기가 아니다. 이 말은 내가 원하는 것을 얻을 수 없기 때문에 다른 누군가를 파괴한다는 것이다. 내 자신의 고통 때문에 다른 사람을 해친다. 시기가 나서 다른 사람의 지위를 꺾는다. 자존심 때문에 결혼을 망쳐놓는다.

예수님은 미움의 태도가 살인의 행위만큼이나 나쁘고 때로는 살인을 부르기도 한다고 말씀하셨다(마 5 : 21~22). 잘못된 태도가 먼저 있고나서 살인하게 된다. 행위는 태도를 전제로 한다.

—。세상의 방법

야고보는 내가 원하는 것을 세상의 방법대로 구하려 하다가 막힐 때 화가 나서는 사람들을 무너뜨리기 시작한다고 말한다. 남편과 아내들은 혀를 이용해서 서로를 갈기갈기 찢어놓는다. 서로 그럭저럭 지내다가는 서로를 헐어버린다.

성경은 거기서 문제는 일편단심이지 못한(divided) 충성이라고 말한다. 그 남자의 아내가 "자기 눈의 눈동자"라면, 존재의 이유라면 그녀를 헐어버리는 것이 아니라 그녀를 행복하게 하고 갈등을 풀 방법들을 찾으려

할 것이다. 이 아내가 자기 남편을 귀하게 생각한다면 그를 깎아내리는 것이 아니라 세우려고 할 것이다.

야고보는 "너희가 무엇인가를 원해서 그것을 세상 방식으로 얻으려 돌아다니면 결코 만족할 수 없을 것이다. 세상은 어떤 것도 너희가 쉽게 얻도록 해주지 않기 때문이다. 그것을 얻는다 해도 세상은 그것으로 계략을 써서 그것을 유지하기 위해 계속 게임을 해야만 하도록 너희를 조종할 것이다."라고 한다.

이렇게 말하는 이가 있을 수도 있다. "무엇을 기대하십니까? 여기는 거친 세상입니다. 성경 같은 것을 월요일 날 갖고 나와서 쓸 수는 없어요 너무 짠내가 나거든요. 저는 성경도 알고 다 알지만 그것은 그 때 당시 사람들 얘기지요."

— 。 다만 구하라(Ask)

이에 야고보는 대답했다. "너희가 얻지 못함은 구하지 아니함이요"(4 : 2). 나는 전력을 다했고 갈등에 빠졌을 그 때 오직 해야 할 것은 예수 그리스도 그분과 함께 시간을 보내고 그분께 구하는 일이다. 기쁘게 그 것을 주실 것이다. 스트레스는 사라진다. 낙망은 없어진다.

주님이 우리에게 말씀하신다. "생명에 정말 중요한 그것들을 너희에게 나누어주는 일을 내가 한다. 하지만 너희들이 그것들을 갖지 못함은 내게 구하지 않고 그것들을 위해 싸우기(fight) 때문이다. 너희가 구하기만 했더라면 싸울 필요가 없었을텐데 말이다."

그러나 우리는 "저는 구하기보다는 싸우겠어요."라고 한다.

다음 번에 남편과 아내가 돈 때문에 싸우기 시작할 때 남편이 이렇게 말하면 어떤 일이 생길지 상상해보라. "여보, 우리 싸우기 전에 무릎꿇고 기도합시다. 어쩌면 하나님이 수표를 써주실지도 모르잖소. 싸운다고 해서 나아지는 것도 없는데 그것 때문에 우리가 싸우지 말고 필요를 하나님께서 채워주시기 원하실 수도 있다구."

예수님은 이렇게 말씀하신다. "나는 너의 유일한 사랑이 되기를 원한다 하지만 네가 계속 세상이라고 하는 다른 애인에게 가서 일을 처리하려고 하는 한 네가 힘들 때 그 다른 애인이 너를 돌보도록 하겠다."

자기 아내를 떠나 소위 모든 것을 갖춘 다른 애인에게로 간 남자를 알고 있다. 그녀는 아름답고 젊고 생기있고 그리고 어디론가 가고 있었다. 그는 자기 아내를 "버렸다". 그는 중산층 직업과 두 대의 차, 괜찮은 집, 몇 개의 통장이 있었고 자신이 그 아내를 버렸다고 말한다.

그러나 그같이 간음으로 뛰어드는 사람들이 한 가지 잊어버린 사실이 있다. 다른 누군가가 그 새 애인을 가로채갈 것이고 자신은 모든 것을 다 잃게 될 것이라는 위험이다.

하나님은 말씀하신다. "남는 모든 시간과 에너지를 세상에 투자하지 말고, 최고의 애인에게 투자하라. 그것을 구하기 위해서 세상의 방법인 싸움과 다툼이 아니라 오직 너희가 구하는 그러한 사랑 관계를 나와 갖기 원한다."

많은 사람들이 하는 소리를 들어보라. "나는 꼭대기까지 올라가기 위해 할퀴고 손톱으로 움켜잡았어요. 남들이 내 위로 올라가기 전에 그들을 누르고 올라갔지요. 그 길만이 꼭대기로 올라가는 길이거든요" 그러나 성경에서 그리스도인이 꼭대기에 닿는 방법은 바닥까지 내려가는 것이다.

— ◦ 기도 응답이 없음

우리가 필요한 것을 구하는 것에 대해서 말할 때마다 항상 이렇게 반대하는 사람이 있다. "저는 기도합니다. 저는 기도하고 기도하고 또 기도했어요. 하지만 하나님은 제가 구하는 것을 안 들어주셨어요. 구해도 아무런 일도 일어나지 않거든요" 그러면 3절을 보자. "구하여도 받지 못함은 정욕으로 쓰려고 잘못 구함이니라".

자기 아내에게 와서 이렇게 말하는 남자와 같다. "여보. 100달러 수표를 좀 써주지."

아내는 "무엇에 필요한데요?"라고 묻는다.

"그것은 알 필요 없어. 그냥 수표나 써줘." 이제 아내는 벌써 남편이 다른 일을 벌이고 있음을 안다. 그리고 돈을 줘봐야 남편이 부정한 일을 저지르는 것만 도울 뿐임을 알고 있다.

그래서 그녀는 안된다고 말한다. 자기 남편이 그런 식으로 놀아나다가 떠나게 할 수는 없기 때문이다. 하나님께서 우리의 많은 기도에 응답하시지 않는 것도 그렇다. 우리가 구한 것을 주시는 것은 그분께서 버릴 것들을 주는 것이 아니다.

"주님, 당신이 살 수 없는 그 집을 제게 주세요. 당신께서 타실 수 없는 그 차를 저에게 주세요. 당신이 쓰실 수 없는 그 돈을 제게 주세요. 저에게 주셔서 제가 잘 쓸 수 있도록 해주세요."

그리스도께서 우리의 많은 기도에 응답하지 않는 이유는 우리의 다른 애인이 그 이익을 얻게 될 것을 아시고, 우리도 정직하다면 알기 때문이다. 세상을 위해 쓰여질 것이고 세상에 투자될 것이므로 왜 주님께서 그가 양다리 걸치도록 도우시겠는가? 다른 애인을 먹이는 일은 도와주시지 않을 것이다.

그리스도인이 침례를 받으러 물에 들어갈 때 이렇게 말해야 할 것이다. "저는 제 삶을 나의 구세주 예수 그리스도께 바칩니다. 전적으로 새로운 삶으로 그분과 동행하기 위해 물에서 들림받을 것입니다."

그러나 무슨 일이 생기는가? 일주일에 하루만 그분께 와서 한두 번 묵례드린다. 우리가 원하는 많은 것들을 얻지 못하는 이유는 그 때문이다. 혹은 우리가 그것들을 얻는다면 세상의 방식으로 얻는 것이다. 그것들과 함께 세상의 문제들을 얻는다는 뜻이다.

하나님을 떠나 억만장자가 될 수 있다. 하나님을 버리고 큰 사업을 벌일 수 있다. 그러나 기억할 것은 우리가 그렇게 하면 하나님께서 우리로 하여금 그분 자신을 우리가 부를 수 없도록 하실 때가 올 것이라는 점이다.

「 하나님의 징계 현실 」

자신을 부를 수 없도록 하신다는 말이 무엇인가 하면 문의 열쇠를 바꾸셔서 집으로 돌아와 밖에서 들어가려 하지만 들어갈 수가 없는 것이다.

왜 그러실까? 단순히 인색하게 하시기 위함일까? 용서하시는 하나님이 아니라는 말인가? 용서하시는 하나님이다. 진실로 진지하게 회개한다

면 영적 간음에 대해서도 용서하실 것이다. 그러나 추운 바깥에 서 있다
는 것이 어떤 느낌인지 알기 원하신다. 들어가더라도 다시는 그런 부정
한 일을 하지 않도록 말이다.

세상과 놀아났던 나를 잠시 추운 곳에 세워둔다고 해서 하나님은 문제
가 없다. 그분의 문앞에는 세상과 일을 벌이고 다른 애인에게 매를 맞고
돌아온 부상자들이 수없이 찾아온다. 그들은 "나를 들여보내 줘"라고 한
다. 하지만 하나님은 그들이 단지 쉬고 고침을 받기 원할 뿐 다시 하나님
을 배반할 수 있음을 아시기 때문이다.

그래서 하나님은 말씀하신다. "잠시 바깥에 서 있어라. 그 심한 눈보라
를 느껴봐. 눈이 오는 날도 서 있어봐. 네가 내키면 그냥 들어왔다가 가고
··· 나의 사랑을 그처럼 갖고 놀지 않기를 배우겠지. 나는 너를 사랑한
다. 그래서 나는 관계를 원하는거야."

척 스윈돌(Chuck Swindoll)은 이렇게 말한다. "거룩한 하나님과 장난삼
아 연애할 수는 없다." 하나님은 질투하시는 애인이므로 우리는 진지하
게 사랑해야 한다.

「 하나님의 질투 」

자, 여기서 우리 주제 구절인 야고보서 4장 4절로 돌아가보자. 이 장을
시작할 때 다룬 것이다. 앞으로 몇 장 넘겨서 다시 그 말씀을 읽어보자.
하나님께서 자신의 백성을 "간음하는 이들"라고 하실 때는 심각한 문제
이다.

"잠깐만요. 왜 하나님은 이 일을 그렇게 심하게 꾸짖지요?"라고 묻는
다면 5절에서 "너희가 하나님이 우리 속에 거하게 하신 성령이 시기하기
까지 사모한다 하신 말씀을 헛된 줄로 생각하느뇨?"라고 답해준다.

모든 훌륭한 배우자와 같이 하나님은 시기하신다. 그분은 나를 세상과
함께 나누기 원하시지 않는다. 영적 간음은 내가 이미 하나에 자신을 헌
신했을 때 둘을 사랑하려고 하는 것이다. 다른 침대에서 자고 집에 들어
와 모든 것이 괜찮기를 기대할 수는 없다. 우리는 이 세상과 예수 그리스
도를 함께 사랑할 수 없다. 두 애인을 가질 수 없다는 얘기다. 그분은 시

기하신다.

—。둘이 하나가 되어

부인을 데리고 올 수 없다는 모임에 초청받을 때, 필자는 그것이 참 의문이다. 필자 같으면 왜 로이스를 데리고 갈 수 없는지 합당한 이유를 들어야 한다. 남자들만 모이는 모임이라면 문제가 없다. 그녀에게 적합하지 않을 모임이라면 좋다.

필자는 1년에 8주 정도 전국을 다니면서 성경 수양회를 연다. 어떤 주간에는 로이스가 동반한다고 사람들에게 알린다. 그렇게 하는 것이 정상이다. 이러쿵 저러쿵 얘기할 것이 없다. 필자는 이렇게 말한다. "그 주중에 저를 원하시면 제 아내도 같이 가야 합니다. 그녀는 저의 일부이기 때문이지요."

상대방이 내 아내가 오는 것을 원치 않으면 필자도 그 사람을 거부할 수밖에 없다. 사람이 결혼을 하면 하나가 되기 때문이다.

—。그리스도를 모시고

하나님은 말씀하신다. "나는 너와 결혼하였는데 너는 나를 여기 앉혀 두고 떠나고 싶어하는구나. 내가 너와 함께 갈 수 없는 곳에 갈거니?"

많은 그리스도인들은 알고 싶어한다. "제가 그리스도인인데, 자, 무엇을 할 수 있고 무엇을 할 수 없죠? 이것을 하면 잘못된 건가요? 저거는요?" 이러한 질문에 아주 간단한 해결책이 있다. 스스로에게 물어보라. "예수 그리스도를 나와 함께 모시고 갈 수 있는가?" 아니면 "예수님, 차에 계시면 제가 금방 돌아올께요."라고 해야 하는가?

그리스도를 모시고 갈 수 없다면 그리스도께서 그것을 볼 수 없다면 그분과 함께 그것을 얘기할 수 없다면 내가 무엇을 하고 있는지 물어봐야 한다. 항상 집에 사랑하는 이를 버려두어야 한다면 뭔가 잘못된 것이다. 예수님은 시기하신다. 그분은 자신을 위해 나를 원한다.

야고보는 이렇게 말하지 않았다. "세상에 있지 말라." 그가 말한 뜻은

"너희는 이 세대를 본받지 말고"(롬 12 : 1~2)이다. 그리스도께서 참여하실 수 없는 세상과의 관계를 갖지 말라는 말이다.

「 참된 사랑의 유익 」

예수 그리스도와만 사랑의 관계를 갖으면 어떻게 되는지 아는가? 더 풍성한 은혜가 있다. 야고보서 4장 6절을 보자. "그러나 더욱 큰 은혜를 주시나니 그러므로 일렀으되 하나님이 교만한 자를 물리치시고 겸손한 자에게 은혜를 주신다 하였느니라."

— ∘ 더욱 큰 은혜

은혜는 내가 스스로 할 수 없는 것을 하나님께서 나를 위해 하시는 것이다. 필자가 장담하건대, 계속 살아갈 때 여러분이 할 수 없는 것을 하나님께서 해주셔야 할 상황에 부딪히게 될 것이다.

지금은 스스로 넉넉히 채울 수 있고, 그렇게 필요한 것이 없을 수도 있다. 지금 당장은 모든 것이 잘 될 수도 있고 둘을 사랑하는 것, 예수 그리스도께 한 쪽 다리만 걸치고 있는 것도 괜찮아 보일 수 있다. 그러나 두 애인을 속이려 하는 사내의 이야기를 영화에서 많이 봤다.

항상 어떻게 되는가? 두 애인이 동시에 똑같은 장소에 있는 상황이 벌어지고 그는 하나를 숨기려고 하면서 들킬까봐 난리를 친다. 왜? 그 두 애인이 서로에 대해서 알면 자신은 죽은 몸이기 때문이다. 그들 둘 다 분노에 차서 그 남자를 버리고 말 것이다. 두 애인을 얻기는커녕 둘 다 잃어버리는 신세가 될 것이다!

하나님의 은혜만이 나를 구할 수 있는 곤경에 빠질 때 그럴 때가 온다는 말을 하고 있는 것이다. 위에서 말한 것 같은 상황에서 하나님께서 우리를 도우실 것이라는 말이 아니다. 그것은 내가 저지른 말썽이다. 하지만 우리는 종종 "더욱 큰 은혜"가 필요하다. 그리스도와의 관계가 탄탄하지 않으면 더욱 큰 은혜에서 제외될 수 있다. 그리스도가 거기에 있기를 원하지만 이렇게 말씀하실 것이다. "네가 다른 사람과 나를 속이고 있을 때에 너를 위해 그 곳에 가지 않겠다.”

6절에서 내가 교만하면 하나님은 그에 거슬러서 일하신다고 했다. 교만하다는 것이 무슨 의미인가? 어떤 남자들은 자기들이 “세상을 움직이는 바람”인 양 착각한다. 그들은 세상이 자기들을 원하는 것처럼 느끼기 때문에 그렇게 오만한 태도를 가진다.

하나님은 오히려 이렇게 말씀하신다. “좋다. 세상이 너를 원하니까 나는 너를 거슬러서 움직이겠다. 내가 너를 대적하고 너로부터 돌아서서 내가 네 편이 아닐 때, 너와 세상이 어떻게 되나 우리 보자. 그러면 세상이 무엇을 할 수 있는지 알 것이다.”

누구든지 간에 “더욱 큰 은혜”가 필요할 때가 반드시 오게 되어 있다. 내가 스스로 할 수 없는 것을 하나님이 해주셔야만 할 때가 올 것이다. 그분께서 하시느냐 마느냐는 내가 예수 그리스도와의 사랑 관계에서 얼마나 충실했느냐에 따라 결정될 것이다.

― ◦ 하나님께 복종(submission)

그러면 하나님께서 우리에게 그분의 은혜를 주실 자리에 우리가 반드시 있을 수 있는 방법은 무엇일까? 7절에 답이 있다. “그런즉 너희는 하나님께 순복할지어다. 마귀를 대적하라. 그리하면 너희를 피하리라.”

동전에는 양면이 있다. 하나님께 대한 복종과 마귀에 대한 대적이다. 복종은 군대 용어로서 내게 적절한 계급이 주어진다. 이등병이 장군에게 무엇을 하라고 말하지 않는다. 계급을 다는 것이다. 하나님의 명령 하에 들어간다. 하나님이 말씀하신다. “이 곳에서는 내가 명령한다. 정렬!”

하나님께 순복한다는 말은 나를 하나님의 권위 하에 둔다는 뜻이다. “주님 제가 무엇을 하기 원하시든지 그것을 하겠습니다. 다른 사람이 아무리 저보고 뭐라 해도 당신께서 제가 무엇을 하기 원하시는지 찾아서 그것을 하겠습니다.”

마귀를 대적한다는 뜻은 그에게 그냥 ‘no’라고 말하는 것이다. 그러면 마귀가 그냥 뒤에 앉아서 내가 하나님께 순복하도록 하게 만들지 않을 것을 안다. 마귀는 이렇게 말하지 않을 것이다. “아 그러십니까? 하나님께 순복하신다구요. 그럼 제가 떠나는 게 좋을 것 같군요” 그렇지 않다. 내가 순복할수록 마귀는 나를 넘어뜨리려고 애쓸 것이다.

그러나 야고보는 마귀가 도망갈 때가 있다고 말한다. 많은 사람들이 “마귀가 나에 대한 비난을 멈추게 하려고 하지만 저를 가만 놔두지 않아요!”라고 한다.

마귀가 그렇게 많이 괴롭히면 그것은 영적인 문제가 있을 수 있다. 왜냐하면 예수님이 “너희가 내게 순복하고 마귀가 너희 등에 올라 있다면, 내가 그를 쳐서 떨어뜨릴 때가 있다. 마귀가 너를 시험하게 놔둘 것이다. 마귀가 너를 유혹하도록 놔둘 것이다. 하지만 네가 내게 순복하고 나를 붙들면 내가 ‘마귀야 물러가라!’고 한다.” 따라서 마귀가 목에 타고 나를 내던지고 죽기까지 때리고, 그렇게 괴롭힌다면 영적인 문제가 있는 것이다.

어떤 그리스도인도 하나님께 대적당하고 싶어하지 않는다. 하나님께서 우리를 대적한다는 것은 정말 무서운 일이다. 아무도 그분을 막을 수 없기 때문이다. 나를 기쁘게 하는 삶을 살 때 우리는 하나님께 전쟁을 선포하는 것이다. 그분이 나를 대적하고 나를 밀어버린다. 그분은 나와 멀어진다.

── ◦ 하나님을 가까이하라

자, 하나님과 그렇게 되기를 원하지 않는데, 그러면 어떻게 순복할 것인가? “하나님을 가까이하라 그리하면 너희를 가까이하시리라”(8절). 야고보는 관계에 대해서 말하고 있다. 많은 남자들이 자기 아내에 대해서 불평을 한다. “제 아내는 이러이러하지 않아요. 그 여자는 그렇지도 않아요. 이것도 못 하구요. 그것도 하지 않을 겁니다. 아무것도 안 할거예요”

그래서 그 남자는 나가서 일을 벌인다. 자신의 모든 특별한 관심과 애정을 다른 여자에게 쏟아 붓는다. 그 여자의 기분을 너무나 잘 맞춰준다. 그녀를 만날 때마다 특별한 곳으로 간다. 술과 음식으로 푸짐하게 대접한다. 여기저기를 같이 다닌다. 그리고 그녀는 그가 멋지다고 말하며 반응한다.

그러나 집에 가서 그의 아내를 보라. 이 남자가 그 아내를 그 다른 애인을 대접하듯이 대했던 것이 언제였는지? 이 어리석은 남자가 모르는 것은 그 아내도 그런 식으로 가까이 하면 그렇게 반응할 것이라는 사실이다. 자신이 더 멀리 갈수록 아내는 더 나쁘게 보일 것이므로 아내에 대한 불평이 많아지는 것은 관계가 멀어지기 때문이다.

그러나 그가 점점 더 가까워질수록 그녀도 더 가까이 올 것이다. 왜냐하면 대부분의 여자들은 올바른 자극에 반응하도록 그들 안에 반응 심리가 있기 때문이다. 따라서 남편은 아내로부터 멀어져서는 안된다. 아내를 가까이해야 한다.

예수 그리스도의 말씀이다. "나를 가까이하라 그러면 나는 반응할 것이다. 나를 가까이하라 그러면 내가 너를 가까이하리라."

「 친밀함의 비밀 」

어떻게 가까이할까? 8절 후반부를 보자. "죄인들아 손을 깨끗이 하라. 두 마음을 품은 자들아 마음을 성결케 하라."

전 삶을 새롭게 드린다. 옛날의 어떤 것들은 하고 어떤 방식은 고수하면서 하나님의 축복을 기대할 수 없다. 양다리를 걸친 것이나 두 마음을 품은 것이나 똑같다. 한 번에 두 사랑을 다 얻어보겠다는 것은 어리석은 생각이다. 두 애인을 기쁘게 하려고 애쓰겠지만 일이 그렇게 되지 않을 것이다.

─ㅇ 손을 깨끗이 하라

두 마음을 품고 양다리를 걸친 사람이 주님께 무슨 말을 해야 할까? "세상과의 이 일에서 손을 씻겠습니다. 그리고 당신께로만 가겠습니다." 바로 주님이 그것을 원하신다.

어떤 그리스도인들은 행복한 이유가 지금 당장 일들이 잘 되고 있기 때문이다. 신이 나서 죽을 지경이다. 은행에 돈도 있고 멋진 집과 자가용도 있다. 그리스도인이 된다는 것이 이렇게 좋을 수가! 그들은 "좋으신 하나님"을 불러댄다. 그러나 일주일 내내 다른 애인과 다닌다.

어떤 남자들은 아내에 대해서 불평하지 않는다. 자기 아내가 얼마나 멋진 여자인지 큰 소리로 떠들고다닌다. 하지만 그들은 여전히 데이트를 하러 간다. 많은 그리스도인들이 그렇다. 그들은 웃으면서 "위대하신 주님"을 얘기하지만 다른 애인과 놀러다닌다.

─◦마음을 성결케 하라

그와 같은 사람들에게 하나님은 이렇게 말씀하신다. "너는 이제 웃음을 그치고 울기 시작해야겠다." "슬퍼하며 애통하며 울지어다 너희 웃음을 애통으로 너희 즐거움을 근심으로 바꿀지어다"(9절).

"저는 울 기분이 아닌데요" 필요하다면 스스로 울게 하라. 예수 그리스도와 동시에 다른 애인을 두고 있다면 지금 웃고 있을지라도 기뻐할 것이 아무것도 없다. 남자들은 일을 저지르고 너무 좋아들 한다. 아내가 울고 있는 동안 웃고 떠들며 재미를 본다.

그러나 하나님은 이렇게 말씀하신다. "너는 지금 애통하며 울어라. 지금 울지 않으면 나중에 울게 될 것이다."

그래서 가장 중요한 것은 무엇인가? 10절에 있다. "주 앞에서 낮추라. 그리하면 주께서 너희를 높이시리라."

우리는 이것을 믿고 이 일에 애써야 한다. 주님의 권위 앞에 엎드려야 한다. 이것을 붙잡고 끝까지 가야 한다. 예수 그리스도를 처음 사랑으로, 유일한 사랑으로 사랑해야 한다. 그분께 "주님, 저는 당신이 필요합니다. 그리고 당신의 은혜가 필요합니다. 당신을 제가 사랑하겠습니다. 당신만을 사랑하겠습니다."라고 우리가 말할 수 있을 때 충실한 배우자와 같이 그분께서 우리를 돌보실 것이다. 그분께서 그분의 때에 그분의 방법으로 우리를 높이실 것이다. 그 얼마나 영광스러운 일인가!

"둘을 사랑하려 하는 것은 쉽지 않네"라는 노래가 우리에게는 이제 필요 없다. 예수 그리스도는 나의 유일한 사랑이 되시기에 합당한 분이다. 다음 몇 가지 아이디어를 이용해 보자.

1. 나의 영적 "충성(신실) 지수"를 알아보는 방법이 여기 있다. 마음이 있는 곳에 시간이 간다? 지난 주에 예배, 성경 공부, 기도를 통해서 예수님과 교제한 시간은 얼마나 되는가? 마찬가지로 지난 주에 다른 활동에 드려진 시간은 얼마나 되는가? 그 비율이 건강한 사랑 관계를 나타내지 않는다면 스케줄 변경이 필요하다.

2. 내 마음은 주님과 세상으로 나뉘어져 있는가? 주님과만 단둘이서 야고보서 4장 1~10절을 기도하는 마음으로 읽는다. 성령님께서 주님과 내 사랑의 생활을 보여주시도록 구한다.

3. 결혼은 나와 그리스도의 관계를 나타내도록 만들어졌으므로 자신이 충성스럽고 사랑하는 배우자가 되도록 재헌신하라.

나의 배우자와 결혼을 해서 좋았던 이유들을 모두 생각해보고 그(그녀)에게 제안할 것들을 말한다. 배우자가 이해하고 함께 나눌 수 있도록, 하나님께서 서로를 가까이하도록 해주십사, 나의 사랑을 더 깊게 해주십사 함께 기도한다.

4. 마지막으로 우리에게 힘이 될 것은, 예수 그리스도께서 나와 사랑하기를 너무나 원하셔서 그렇게 따라다니셨다는 사실이다! 여기서 잠깐 이 책을 덮고 주님께 찬양의 손을 높이 들자!!

제 15 장
새로운 마음으로 사고하라

이제 이 책의 마지막 부분이다. 우리 공부에서 또다른 신나는 지점에 왔으므로 최고 속도로 달려갈, 나쁜 습관으로부터 도망갈 시간이다. 생각하고 회개한 후에 그 "처음 일"을 할 준비가 되었다(계 2 : 5). 예수님은 우리가 처음 사랑으로 돌아오려면 하라고 명령하신다. 그러면 시작해보자.

그리스도인으로서 우리는 그리스도인과 같이 사고해야 하므로, 즉 새로운 마음으로 생각해야 하므로 마음의 중요성에 대해서 먼저 나누고 싶다. 그러면 그리스도인의 마음(mind)이라는 것이 무엇인지 그 정의부터 보자.

그리스도인의 마음이란 하나님의 말씀과 그 뜻에 지배를 받는 마음으로 천국의 명령이 내 생각을 관통하며 그 생각이 내 발을 지시하는 것이다. 그 결과가 이 땅에서의 삶이며 그것은 천국이 준 새로운 마음을 나타낸다. '거룩한(heavenly) 마음일수록 이 세상에 좋지 않다'는 속담이 있다.

만일 우리가 너무나 거룩한 마음을 지녀서 이 세상에 유익하지 못한 그리스도인이라면 뭔가 잘못된 것이다. 온전히 거룩한 마음을 지니되 이 세상에 유익이 되어야 한다. 하나님께서 원하시는 마음으로 사고할 때 이 세상은 하나님의 백성들이 사는 거룩한 생활의 선택을 볼 수 있는 것이다.

따라서 우리가 새로운 마음으로 사고하기를 배우는 것은 중요하다. 이러한 결단이 필요하다. "위엣 것을 생각하고 땅엣 것을 생각지 말라"(골 3 : 2). 그리스도께서 계신 곳이기 때문이다. 우리가 그리스도의 것에 집중할 때, 성령님께서 그것들을 자극제로 이용하여 우리에게 위로부터의 하나님 뜻과 목적을 알려주시고 그 결과 우리는 이 땅에서 성공적으로 살아갈 수가 있다.

「 나의 마음과 행실 」

우리가 그리스도를 중심으로 한 마음으로 사고한다면 그것은 날마다 사는 방식이 되어야 한다. 주일에는 거룩해지고 월요일에는 세속화될 수 없다. 날마다 매일 거룩하다. 왜냐하면 어떠한 직업을 가진 사람이라도 하나님 아래에서 우리 모두가 사역자이기 때문이다.

새로운 마음을 갖고 생각한다는 의미를 매일의 삶으로 해석한 본문은 에베소서 4장 17~24절이다. 사도 바울은 이렇게 시작한다. "그러므로 내가 이것을 말하며 주 안에서 증거하노니 이제부터는 이방인이 그 마음(mind)의 허망한 것으로 행함(walk)같이 너희는 행하지 말라"(17절). 바울이 그 마음(mind)을 행함과 연결하는 것을 보라. 행함은 이 본문에서 핵심 단어이다.

— 。행함(walk)

물론 성경에서 행함(walk)이라는 말은 사람의 사는 과정, 생활 양식, 삶의 태도, 결정을 말할 때 쓰인다. 걷는다(walking)는 이미지가 어떤 사람의 방향을 정하기 때문에 여기서 쓰였다.

우리가 걸어갈 때 특별한 목적지나 목표를 향해서 앞으로 전진하기 위해서 한 발 앞에 또 한 발을 놓는다. 걷는 것은 A라는 지점에서 B라는 지점까지 이동하기 위한 방법이고 과정이다. 한 걸음에 가는 곳까지 도착하지는 않지만 목표를 향해 한 걸음씩 가게 된다.

따라서 바울의 이론에서 걷는다는 것은 지금 있는 곳에서 가야 할 곳으로 이동하는 한걸음 한걸음의 과정을 말한다. 그리스도인의 생활은 비행기를 타고가는 것이 아니다. 그것은 걸어가는 것이다. 영적으로 성숙하기 위해서 "제트기"를 타고 날아가지 않는다. 성숙함에 이르기 위해 한 번에 한 발자국씩 걸어간다.

그리스도인들이 모이면 종종 서로 이렇게 묻는다. "How is your walk?" 이 말은 "당신 한 걸음에 30cm를 가시오 40cm를 가시오?"를 묻는 것이 아니다.

"당신의 생활 양식은 어떻습니까? 예수 그리스도 안에서 당신의 소명에 맞는 균형잡힌 생활을 하십니까? 당신의 신분에 맞게 삶의 방향은 움직이고 있습니까?"하는 말이다.

─ 。이방인의 행함(walk)

바로 여기 17절에서 바울은 우리의 행함을 부정적인 반대의 것과 비교한다. "이방인"이다. 이 사람들이 어디로 걷든지 간에 우리는 반대 방향을 향해야 한다. 그들은 "마음의 허망한(무익하고 쓸데없는)" 것으로 걸어가기 때문이다.

에베소서 4장의 이방인은 누구인가? 그들은 바울이 살던 당시 비유대인이었다. 그들은 그리스도를 믿음으로 오지 않았고 새로운 마음에 대해서는 아무것도 몰랐다. 바울은 그리스·로마 시대에 살았고 이 편지를 썼다.

로마는 가장 힘있는 군세력이었지만 문화는 플라톤, 소크라테스, 아리스토텔레스의 가르침과 같은 그리스의 사고에 젖어 있었다. 수사학자들과 토론가들의 문화였다. 최상류층에는 유창한 화술이, 밑바닥에는 노예가 있는 문화였다.

여러분이 세계 역사를 잘 안다면 로마 제국의 전성기가 인간의 관점에서 찬란하고 볼만한 왕국이었음을 알 것이다. 그러나 바울은 에베소에 있는 그리스도인들에게 와서 아무리 그들이 속한 제국이 찬란해도 이방인들과 같이 행해서는 안된다고 말하고 있다.

에베소 교인 자신들이 자신들의 민족성으로 이방인이었다. 같은 동네에서 이방인들이 바로 옆에 살고 있기 때문에 그들과 똑같이 행할 수 있는 유혹을 받았을 것이다. 그들은 힘으로 행했다. 그들은 지식으로 행했다. 그들은 교육과 학위로 행했다.

그 사회의 밑바닥에는 가난과 노예가 있었지만 그리스 로마 세계가 여전히 거할 곳이었다. 그리고 에베소는 이 세상에서 주요 도시였다. 그러나 바울은 그 문화를 보고 에베소 교인들에게 말한다. "이 사람들이 행하는(walk) 것과 같이 행하지 말라."

— ◦ 나의 신분에 맞게 행하라(walk)

그러면 하나님은 자신의 백성들이 어떻게 행하기를 원하실까? 바울은 4장 1절에서도 "그러므로"라고 하면서 답을 하고 4장 17절에서도 "그러므로 주님의 죄수인 나 바울이 부탁하는 것은 너희가 부르심에 합당한 소명을 따라 행하라."고 권면한다.

즉, 내가 누구인지를 알고 그에 따라 행하라는 말이다. 우리에게는 위대한 부르심이 있다. 그와 같이 위대한 행함으로 걸어야 한다. 왕궁에 살면서 거지처럼 행하지 말라는 얘기이다.

엘리자베스 여왕이 어렸을 때의 얘기다. 항상 구부정한 자세로 앉아 있곤 하던 그녀는 기대고 뒤로 눕고 하기를 좋아했다. 그런데 하루는 그 어머니가 이렇게 꾸중했다. "똑바로 앉거라! 너는 여왕이 될 것 아니냐."

그녀의 자세를 어떤 사람이 될 지 연관해서 말한 것이다. "리즈, 네가 왕좌에 앉을 것을 알면 네가 앉아 있는 모습을 보는 사람마다 네가 왕족임을 알도록 해야 할 것 아니냐."는 말이다.

내가 왕의 자녀라면 너저분하게 행해서 되겠는가? 내가 왕의 자녀라면 나의 행동거지는 나의 새로운 신분을 드러내야 한다. 나의 소명에 "합당한 행함"이어야 한다.

누가 나를 불렀는지 아는가? 어느 날 하나님께서 이렇게 말씀하셨다. "이리 와라 애야!" 그분이 우리의 가슴을 끌어당기고 우리를 부르셨다. 성령의 능력으로 나를 이끄셨다. 하나님께서 나를 부르셨다. 이제 당신은 왕의 자녀이다. 그와 같이 행하라.

— 。마음의 허망한 것

　17절에 바울이 왜 우리에게 이방인, 즉 믿지 않는 자들처럼 행해서는 안된다고 말하는지 나와 있다. 그들은 마음에 문제가 있다. 그들은 "그 마음의 허망한 것으로" 행한다.

　믿지 않는 자들이 행하지 않는 것이 아니다. 문제는 그들이 행할(걸어갈) 때 갈 곳이 없다. 허망한 것은 목적이 없는 어떤 것, 공허함, 허무함이다.

　믿지 않는 자들은 계속 움직이지만 아무데도 가고 있지 않다. 그들은 계속 길에 있지만 아무곳에도 도달하지 않는다. 그들의 활동으로 돈과 권력과 세력을 얻을 수 있지만 그것이 행하고 말한 모든 것일 때 목적이 없는 공허한 것이다.

　왜 그럴까? 허망한(futile, 쓸데없는) 마음이 낳은 것이기 때문이다. 믿지 않는 자들의 문제는 마음의 문제이다. 그 마음이 생명주시는 분을 알지 못하기 때문이다. 따라서 그가 그리스도께 돌아서지 않으면 아무리 오랫동안 힘겹게 찾으려 해도 인생의 의미에 도달할 수 없다. 존재의 이유를 아무리 찾으려 해도, 목적과 의미에 대한 갈망을 만족시키려 여러 가지를 애써보아도, 결코 해낼 수 없다.

　오늘날 가장 대중적이고 머리를 쓰지 않고 쓸 수 있는 실체인 TV에 대해서 최근 필자는 흥미로운 정보를 발견했다. 골든 아워 프로그램이 타켓으로 삼는 연령층은 12살이라는 것이다. 아이들을 잡을 수 있으면 어른도 잡을 수 있다고 생각한다. 그 이유는 사람들이 텔레비전 앞에 앉으면 아예 생각을 안하기 때문이다.

　생각을 하기 싫어서(to turn off your mind) TV를 켜는 적이 얼마나 많은가? 그래서 그렇게 텔레비전은 영향을 미친다. 빈 머리에 쏙쏙 잘 들어가게 되어 있다. 그래서 TV 광고업자들이 하는 일이란 그렇게 생각이 없는 머리에 온갖 아이디어들을 채우는 것이다. 왜 마스터 카드나 비자 카드를 그리 많이들 갖고 있는지 이유는 간단하다. 내 생각이 비어 있을 때 나를 사로잡는 것이다.

　공항에서 탑승할 비행기를 기다리면서 뭘 좀 먹고 있다고 생각해보자.

그런데 갑자기 안내 방송이 나온다. "마지막으로 알려드립니다. 아틀란타행 74편 승객 여러분께서는 탑승하시기 바랍니다." 아틀란타 74편이면 내가 타야 하는데 하면서 먹던 것을 치우고 서둘러 갈 것이다. 공항에 온 목적은 식사를 하기 위한 것이 아니기 때문이다.

먹는 것은 공항에 있으면서 덤으로 하는 일일 뿐 공항에 있는 목적은 비행기를 타려는 것이다. 그래서 내가 탈 비행기에 탑승하라는 최종 호출을 듣고는 곰곰이 생각하지 않는다. 햄버거가 아직 반이 남았다고 따지지 않는다. 왜? 목적이 무엇인지 알기 때문이다.

바울은 불신자들의 생각(마음)에 공항 가는 목적은 단지 공항을 보러 가는 것이라고 말한다. 그래서 그들은 여기저기 돌아다니고 헤매인다.

그들은 음료수를 사들고는 선물의 집을 구경하러 간다. 공항에 가는 목적은 비행기를 타기 위함임을 모르기 때문에 공항에서 즐기며 배회한다. 그것은 허망한 것이다.

우리는 우리가 그리스도의 마음(mind)을 갖고 있는 이유는 그리스도가 다스리시는 가운데 그리스도의 삶을 살기 위해서임을 알고 있다. 그래서 비행기를 타기 위해, 하던 식사는 옆으로 쉽사리 치운다. 불신자는 공항에 있는 목적이 없기 때문에 먹고 있는 햄버거에 만족한다.

하나님께서 당신과 내가 하라고 부르신 것은 믿지 않는 이방인의 마음(생각)을 제거하는 것이다. 그 첫 번째 이유는 이 생각을 가진 사람들의 특징이 허망함과 공허함이기 때문이다.

— ◦ 총명이 어두워지고

이방인의 마음과 같이 생각해서는 안되는 이유가 더 있다. 바울은 에베소서 4장 18~19절에서 설명한다.

저희 총명이 어두워지고 저희 가운데 있는 무지함과 저희 마음이 굳어짐으로 말미암아 하나님의 생명에서 떠나 있도다. 저희가 감각 없는 자 되어 자신을 방탕에 방임하여 · · ·

우리는 여전히 마음(mind), 생각하는 방식을 여전히 다루고 있다. 불신자들이 깨달을 수 없는 이유는 "판단을 방해하는 것(blinders)"을 끼고 있기 때문이다. 성경은 이 판단을 방해하는 것이 어디서 오는지 명백히 밝힌다. "그 중에 이 세상 신이 믿지 아니하는 자들의 마음을 혼미케 하여 그리스도의 영광의 복음의 광채가 비취지 못하게 함이니 · · · "(고후 4 : 4). 그래서 어떤 사람이 그리스도께로 나오려면 성령님이 필요하다. 사람들은 "영적인 선글라스"를 끼고 있어서 빛을 보지 못하고 있다. 사람들이 멋있게 보이려고 선글라스를 끼는 것을 보면 재미있다. 빛을 막기 위한 것은 부차적인 이유인 경우가 종종 있다.

어떤 사람들은 실내에서 선글라스를 끼기 때문에 그것을 알 수 있다. 그 동기는 잘 보기 위한 것이 아니고 보이기 위한 것, 즉 멋있게 보이려는 것이다. 그래서 사단은 무엇을 하는가? 사단은 "영적 선글라스"를 아주 멋있게 만들어서 비그리스도인들이 스타일에만 정신이 없게 만들고 볼 수 없다,라는 사실은 잊게 만든다.

죄가 바로 그렇다. 죄가 유행처럼 횡행한다. 간음이 지금은 어떤 연애 사건이고 낙태도 지금은 선택이다. 동성연애도 지금은 자신이 달리 택하는 생활 양식이다. 죄가 이렇게 유행화되어 용납된다. 불신자들의 마음은 아주 혼미해지고 어두움 가운데 거닐며 자신은 햇볕 아래 있다고 생각한다.

무엇보다도 그는 "하나님의 생명에서 떠나(제외되어) 있기" 때문에 그것에 대해서 아무것도 할 수가 없다. 자신도 모르는 어두움에 대한 대안을 주실 하나님의 생명이 그 안에 없다.

그래서 불신자 마음의 상황은 좋지가 않다. 왜 하나님의 생명이 그 안에 없고 왜 그는 볼 수 있도록 자신의 선글라스를 벗지 않을까? 바울이 위의 구절에서 말하는 두 가지 문제 때문이다. "하나님을 모르는 사람들의 생각을 쫓지 말아야 하는 이유는 그들의 타고난 무지와 굳어진 마음 때문이다."

— ∘ 타고난 무지

불신자들의 타고난 무지함이란 그들 안에 하나님의 생명을 재창조할 능력 없이 하나님의 생명과 분리되어 태어났다는 말이다. 그들은 자동적으로 하나님의 생명이 제거된 아담의 본성을 가지고 세상에 온다.

이 때문에 불신자들이 영적으로 무지한 것은 당연하다. 그들은 죄 속에서 태어나고 죄악 속에서 발달한다. 그러나 그것은 절반에 지나지 않는다. 나머지 반은 그들에게 있는 굳어진 마음이다.

─。굳어진 마음

굳어진(hard)이란 말은 무감각해졌다는 뜻이다. 살이 굳어서 부드러운 피부를 덮는 상태를 말한다. 그래서 어른이 되기 전인 인생의 초기에 사람들을 그리스도께로 인도하려고 애쓰는 것은 사람이 죄로 무감각해지기 전, 그 굳어진 것을 잘라내야 하기 전이 낫기 때문이다.

그래서 성경이 말하는 불신자의 문제는 단순히 그들이 그렇게 태어났다는 것만이 아니라 그들이 또한 굳어진 마음이 되기로 선택했다는 것이다.

단단하다는 것(hardness)이 무엇인가? 고집센 아이들을 보면 자신이 옳다고 알고 있는 것을 하기를 거부한다. 코미디언 빌 코스비는 이렇게 말한다. "아이들은 뇌에 손상을 입고 있지 않나 생각합니다. 뭔가를 하라고 하면 그냥 하지 않거든요. 그래서 왜 하지 않느냐고 물으면 '몰라요'라고 대답하지요. 제게는 그 소리가 꼭 정신병자처럼 들리거든요."

사람들이 영적으로 된 것도 바로 그렇다. 성경에서 굳어진 마음의 고전적인 예로 바로(파라오)가 있다. 그 왕은 모세가 10번이나 기적을 행한 후에조차 이스라엘 백성이 애굽을 떠나도록 순순히 놔두지 않는다. 로마서 9장 17~18절에 보면 하나님께서 바로의 마음을 강팍케 하셨다고 바울이 말하기 때문에 많은 사람들이 이에 의문을 갖고 있다.

출애굽기 4장부터 14장까지 읽으면 아주 재미있는 것을 발견할 것이다. 하나님께서 바로의 마음을 강팍하게 하신 것이 열 번 나오고 바로가 자신의 마음을 강팍하게 한 것이 열 번 나온다.

4장 21절에 강팍케 하심에 대해서 처음으로 말씀하시는데 정말 하나님께서 바로의 마음을 강팍케 하실 것이라고 말씀하신다. 이것은 바울이 로마서 9장에서 주제로 하는 주권자이신 하나님의 뜻을 보여준다.

그러나 놓치지 말 것은 바로가 자신의 마음을 강팍하게 했다는 사실이며 그는 그것에 대해서 책임이 있다. 사실 일곱 번 정도는 하나님께서 그것을 마치시기 전에 바로가 먼저 강팍케 했다.

하나님은 바로에게 사실상 말씀하시기를 "네가 마음을 강팍히 하기로 결심했으므로 내가 할 것을 말하겠다. 네가 시작한 것을 내가 끝내겠다. 네가 굳어진 마음을 원하므로 나는 그것을 화강암같이 만들겠다. 애굽에서 누가 하나님인지 네가 알도록 내가 네 마음을 가능한 한 굳어지도록 만들겠다."

그래서 사람들이 무지함 가운데 태어날지라도 굳어진 마음은 그들이 선택하여 키우는 것이다. 그들은 자기들의 삶에 하나님을 원하지 않는다고 판단하며 그분에 대해서 무감각해진다.

그래서 우리가 비그리스도인들의 생각을 열심히 흉내낼 때 단지 그들의 생활 양식만 흉내내는 것이 아니다. 그들이 하나님께 "날 혼자 내버려 둬!"라고 말하기로 결단한 그것을 흉내내는 것이다.

바로 그 때문에 지옥은 죄인들의 소원을 들어준 해결책인 것이다. 죄인들은 이렇게 말한다. "하나님이시여, 날 혼자 내버려두시오. 나는 당신의 생명을 원치 않소. 나는 당신의 아들도 필요 없소. 나는 당신의 천국도 원하지 않소. 내 자신의 미래는 내가 만들 거요. 내 존재는 내가 움직일 거라구. 내가 내 배의 선장이 될 거요. 내가 내 운명의 주인이란 말이요."

그래서 하나님은 영원 속에서 죄인들에게 그들이 원하는 것을 주신다. 그들을 영원히 혼자 내버려두신다.

그래서 불신자들은 "감각 없는 자 되어 자신을 방탕에 방임하여" 자신들의 행하는 길로 간다(엡 4 : 19). 즉, 그들은 하나님의 영광이 아니라 육신의 만족에 자신을 바친다. 하나님을 영화롭게 하기 보다 내 육신을 만족시키는 것이 더 중요해질 때 나는 이방인과 같이 행하고 있는 것이다.

「 그리스도를 배움 」

믿지 않는 세상의 음산한 그림을 그린 후에 바울은 그와 대조되는 뭔가를 보이기 시작한다. "오직 너희는 그리스도를 이같이 배우지 아니하였느니라"(엡 4 : 20). 바울은 이방인에 대해서 얘기했었다. 그들은 하나님과 관계없이 길을 걷는다. "오직(But) 너희는"—에베소에 있는 신자들, 그리고 여러분과 나—다르게 배웠다.

배움이 어디에서 일어나는가? 마음에서이다. 그래서 바울은 다시 내 마음을 얘기하고 있다. 그는 우리가 주님을 기쁘시게 않고 육신을 기쁘게 하기를 구할 때 그리스도에 대해서 배운 것과 정반대로 인생을 살고 있다고 말한다.

— 。그리스도의 마음

바울이 에베소 교인들에게 그리스도에 대해서 배운 진리를 상기시킬 때 두 가지를 언급하고 있다. 첫째, 그들이 회심할 때 그리스도의 마음(mind)을 받은 것이다. 둘째, 바울이 2년 전에 그들을 가르쳤을 때 이방인과 같이 행하는 것은 배우지 않았다는 사실이다.

그래서 불신자와 같이 살려고 하는 신자는 누구나 영적인 치매이다. 그는 그리스도의 마음을 세상에 맞추어 움직이려고 하며 그 결과 이중 인격을 낳는다. 그리스도의 마음은 그분이 기쁘시도록 행하라고 우리에게 가르치기 때문이다.

하루는 어떤 곳을 가기 위해서 어떻게 가는지 얘기를 듣고는 가다가 길을 잃고 다른 길로 헤매고 있었다. 아주 다른 길로 가고 있었는데 마침내 길을 가르쳐준 사람과 통화를 해서 내가 어디 있는지 말했더니 그가 이렇게 대답했다. "음, 갖고 있는 약도를 저한테 다시 말씀해주세요" 그래서 나는 그에게 그 약도를 말해주었다.

그는 약간 화가 나서 이렇게 말했다. "제가 말씀드린 것을 듣지 않으셨군요 저한테 어떻게 가는지 물어보시고는 제가 알려드린 약도를 가지고 마음대로 가셨군요!" 여러분도 이런 적이 있는지 모르겠다. 다른 사람이 약도를 가르쳐줬는데 본인이 빨리 갈 수 있다고 생각하고는 머리를 굴리는 것이다.

아직 자전거를 조립하고 있으면서 앞으로 길을 가는데 시간을 낭비하고 싶지 않은 그런 경우와 같다. 지도에서는 6시간 걸릴 것을 2시간에 할 수 있다고 생각했다. 10시간이 지나고서도 여전히 나는 바퀴를 끼워 맞추고 있는 것이다!

바울이 이렇게 말한다. "너희가 이방인이 행하듯이 행할 때 그들이 가는 곳으로 가게 된다. 그리스도를 배운 대로 따르지 않으면 목적을 잃고 방황하게 될 것이다."

─ ∘ 그리스도의 진리

바울은 에베소서 4장 21절에서 계속한다. "진리가 예수 안에 있는 것 같이 너희가 과연 그에게서 듣고 또한 그 안에서 가르침을 받았을진대". 요한복음 14절 6절에서 예수님은 자신이 진리(I am the truth)라고 말씀하셨다. 그것이 중요한 것은 단지 행위가 아닌 본질을 말하기 때문이다. 우리가 지금 당장 진리를 말할 수 있다고 하자. 하지만 우리가 성령 안에서 행하지 않는다면 지금부터 1시간 후에 우리가 말하는 것은 진리가 아닐 수 있다.

왜? 우리는 육신 안에 있고 진리가 아니기 때문이다. 예수님과 같지가 않다. 그분은 진리를 말할 뿐 아니라 진리이시며 그분께서 말씀하시는 어떤 것도 진리임에 틀림없다. 우리가 공부하고 있는 성경이 하나님의 진리인 것은 하나님의 본질 때문이다. 따라서 우리가 그분의 말씀에서 예수님에 대해서 배우는 것은 "진리"라고 할 수 있다.

요한복음 14장 6절도 우리가 그분께 배운 대로 행한다고 할 수 있고 같은 말을 에베소서 4장 21절에서 한다. "너희가 분명히 그리스도를 배운 대로 행하여 이방인과 같이 행하지 말고 그들과 같이 아무곳에도 이르지 못하는 결과를 맞지 말라."

─ ∘ 벗어버리고 입으라

이것을 어떻게 할까? 다음 몇 절에 답이 있다.

너희는 유혹의 욕심을 따라 썩어져가는 구습을 좇는 옛사람을 벗어버

리고 오직 심령으로 새롭게 되어 하나님을 따라 의와 진리의 거룩함으로
지으심을 받은 새사람을 입으라(엡 4 : 22~24).

우리는 제11장에서 "옛사람"과 "새사람"에 대해서 얘기했다. 그러므로 여기서는 다시 살펴보는 셈이다. 우리가 구원받으면 예수님이 오셔서 "옛사람"의 줄을 끊으시고는 이렇게 말씀하신다. "그를 떨어뜨려라. 가게 놔두어라. 너는 자유이다!" 구원받을 때 그런 일이 일어난다.

그러나 많은 사람들이 옛 생활에 익숙해져 있어서 새로운 자신을 입는 것이 옛 자아를 제거하는 것보다 좋을 거라고 전적으로 확신하지 못한다. 에베소서 4장 22~24절에서 바울은 옷을 벗는 것과 입는 것으로 설명한다. 그 당시에는 옷을 갈아입는다는 것이 지금하고는 다른 느낌이었다. 요새는 항상 옷을 갈아입지만 그 때는 그렇지 않았기 때문이다.

바울이 살던 당시에는 새 옷을 입는 것이 매우 드문 일이었다. 로마의 중산층 시민이 갈아입을 수 있는 옷은 한 두 벌뿐이었다. 노예의 경우라면 전 생애에 걸쳐 갈아입는 옷이 두 벌일 것이다.

그래서 1세기에 어떤 사람이 새로 옷을 갈아입을 때는 너무너무 신이 나서 기쁘게, 옛날 입던 옷을 찢어버리고 새 옷을 입는 것이다. 왜? 낡은 옷은 매일 입고 빨고 해서 다 헤어졌기 때문이다. 얼룩얼룩하고 여기저기 찢어져 있고 누더기가 되었다. 하지만 새 옷은 깨끗하고 흠이 없다.

낡은 옷은 이들이 살아온 힘들고 비애로 가득한 세월을 생각나게 한다. 새 옷은 신선한 출발이고 새로운 시작과도 같다. 예수님께서 나를 만났을 때 그분께서는 신선한 출발과 새로운 시작을 주셨다. 나에게 멋진 새 옷, 새사람을 입혀주셨다.

— 。고치를 버리고

나비로 탈바꿈하는 유충을 우리가 관찰할 수 있다고 해보자. 유충이 고치를 만드는 장면을 본다. 그 고치 안에서 유충이 아름답고 멋진 모습으로 변하고 있음을 우리는 안다.

이것이 참 멋진 것은 고치 안에 하늘을 날 수 있는 것이 자라고 있다는

사실 때문이다. 그러나 기어다니려고 애쓰는 유충을 본 적이 있는가? 다리는 셀 수 없을 만큼 많은데 거의 전진을 못한다. 많은 사람들이 그 유충과 같다. "어떻게 지내니?"

"성공 좀 해보려고 애쓰고 있지."

바로 우리가 그러했다. 우리는 성공 좀 해보려고 애쓰던 유충들이었다. 하루는 예수님을 만나서 성령님께서 우리에게 고치를 지어주셨고 아름다운 색상으로 칠해주셨다. 우리에게 날개를 주시고는 "날아라!"고 하셨다.

그러나 많은 이들은 이렇게 반응한다. "하지만 이 고치는 어떻하구요?" 그 고치는 이제 의미가 없다. 더 이상 필요하지 않다. 우리는 날 수가 있다!

그런데 우리는 이렇게 말한다. "전에 한 번도 날아본 적이 없는데요. 어떻게 나는지 모른다구요."

"무슨 말인지 모르는구나. 너는 다만 고치를 버리고 날면 되는 거야. 날려고 애쓸 필요가 없어. 그냥 고치를 떠나. 그렇게 하면 날게 될 거야!" 왜 그럴까? 나비는 날도록 만들어졌기 때문이다. 나비는 나비여야 할 뿐이다.

하지만 나비가 고치의 옛 생활에 목을 매고 있는 한, 유충이라는 생각을 버리지 않는 한, 날 수 있는 본질이 모두 갖춰졌다 해도 날 수가 없을 것이다.

그리스도인의 생활에서 만약 내가 날고 있지 않다면 그것은 아마도 옛 고치에 익숙해져 있기 때문이다. 그 고치 안에서 편했기 때문에 이렇게 말한다. "나는 날 수 없어. 이 습관을 깰 수 없어. 무슨 말인지 듣고는 있지만 내 생활에는 적용할 수가 없어."

이것은 지금 그리스도 안에 있는 내가 아니라 이전 고치에 있던 나를 보고 있기 때문이다. 내가 유충이라고 생각한다면 날지 못할 것이다. 유충은 날도록 만들어지지 않았다.

그러나 그리스도 안에서 내가 누구인지 본다면 날지 못할 이유가 없다. 거울을 들여다보라. 날개가 보일 것이다. 하나님께서 "너는 할 수 있어!"라고 말하는 부분에서 신자들이 어떻게 못한다고 말할 수 있는가?

지금 이런 얘기가 꼭 긍정적인 사고의 힘을 강연하는 것처럼 들릴 수 있다. 하지만 그렇지 않다. 이것은 성경적인 사고의 힘이다. 앞에서 보았듯이 성경적인 사고의 힘은 "내게 능력주시는 자 안에서 내가 모든 것을 할 수 있다"(빌 4 : 13)는 것이다. 그냥 모든 것이 아니다. 그리스도 안에서 모든 것이다.

그리스도가 무슨 상관일까? 그분은 내 날개를 움직이게 하신다. 그분은 내게 힘을 주신다. 그리스도는 내가 고치를 버릴 수 있도록 하시는 분이다. 일단 그 고치에서 빠져나오면 나는 날 수 있다.

그래서 하나님께서 내가 할 수 있다고 참으로 말씀하셨다면, 어떠한 습관일지라도 어떠한 몸부림이라도, 어떠한 문제라 해도 "나는 그리스도 안에서 극복할 수 있다"고 말한다. 우리가 처음 사랑으로 돌아가고 그리스도를 합당한 제자리에 모시려면 그분께서 우리에게 이미 주신 새로운 마음(mind)으로 사고해야 한다.

「 플러그를 꽂는 것과 프로그램된 것 」

컴퓨터가 참 놀라운 것 중의 하나는 순식간에 정보를 찾아낼 수 있다는 점이다. 컴퓨터의 "마음(mind)"은 프로그램되어서 정보의 산을 넘어 구별한 후 필요한 것을 정확히 뽑아낼 수 있다.

우리는 그리스도의 마음을 받았다. 하나님은 그분의 사고하시는 과정을 우리 안에 주셔서 우리는 이 땅에서 살면서 그분의 마음을 찾아낼 수가 있다. 따라서 우리는 실제로 하나님께서 영원 속에서 정하신 것을 시간 속에서 생각할 수 있다.

그러나 컴퓨터 플러그가 빠져 있으면 아무리 프로그램이 잘 되어 있어도 작동하지 않는다. 마찬가지로 플러그를 꽂아도 프로그램화되지 않은 컴퓨터는 소용이 없다.

어떤 그리스도인들은 교회 문이 열릴 때마다 온다. 그들은 성경을 인용하고 설교를 받아쓰고 성경책에 밑줄을 친다. 하지만 여전히 "이방인의 행함과 같이 행한다.” 그들의 문제는 플러그이다. 전원이 들어오는 곳에 플러그를 꽂아야 하는 것이다.

어떤 신자들은 항상 “할렐루야, 주님을 찬양, 예수님께 감사”를 외친다. 이들은 플러그가 잘 꽂아 있는 것 같은데 프로그램에 문제가 있다. 왜냐하면 문제가 생길 때마다 움푹 들어가서 이렇게 묻는다. “어떻게 하지?”

해답은 플러그를 꽂고 프로그램을 깔아야 한다. 프로그램시킨다는 말은 하나님의 말씀을 배워서 하나님의 데이터를 저장시키고 필요할 때에 꺼내 쓸 수 있도록 한다는 의미이다. 플러그를 꽂는다는 말은 성령님을 의지하면서 행하여(walk) 자신과 천국 간의 전원 케이블이 잘 연결되어 있도록 한다는 의미이다.

우리가 프로그램도 되어 있고 플러그도 꼽혀 있으면 이 세상에서 그리스도의 삶을 살기에 필요한 모든 정보를 이용할 수가 있다. 그리스도의 마음을 움직이게 된다. 그리스도의 마음에 의지하라. 그것으로 사고하라.

우리는 옛 생활에 '아니오'라고 말하고 그것을 벗어버림으로써 그리고 내가 그리스도 안에서 누구인지 깨달아 새 생활에 '예'라고 말하고 그것을 입음으로써 그리스도의 마음을 적용해야 한다. 새로운 피조물 말이다. 우리가 "이방인의 행함과 같이 행하는" 자신을 발견할 때 내가 누구인지 생각하고 내가 누구인지에 따라 행동하자. 다음 제안들을 이용하자.

1. 그리스도의 마음을 기르고 그대로 사고할 것이라면 새로운 삶에 '예'라고 말하기 위해서 많은 활동에, 때로는 해롭지 않은 것에까지, '아니오'라고 말해야 할 것이다. 그 자체로는 괜찮지만 영적 성숙에 도움이 되지 않는 것에 적어도 하나만 '아니오'라고 해보는 연습을 하자.

2. 우리 마음(mind)은 무엇이든지 입력되는 것을 흡수하기 때문에 우리 마음에 부정적인 영향을 미칠 수 있는 것은 모두 처리해야 한다. 어떤 것은 처리하기가 매우 쉽다. TV 끄기, 잡지 덮기, 그 곳에 가는 것 그만하기. 잡고 늘어지는 사람을 피하기란 약간 어려울 수 있으나 안 좋은 영적 영향력 하에서 내가 벗어나기를 하나님께서 원하신다는 것을 알면 그분께서 "피할 길"을 보여주십사 기도하라(고전 10 : 13).

3. 많은 사람들은 홀로 조용히 있기를 두려워한다. 중요한 것들에 대해서 생각하고 묵상하는 법을 배우지 못했기 때문이다. 새로운 마음을 기르려 할 때, 홀로 주님과 시간을 보내며 그분께서 그분의 마음과 생각을 내게 전해주실 수 있도록 하는 부분이 있다. 가능한 한 빨리 혼자서 주님 앞에 조용한 시간을 갖는다. 성령님의 "세미한 음성"을 듣는다.

4. 내가 옛 생활을 벗어버리고 새 생활을 입었다는 사실을 눈앞에 보여서 기억나게 해주는 낡고 누더기가 된 가장 헤어진 옷을 찾아 날마다 보이는 곳에 걸어둔다. 그것을 볼 때마다 새사람을 주신 하나님께 감사한다!

제 16 장
하나님 나라를 최우선 순위에

누구나 처음 사랑을 할 때는 그 사람이 무엇을 좋아하는지, 무엇에 가장 관심이 있는지 알고 싶어한다.

예수님께서 가장 신경을 쓰시는 것은 하나님 나라이다. 그래서 우리는 하나님 나라를 더 잘 알고 신경써야 할 것이다. 하나님 나라에 예수님은 최우선 순위를 둔다. 이 땅에 계신 동안 영원한 목적이 없는 단순한 순간적인 활동이 아니라 천국에서 부여받은 프로그램을 따르셨다.

예수님의 이 땅에서의 사역은 모두 하나님의 나라를 세우는 일에 대한 것이었다. 따라서 그에 따라 우리 그리스도인들은 우리 삶 속에 하나님 나라를 세우는 일을 최고 우선 순위에 두어야 한다. 사실 하나님의 나라가 우리의 최우선 순위에 있지 않다면 그 삶이 하나님께서 의도하시는 삶이 아님을 알게 될 것이다.

예수님은 그야말로 실제의 인물이었다. 그분은 실제 세계에서 실제 사람들과 사셨다. 어떤 점을 말씀하고 싶으실 때 보기를 이용하셨다. 우리의 우선권에 대한 문제에서 예수님이 쓰신 예는 우리가 물질을 어떻게 다루는가 하는 것이었다.

이것은 돈과 우선권이 예수님의 최고 관심사여서가 아니라 소유물에 대한 사람들의 태도가 영적인 상태를 확실히 보여주기 때문이었다. 우선권에 대해서 예수님께서 말씀하실 것을 이해하는데에 누구나 관련되는

것은 재물임을 아셨다. 우리 마음과 사고를 열고 그분의 가르침을 배울
수 있도록 하자.

「 하나님 나라에의 투자 」

예수님은 "너희를 위하여 보물을 땅에 쌓아두지 말라"(마 6 : 19). 쌓아
두다(lay up)라는 말과 보물(treasure)이란 말은 그 어원이 같다. 예수님은
"너희 자신을 위해 보물을 모아두지 말라(Do not treasure for yourselves
treasures)."라고 하셨다. 이것이 무슨 말인가? 은행 통장 같은 것에 신경
쓰지 말란 뜻인가? 월스트리트 같은 곳에 투자하지 말며 어려운 때가 올
것을 대비해서 어떤 돈도 모아두지 말라는 말인가?

그런 말씀이 아니다. 성경에서는 저축하는 것을 칭찬한다. 잠언에 보
면 장래를 위해 준비해두는 지혜를 말하는 구절로 가득 차 있다(잠 6 : 6
~11).

─ ◦ 잘못된 우선 순위

예수님이 말씀하시고자 하는 것은 "땅에"라는 말에서 알 수 있다. 우
리가 무엇을 쌓아 놓느냐가 아니라 왜 그것을 쌓아 놓는가가 그분의 관
심사이다. 천국을 위해서 쌓지 않고 이 땅을 위해서 비축해두는 일을 염
려하신다. 그리스도인들도 우선 순위가 엉망이 될 수 있고 자신을 위해
축적하는 일에 시간을 보내고 하나님의 영광을 위해서는 아무것도 하지
않을 수 있다고 염려하신다.

많은 사람들이 어마어마한 통장을 은행에 갖고 있지만 영적인 통장은
우리가 자신을 위해서 쌓아둔 것, 즉 거의 영원한 가치가 없는 것 때문에
수표는 부도가 나서 돌아오는 것이다.

돈과 재물을 어떻게 관리하는가의 문제는 하나님 나라가 어떻게 이익
을 얻고 있는가에 있다. 하나님 나라가 나의 수입, 내가 투자한 것과 집,
내가 소유한 모든 것에서 이익이 되는 것이 없으면 나는 나 자신을 위해
서만 쌓고 있는 것이다.

예수님은 그러한 축적에 근본적인 문제가 있다고 했다. "좀과 동록이 해하며 도적이 구멍을 뚫고 도적질하는"(마 6 : 19) 곳에 쌓아두고 싶지 않을 것이다. 하나님의 나라를 최고 우선 순위에 놓지 않으면 아주 수명이 짧은 것에 투자하고 있는 셈이다.

예수님 당시 이 좀과 동록은 매우 심각한 문제였다. 오늘날 우리가 이용하는 저장 기술이나 보호 재료가 전혀 없었으니 말이다. 제 15장에서 옷 갈아입는 문제만 해도 그러했다. 그 당시 사람들은 평생동안 서너 벌의 옷을 입는 것이 보통이었다.

당시 아주 잘 사는 부자라면 모직 옷감을 샀을 것이다. 문제는 이 옷감이 좀에 아주 민감하다는 것이었다. 좀약이나 삼나무 목재로 된 옷장 같은 것이 없었으므로 그 옷은 금새 구멍이 생기고 말 것이다.

상상이 가는가? 그 옷을 사느라고 돈을 많이 들였지만 좀 때문에 그렇게 오랫동안 가치는 없다. 영적으로도 마찬가지다. 영원의 관점에서 측정할 수 없는 것은 모두 잃어버린다. 자신을 위해서 축적한 것은 모두 영원한 가치가 없다.

— ◦ 올바른 우선 순위

나 자신을 위해서 먼저 쌓는 일이 잘못된 우선 순위라면 올바른 우선 순위는 무엇인가? 예수님은 20~21절에서 말씀하신다.

오직 너희를 위하여 보물을 땅에 쌓아두지 말라. 거기는 좀과 동록이 해하며 도적이 구멍을 뚫고 도적질하느니라. 오직 너희를 위하여 보물을 하늘에 쌓아두라. 저기는 좀이나 동록이 해하지 못하며 도적이 구멍을 뚫지도 못하고 도적질도 못 하느니라.

예수님은 우리 마음이 우리 보물을 쫓아간다고 말씀하신다. 가령 내가 월스트리트에 투자한다면 나는 아마도 월스트리트 저널지를 사서 정기적으로 읽을 것이다. 내 돈이 있는 곳에 내 마음도 있기 때문이다. 내가 투자한 곳에 내 마음도 간다.

그래서 예수님은 우리가 그분의 과업에 그렇게 크게 투자하기를 원하시는 것이다. 우리가 그렇게 할 때 그분을 나의 처음 사랑으로 만드는 일에 별로 문제가 없을 것이다. 내 마음은 그렇게 따라가기 마련이다.

월스트리트 저널지를 읽거나 투자하는 일에 뭐가 잘못되었다는 얘기를 하고 있는 것이 아니다. 우선 순위의 문제이다.

이것은 매우 중요하다. 예수님은 우리가 자신을 위해서 살 때 문제는 돈이 아니라고 말씀하신다. 돈은 문제를 설명해줄 뿐이다. 문제는 우선 순위이다. 내가 나 자신을 위해서 살 때 나의 왕국과 나의 과업에만 관심이 있고 하나님의 나라나 그분의 일에는 신경을 쓰지 않게 된다. 그러면 나의 투자는 오래가지 못할 것이다.

여기서 그밖에 분명히 해두어야 할 것이 있다. 예수님은 시간에 대해서뿐 아니라 위치에 대해서도 말씀하신다. "지금 천국에 보물을 쌓아둠으로써 나중에 너희가 그 곳에 가면 소유할 수 있도록 하라."는 말씀이 아니다. 그것은 시간에 초점을 맞춘 것이다. 지금 사는 것과 나중에 천국 가는 것, 이렇게 말이다.

그런 것이 아니라 예수님은 내 보물을 언제 갖는지가 아니라 어디에 두는지에 대해서 말씀하신다. 어떤 그리스도인들은 "나는 지금 나를 위해 살고 영원에서는 천국을 위해 살겠소"라고 한다. 예수님은 지금 우리에게 천국을 위해서 살라고 말씀하신다. 하나님은 그분의 나라를 지금 우리의 최고 우선 순위에 놓아 나의 시간이나 재능, 또는 보물, 무엇이든지 간에 영원한 가치로 측정하라는 말씀이다.

— ○ 순종

여기서 순종에 대해 한두 마디 해야겠다. 예수님이 우리에게 '하나님의 뜻이 하늘에서 이루어진 것같이 이 땅에서도 이루어지이다' 라고 기도하라고 하신 것처럼 우리는 기도해야 한다고 말씀하신다. 하나님은 제안하시는 것이 아니다. 그분은 명령을 하신다. 그래서 순종은 우리에게 선택이 아니라 필수이다.

하나님은 우리가 그분을 순종해야 할 많은 이유를 주셨다. 그분은 우리에게 너무나 좋으신 분이다. 그래서 마태복음 6장은 우리가 그분을 먼저 사랑하고 최고의 자리에 모실 때 우리에게 필요한 것들을 주시는 은혜를 말하고 있다.

하나님의 명령은 무겁지 않기 때문에 또한 순종해야 한다. 하나님께서 나에게 무엇을 하라고 말씀하실 때 그것이 나를 상하게 하는 것이 아니라 도움이 되는 것이다. 순종에는 믿음이 필요하다. 하나님께서 나에게 무엇을 하라고 말씀하실 때, 특별히 내가 좋아하는 것이 아닌 경우에, 나에게 가장 좋은 길을 아시는 하나님임을 믿어야 한다.

자식들에게 무엇을 하라고 말할 때 부모 마음은 그들이 가장 유익하기를 바라면서 말하지만 자식들은 그것을 잘 모른다. 자식들은 부모가 정말 자기들을 신경써서 한 소리인가 할 것이다. 그러나 나는 그들에게 그렇게 하라고 결코 부탁하는 일은 없을 것이다. 그래서 나는 자식들에게 이렇게 말한다. "나만 믿어라. 나중에 네 인생에서 나의 선한 목적이 어떻게 영향을 미쳤는지 보게 될테니 말이다."

순종의 목적은 하나님의 계획이 나의 삶 속에 펼쳐지는 일을 보는 것이다. 내 자신의 뜻을 행하고 있으면 볼 수가 없다. 예수님은 자신의 뜻이 아니라 아버지의 뜻을 행하려 왔다고 말씀하셨다(요 6 : 38). 요한복음 8장 29절에서는 예수님께서 아버지가 항상 자신과 함께 계시는데 그 이유는 예수님이 언제나 아버지를 기쁘시게 하기 때문이라고 말씀하신다.

하나님께 가까워지는 길은 순종이다. 교회 출석도 아니고(그것도 순종의 일부분이지만), 우리가 매주 하는 작은 종교적 행사들도 아니고, 순종만이 하나님께로 우리를 가까이 가게 해준다. 그래서 우리가 물질적인 것들을 쫓기 원하면 마태복음 6장에서 예수께서 말씀하시기를 그 대가가 엄청나다는 것이다. 그 대가는 하나님의 친밀한 임재하심이다. 그것을 버리고 다른 것을 택하겠는가?

「 하나님 나라의 관점에서 」

여러분이 예수 그리스도에 대한 처음 사랑과 여러분 사이에 어떤 것도 들여보내기를 원치 않는다고 필자는 가정하고 있으므로 여러분은 하나님께서 영원한 가치를 만들라고 주신 것들을 이용하고 있는지 아닌지 스스로에게 물어봐야 한다.

우리가 그리스도인이기 때문에 이것은 중요한 문제이다. 그분께서 주신 것들은 나 개인만이 누리라고 주신 것이 아니다. 나의 "사유로 숨겨둘 것"이 아니라는 말이다.

─ ◦ 우리의 재물

여기서 오해하지 말 것은 하나님께서 우리에게 집을 주셨다면 우리가 그것을 누리기를 원하시고, 하나님께서 멋진 옷장을 주셨다면 그것을 우리가 즐거워하기를 원하신다는 것이다. 통장에 돈을 주셨다면 역시 그것을 우리가 즐기기를 원하신다. 합법적으로 얻은 성공이라면 죄책감을 느낄 이유가 전혀 없다.

필자가 하는 일은 여러분이 성공을 하나님의 관점에서 돌아보기를 강조하고 가르치는 것이다. 바울은 디모데전서 6장 17절에서 이렇게 말했다.

> 네가 이 세대에 부한 자들을 명하여(insturct) 마음을 높이지 말고 정함이 없는(uncertainty) 재물에 소망을 두지 말고 오직 우리에게 모든 것을 후히 주사 누리게 하시는 하나님께 두며.

바울이 가진 자들을 정죄하는 것이 아니다. 자신들을 위해서 재물을 차지하면서 하나님 나라에는 조금도 행함이 없는 이들을 정죄하는 것이다. 바울은 우리가 이기적인 성향이 아닌 하나님 나라 중심의 성향을 삶에서 개발하라고 말한다.

그렇지 않으면 하나님이 원하시고 하나님께서 필요로 하시고 하나님의 영광이 요구하는 것이 아니라 항상 내가 원하는 것, 내게 필요한 것, 내가 요구하는 것에 대해서 얘기할 것이다. 이기적인 사람들은 하나님의 관심사에 대해서 얘기하지 않는다.

─ ◦ 예시(illustration)

예수님은 사람의 눈이 무엇을 의미하는지 설명하신다.

눈은 몸의 등불이니 그러므로 네 눈이 성하면 온 몸이 밝을 것이요. 눈
이 나쁘면 온몸이 어두울 것이니 그러므로 네게 있는 빛이 어두우면 그
어두움이 얼마나 하겠느뇨!(마 6 : 22~23)

빛이 눈에 들어올 때 눈은 그것에 초점을 맞추고 볼 수 있게 된다. 볼
수가 있기 때문에 특별한 도움을 받지 않고 해야 하는 것을 할 수 있고
가고 싶은 곳에 갈 수 있으므로 온 몸은 제대로 기능할 수 있다.

그러나 눈이 어두워지면 문제가 생긴다. 예전에 샤워를 하다가 눈에
비누가 들어간 적이 있었다. 수건을 더듬거리며 찾았으나 없었다. 어디에
있는지 볼 수가 없었다. 그래서 뒤를 더듬었는데 비누 접시가 튀어나와
있어서 입술을 그 곳에 부딪혔다. 입술에서는 피가 나고···

다른 쪽으로 구부려 봤으나 잘못해서 또 이마를 부딪혔다. 그래서 뒤로
움직이려고 했다. 그런데 비누를 밟아서 바닥에 미끄러졌다. 엉망이었다.

예수님이 말씀하시는 것은 눈이 안 보일 때 다른 모든 것도 엉망이 된
다는 얘기다. 우리가 영적인 시각을 잃어서 하나님 나라의 관점을 잃어
버릴 때, 그 결과는 단지 내가 영적으로 보지 못하게 되는 것뿐이 아니다.
내 인생의 나머지도 엉망이 되어서 어떤 것도 제대로 처리할 수가 없을
것이라는 말이다.

우리의 영적 시력을 상실하면 나머지 부분도 아주 어두워진다. 많은
그리스도인들은 하나님 나라의 관점에서 인생을 보고 있지 않기 때문에
어두움 속에 있다.

─ ∘ 선택

많은 사람들은 하나님의 계획을 위한 시간이 없다. 그들은 전화를 붙
들고 애기할 수는 있지만 믿음을 나눌 수는 없다. TV를 볼 수는 있지만
말씀을 읽을 수는 없다. 그들은 하나님의 나라에 초점을 맞추지는 않지
만 자신의 왕국을 위해서는 시간을 낸다. 그래서 예수님은 이 얘기를 마
태복음 6장 24절로 마친다.

한 사람이 두 주인을 섬기지 못할 것이니 혹 이를 미워하며 저를 사랑하거나 혹 이를 중히 여기며 저를 경히 여김이라 너희가 하나님과 재물(mammon)을 겸하여 섬기지 못하느니라.

주인(master)이란 말은 노예를 소유한 사람이다. 재물(mammon)이란 물욕을 뜻하며 대개 돈이나 물질적인 소유물, 재산을 말한다. 두 주인을 섬길 수 있는 노예는 없다. 한 쪽이 "주인님"이거나 다른 쪽이 "주인님"이다. 둘 다 되지는 않는다. 두 주인을 사랑할 수도 없다.

선택을 해야 한다. 예수님은 우리가 돈을 가질 수 없다고 말하지 않으셨다. 그것을 섬길 수 없다고 말하셨다. 돈을 섬긴다는 것이 무슨 말인가? 돈을 섬긴다는 말은 내가 무엇을 하는지 돈이 결정한다는 뜻이다. 돈이 명령하고 지휘한다.

내가 갖고 있는 것을 가지고 하나님께서 나에게 무엇을 하라고 말씀하시는가, 아니면 내가 먼저 나서서 그분과 상관없이 결정하는가? 하나님이 내 인생을 지도하시는가, 아니면 내가 스스로 하는가? 예수님이 말씀하시는 것은 그런 부분이다. 우선 순위 문제인 것이다.

영적인 빛이 사라지면 어두움 속에서만 선택할 수 있다. 말라기 1장에서는 하나님께서 그렇게 불평하신다. 이스라엘 백성이 하나님께 찌꺼기를 드리고 있었다. 그들은 하나님을 마땅히 최고의 자리로 우선시 하지 않았다.

입상한 두 마리의 송아지를 가진 농부가 있었다. 그는 너무 신이 나서 아내에게 이렇게 말했다. "여보, 이 송아지들이 주님께서 주신 선물임을 감사한다고 주님께 가서 알려드려야겠어. 한 마리는 주님께 드리고 나머지는 기르자구."

몇 주 후에 그는 낙심해서 돌아왔다. 그 아내가 무슨 일이냐고 묻자, "여보, 주님의 송아지가 죽어버렸어."

항상 주님의 송아지는 죽는다. 그렇지 않은가? 우리가 선택해야만 할 때 우리에게 그분의 나라와 영광이 최고 우선 순위 있지 않기 때문에 주님께서 손해보신다.

믿음이 자라고 있는 그리스도인이라면 자신이 하나님 나라에 투자하고 있는지 신경을 쓴다. 하나님 나라에 투자를 하면 이 땅의 것들보다 유익이 훨씬 많다. 하나님 나라의 투자는 시세가 오르고 이 땅의 투자는 시세가 하락한다.

많은 사람들이 성공에 투자를 하지만 평안이 없다. 집에 투자를 하지만 가족이 없다. 그야말로 유익이 별볼일 없다.

집에 투자를 해서 하나 갖고 있으면서 집에 들어가는 것이 행복하지 않다면 그 보상은 값지지 않다. 회사의 사장을 하면서 밤에 잠을 잘 수 없다면 오히려 득이 되지 않는다.

그러나 우리가 하나님 나라의 관점에서 인생을 살 때 값비싼 유익이 있다. 하나님은 그분께서 우리의 필요를 충족시키실 것이라고 말씀하신다(빌 4 : 19). 그분의 뜻을 보여주시고 인생의 방향을 주실 것이다(롬 12 : 2). 내가 결정을 할 때 지혜를 주실 것이다(약 1 : 5). 정말 고가의 보상이다. 오직 하나님 나라의 투자에서만 바랄 수 있다.

「 염려를 없앰 」

여러분 중에 만성적으로 염려하는 분이 있는지 모르겠다. 마태복음 6장 25절에서 예수님은 "염려하지 말라"고 하신다. 그 말을 두 번이나 반복하신다(31, 34절). 그만큼 강력한 어조이다. "그만 염려하라. 잘라 내버리라!"

원하는 모든 것을 기도할(spiritualize) 수는 있지만 염려(worry, 걱정)하는 것은 죄이다. 걱정하는 그리스도인은 쇠짓는 그리스도인이다. 예수님께서 돌봐주시는 것을 신뢰할 수 없다는 듯이 행동하면서 그분이 나의 처음 사랑이라고 말하는 것은 아무도 납득할 수 없는 말이다.

— ◦ 완전 금지

성경에서는 염려에 대해서 어떤 변명이나 한치의 허용도 용납하지 않는다. 그러면 왜 우리는 염려할까? 하나님 나라를 생각하지 않기 때문이다. 하나님 나라 정신이 없어서 근심이나 걱정이 생긴다.

예수님께서 "너희가 두 주인을 섬길 수 없다. 나에게 완전히 헌신하든가, 아니면 너의 다른 주인에게 헌신할 것이다."라고 했던 것을 기억하자.

두 주인을 섬기는 것은 두 애인을 가지려는 것과 같다. 어디서부터 엉망이 되었는지 알고 싶으면 제14장을 살펴보라. 그런데 제자들은 이것을 듣고 이렇게 말했다. "잠깐만요, 예수님. 당신께 완전히 헌신하면 위험이 따릅니다." 그들은 위험을 염려했고 여러분도 그럴 수 있다.

─ ∘ 위험

이렇게 말하는 이가 있는가? "내가 예수님의 길을 해낼지 장담 못하겠어. 하나님 나라의 정신을 선택하면 내가 성공할지 확신이 없어. 이 세상은 먹고 먹히는 세상인 걸. 뭔가 해보려면 술수를 써야 하고 연줄이 필요하다구. 아무도 그냥 주는 사람은 없어. 내가 이 하나님 나라의 일을 하고 하나님을 완벽하게 섬긴다면 나는 뒤처질지도 몰라. 주일은 하나님께 드리니까 · · · "

그러나 기억할 것은 주인을 갖느냐, 아니면 내가 내 자신의 주인이 되느냐 사이에서 하는 선택이 아니라는 점이다. 밥 딜런(Bob Dylan)이 이런 노래를 한 적이 있다. "You gotta serve somebody(누군가를 섬겨야 하는 우리)". 자기 주인을 일주일에 하루만 섬기는 노예는 없다.

예수님은 제자들이 오늘날의 많은 그리스도인들처럼 헌신의 정도에 대해서 염려하고 있음을 아셨다. 그러나 사람들이 그분과 함께 계속 길을 가지 못하는 이유는 자신들의 목숨에 대한 확신이 없기 때문이다.

> 그러므로 내가 너희에게 이르노니 목숨을 위하여 무엇을 먹을까 무엇을 마실까 몸을 위하여 무엇을 입을까 염려하지 말라 목숨이 음식보다 중하지 아니하며 몸이 의복보다 중하지 아니하냐?(마 6 : 25)

— 。하나님을 고발하는 행위

염려가 하나님께 끔찍한 죄인 이유는 그것이 하나님의 사랑을 집어던지는 행위이며 그분을 고발하는 것이기 때문이다. 내 자식이 만약 아비인 내가 자기를 먹여줄까, 입혀줄까 염려한다면, 나를 그런 아빠로 보는 아들의 사고 방식에 대해서 기분이 좋을 리가 없다. 그들이 염려한다면 나를 고소하는 셈이다.

내가 염려하면서 "하나님 저는 당신에 대해서 정말 잘 몰라요. 당신이 돌보시는 하나님인지 확신이 없어요. 당신이 예비하시는 하나님인지 모르겠어요. 당신이 주일 날 교회에서는 좋지만 당신에 대해서 저는 확신이 없어요. 그래서 이것은 제가 해결해야겠어요."라고 말하면

예수님은 "네가 염려한다면 너의 목숨과 같은 적어도 중요한 것을 염려해라."고 하신다. 우리는 우리가 먹을 것을 충분히 갖게 될지에 대해서 염려한다. 예수님은 우리가 과연 살아서 음식을 먹을 수 있을지에 대해서 염려하는 것이 더 낫다고 하신다.

"생명은 음식보다 귀한 것 아니냐?"라고 물으신다. 다시 말하면 "내가 너를 내일 아침에 깨운다면 너를 먹일 것이다. 자, 어느 쪽이 더 쉽겠는가? 너를 먹이는 것이냐, 아니면 너를 깨우는 것이냐? 내일 아침 식사는 걱정하지 말아라. 네 심장이 오늘밤 멈추지나 않을까 염려해라. 너의 뇌가 움직이고 심장이 운동하도록 내가 할지 안 할지 그것을 오히려 염려해라. 네가 염려하고 싶다면 그런 것을 염려해라."

우리 대부분이 이런 것들은 염려하지 않는다. 오늘밤 잠이 들면 내일 아침에 일어나리라고 생각한다.

예수님 말씀은 이것으로 끝나지 않으셨다. "몸이 옷보다 중요하지 않느냐?"가 다음 질문이다. 우리는 옷에 참 신경을 많이 쓴다. 유행하는 것과 유명 디자이너의 이름, 상표있는 청바지를 찾아서 멋있게 보이고 싶어한다. "나 오늘 교회 못 가. 옷이 없거든. 괜찮은 옷이 없어서."

잘못된 것을 염려하고 있는 것이다. 팔을 들어 올려서 윗도리를 아직 혼자 입을 수 있는지 염려하는 것이 오히려 낫다. 입는 것보다 내 몸이 더 중하지 않은가? 그러면 왜 내 몸이 계속 움직일 수 있어서 옷을 입을

수 있는 것보다 입는 것에 대해서 걱정하는가? 문제는 우선 순위.

─◦ 염려의 허망함

이제 예수님은 이것을 조금 더 설명하신다.

> 공중의 새를 보라 심지도 않고 거두지도 않고 창고에 모아들이지도 아니
> 하되 너희 천부께서 기르시나니 너희는 이것들보다 귀하지 아니하냐. 너
> 희 중에 누가 염려함으로 그 키를 한 자나 더할 수 있느냐?(마 6 : 26~27)

"염려는 너희 삶에 전혀 도움이 되지 않는다."고 하신다. 이것은 너무 실제적이기 때문에 우리가 아주 잘 안다. 그래서 이 말씀의 가치를 놓칠 수 있다. 이 구절은 우리에게 너무나 익숙해서 귀기울이지 않으면 이렇게 반응한다. "예, 예, 다 알아요. 좀 새로운 것을 얘기해주세요."

─◦ 공중의 새들

그와 같은 무관심의 치유책은 마태복음 6장 26절과 28에서 예수님께서 말씀하신 것을 따르는 것이다. "보라(look). 주의해서 보라(observe)." 우리가 자연을 관찰하면 지금 아는 것보다 하나님을 더 많이 배울 것이고 훨씬 덜 걱정하게 될 것이다.

하지만 우리 대부분이 인생을 이론적으로 바라보지 않는다. 하나님에 대한 진리를 배경으로 우리 주위 세상을 관찰하지 않는다. 예수님은 새들을 보라고 하신다. 새들은 내일 무엇을 먹을지 전혀 염려하지 않는다. 그들은 내일 일어나면 내일 벌레가 있을 것이라고 당연히 생각한다. 그래서 개똥지빠귀는 하나님께서 벌레를 다 써버리셨을까 염려하면서 그만두는 것이 아니라 여전히 벌레를 잡으러 나간다.

염려한다는 것이 어떻게 하나님을 고발하는 일이 되는지 얘기하고 있는 중이다. 그런데 예수님은 26절에서 우리의 믿음을 고발하고 있다. 새를 먹이는 아버지는 우리의 하나님 아버지이지 새들의 하나님 아버지가 아니다.

그래서 뭐가 어떻다는 얘기인가? 하나님께서 우리를 먹일지에 대해서 걱정하는 것은 마치 내가 우리 집 개를 먹이고 있는데 아들은 내가 자기를 먹일까 걱정하고 있는 것과 같다는 말이다. 내가 개를 먹이고 돌보고 있다면 내 아이들이야 그보다 훨씬 더 많이 돌보지 않겠는가?

새들은 하나님께서 벌레가 있는 이 땅을 소유하고 계심을 본능적으로 알고 적절한 때에 벌레들을 지표면으로 불러내실 것도 안다. 새들은 벌레들이 어디에 있는지 안다. 왜냐하면 하나님께서 다스리시며 벌레들이 적절한 시기에 적절한 곳에 나타나도록 본능을 주시기 때문이다.

삶을 성경에 입각하여 관찰하고 하나님의 주권과 넉넉하심을 아는 사람은 이렇게 말한다. "주님, 재정적으로 참 너무 어려워 보입니다. 하지만 당신이 나의 하나님 아버지인 것을 압니다. 그리고 당신께서 저를 이곳에 있도록 하시는 한 당신께서 예비하시고 공급하신다고 말씀하셨습니다. 어떻게 그것을 하실지 저는 모르지만 주실 양식에 대해서 미리 감사드립니다."

─ 。들의 백합화를 보라

마태복음 6장 28~29절에서 예수님은 자연에서 관찰해볼 것을 또 말씀하시면서 또다른 교훈을 주신다.

> 또 너희가 어찌 의복을 위하여 염려하느냐 들의 백합화가 어떻게 자라는가 생각하여 보라 수고도 아니하고 길쌈도 아니하느니라. 그러나 내가 너희에게 말하노니 솔로몬의 모든 영광으로도 입은 것이 이 꽃 하나만 같지 못하였느니라.

하나님께서 꽃들을 얼마나 아름답고 화려하게 옷 입히시는지 보고 싶으신 분은 들꽃이 피는 계절에 텍사스로 오면 된다. 솔로몬이 입었던 굉장히 멋진 옷조차도 하나님의 들꽃 정원에 비할 수 없다고 말씀하신다. 오늘날의 기준으로 볼 때 솔로몬은 억만장자였다.

하나님은 어떻게 꽃들을 공급하시는가? 그것들은 이미 옷이 입혀졌다. 새들은 나가서 벌레를 잡아야만 한다. 하지만 새들은 옷을 입고 나온다.

때때로 하나님은 예비해두신 곳으로 우리를 인도하시거나 혹은 우리에게 일할 능력을 주셔서 수입을 벌고 생활에 필요한 것들을 얻을 수 있도록 공급하시지만, 어떤 때는 꽃들에게 하시는 것처럼 일하시기도 한다는 의미이다. 우리는 그냥 앉아 있는데 그것을 가져다주신다.

하지만 어느 쪽으로든 하나님은 예비하신다. 그런데 무엇을 염려한다는 말인가? 염려에 대해서 몇 가지를 베드로는 이렇게 말했다. "너희 염려를 다 주께 맡겨버리라. 이는 저가 너희를 권고하심이니라(He cares for you)"(벧전 5 : 7). 예수님께 내 염려를 맡길 때 거기 놔두고 오라. 도로 갖고오지 말라. "예수님, 이것은 주님 문제입니다."라고 말하라.

우리 아이들이 나에게 어떤 것에 대해서 부탁할 때 나는 이렇게 말한다. "아빠가 알아서 할게(I'll take care of it)." 너희들은 그것에 대해서 더 이상 생각할 필요가 없다는 뜻이다. 예수님이 우리에게 말씀하신다. "그것을 왜 아직도 염려하느냐? 내가 알아서 하겠다고 말하지 않았느냐?"

자식들이 우리를 괴롭힐 때 우리는 종종 이렇게 말한다. "내가 알아서 하겠다고 하지 않았니?" 거래는 끝났다. 우리가 하나님의 나라를 최우선 순위로 할 때 하나님께서 우리를 돌보시겠다고 말씀하신다.

「 하나님 나라의 시각에서 」

이제 예수님은 하나님께서 우리를 돌보시는 것과 그것에 대해 우리가 가져야 하는 반응을 말씀하신다.

> 오늘 있다가 내일 아궁이에 던지우는 들풀도 하나님이 이렇게 입히시거든 하물며 너희일까보냐 믿음이 적은 자들아. 그러므로 염려하여 이르기를 무엇을 먹을까 무엇을 마실까 무엇을 입을까 하지 말라(마 6 : 30~31).

이것은 매우 중요하다. 하나님을 우리 아버지라고 부르면서 그분께서 우리의 필요를 채우실지에 대해 의문을 갖는 것은 죄이다. 그것이 "적은 믿음을" 갖고 있는 것이며 아주 심각한 문제이다. "내가 적은 믿음을 가졌는지 어떻게 알죠?"

— ∘ 잘못된 질문

오늘날 우리가 31절과 같은 질문들을 하지 않는가? "그것을 어떻게 하지? 앞으로 어떻게 하지? 다음 달 생활비는 어디서 날까? 애가 아프면 어떻하나? 차가 고장나면 어떻하지?"

우리는 속을 태우며 왔다갔다 하면서 애타게 마음을 졸인다. 하나님은 하늘에서 우리를 보시며 "오, 이 믿음이 적은 자여"라고 말씀하신다.

"앞으로 어떻게 하지?"라고 우리가 물을 수 있는 이유는 우리가 바로 이 지점까지는 해냈기 때문이라는 것을 생각해본 적이 있는가? 지금까지 해내지 못했다면 그런 질문을 할 수도 없었을 것이라는 말이다.

우리가 그분의 나라에 너무나 무감각하고 그 나라의 왕이 또한 우리의 "아바", 우리 "아빠"임을 잊어버릴 때 하나님의 마음은 참 아프시다. 그분은 우리가 그러한 시각을 갖기를 원하신다. 걱정하지 말고 말이다. 걱정하는 것은 연기를 삽으로 뜨려는 행위와 같다. 걱정을 해도 아무것도 나아지지 않는다. 마치 흔들 의자처럼, 염려는 움직이기만 할 뿐 어디를 갈 수 있는 것이 아니다.

분명히 말하고 싶은 것은 염려는 단순히 염려가 아니라는 말이다. 우리가 죄를 짓는 것이다. 사단은 우리를 염려하게 할 수 있지만 그것을 계속 갖고 있는 것은 우리 자신이다.

— ∘ 잘못된 예

음식이나 옷, 집과 같은 것들에 대해서 염려하지 말라는 이유를 32절에서 더 말씀하신다. "이는 다 이방인들이 구하는 것이라(For all these things the Gentiles eagarly seek)."

앞장에서 우리가 살펴보았듯이 "이방인"은 구원받지 않은 사람들이다. 제15장에서 하나님은 우리가 그들과 같이 생각하기를 원치 않으신다고 배웠다. 여기서 예수님도 우리에게 그들과 같이 행동하지 말라고 말씀하신다.

구하다(seek)는 말은 뭔가를 위해 애쓴다는 뜻이다. 이방인들은 그것들을 얻으려고 전력을 다한다(break their necks : 몹시 노력하다—역주). 못

본 체하고 음모를 꾸민다. 야근을 하고 일을 두 배 세 배로 한다. 하나님을 아는 우리들은 진정을 하고 이렇게 말한다. "주님, 오늘 제가 할 수 있는 것은 다 했습니다. 이제 당신의 손에 있습니다. 제가 부족한 것을 채워주세요."

얼마나 느긋한 태도인가. 이방인들은 그렇게 할 수 없다. 왜? 그들은 자신들을 돌볼 하나님 아버지가 없기 때문이다. 그들은 스스로가 스스로를 돌봐야 한다. 자신들의 필요를 공급해줄 하나님이 없으므로 자기 자신의 필요를 공급해야만 한다. 자기들을 위해 염려해주는 이가 없기 때문에 그들은 스스로 염려해야만 한다.

─ ◦ 정확한 초점

그리스도인들은 염려해야만 하기 때문이 아니라 선택에 의해서 염려한다. 우리가 하나님 나라의 시각을 갖고 있다면 그것이 모든 것을 바꾼다. 내가 정말 예수님을 나의 처음 사랑으로 사랑한다면 모든 것이 달라진다.

복음서에서 적어도 네 번은 예수님께서 사람들을 믿음이 적다고 고발하셨다. 매번 제자들이나 사람들은 상황이 좋아보이지 않았기 때문에 푸념하고 우는 소리를 한다.

한번은 예수님이 제자들과 함께 갈릴리 호수에서 건너편을 향해 건너가시는 중이었다(막 4 : 35~41). 폭풍이 일어났는데 예수님은 주무시고 계셨다. 제자들이 와서는 "선생님, 우리가 다 죽어도 상관없습니까?"라고 했다(38절). 이것은 "우리가 이제 다 빠져 죽게 생겼는데 코나 골고 계십니까? 우리 모두 익사할텐데 주무십니까"하는 말이다.

예수님이 일어나셔서는 바람을 꾸짖으시고 말씀하셨다. "어찌하여 이렇게 무서워하느냐 너희가 어찌 믿음이 없느냐"(40절) 즉, "얼마나 더 이것을 내가 반복해야 되느냐? 우리가 건너편으로 갈 것을 내가 알기 때문에 호수에서 무슨 일이 일어난다고 해서 그것이 무슨 상관이냐. 나는 자겠으니 너희가 염려하고 싶으면 거기 서서 계속 해라."

그러면 자기들을 걱정하지 않는다고 화내는 사람들이 있다. 그들은

"아, 너무 걱정이다!"라고 한다.

우리가 이렇게 말한다. "하나님이 너를 새들과 백합보다 더 사랑한다고 예수님께서 말씀하셨잖아. 너가 그의 나라를 먼저 구하면 너의 모든 필요를 채우시겠다고 말씀하시지 않았니? 뭘 걱정하니? 집에 가서 자라."

그들은 다시 온다. "나는 그 영적인 해답들이 지겨워."

사람들은 잠자리에서 몸을 이리 뒤척 저리 뒤척, 수면제를 먹고 다 해보지만 이유는 믿음이 적기 때문이다. 하나님은 이렇게 말씀하신다. "염려하지 말아라. 내가 안 자고 있다. 나를 믿고 어서 자라."

「 우리의 필요와 그 충족 」

앞의 제12장에서 보상이라는 주제로 살펴보았을 때 이것에 대해서 얘기했으므로 여기서는 간단히 살펴보겠다. 예수님이 마태복음 6장 33절에서 말씀하셨다. "너희는 먼저 그의 나라와 그의 의를 구하라. 그리하면 이 모든 것을 너희에게 더하시리라."

여기서 중요한 것은 순서이다. 그런데 우리는 그것을 거꾸로 생각한다. 우리는 "주님, 제가 이 모든 것들을 구하겠고 제게 남는 모든 것은 무엇이든지 당신의 나라와 의를 구하기 위해 사용할 것입니다."

─ 。 하나님을 우선으로

그러나 하나님의 말씀은 이렇다. "아니다, 그것이 아니다. 내 나라를 먼저 구하라. 나를 우선으로 생각하라. 너의 재산에서 나를 우선으로 하라. 너의 시간에서 나를 우선으로 하라. 모든 것에서 나를 우선으로 하라. 나를 너의 처음 사랑으로 하라."

이 말은, 우리가 하는 모든 것에 이런 질문을 하는 것이다. "이 상황에서 어떻게 하면 하나님이 기뻐하실까?" 이것이 그분을 우선으로 하는 것이다. 우리가 그렇게 할 때 하나님은 "내가 너를 높이고 너의 모든 필요를 채울 것이다."라고 하신다.

그러면 우리 마음이 쉼을 얻게 된다. 우리는 평안을 느낀다. 여유로운 마음을 갖게 된다. 온 우주를 다스리시는 당신의 하나님 아버지께서 말씀하신다. "네가 나를 우선으로 하면 나머지는 내게 맡겨라."

예수님은 마태복음 6장에서의 가르침을 이렇게 마무리한다. "그러므로 내일 일을 위하여 염려하지 말라. 내일 일은 내일 염려할 것이요 한 날 괴로움은 그날에 족하니라."

─◦ 예비해 주시는 은혜

내일을 염려하는 것의 문제는 절대로 내일은 없어지지 않는 것이다. 오늘 내 생활의 이 꼬라지(mess)를 고치지 않았으면서 어떻게 내일을 염려할 수 있는가?

우리는 한 번에 오늘 하루 살기를 배워야 한다. 하나님은 오늘 우리에게 필요한 도움을 주실 뿐이다. 내일 필요한 도움을 오늘 주시지 않는다. 그러므로 내일 무엇을 할지는 걱정하지 말라. 내일이 되면 하나님의 은혜가 당신과 당신의 필요 가운데 족할 것이다.

우리는 내일 어떻게 할지, 다음 주에는, 그리고 내년에는 어떻게 할지 오늘 걱정한다. 예수님의 말씀하신다. "내일이 되면 내 은혜가 네게 있을 것이다. 다음 주가 되면 내 은혜가 너를 기다리고 있을 것이다. 내년이 되면 내 은혜가 아직도 거기에 있음을 알게 될 것이다. 나는 네가 이 날을 잘 마치기 원한다." 하나님의 예비하시는 은혜는 다함이 없다. 이것이야말로 큰 유익이 아닌가!

우리를 그렇게 사랑하시고 돌보시는 구세주 하나님을 우리가 어떻게 사랑하지 않을 수 있는가? 그분이 신경쓰시는 것을 어떻게 우리가 신경쓰지 않을 수 있는가? 어떻게 감히 우리가 그분의 나라를 우리의 최고 우선 순위로 삼지 않을 수 있는가? 우리의 처음 사랑을 제 자리에 놓고 하나님께서 우리가 하라고 부르신 "첫째 일"을 한다면 그분께서 나머지들은 돌보실 것이다.

모든 염려를 해결하는 일의 열쇠는 간단히 이렇다. 우리가 하나님 나라를 우선으로 할 때만이 해결할 수 있다. 그분의 나라를 우리의 최고 우선 순위 삼지 않을 때 우리는 이방인과 같이 구하고 분투하며 염려하고 몹시 애쓰게 될 것이다(목이 부러져 죽을 지경까지-역주). 하지만 우리가 하나님 나라를 우선으로 할 때 그분께서 내 삶에 있어서 우선 순위 매기는 것을 도와주실 것이다. 다음 제안 사항을 적용해보자.

1. 세상의 치열한 경쟁이 여전히 실재하므로, 내가 원하는 것이 하나님 나라를 세우는 점에서 보면 내게 좋은지 어떻게 알 수 있는가? 다음 질문들로 원하는 것을 점검하시오.
 (1) 그것을 얻는데 돈, 시간, 등이 얼마나 들겠는가?
 (2) 그것을 얻으면 내가 얼마나 변할까?
 (3) 그리스도와 내가 동행하는데 그것이 어떻게 영향을 미칠 것인가?
원하는 것이 테스트에 불합격하면 포기하고 계속 가시오
 2. 내가 하나님 나라에 초점을 맞추고 있는지, 아니면 세상에 가 있는지 시험하는 방법이 또 하나 있다. 나에게 가장 가치있는 것, 중요한 것, 가장 바꿀 수 없는 소유물을 세 가지 적는다. 이제 그 적은 것을 보고 하나님께서 하나 혹은 그 모두를 가져가신다면 어떻게 될지 물어보라. 하나님께 화를 내거나 증오심을 품을까? 그것을 생각해보고 이 땅의 소유물을 하나님께서 가져가셔야 한다고 판단하실 경우 그것들을 쥐고 있던 그 손은 반드시 펴야 한다.
 3. 약 5분간 지금 나를 괴롭히고 있는 것을 모두 적어보라. 다 쓰고나면 그것을 예수 그리스도께 드리고 내가 그분께 집중하면 다 해결해주시겠다고 약속해주신 것에 감사하라.
 4. 마지막 질문은, 내 삶에서 예수 그리스도가 두 번째인 영역은 어디인가? 그것을 어떻게 하겠는가?

제 17 장
하나님의 백성을 돌보라

우리는 모두 개인적으로 거듭나야 한다. 거기에는 의문의 여지가 없다. 그러나 우리는 다시 태어났기 때문에 교회의 일원이 되었고, 그리스도의 몸이 되었다. 교회는 또한 성경에서 하나님의 가족이며 믿음의 동지라고 한다. 이 가족의 일원은 서로를 형제 자매라고 한다. 하나님은 우리 아버지, 그리스도는 우리의 큰 형님이다.

성경이 교회를 말할 때 이렇게 가족 이미지를 쓰는 이유가 있다. 한 가족 식구들이 서로를 돌보듯이 우리도 서로 그렇게 돌봐야 하기 때문이다. 사랑하는 자기 가족을 지켜보듯이 서로를 지켜봐주고 도와야 한다. 그리고 필요하면 건강하고 제대로 온전한 가정에 있는 훈련(징계)도 해야 한다.

사실 신약에서 신자들이 어떻게 행동해야 하는지와 관련된 명령은 대부분이 몸을 놓고 얘기한다. 그것은 우리가 많이 다룬 요한계시록 2장과도 일치한다.

고린도 교회의 경우, 신자 개인 한 명과 같이 전 교회가 그 처음 사랑을 잃어버릴 수 있음을 앞에서 보았다. 그래서 우리가 우리의 처음 사랑으로 돌아갈 때 몸 안의 다른 지체들도 데려가고 싶어진다.

이것을 기억하고 이 마지막 장에서는 주제를 넓혀서 가족으로서의 교회에 대해서 나누고 싶다. 서로 돌보는 사역과, 또 하나는 우리 삶과 교회에서 하나님을 제자리에 모실 때 우리가 부르심 받은 "첫째 일"에 대해서 얘기해보자. 이 주제는 제목을 여섯 가지로 나눠 다루었다.

「 위로할 만큼 돌보는 일 」

이 돌보는 사역에서 첫째로 우리가 서로 넉넉히 베풀어야 할 것은 넘치는 위로이다. 우리는 어떤 형제나 자매가 기댈 수 있는 어깨가 되어야 한다. 바울은 고린도후서 1장에서 이와 같이 말한다.

> 찬송하리로다. 그는 우리 주 예수 그리스도의 하나님이시요. 자비의 아버지시요. 모든 위로의 하나님이시며 우리의 모든 환난 중에서 우리를 위로하사 우리로 하여금 하나님께 받는 위로로써 모든 환난 중에 있는 자들을 능히 위로하게 하시는 이시로다(3~4절).

— ∘ 위로의 원천

위로는 하나님으로부터 시작됨을 우리가 알아야 한다. 바울도 거기서 시작한다. 하나님께서 우리를 긍휼히 여기신다고 그는 말한다. 자비 (mercies)라는 말은 그렇게 이해할 수 있다. 다른 지체가 겪고 있는 고통이 내 마음에 아프게 느껴진다는 의미이다. 그들의 고통이 내 고통이 되고 그들의 고뇌가 내 것이 된다.

하나님이 영이신데 어떻게 우리가 느끼는 것을 느끼실 수 있을까? 영은 인간이 느끼는 것을 느낄 수 없다. 그래서 3절 처음 부분이 그렇게 중요하다. 하나님은 "우리 주 예수 그리스도의 아버지"이다. 예수님께서 거절당하는 고통과, 무시당하는 것과 오해당하는 것과 유혹당하는 것을 아신다. 인생에서 겪는 고투가 뭔지 아신다.

영이신 아버지는 우리가 어떻게 느끼는지 이해하실까? 아들이 그분께 그것을 설명하신다. 지금 예수님은 중보자로서 아버지 앞에 계시며 아버지께 모든 필요한 경험적 데이터를 드리신다.

로마서 8장 26절에 보면 성령님께서도 위로하시는 일을 하신다. 우리가 기도하면서 때로는 너무 고통스러워서 어떤 말도 할 수 없을 때가 있다.

그런데 성령님께서 우리 고통의 혼란스러움을 아시고 그것을 가지런히 정리하셔서 아들에게 그것을 넘기신다. 아들은 우리의 대제사장이기 때문에 우리 고통 가운데 들어오셔서 "우리의 연약함을 체휼하신다(sympathize)"(히 4 : 15).

성령님은 사실을 전달하신다. 예수님은 체휼하심을 전달하신다. 그분은 어떤 느낌인지 아시고 하나님 아버지는 "우리 그것을 어떻게 좀 해야겠다."고 하신다.

그래서 하나님은 자비의 하나님일 뿐 아니라 "모든 위로의 하나님"이다. 그분은 어떻게 고통을 낫게 하는지 아신다. 나의 괴로움 속에 오셔서 어떻게 도울지를 아신다. 함께 걸으시며 필요한 부분을 어떻게 지원하시는지 아신다.

우리가 무엇을 느끼는지 뿐만 아니라 그 문제도 처리하실 수 있는 분을 우리는 모시고 있다. 이것이 중요한 것은, 위의 구절에서 지적하듯이 우리가 남들을 위로하기 위해서 우리 자신이 갖고 있는 위로는 하나님으로부터 온 것이기 때문이다.

따라서 만일 여러분이 하나님을 우선으로 하고 그분의 나라를 먼저 구하기 때문에, 어떤 면에서 고통 가운데 있다면 기뻐하라. 위로가 있을 것이다. 바울은 하나님께서 우리의 모든 고통을 위로하신다고 했다.

─ ∘ 함께 겪는 고통

나의 고통 속에서 하나님이 나를 만나셔서 자비를 나타내시고 위로하시므로 나는 돌아서서 고통 가운에 있는 다른 형제나 자매를 위로하라는 말씀이다. 옆의 신자가 아파하고 있는 것을 보면 자신이 과거에 어떻게 "위로받은 자"였는지 기억하고 그 사람을 위로해야 한다.

하나님과 긴밀히 관계하고 서로가 또 그러함으로써 자동적인 결과로 위로가 나오는 사람들의 모임을 하나님은 키우신다. 그래서 하나님은 아파하는 성도에게 직접 위로하시거나 아니면 지체를 통해 대신 그분의 위로를 주시도록 하신다.

가족이라는 것이 그런 것 아닐까? 가족이라면 그러해야 한다. 내가 그리스도의 가족이라면 다른 식구들을 위로해줄 수 있어야 한다.

바울이 고린도후서 1장 6절에서 말하기를 우리가 서로에게 주는 위로는 "우리도 또한 겪는 똑같은 고통을 견디는 인내 속에서 힘이 있다"고 말한다. 고통 속에서 서로를 위로하는 일을 말한 것이다. 그는 우리가 신자로서 당연히 고난받을 것이라고 말한다. 그것은 더 이상 말할 여지가 없다. 문제는 우리가 서로를 그만큼 위로하는가이다.

지금은, 그리스도인들이 다 고통을 겪을 것이고 위로가 필요할 것이라고 모두 말하지 않는다. 어떤 사람들은 복음을 이와 같이 나타낸다. 우리가 예수님을 구세주로 영접하면 문제들이 해결될 것입니다. 그것은 은행에 있는 돈입니다. 당신은 더 이상 외롭지 않을 것입니다. 더 이상 두렵지 않을 것입니다. 더 이상 몸부림치지 않을 것입니다. 더 이상 거절당한다고 느끼지 않을 것입니다.

이들이 말하는 것은 천국의 모습이다. 그러나 여기 이 땅에서는 반드시 그렇지만은 않다. 바울은 우리가 고난을 받을 것이며 그것을 견뎌야 한다고 말한다. 언제 위로를 받는가? 바로 그 고난 중에 견디며 매달릴 때이다.

그것이 여기서 바울이 말하는 것이다. 고난을 통해서 하나님께서 가르쳐주시려고 하는 교훈을 우리가 받을 때 나는 하나님의 위로를 받을 수 있다.

그리고 거기에 매달려 하나님의 위로를 경험할 때 시험을 겪고 있는 다른 신자들을 위로하여 그들 속에 하나님의 일이 완전한 결과를 얻도록 하는 자로 준비되는 것이다(약 1 : 2~4). 그들을 돌보는 마음이 있어야 위로하게 된다.

「 격려할 만큼 돌보는 일(caring) 」

우리는 오늘날, 사람들이 돌보는 기술을 잃어버린 매우 비인격적인 세상에 살고 있다. 자신이 얼마나 자주 이런 말을 하는지 생각해보자. "상관 않겠다, 상관없다, 신경 안 쓰겠다(I don't care—아메리카 흑인들 사이에서는 yes라는 대답으로 쓰기도 함―역주)."

하나님이 돌보시는 공동체인 교회 속에서는 얼마나 달라야 하는지 히브리서 10장 24~25절을 보자.

> 서로 돌아보아(consider) 사랑과 선행을 격려하며(stimulate), 모이기를 폐하는 어떤 사람들의 습관과 같이 하지 말고 오직 권하여 그 날이 가까움을 볼수록 더욱 그리하자.

서로 상관하지 않는 사람들은 서로를 격려(고무, stimulate)하지 않는다. 하지만 그리스도인으로서 우리는 그것이 하나님의 전략인 것을 알고 행해야 한다.

돌아보아(consider)라는 말에는 전략을 짜거나 계획한다는 개념이 들어 있기 때문이다. 그러면 우리가 무엇에 대한 전략을 짜야 한다는 말인가? "서로 사랑과 선행을 격려하는" 방법이다. 격려한다(stimulate)는 말은 아주 어조가 강한 단어이다. '화나게 하다, 자극하여 ··· 시키다, 불러일으키다'는 뜻이다. 누가 나를 화나게 하는 경우가 있을 것이다.

우리는 보통 이것을 부정적으로 생각하지만 여기서는 그렇게 쓰인 것이 아니다. 하나님은 보이지 않지만 이 하나님께서 우리에게 보이는 지침을 주셨다. 문제는 이 보이지 않는 하나님이 어떻게 우리에게 힘을 주시고 우리가 기억하게 하시고 우리를 자극하여 계속 나아가도록 만들 것인가이다. 한 가지 방법은 서로를 통해서이다.

― 。하나님의 격려자

우리는 하나님의 격려자이다. 하나님의 데이터를 갖고 있는 우리는 도전하여 그것을 불어넣는다. 하나님 나라를 위해 할 일을 하는 것이다. 전략을 가지고 서로를 자극하는 것이다. 그것이 우리가 할 일이다.

히브리서 기자는 우리가 서로를 자극하여 사랑하도록 해야 한다고 말한다. 성경적인 사랑은 물론 내게는 불편할지라도 상대방의 최선을 구하는 사랑이다. 갈보리 십자가에서 예수님께서 죽는 것이 불편한 것이었을까? 그 대답은 여기 쓸 필요도 없다. 여러분들은 다른 신자들을 어떻게 격려(stimulating)하는지 아는가? 자신을 잊어버리고 다른 사람에게 집중하도록 어떻게 도울 것인가? 그래서 우리는 어떻게 사랑과 선행을 격려하는지 알아야 한다.

─ 。함께 모임

이미 우리에게 익숙한 25절 말씀에 그 답이 있다. 히브리서 기자가 말하고자 하는 요점은 명백한 만큼 강력하다. 지체들은 정기적으로 모이는 가운데 함께 함으로써만이 서로를 격려할 수 있다.

혼자 얻지 못하는 힘이 모일 때는 형성된다. 그래서 신약에서는 교회라는 모임이 연합된 몸으로 행동하도록 한 것이다. 힘이 있을 뿐 아니라 서로 돌보고 모이기에 헌신된 모임이 있을 때 그들은 집에 앉아 TV 앞에서 자극(격려)받을 수 없는 방식으로 서로를 자극하게 된다.

그렇기 때문에 그리스도의 몸인 우리가 하나님의 가족으로서 함께 모이기를 폐하는 것은 잘못된 것이다. 히브리서를 쓰던 당시 이미 모이기를 폐하는 습관이 있었음을 알 수 있다. 지금도 그것이 변한 것은 아니다.

그러나 하나님의 가족을 앞질러가고, 다니는 교회의 돌보는 환경을 떠날 때 생활 속에서 하나님의 역동적인 임재를 다 잃어버리는 위험을 겪게 된다. 그러면 정말 그분이 필요할 때 그분이 가신 곳을 찾아 헤매인다. 그러나 그분께서는 아무데도 가지 않으셨다. 떠난 것은 그 사람이다.

자, 우리는 교회가 무엇인지 모른다. 교회는 모든 것이 괜찮을 때만 오는 곳이 아니다. 교회는 뭔가 잘못되고 이해하는 가족이 필요할 때 오는 곳이다. 교회는 나를 무시하지 않고 돌보는 사람들이 필요할 때 갈지라도, 내가 믿음을 지키도록 자극하며 격려하는 말을 해줄 것이다.

그리고 참 신기한 것은 쌍방이 모두 영향을 받는다는 것이다. 내가 자극받고 격려도 받지만 상대방에게도 그것이 힘이 된다. 하지만 내가 혼자 숨어버리면 아무 도움도 되지 않는다. 앞 장에서 지적했듯이 단지 내가 나를 돌보고 사랑하는 이유로만 교회에 오는 것이 아니다.

교회에 오는 것은 주위 형제 자매들을 신경쓰기 때문이다. 때로는 내가 그 격려를 필요로 할 때조차 하나님께서 나를 사용하셔서 그들을 격려하시도록 구한다. 우리는 교회가 이렇게 되도록 만들어야 한다. 왜냐하면 세상이 우리를 괴롭힐 때 돌아서서 도와주지 않을 것이기 때문이다. 그리고 세상은 '그날'이 가까울수록 조금도 더 나아지지 않을 것이다.

주일이 되어 아침에 일어날 때 교회를 빠지고 싶은 마음이 들 때가 있었는가? 하지만 어쨌든 옷을 입고 몸을 교회 안으로 끌고 간다. 그런데 갑자기 그 날 찬양을 통하여 하나님은 나에게 말씀을 하신다. 꼭 하늘에서 온 것처럼 들린다. 그리고 말씀을 열면 모든 구절이 나를 위해 쓰여진 것 같다. 교회를 나설 때면 마음이 붕 뜨고 불에 붙은 것 같고 만사 OK이다.

왜 이럴까? 내가 다른 신자들과 함께 모였기 때문이며 몸을 통해 움직이시는 성령님의 전기가 나를 자극했기 때문이다. 교회는 그래야 한다!

「 나눌 만큼 돌보는 일 」

하나님의 백성으로서 서로를 돌보는 또다른 부분은 나누는 기쁨과 나누어야 할 책임을 배우는 것이다.

사도행전에 이러한 멋진 모델이 있다. 사도행전을 열면 부활하신 예수님께서 사도들에게 명령을 하시고 승천하시는 장면이 나온다. 그리고 나서 2~3장에는 예루살렘에서 오순절날 교회가 생기는 배경이 나온다. 급속히 자라서 짧은 기간 동안 수천 명의 사람들이 더해진다.

─ ◦ 모든 물건을 서로 통용하고

이 신자들은 서로 조화롭게 하나가 되어 함께 모이며 갖고 있는 모든 물건을 공동으로 소유했다. 사도행전 4장 32절에 보면 다음과 같다.

믿는 무리가 한 마음과 한 뜻이 되 모든 물건을 서로 통용하고 제 재물을 조금이라도 제 것이라 하는 이가 하나도 없더라.

현대에 사는 많은 그리스도인들이 이것을 읽고 잘못 생각한다. 내 집이 '우리' 집이 되고 내 차가 '우리' 차가 되며 내 옷이 '우리' 옷이 되는 것으로 말이다. 누군가가 아무 때나 우리 집에 와서 돌아다니면서 "오늘은 이걸 입을까?"하는 것처럼 말이다.

글쎄, 꼭 그런 것이 아니다. 훨씬 더 강한 의미이다. 집을 가진 사람은 그것을 팔아서 그 돈을 사도들에게 주었다(34~35절). 이 신자들은 지체로써 자신을 내어놓았다. 그들은 그렇게 밀접하게 조직된 그리스도인의 공동체가 되어서 하나님께서 그들에게 공급하신 것은 마땅히 교회가 쓸 수 있도록 했다. 그들은 기꺼이 나누었다.

위에서 말했듯이 우리는 매우 비인격적인 세상에 산다. 그리고 아주 이기적인 세상에 산다. 사람들은 관심을 쏟아주는 휴식처가 필요하다. 자기가 갔을 때 누군가가 충분히 나누며 돌봐줄 곳 말이다. 사람들이 나누는 대가를 기꺼이 지불하는 곳 말이다. 나눈다는 것에는 시간과 힘과 돈이 들기 때문이다.

예루살렘 성도들은 자원하여 나눔으로써 교회에 강력한 영향력을 미쳤다. 교인들의 연합함이 사역자들에게 힘을 주었다. 교회가 하나되었기 때문에 사도들은 말씀의 선포에 크나큰 능력을 발휘했다(33절).

나누는 사역은 또한 하늘에서의 공급하심을 경험했다. "그 중에 핍절한 사람이 없으니 이는 밭과 집있는 자는 팔아 그 판 것의 값을 가져다가"(34절). 요새 말로 하면 이들은 공약을 실천한 셈이다.

─ ◦ 오늘날 나누는 것

오늘날 우리가 이것을 읽으면 어떤 이는 항상 이렇게 묻는다. "제가 어떻게 오늘날 제 주위에 있는 모든 필요를 충족시킬 수 있습니까?" 그 답은 '할 수 없다'이다. 내가 모든 필요를 채운다는 것은 불가능하다.

그러면 "어떤 필요를 제가 채웁니까?" 라고 물을 것이다. 성경적인 답은 내가 가는 인생길에 마주치는 필요이다. 적어도 우리가 해야 할 것이 두 가지 있다. 하나는 나의 직계 가족을 돌보는 것이고, 둘째는 내가 다니는 교회 식구들을 돌보는 것이다. 물론 재정적으로 허락하는 한 그 이상을 해야 한다. 하지만 이것들이 먼저이다.

성경은 우리가 하나님의 재산을 다만 관리하는 청지기라고 가르친다. 우리는 사실 아무것도 소유하지 않고 그것에 대한 증거로서 우리는 언젠가 모두 놓고 떠난다는 사실이 있다. 이 말은 우리가 가진 것은 하나님 나라에 쓰일 수 있어야 한다는 뜻이다.

그러한 태도를 잘 보여주는 예가 사도행전 4장 36~37절에 있는 것이다. 바나바가 여기서 처음 나온다. 바나바는 "격려(encouragement)의 아들"이다. 바나바는 갖고 있던 땅을 지체의 유익을 위해 팔았다. 다른 신자들이 했던 것처럼 판 돈을 갖고 와서 사도들에게 주었다.

바나바는 적어도 어느 정도 부자였음에 틀림없다. 그가 얼마나 갖고 있었는지는 모르지만 분명히 그는 괜찮게 살고 있었다. 그런데 지체들에게 필요가 있음을 알게 되었다. 이 때까지 예루살렘에는 약 만 명의 신자들이 있었다(2 : 41; 4 : 4). 그들에게는 온갖 필요가 있었으므로 바나바는 가진 것을 나누었다.

우리는 왜 나누는가? 하나님께서 우리에게 신실하셨고 그것이 우리에게 줄 것이 있는 유일한 이유이기 때문이다. 내게 있는 땅은 정말 하나님 것이고 나는 단지 청지기임을 깨닫고 믿지 않으면 내가 소유한 땅을 팔아서 그 돈을 하나님 나라를 위해 넘길 수 없다.

내 집을 사역이나 교회 청년들에게 열 수 있는 이유는 하나님께서 내게 신실하셨기 때문이다. 내 차로 남들을 도울 수 있는 것은 하나님께서 내게 신실하셨기 때문이다.

하나님의 가족으로서 우리는 하나님께서 우리에게 주신 것을 족히 나눌 만큼 서로를 돌봐야 한다. 어떤 이는 이것을 더 가지고 있고 다른 이는 저것을 더 갖고 있다. 우리가 가진 것을 나누고 우리 소유물(재산)을 공동을 위해 드릴 때 필요는 채워지고 하나님께서는 영광을 받으신다. 그리스도에 대한 나의 사랑이 제자리에 있는지 아는 한 가지 방법은 내가 기꺼이 하나님의 백성들과 나누려 하는가이다.

「 맞설 만큼 돌보는 일 」

이제까지 돌보는 태도 세 가지는 다 얘기하기 쉬운 내용이다. 위로하고 격려하고 나누기를 누가 마다하겠는가?

그러나 우리가 정말 가족이 되려면 각자가 모두 자기 몫을 해야 한다. 남편은 자기 목표를 위해 자기 일만 하고 부인도 자기 목표를 위해 자기 일만 하고 아이들은 자기 일을 하느라 바쁘다면 그 가정은 문제가 생긴다.

자신의 역할 '답게' 행동하지 못하는 사람이 많다. 가족 안에서도 마찬가지이다. 가족끼리 돌본다는 것은 한 사람이 그 가족의 하나됨을 파괴하지 못하도록 하는 것이다. 각 구성원이 전체를 위해서 작용하도록 돌보는 것이다.

하나님의 가족으로서 우리 신자들은 전체 가족에 일어나는 것에 책임이 있다. 우리가 제기능을 발휘하지 못할 때 가족들을 해치게 된다. 그것을 무시하고 갈 수 없으므로 우리는 때때로 몸을 그르치는 그리스도인들을 직면하고 맞설 만큼 우리 가족을 돌봐야 한다.

—。심각한 문제

이것이 얼마나 심각한 문제인지 성경에서 살펴보자. 마태복음 5장 23~24절에서 예수님이 말씀하시기를 우리가 교회에 앉아 있다가 형제가 나에 대해서 원망할 만한 것이 생각나거든 제물을 드리지 말고, 계속 예배를 드리지 말고 그 형제에게 가서 그 문제를 해결하라고 했다. 여기서 주의할 것은 내가 그에 대해서 원망할 것이 있는 것이 아니라 그 반대의 경우이다.

왜 이것이 그렇게 중요한가? 우리는 가족인지라 내가 내 형제와 교제(관계)하지 않으면 하나님께서도 나와 교제하시지 않을 것이기 때문이다.

마태복음 18장 15~17절에서 예수님은 내 형제가 죄를 지으면 개인적으로 그에게 가서 꾸짖으라고 하신다. 그가 내 말을 들으면 그 형제를 얻은 것이다. 듣지 않으면 "다른 한 두 명을 데리고 가서 두 세 명의 증인으로 모든 사실을 확인할 수 있도록 하라"고 했다(16절).

바울은 데살로니가전서 5장 14절에서 "제멋대로 하는 자들을 권고하라”고 했다. 데살로니가후서 3장에서는 좀 더 구체적으로 말하는데 “규모 없이 행하고 우리에게 받은 유전대로 행하지 아니하는 모든 형제에게서 떠나라”(6절)고 했다. 그리고 “저로 하여금 부끄럽도록” 그 사람을 지목하여 사귀지 말라고 했다(14절).

여러분은 교회가 이러해야 하는지 몰랐을 수도 있다. 어쩌면 옷차림 같은 것들을 생각했는지도 모르겠다. 그런 것들은 교회를 이루는 것이 아니다. 우리의 처음 사랑으로 돌아오려면 잘못된 것을 직면하고 바르게 잡아야 한다.

─ ◦ 각자의 선호도

우리가 필요할 때 서로 맞서야만 한다면 어떤 것들이 맞서고 직면할 일들인지 알아야겠다.

여기서 열쇠는 절대적인 것인가, 아니면 선호도에 따른 것인가이다. 제1원칙은 서로에 대해서 각자의 선호도 문제를 강요할 권리가 없다는 것이다. 옷차림, 머리 모양, 음악, 등 기독교 신앙의 목적이나 통일성의 기준이 아닌 것들은 개인적인 취향에 자유가 있다.

문제는 하나님의 백성들이 개인의 취향을 갖는 것이 아니다. 문제는 남들을 내 틀에 끼워 맞추려고 할 때 일어난다. 서로의 선호도 문제를 왈가왈부할 수 없다(롬 14 : 5).

─ ◦ 절대적인 것

각자가 선호하는 부분이 다른 문제들은 맘대로 할 수 있지만 하나님의 절대적인 것과 관련해서는 그렇지 않다. 제2원칙은 하나님이 말씀하신 부분은 우리가 싫든 좋든 상관없이 따라야 한다는 것이다.

어떤 이가 하나님의 진리에 반하여 행동하고 있을 때 그를 직면해야 한다. 내가 좋아하는 것에 대해서는 다른 사람을 격려할 수 있다. 그러나 하나님의 절대적인 기준에 대해서는 요구할 수 있다. 하나님은 부탁하시는 분이 아니라 말씀하시는 분이다.

모두를 기쁘게 하려고 하면 하나님의 일을 제대로 할 수가 없다. 필자는 목회자로 섬기면서 그것을 배웠다. 이 사람도 기쁘게 하고 저 사람도 기쁘게 하려고 하지만 이 사람이 원하는 것과 저 사람이 원하는 것은 반대이다.

그러면 나는 주님께 이렇게 기도하고 만다. "주님, 제가 위궤양에 걸리기 원치 않습니다. 그래서 저는 당신을 기쁘시게 하고 나머지 일은 주님께서 해결하시리라 믿겠습니다." 사람들이 내 행동을 판단하게 될 때 나는 자꾸 사람들을 기쁘게 하려고 하지만 하나님은 여전히 내가 그분께로 돌아서기를 기다리신다.

왜 우리는 서로를 직면할 만큼 돌봐야 하는가? 진리가 우리에게 영향을 미칠 뿐 아니라 우리가 영향을 미치는 다른 사람들에게까지도 영향을 미치기 때문이다. 우리가 돌아보아야 할 가족 중에는 우리 자신들 말고 다른 사람들도 있다고 전에 말했다.

—。 어떻게 직면할 것인가

그러면 어떻게 맞서야 할까? 예수님은 마태복음 18장에 그 과정을 가르쳐주셨다. 이렇게 하면 소문 때문에 부당한 고소를 당하거나 원한이 있는 사람이 부당하게 고소하는 일을 막을 수 있다.

바울은 직면하라고 권고한다. "사랑으로 진실을 말함으로써" 해야 한다(엡 4 : 15). 우리가 상대방을 돌보는 마음이 있으면 직면하고, 직면하면 상대방을 생각하는 마음이 있어서 직면한다는 것을 알린다. 진리를 들고 애매한 태도를 취해서도 안되지만 그것을 망치로 전해서도 안된다. 아래 내용에서 살펴보겠지만 직면하는 목적은 회복이지 파괴가 아니다.

그러면 상대방이 다음과 같이 반응할 때 어떻게 할까? "당신 일이나 하시오" 거절하거나 화를 내면 어떻게 할까? 성경에서 그것은 내 문제가 아니라고 한다. 그 형제나 자매를 돌이키게 하지 못해도 하나님은 내게 동의하시기 때문이다.

「 물러설 만큼 돌보는 일 」

죄짓는 신자를 직면하는 것이 쉽지는 않다. 돌본다는 것의 그 다음 단계는 좀 더 심각하다. 하지만 우리 주제를 잊지 말기 바란다. 우리는 지금 처음 사랑으로 돌아가는 것, 우리 삶에서 그리고 우리 교회에서 하나님께 올바른 자리를 내어드리는 것에 대해서 얘기하고 있다. 잘못된 것에 눈감고 있으면서 그렇게 할 수는 없다.

오히려 하나님은 영적으로 똑바른 선을 요구하신다. 우리가 그렇게 안 하면 진리의 선 밖을 걷고 있는 신자가 다른 식구들까지도 합세하도록 유혹할 것이다. 한 명이 죄를 짓고도 벌을 받지 않으면 다른 사람들은 그렇게 해도 괜찮은 줄로 생각할 것이다.

다른 신자들을 넘어지게 할 뿐 아니라 믿지 않는 사람들이 하나님에 대해서 진지해지지 않도록 하는 변명을 제공한다. "내가 교회에 가지 않는 이유는 위선으로 가득하기 때문이요"라고 항상 말할 것이다.

이것이 믿지 않는 자에게 핑계가 될 수 없다는 것을 우리는 안다. 위선은 거기 어딘가 진짜가 있다는 것을 증명할 뿐이다. 불신자들은 여전히 하나님 앞에서 진짜를 인정해야 하지만, 교회 안에 문제를 방치해둔다면 잃어버린 자들을 그리스도께로 인도하기가 어려울 것이다.

— ◦ 물러서야 할 때

앞에서 다룬 데살로니가후서 3 : 6절을 다시 보자.

형제들아 우리 주 예수 그리스도의 이름으로 너희를 명하노니 규모 없이 행하고 우리에게 받은 유전대로 행하지 아니하는 모든 형제에게서 떠나라.

바울은 이미 이 규모 없는 자들을 교회가 처리하라고 권면했었다(살전 5 : 14). 그러나 분명히 이들 중 몇몇은 귀를 기울이지 않았다. 새로운 삶을 살지 않았던 것이다.

바울은 마태복음 18장에서 예수님이 지시하신 것을 따르고 있었다. 그는 이 제멋대로 하는 신자들을 대처하는 문제를 꺼내면서 데살로니가 교인들이 그들에게 가서 직면하라고 말했다. 그러나 그렇게 맞서서 해결되지 않을 때는 다음 단계로서 그 문제를 교회로 갖고 오는 것이다.

그래서 바울은 여기서 그렇게 한다. 이것은 사도가 하는 명령임에 유의하자. 그는 사도의 권위로 교회가 취할 다음 단계를 말하고 있다. 데살로니가전서 5장 14절에서 이것을 온 교회에 알리는데, 그렇게 해도 제멋대로 하는 자들에게는 다음 단계의 징계로서 '철수'할 것을 말해주고 있다.

여기서 오해하지 말 것은 바울이 떠나라고 하는 것은 한 번 실수한 사람의 경우를 말하는 것이 아니다. 불순종을 밥먹듯이 하는 사람, 고의적으로 죄를 짓고 회개하지 않는 사람을 말하는 것이다. 그래서 바울은 그렇게 규모 없는 형제에게서 "떠나라"고 말한다. 왜? 먼저, 내가 그의 죄에 같이 끼어서 그의 라이프스타일이 나에게 영향을 미치지 않도록 하기 위해서이다. 둘째, 사람들이 나와 그 제멋대로 사는 신자가 제일 친한 친구 사이로 생각하지 않도록 하기 위해서이다. 그렇게 되면 내가 그러한 생활을 인정하는 것처럼 되기 때문이다.

죄짓는 그리스도인에게서 떠난다는 것은 그 사람에게 말 한 마디도 붙이지 않는다는 의미가 아니다. 죄를 범하고 있는 형제나 자매와는 멀리서 관계를 가지라는 말이다.

─。규모 없는(unruly) 삶

규모 없다는 말이 무엇일까? 그것은 성경의 가르침에 맞지 않는 어떤 습관적인 생활 방식이다. 규모 없는 삶은 하나님의 말씀과 상관없이 내가 원하는 것을 하겠다고 결정하는 것이다. 하나님의 영광을 구하는 것이 아니라 내 육신의 만족함을 구하는 선택이다.

성경이 그러한 사람들에 대해서 규정하는 대로 따르는 것이 왜 중요한지 몇 가지 이유를 이미 살펴보았다. 데살로니가후서 3장 13절에서 하나 더 보자. "형제들아 너희는 선을 행하다가 낙심치 말라."

무엇을 말하고자 함인가? 잘못 행하는 자들이 마음대로 계속 그런 식으로 살 때, 옳게 행하는 데살로니가 교인들이 낙심할 수 있음을 바울이 알았다. 열심히 일하고 가족을 부양하던 이들이 이렇게 말할지도 모르는 일이었다. "저 사람들 저렇게 앉아서 아무것도 안 하는데 나도 그만두는

게 낫겠어."

바울은 아니라고 했다. 훈련된 삶을 살고 하나님이 내게 원하시는 대로 하는 사람은 계속 하라고 했다. 제멋대로 사는 사람들 때문에 옳게 걸어가고 있는 내가 멈춰설 수는 없다. 이것만으로 규모 없는 자들을 처리해야 하는 강력한 이유가 아니겠는가!

14절은 6절보다 더 강하다. 교제하지 말라는 공식적인 선언이기 때문이다. 이 형제나 자매는 더 이상 모임에서 얻는 유익을 받을 수 없다. 이제 물러서고 떠난 그 관계는 최후로 파문까지 갈 수 있다. 파문(excommunication)이란 불순종하는 형제를 구성원에서 제거하여 사단의 심판 아래 놓는 것이다(고전 5 : 5).

하나님은 왜 이렇게 하실까? 그분의 가족이 가족다운 기능을 하고 집안에 변절자가 있지 않도록 하기 위해서이다. 그러나 멀리 떠나고 물러서는 것은 미움이나 분노로 하는 것이 아니다(살전 5 : 15). 목표는 그 사람을 돌아오게 하기 위함이고 그러면 마지막 돌봄의 단계까지 갈 수 있다.

「 회복시킬 만큼 돌보는 일 」

사랑이 넘치는 가족 간에는 식구 중 한 명이 죄에 빠지면, 그 가족의 목표는 그를 더 아프게 하는 것이 아니라 회복시키는 것이다. 갈라디아서 6장 1절부터 보자.

> 형제들아 사람이 만일 무슨 범죄한 일이 드러나거든(a man is caught in any trepass) 신령한 너희는 온유한 심령을 그러한 자를 바로잡고 네 자신을 돌아보아 너도 시험을 받을까 두려워하라.

이 구절도 앞에서 봤는데, 회복시키다(restore)라는 말의 의미가 부러진 뼈를 붙여서 원래 상태로 놓는다는 것을 기억할 것이다.

— ◦ 문제

　이 본문에서 중요한 몇 가지를 생각해보자. 어떤 형제가 죄에 "잡힌(caught)" 상태이다. 내가 생각하기에 어떤 이가 뭔가 하는 것 같거나 혹은 그것을 들었거나, 그 사람이 기회가 있다면 그렇게 할 것처럼 보이거나 하는 경우가 아니다. 기준은 그것이 아니다.

　여기서 죄(trespass)가 무엇인가? 마치 옳은 길을 가던 사람이 방향을 바꾸는 것을 의미한다. 그래서 여기서는 어떤 확정된 죄의 생활 양식에 대해서 말하는 것이 아니다. 그 사람은 훈련이 필요한 경우이다. 여기서 말하는 사람은 바른 길을 가다가 잘못 들어서서 잘못된 것을 하는 형제를 말한다.

　뼈가 부러지면 부러진 뼈를 맞추는 것이 상식이다. 아픈 사람들이 교회에 오기 싫어하는 이유 중 하나는 교회를 치유하는 곳으로 보지 않고 오히려 부러진 다리를 공격하여 다시 부러뜨리는 집단으로 보기 때문이다.

— ◦ 회복시키는 자들

　그것이 문제이다. 그러나 누가 그 회복시키는 일을 감당할 것인가? "신령한 너희들"이다. 교회에 있는 모든 사람들이 신령하지(spiritual) 않기 때문에 모두가 회복시키는 일에 적합하지는 않다. 그러므로 신령하다는 것이 무슨 말인지 알아야겠다.

　바울은 고린도전서 2장 15~16절에서 신령한 사람을 그리스도의 마음(mind)을 소유한 자라고 정의한다. 그래서 내가 신령한지 알고 싶으면 내가 하나님의 관점에서 인생을 보는 사람인지 보면 된다.

　회복이 필요한 사람이 올 때 하나님의 시각에서 말하는지 아니면 "내 생각에는 · · · "하고 대답하는지 보자. 잘못되어 있는 형제에게 필요한 것은 더 이상의 어떤 생각이 아니다. 그가 처음에 문제에 걸려든 것도 생각 때문이다. 그에게는 하나님의 말씀에서 나온 답이 필요하다.

　어떻게 회복시킬 것인가? "온유한 영"으로이다. 아픈 곳을 어루만져주어야지 소금을 뿌리고 문지르는 것이 아니다. 온유는 성령의 열매이다(갈 5 : 23). 섬세하고 애정 있는 돌봄이다. 누가 성령의 열매를 보이는가?

신령한 자들이다.

신령한 사람들은 자기도 역시 유혹받고 떨어질 수 있음을 알기 때문에 이러한 영으로 남들을 회복시킬 수 있다. 비성숙한 자만이 자신은 죄를 안 짓는다고 생각한다. "세상에 어떻게 너는 그럴 수 있니? 나 같으면 상상도 못하겠다."라고 죄짓는 그리스도인에게 말하는 것은 교만한 태도이다. 신령한 자들, 회복시키는 자들은 그렇게 말하지 않는다.

「 짐을 서로 지라 」

갈라디아서 6장 2절에서 바울은 시각을 넓혀서 협력 사역에 대해 말한다. 마지막으로 2~5절을 살펴보고 여러분에게 마지막 도전과 격려의 말을 남기고 싶다.

짐이란 무엇인가? 혼자서 처리하기에는 너무 무거운, 내가 지고 가는 어떤 것을 말한다. 나는 지금 다른 이의 짐을 함께 도와 옮기고 있는가? 항상 남의 짐을 담당할 수는 없지만 그가 옮기는 것을 도울 수는 있다. 지체를 회복시킨다는 것은 그의 결과를 내가 담당한다는 의미가 아니라 그의 회복 과정에 따르는 어떠한 결과를 그가 질 때 도울 수 있다는 뜻이다.

왜 다른 사람의 짐을 지어야 하는가? 왜냐하면 "누가 아무 것도 되지 못하고 된 줄로 생각하면 스스로 속임"이라고 했기 때문이다(3절). 자기 분석을 약간 해보라. 내가 정말 뭐가 된 양 생각하기 시작하는 순간 하나님은 나에 대해서 내게 말씀하실 것이 있다. 내가 뭔가를 목표로 겨냥할 것은 아무것도 없다. 마치 비성숙한 그리스도인이 자기는 얻었다고 생각하며 넘어질 수 없다고 생각하는 것과 같다. 조심하라! 스스로 속이지 말라. 자랑하기 전에 "각각 자기의 일을 살펴라(4절)."

바울은 6절에서 "각각 자기의 짐을 질 것임이니라"고 하면서 이 부분을 마친다. 그런데 이 말은 2절과 모순되지 않는가? 그렇지 않다. 두 개의 서로 다른 헬라어일 뿐이다.

2절에서 말하는 것은 무거운 짐이다. 혼자서 지기에 너무 큰 짐이다. 5절에 나온 단어는 배낭을 말한다. 군인들이 행진할 때 자신의 옷가지를 각자 휴대하듯이 말이다. 다른 형제나 자매에게 내 배낭을 져달라고 하지 말라는 얘기다.

즉 다른 사람이 나 대신 내 책임을 지도록 기대하지 말라는 소리이다. 내 배낭은 내가 져야 한다. 그래서 하는 질문이 '당신은 자기 배낭을 지고 있습니까?'하는 것이다. 개인적인 나의 생활, 가족 생활, 교회 생활에서 주님 앞에 나의 책임을 다하고 있는가? 친구들이여! 게으른 신앙 생활을 벗어나 이제 서로를 돌봐야 할 때이다.

'서로를 돌보는 일에 바빠집시다'라는 말 외에는 이제 할 말이 별로 없다. 다음은 우리가 이제까지 나눈 돌보는 일에 대한 몇 가지 적용 방법이다.

1. 교제권 안에서 아는 사람 중에 상처를 받아서 괴로워하고 있거나 누군가 기댈 사람이 필요한 이가 있는가? 우리는 보통 그런 사람이 있는 경우에 잘못 말하거나 행동해서 일을 오히려 그르칠까 두려워 뒤로 물러서는 경향이 있다. 그렇게 하지 말라. 위로의 손을 펴서 다가가라. 나를 통해서 그 친구를 하나님께서 만져주시도록 하나님께 의지하라.

2. 서로 협력하도록 남들을 격려(stimulate)하는 그리스도인이 되고 싶다면 약간의 자기 평가를 하라. 자신의 힘을 보라. 그리스도의 몸을 위해 그 힘을 충분히 쓰고 있는가? 나의 연약함은 어떠한가? 그 연약함을 개선시킬 만한 계획을 갖고 있는가? 그런 일에 착수하라. 그러면 남들을 동기 부여하게 될 것이다.

3. 나누는 생활을 몸에 익혀나간다. 예를 들면 생활 스케줄에 남들을 위한 시간이 있는가? 아니면 내 시간을 나누기 위해서는 하나님께서 내 날을 지끈 깨셔서 넓게 열어놓아야만 하는가? 돈이나 집, 그리고 하나님께서 아낌없이 우리에게 나누신 다른 것들에 대해서도 같은 질문을 해보자. 내가 나누는 정신을 갖고 있는지 그 답을 통해 알 수 있다.

4. 앞에서 직면하라는 얘기를 했다. 쉽지 않은 것이다. 지체에게 가서 부딪혀야 한다면 하나님께서 나를 민감하게 해주시도록 기도하자. 그 문제가 선호도의 문제인지 아니면 성경적인 절대적 기준에 관한 것인지 분별할 수 있도록 기도하자.

5. 물러서야 할 때가 올 때 성경적인 지침대로 하지 않으면, 자기도 모르게 그 죄짓는 그리스도인이 미끄러져 있는 중에 기름을 갖다 부어서 더 미끄러지도록 할 수 있다. 라이프스타일이 하나님께 수치가 되는 신자를 안다면 묵인함으로써 오히려 그렇게 살도록 돕는 일이 없도록 해야

겠다. 예를 들면, 아무것도 잘못되지 않은 것처럼 모른 체 한다든가, 그 사람과 계속 교제하는 것, 그 문제가 나오면 회피하거나 얼버무리는 것 등이다.

6. 회복은 이 책과 위의 단계들을 마감하는 중요한 부분이다. 타인을 회복시키는 자로 준비되기 위해서, 나의 죄가 드러났을 때 어떻게 처리되기를 원할지 스스로 물어보라. 그리고 나서 죄짓는 형제나 자매를 대할 때 그와 같이 처리하도록 한다.

후　기

　　성령님께서 이 책을 사용하셔서서 여러분에게 동기를 부여하며 예수 그리스도에 대한 처음 사랑으로 돌아와 그분을 신실하게 섬길 수 있도록 하시기를 기도한다. 그분께서 우리를 얼마나 사랑하시는지만 알아도 그분을 따르고 사랑할 수 있다(롬 5 : 8).

　　그리고 그것이 충분하지 않다면, 그리스도께서는 우리가 그분을 얼마나 사랑하고 얼마나 섬겼는지에 따라 그분의 심판대에서 보상해주시겠다고도 약속해주셨다. 바울은 "이 경우의 마지막에 금메달을 본다. 그 금메달을 향하여 가기 원하노라"고 했다.

　　금메달을 얻으려면 무엇이 필요한가? 승리자의 태도이다. "너희도 얻도록 이와 같이 달음질하라."(고전 9 : 24). 필자도 내 인생의 마지막에 결승선을 넘으면서 '이겼다' 하고 외치기를 원하며, 여러분도 바로 내 곁에 있기를 원한다.

　　바울이 승리했다고 하는 것은 분명히 그리스도인의 경주에서이다. 여러분과 내가 승리자가 된다면, 즉, 이 시간과 영원 속에서 하나님의 승인을 받는다면, 그것은 그 목표를 성취하지 못하도록 하는 것들에 'no'라고 말하는 것을 알기 때문일 것이다.

　　필자는 고린도전서 9장 말씀을 좋아하는데, 그 이유는 바울이 온 교회를 향해 말하고 있기 때문이다. "너희 모두가 경주 선수이다. 그러니 앞으로 전진, 뛰어라!"(24절).

그리고는 26절에서 "다른 이들은 모르겠지만 나는 이기기 위해 뛰겠노라!"고 했다. 그리스도를 섬기고 사랑하고 그분의 승인을 구하는 것이 여러분 인생의 최대 목표가 되기를 바란다. 그분께서 언젠가 그분을 최고로 사랑한 모두에게 수여하실 금을 향해 전진하기를···

어느 날 아침, 어떤 아버지가 일하러 가던 길이었다. 그는 8시 5분 기차를 타야 했기 때문에 늦어서 이리저리 뛰고 있었다. 그 날 중요한 회의가 있었기 때문이다. 이 날은 그에게 아주 중요한 날이었다. 그런데 벌써 7시 45분이었고 짐을 챙기느라고 집안을 여기저기 다니며 분주했다. 작은 아들은 계속 쫓아다니며 놀아달라고 아우성이었다.

그 전날은 비가 왔기 때문에 땅이 질퍽거렸다. 이 아버지가 서둘러 문을 나섰더니 아들이 진흙탕에서 신나게 놀고 있었다. 온 몸은 진흙 투성이였다. 이 아빠는 아내를 큰 소리를 불렀다. "여보, 빨리 나와서 애 좀 데려가요!" 그러나 그의 아내는 집 뒤쪽 어디쯤 있었다.

그래서 이 아버지는 "나는 지금 너하고 놀 시간이 없어, 지금 가야 되거든!" 하면서 잔디밭을 전속력으로 달려가다가 그만 미끄러져서 진흙탕에 넘어지고 말았다. 주름을 잘 잡아서 다림질한 양복에 온통 진흙탕물이 묻었다. 하지만 8시 5분 기차를 잡아야 했다.

그래서 바지와 가방의 진흙을 잘 닦아내고 출발했다. 아직도 자국이 많이 남았지만 시간이 없다. 하지만 그 아들은 항상 진흙 속에 앉아 놀고 있다. 지저분한 채로 만족하면서 말이다. 왜냐하면 아들은 아무데도 가지 않기 때문이다.

어떤 그리스도인들은 이 어린 아들과 같다. 그들은 진흙 속에 있으면서 그것이 마냥 좋다. 온 얼굴에 불의로 계속 뒤범벅을 하고, 자신의 몸을 죄에 무감각하게 놓아둔다. 하지만 어떤 그리스도인들은 단지 진흙탕에 미끄러졌을 수도 있다. 그들은 빠져나가기를 원한다. 깨끗해지고 싶어한다.

내가 어떤 그리스도인인지 아는 방법은 진흙 속에서 빨리 일어나 기차를 놓치지 않으려 하는가를 보는 것이다. 예수 그리스도는 8시 5분까지 타라고 말씀하신다.

나는 "하지만 제 바지가 더러운데요"라고 한다.

괜찮다. 타야만 한다면 옷이 더러워도, 8시 5분 차를 놓치지 말고 타라.

나는 "하지만 제 팔꿈치도 더러운데요"라고 한다.

팔꿈치가 지저분해도 그대로 와라. 8시 5분 차를 놓치지 말라.

나는 "하지만 제 친구들은 아직도 진흙 속에 놀고 있는데요"라고 한다.

그렇다. 하지만 그들은 8시 5분 차를 놓치게 될 것이다.

나는 "제 가족도 진흙탕에 있는데요"라고 한다.

하지만 그들은 8시 5분 차를 타지 않을 것이다. 더러워진 자신의 몸을 이끌고 8시 5분 차에 탈 수 있을 때, 진흙탕을 즐기고 있는 친구들과 어울리지 말라. 왜냐하면 기차에는 비누도 있고 물이 나오는 욕실이 있기 때문이다. 깨끗이 씻을 수가 있다.

탕자의 비유에서 그 탕자와 같이 우리는 진흙탕에서 일어서서 8시 5분 차를 잡아타고 집으로 올 수 있다. 그러니 예수 그리스도께 온전히 헌신하여 집에 돌아오라. 어떠한 대가가 따르더라도 그분에 대한 나의 사랑을 원래 제자리로 돌려놓으라. 그것을 당장 고칠 때 그 밖의 다른 모든 것은 자연히 처리될 것이다.

첫사랑을 회복하라

지은이 ■ 토니 에반스   옮긴이 ■ 채슬기   펴낸이 ■ 정지홍   처음 찍은날 ■ 1997. 8. 15.   처음 펴낸날 ■ 1997. 8. 20.

펴낸곳 ■ 하늘사다리 (등록번호 제 21-630호, 1994. 8. 11.)

서울특별시 은평구 녹번동 100-39   전화 / 352-1018 팩시밀리 / 383-9484

총판처 ■ (주)기독교출판유통   Tel.0344-906-9191~4 Fax.080-456-2580